에지 컴퓨팅과 피지컬 AI를 위한

라즈베리파이 5

에지 컴퓨팅과 피지컬 AI를 위한
라즈베리파이 5

1판 1쇄 발행 2026년 2월 26일

지은이 허경용
펴낸이 장성두
펴낸곳 주식회사 제이펍

출판신고 2009년 11월 10일 제406-2009-000087호
주소 경기도 파주시 회동길 159 3층 / **전화** 070-8201-9010 / **팩스** 02-6280-0405
홈페이지 www.jpub.kr / **투고** submit@jpub.kr / **독자문의** help@jpub.kr / **교재문의** textbook@jpub.kr

소통기획부 이상복, 안수정, 박재인, 박새미, 송영화, 김은미, 나준섭
소통지원부 민지환, 이승환, 김정미, 박예은 / **디자인부** 이민숙, 최병찬

기획 및 진행 김정준 / **교정 · 교열** 김경희 / **내지 디자인 및 편집 · 표지 디자인** 최병찬
용지 에스에이치페이퍼 / **인쇄** 한승문화 / **제본** 일진제책사

ISBN 979-11-94587-90-3 (93000)
책값은 뒤표지에 있습니다.

에지 컴퓨팅과 피지컬 AI를 위한

라즈베리파이 5

허경용 지음

※ 드리는 말씀

- 이 책에 기재된 내용을 기반으로 한 운용 결과에 대해 지은이, 소프트웨어 개발자 및 제공자, 제이펍 출판사는 일체의 책임을 지지 않으므로 양해 바랍니다.
- 이 책에 등장하는 회사명, 제품명은 일반적으로 각 회사의 등록상표 또는 상표입니다. 본문 중에는 ™, ©, ® 등의 기호를 생략했습니다.
- 이 책에서 소개한 URL 등은 시간이 지나면 변경될 수 있습니다.
- 책의 내용과 관련된 문의사항은 지은이나 출판사로 연락해 주시기를 바랍니다.
  - 지은이: hgycap@deu.ac.kr
  - 출판사: help@jpub.kr

차 례

머리말

라즈베리파이는 영국 라즈베리파이 재단에서 저개발국가의 컴퓨터 교육을 지원하기 위한 목적으로 만든 싱글 보드 컴퓨터(SBC)를 말한다. 초기 라즈베리파이는 작고 사양이 낮은 컴퓨터였지만, 기본적인 프로그래밍 교육과 컴퓨팅 개념을 학습하기에 충분했고, 저렴한 가격과 단순한 구조는 교육 현장에서 활용하는 데 장점으로 작용했다.

2012년에 라즈베리파이가 처음 발표된 이후 15년에 가까운 시간이 지나면서 많은 것이 변했다. 특히 라즈베리파이의 사양은 처음 발표되었을 때와는 비교할 수 없을 정도로 향상되었다. 이처럼 컴퓨팅 능력의 향상되면서 라즈베리파이는 교육용 컴퓨터로 사용되는 것을 넘어 다양한 용도로 사용할 수 있는 범용 플랫폼으로 자리 잡았다. 이는 임베디드 시스템 분야에서 라즈베리파이가 차지하는 역할과 비중 역시 커졌음을 의미한다.

여기에 더해 주목해야 할 변화는 인공지능(AI)에 대한 요구의 증가다. 인공지능은 사람이 할 수 있는 일을 대신 하는 소프트웨어로 이야기할 수 있고, 이를 위해서는 일정 수준 이상의 컴퓨팅 능력이 필요한 것이 사실이다. 특히 서버로의 지나친 데이터 집중을 막기 위한 에지 컴퓨팅, 주변 환경과의 실시간 상호작용을 위한 피지컬 AI에 대한 요구 증가는 에지에서 인공지능 알고리즘을 실행할 수 있는 SBC에 대한 요구를 증가시켰고, 라즈베리파이는 이러한 요구를 만족시킬 수 있는 대표적인 SBC 플랫폼의 하나로 평가되고 있다. 라즈베리파이 이외에도 여러 가지 SBC가 소개되어 있지만, 방대한 자료와 풍부한 사용자 커뮤니티를 생각하면 라즈베리파이가 SBC 시장에서 차지하는 위치는 다른 SBC와 비교하기 어려울 만큼 독보적이다. 물론 라즈베리파이로 모든 것을 해결할 수는 없다. 그럼에도 에지 컴퓨팅과 피지컬 AI 분야에서 이전에는 구현이 쉽지 않았던 여러 작업을 라즈베리파이 최신 모델을 사용해 구현할 수 있게 되었고, 그 활용 가능성은 점점 확장되고 있다.

이 책은 라즈베리파이 5를 사용하는 방법을 다룬다. 하드웨어 측면에서 라즈베리파이 5는 이전 모델과 비교해 구조와 동작 방식이 달라진 부분이 있어 이전과 같은 방법으로는 동작시킬 수 없는 경우가 있다. 이러한 변화를 이해하고 새로운 라즈베리파이의 특성을 파악하는 것이 이 책의 첫 번째 목적이다.

두 번째 목적은 라즈베리파이를 에지 컴퓨팅과 피지컬 AI를 구현할 수 있는 플랫폼으로 활용하는 데 필요한 소프트웨어 측면을 살펴보는 데 있다. 이를 위해 이 책에서는 라즈베리파이에 주변 장치를 연결하고 제어하는 방법을 시작으로, 인터넷을 통해 서비스를 사용하거나 제공하는 방법, 카메라와 마이크를 연결해 음성과 영상을 처리하고 인공지능 알고리즘을 적용하는 방법까지 라즈베리파이를 사용할 수 있는 다양한 방법을 소개한다. 이를 통해 라즈베리파이로 무엇을 할 수 있는지 그리고 실제로 구현하고자 하는 시스템에 어떻게 적용할 수 있는지 이해하고, 라즈베리파이라는 SBC 플랫폼을 즐기는 것이 이 책의 목표라 하겠다.

책이 완성되어 가면서 느낀 점은 라즈베리파이로 할 수 있는 일이 처음 생각했던 것보다 훨씬 많다는 점이다. 이런 것도 가능할까 생각만 했던 것까지도 라즈베리파이 5로 가능했고, 이 모든 가능성을 책에 담지 못한 것이 아쉬울 따름이다. 이 책은 라즈베리파이와 관련된 수많은 이야기 중 기본이 되는 것들을 위주로 다루고자 했으니, 라즈베리파이를 처음 시작하는 독자들에게는 신기하고 재미있는 경험을, 라즈베리파이를 이미 경험해 본 독자들에게는 다양한 활용을 가능하게 해주는 시작점이 되어줄 것으로 기대한다. 라즈베리파이를 즐겨보자!

허경용

PART

I

라즈베리파이 기초 다지기

CHAPTER 1 라즈베리파이 준비하기

CHAPTER 2 라즈베리파이 시작하기

CHAPTER 3 라즈베리파이 OS

CHAPTER 4 파이썬 프로그래밍

라즈베리파이 준비하기

라즈베리파이는 신용카드 크기의 보드에 컴퓨터의 주요 기능을 모두 포함하고 있는 싱글 보드 컴퓨터의 한 종류다. 라즈베리파이가 처음 출시되었을 때는 교육용을 목표로 했지만, 버전이 바뀌면서 성능이 높아져 지금은 다양한 분야에서 사용되고 있다. 특히 무선 통신 기능이 포함되어 사물인터넷 환경에서의 활용 가능성이 주목받고 있다. 이 장에서는 라즈베리파이의 기본적인 특징과 이 책에서 사용할 라즈베리파이 5의 특징을 살펴보고, 라즈베리파이를 시작하기 위한 준비 과정으로 라즈베리파이 OS를 설치해 본다.

1.1 라즈베리파이

라즈베리파이는 영국의 라즈베리파이 재단[1]에서 만든 신용카드 크기의 컴퓨터로, 싱글 보드 컴퓨터(SBC: Single Board Computer)의 한 종류다. 싱글 보드 컴퓨터란 하나의 보드 위에 중앙처리장치(CPU: Central Processing Unit), 메모리, 입출력 인터페이스 등 데스크톱 컴퓨터의 본체에 해당하는 구성요소를 모두 갖추고 있는 것을 말한다. 싱글 보드 컴퓨터에 마우스와 키보드 그리고 모니터를 연결하면 데스크톱 컴퓨터와 같은 방법으로 사용할 수 있다. 이처럼 구조와 동작 방식이 일반적인 컴퓨터와 같은데도 싱글 보드 컴퓨터로 구별하여 부르는 것은 크기가 작고 사양이 낮은 컴퓨터라는 점도 이유이지만, 일반적인 컴퓨터와는 다른 용도로 사용한다는 점이 중요한 이유다.

라즈베리파이를 사용하면 데스크톱 컴퓨터로 할 수 있는 대부분의 작업을 할 수 있지만, 애초에 라즈베리파이는 컴퓨터의 동작 원리를 이해하고 프로그래밍을 교육하기 위해 만들어졌다. 라즈베리파이 모델이 바뀌면서 성능이 향상된 것은 사실이지만, 데스크톱 컴퓨터에 비하면 여전히 성능이 낮다. 2012년 처음 발표된 라즈베리파이가 700MHz 단일 코어 CPU를 사용했다면, 2023년 출시된 라즈베리파이 5는 2.4GHz 쿼드 코어 CPU를 사용하고 있으므로 클록만 생각하면 데스크톱 컴퓨터와 비슷한 정도라고 할 수 있다. 하지만 CPU 클록 외에도 많은 요소가 컴퓨터의 성능에 영향을 미치므로 라즈베리파이의 성능이 데스크톱 컴퓨터의 성능에는 미치지 못한다.

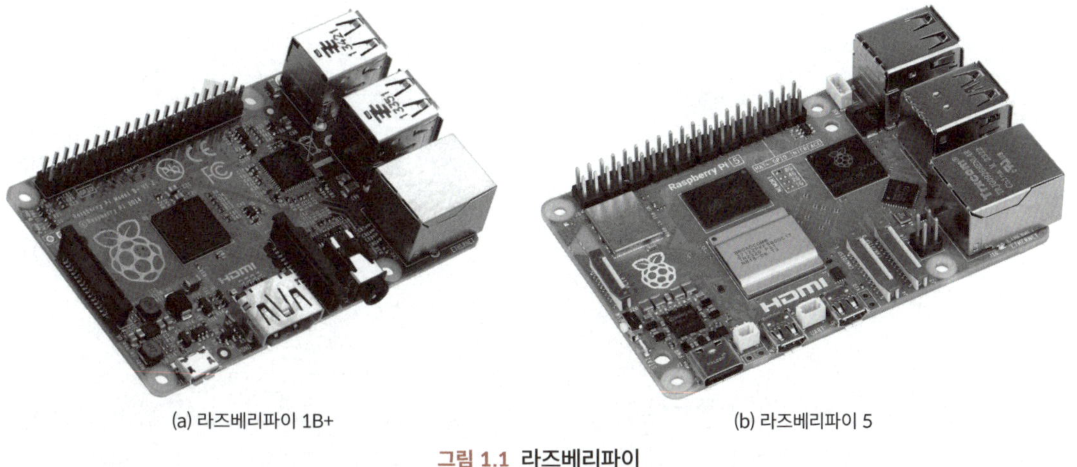

(a) 라즈베리파이 1B+ (b) 라즈베리파이 5

그림 1.1 **라즈베리파이**

그림 1.1은 처음 출시된 라즈베리파이 보드의 하나인 라즈베리파이 1B+와 2023년 출시된 라즈베리파이 5를 비교한 것으로, 일부 커넥터의 종류, 위치, 개수 등에 차이는 있지만 기본적인 형태는

1 https://www.raspberrypi.org

같다. 언뜻 보기에 컴퓨터의 본체와는 달라 컴퓨터로 느껴지지 않을 수 있지만, CPU는 물론 메모리와 저장장치 등이 모두 포함되어 있어 키보드와 모니터를 연결하면 데스크톱 컴퓨터처럼 사용할 수 있다.

라즈베리파이가 처음 출시된 이후 라즈베리파이 5가 출시되기까지 여러 가지 변화가 있었다. 라즈베리파이가 처음 출시되었을 때는 정사각형에 가까운 형태의 모델 A, 모델 A에 이더넷 포트를 추가하고 USB 포트의 수를 늘린 직사각형 형태의 모델 B 두 가지로 출시되었다. 하지만 라즈베리파이 2 이후로는 모델 B만 출시되었고 라즈베리파이 5부터는 라즈베리파이 홈페이지에서도 모델 B라는 단어를 사용하지 않고 '라즈베리파이 5'라고 부르고 있다. 라즈베리파이의 형태는 라즈베리파이 1B+ 이후 40핀의 GPIO(General Purpose Input Output) 핀 헤더, USB 포트, 이더넷 포트 등이 표준으로 정립되었고, 모델에 따라 포트 위치에 차이는 있지만 거의 같은 형태를 유지하고 있다. 라즈베리파이 5에서는 이전에 없던 전원 버튼, 팬 커넥터, RTC(Real Time Clock) 전원 커넥터, PCIe(Peripheral Component Interconnect Express) 포트, UART 포트 등이 추가되어 사용 편이성이 높아졌다. 표 1.1은 라즈베리파이의 모델별 특징을 비교한 것이다.

표 1.1 라즈베리파이 모델별 사양 비교

	1 Model B	1 Model B+	2 Model B	3 Model B	3 Model B+	4 Model B	5
출시	2012.02	2014.04	2015.02	2016.02	2018.03	2019.06	2023.10
SoC	브로드콤 (Broadcom) 2835	브로드콤 2835	브로드콤 2836	브로드콤 2837	브로드콤 2837B0	브로드콤 2711	브로드콤 2712
클록	700MHz	700MHz	900MHz	1.2GHz	1.4GHz	1.5GHz	2.4GHz
코어	1	1	4	4	4	4	4
메모리	256, 512MB	512MB	1GB	1GB	1GB	1, 2, 4, 8GB	2, 4, 8, 16GB
HDMI	1 × HDMI	1 × HDMI	1 × HDMI	1 × HDMI	1 × HDMI	2 × 마이크로 HDMI	2 × 마이크로 HDMI
이더넷	10/100M	10/100M	10/100M	10/100M	기가비트	기가비트	기가비트
와이파이	-	-	-	2.4GHz 802.11n	2.4/5GHz 802.11ac	2.4/5GHz 802.11ac	2.4/5GHz 802.11ac
블루투스	-	-	-	4.1, BLE	4.2, BLE	5.0, BLE	5.0, BLE
USB 2.0	2	4	4	4	4	2	2
USB 3.0	-	-	-	-	-	2	2
SD 카드	SD	마이크로 SD	마이크로 SD	마이크로 SD	마이크로 SD	마이크로 SD	마이크로 SD

표 1.1 라즈베리파이 모델별 사양 비교 (계속)

	1 Model B	1 Model B+	2 Model B	3 Model B	3 Model B+	4 Model B	5
전원 연결	마이크로 USB	마이크로 USB	마이크로 USB	마이크로 USB	마이크로 USB	USB-C	USB-C
GPIO 핀 헤더 핀 수	26	40	40	40	40	40	40

라즈베리파이와 흔히 비교되는 것이 아두이노로, 아두이노보다 높은 성능을 가진 것이 라즈베리파이라고 이야기하기도 한다. 연산 능력만 비교한다면 잘못된 이야기는 아니지만, 라즈베리파이와 달리 아두이노는 싱글 칩 컴퓨터(SBC: Single Chip Computer)인 마이크로컨트롤러를 사용하여 만든 보드다. 싱글 칩 컴퓨터란 컴퓨터로 동작하는 데 필요한 주요 구성요소들을 하나의 칩으로 만든 것을 말한다. 라즈베리파이는 보드 전체가 데스크톱 컴퓨터의 본체에 해당한다면, 아두이노는 아두이노에 포함된 마이크로컨트롤러 칩 하나가 데스크톱 컴퓨터의 본체에 해당한다.

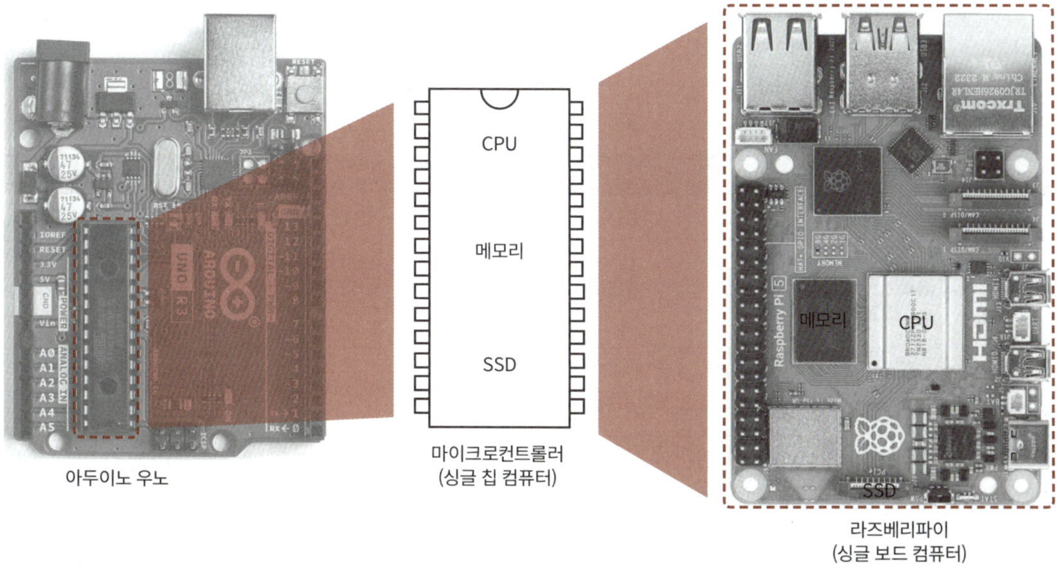

그림 1.2 싱글 칩 컴퓨터와 싱글 보드 컴퓨터

아두이노 역시 보드 형태를 갖고 있지만, 가장 중요한 것은 싱글 칩 컴퓨터인 마이크로컨트롤러다. 마이크로컨트롤러 외에도 다양한 부품과 커넥터가 포함되어 있지만, 이들은 마이크로컨트롤러를 쉽게 사용할 수 있도록 하기 위해서다. 아두이노에서 마이크로컨트롤러 칩 하나만 있으면 컴퓨터로 동작할 수 있지만 라즈베리파이는 보드 전체가 있어야 컴퓨터로 동작할 수 있으며, 이것이 싱글 칩 컴퓨터와 싱글 보드 컴퓨터의 차이다. 라즈베리파이가 데스크톱 컴퓨터보다 성능이 낮은 것

처럼, 아두이노는 라즈베리파이보다 성능이 낮다. 하지만 데스크톱 컴퓨터와 라즈베리파이가 서로 다른 목적으로 사용되는 것처럼, 라즈베리파이와 아두이노 역시 서로 다른 목적으로 사용되므로 비교하는 것은 큰 의미가 없으며 목적에 맞게 선택하여 사용하면 된다.

1.2 라즈베리파이 5

라즈베리파이 5는 2023년 출시된 라즈베리파이 최신 모델로, 이전 모델과 비교했을 때 성능이 대폭 향상되고 다양한 주변장치를 쉽게 연결하여 사용할 수 있도록 많은 개선이 이루어졌다. 그림 1.3은 라즈베리파이 5에 포함된 부품과 커넥터를 표시한 것으로, 키보드와 마우스를 연결할 수 있는 4개의 USB 포트, 모니터를 연결할 수 있는 2개의 마이크로 HDMI 포트, 유선 인터넷 연결에 사용할 수 있는 이더넷 포트 등 데스크톱 컴퓨터에서 볼 수 있는 포트들을 볼 수 있다. 이와 함께 MIPI(Mobile Industry Processor Interface) 포트, PCI Express 포트, 범용 입출력 핀 등 데스크톱 컴퓨터에서는 쉽게 볼 수 없는 포트와 커넥터도 포함되어 있어 폭넓은 확장성과 활용성을 제공한다.

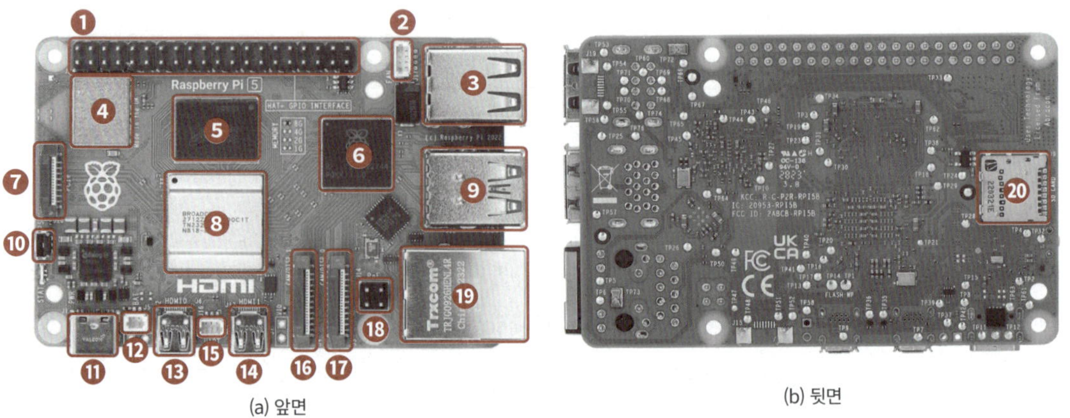

(a) 앞면 (b) 뒷면

그림 1.3 라즈베리파이 5의 부품

표 1.2 라즈베리파이 5의 구성요소

번호	부품	설명
1	범용 입출력 핀 헤더	• 라즈베리파이 표준 40핀 헤더
2	팬 커넥터	• 방열 팬 연결
3	USB 2.0	• 2개
4	무선 통신 모듈	• 듀얼 밴드 802.11ac 와이파이 • 블루투스 5.0, BLE
5	SDRAM	• 2GB, 4GB, 8GB, 또는 16GB

표 1.2 라즈베리파이 5의 구성요소 (계속)

번호	부품	설명
6	RP1 입출력 컨트롤러	• MIPI, USB, 이더넷 등의 입출력 제어
7	PCI Express 포트	• M.2 SSD 등 고속 주변장치 연결
8	SoC	• 브로드콤(Broadcom) BCM2712 2.4GHz 쿼드 코어 64비트 • 800MHz VideoCore VII GPU 포함
9	USB 3.0	• 2개
10	전원 버튼	
11	USB-C 타입 전원 커넥터	• 5V/5A 추천
12	RTC 배터리 커넥터	
13	마이크로 HDMI 0	• 4K UHD 지원 • HDR 지원
14	마이크로 HDMI 1	
15	디버그 포트	• 2-와이어 시리얼 디버그 인터페이스 또는 시리얼 콘솔로 사용
16	4-레인 MIPI 포트 1	• 카메라(CSI), 디스플레이(DSI) 등 연결
17	4-레인 MIPI 포트 0	
18	PoE 커넥터	• Power over Ethernet 커넥터
19	이더넷 포트	• 기가비트 이더넷, PoE 지원
20	마이크로 SD 카드 슬롯	• 운영체제 설치 및 데이터 저장

SoC

라즈베리파이에서 가장 중요한 부품 중 하나가 SoC(System on Chip)다. SoC는 하나의 집적회로에 CPU는 물론 메모리, 입출력 인터페이스 등을 통합한 것으로, 아두이노에 사용되는 마이크로 컨트롤러 역시 SoC의 한 종류다. 라즈베리파이의 SoC에는 메모리가 포함되어 있지 않으며 CPU, GPU(Graphics Processing Unit) 등이 포함되어 있다. 흔히 볼 수 있는 SoC의 예가 스마트폰에 사용되는 SoC로 AP(Application Processor)라고 부른다. AP는 라즈베리파이에 사용된 SoC보다 성능이 높다는 점을 제외하면 기본적으로 같다. 지금은 거의 찾아볼 수 없지만, 삼성, LG, 샤오미 등의 스마트폰도 라즈베리파이에 사용되는 브로드콤의 SoC를 사용한 적이 있다. 라즈베리파이 5의 SoC에는 ARM Cortex-A76 기반의 64비트 쿼드 코어 CPU와 브로드콤의 VideoCore VII GPU가 포함되어 있다. GPU는 비디오 출력, 비디오 인코딩 및 디코딩, 3D 그래픽 처리 등을 담당하며 MIPI 포트에 연결하는 카메라 영상 처리 역시 일부 담당하고 있다.

메모리

SoC와 함께 컴퓨터에서 핵심이 되는 부품이 메모리로, 데스크톱 컴퓨터에서 메인 메모리라 불리는 메모리다. 라즈베리파이에서 사용하는 메모리는 데스크톱 컴퓨터에서와 같은 SDRAM(Synchronous Dynamic Random Access Memory)으로, DRAM을 개선한 것이다. DRAM은 시스템 클록과는 별개의 전용 메모리 클록을 사용하여 CPU와 비동기식으로 동작한다. 반면 SDRAM은 시스템 클록과 동기식으로(synchronous) 동작한다. 메모리가 시스템 클록과 동기화되면 메모리 접근이 시스템 클록에 맞춰 이루어지므로 제어가 간단하고 성능을 높이기 쉽다는 장점이 있다. 하지만 DRAM보다 메모리 구조가 복잡하고 제조 공정이 복잡하여 가격이 높다는 것은 단점이다. 라즈베리파이 5는 4GB와 8GB SDRAM이 포함된 보드가 먼저 출시되었고, 이후 1GB, 2GB, 16GB SDRAM이 포함된 보드가 출시되어 메모리 크기에 따라 5종류의 보드가 판매되고 있다.

무선 통신 모듈

라즈베리파이에는 모델 3B 이후 무선 통신 모듈이 포함됨으로써 별도의 외부 장치 없이 와이파이와 블루투스를 사용할 수 있게 되었다. 라즈베리파이 5에도 무선 통신 모듈이 포함되어 있으며, 와이파이는 2.4GHz와 5.0GHz의 듀얼 밴드 802.11ac를 지원하고, 블루투스는 5.0과 BLE(Bluetooth Low Energy)를 지원한다.

USB 포트

라즈베리파이 5는 USB 2.0과 3.0을 모두 지원하며 각각 2개의 포트를 제공한다. USB 포트는 USB 2.0을 위한 검은색 포트와 USB 3.0을 위한 파란색 포트로 구별된다. USB 포트에는 키보드, 마우스, 카메라, 플래시 드라이버 등의 USB 장치를 연결하여 사용할 수 있다. USB 포트에 연결하는 대부분의 장치는 PnP(Plug and Play) 기능을 통해 별도의 설치 없이 바로 사용할 수 있다.

마이크로 HDMI

라즈베리파이 5는 모니터 연결을 위해 마이크로 HDMI(High Definition Multimedia Interface) 포트를 사용한다. 마이크로 HDMI 포트는 일반적으로 사용하는 HDMI 포트를 작게 만든 것으로, HDMI 포트와 핀 수는 같지만 핀 배열에 차이가 있다. 라즈베리파이 5의 마이크로 HDMI 포트는 4K UHD 해상도에 60프레임을 지원하며 2개의 모니터를 동시에 연결할 수 있다.

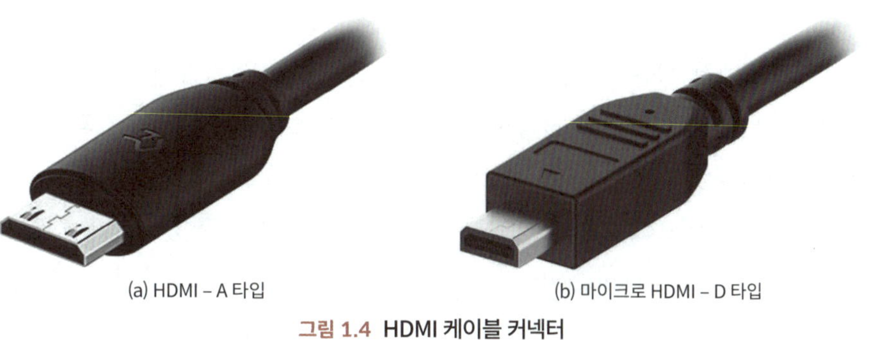

(a) HDMI – A 타입　　(b) 마이크로 HDMI – D 타입

그림 1.4 HDMI 케이블 커넥터

마이크로 HDMI 포트 외에도 MIPI 포트를 통해 디스플레이를 연결할 수 있다. 하지만 마이크로 HDMI 포트에 연결하는 모니터가 데스크톱 컴퓨터에 연결하는 모니터와 같은 모니터라면, MIPI 포트에는 주로 크기가 작고 해상도가 낮은 디스플레이를 연결한다.

이더넷

라즈베리파이 5에는 이더넷 연결을 위한 RJ45 포트가 포함되어 있으며 기가비트 이더넷을 지원한다. RJ45 포트 바로 뒤에 있는 4핀의 PoE(Power over Ethernet) 커넥터를 사용하여 PoE 기능을 제공하는 네트워크 스위치에 연결하면 별도의 전원을 연결하지 않아도 이더넷을 통해 전원을 공급할 수 있다. 하지만 라즈베리파이 5에서 PoE 기능을 사용하기 위해서는 PoE+ HAT(Hardware Attached on Top)이 필요하다. HAT은 라즈베리파이를 위한 표준 확장 보드다. 라즈베리파이 4에서도 PoE 기능을 사용할 수 있지만, RJ45 포트와 PoE 커넥터 위치가 라즈베리파이 5와 다르므로 라즈베리파이 5와는 다른 PoE HAT을 사용해야 한다.

마이크로 SD 카드 슬롯

라즈베리파이에서 SD 카드는 데스크톱 컴퓨터에서 SSD(Solid State Drive)와 같은 역할을 한다. SD 카드는 운영체제를 설치하여 라즈베리파이를 부팅하는 데 사용되며, 애플리케이션 설치와 데이터 저장에도 사용된다. 라즈베리파이 5에서는 SDR104(Single Data Rate 104MB/s) 모드를 기본으로 지원함으로써 SDR50 모드를 기본으로 지원하는 라즈베리파이 4보다 2배 이상 빠른 속도로 마이크로 SD 카드를 읽고 쓸 수 있다. 라즈베리파이 5의 PCIe 포트에 SSD를 연결하여 SD 카드 대신 사용하는 것도 가능하지만, 라즈베리파이에서는 기본적으로 SD 카드를 사용한다. 라즈베리파이 5에서는 최대 2TB의 SD 카드를 사용할 수 있다.

전원

라즈베리파이 5에는 USB-C 타입 커넥터를 통해 전원을 공급한다. 라즈베리파이 5는 이전 모델보다 높은 성능을 제공하며, 이를 위해 이전 모델보다 많은 전력을 사용한다. 라즈베리파이 4에서는 5V 3A 어댑터 사용이 추천되었다면, 라즈베리파이 5에서는 5V 5A 어댑터 사용이 추천된다. 5V 5A 어댑터는 흔하지 않으므로 라즈베리파이 5를 위한 전용 어댑터를 별도로 준비해야 할 수 있다.

라즈베리파이 5에는 전원 버튼이 추가되었다. 라즈베리파이가 꺼진 상태에서 버튼을 누르면 전원이 켜진다. 전원이 켜진 상태에서 버튼을 한 번 누르면 라즈베리파이를 끌 수 있는 메뉴가 나타나고 한 번 더 누르면 라즈베리파이가 꺼진다. 전원 버튼으로 라즈베리파이를 끄는 것이 가능하지만, 데스크톱 컴퓨터와 마찬가지로 전원을 끌 때는 메뉴 항목을 선택하거나 터미널에서 명령어를 실행하는 소프트웨어적인 방법을 추천한다. 전원 버튼 옆에는 전원 LED가 포함되어 있고 동작 중일 때는 초록색, 꺼진 상태에서는 빨간색으로 켜지므로 라즈베리파이의 상태를 확인할 수 있다.

4-레인 MIPI 포트

MIPI는 'Mobile Industry Processor Interface'의 약어로, MIPI Alliance에서 정한 모바일 기기를 위한 인터페이스 규격이다. MIPI 규격은 모바일 장치의 프로세서와 주변기기 간 연결을 표준화하여 호환성을 높이고 성능을 개선하기 위해 만들어졌다. MIPI는 디스플레이, 카메라, 오디오 장치 등을 연결하는 데 주로 사용된다. 라즈베리파이에서도 CSI(Camera Serial Interface)를 통한 카메라 연결과 DSI(Display Serial Interface)를 통한 디스플레이 연결에 주로 사용한다. 라즈베리파이 5의 MIPI 포트에는 2개의 카메라, 2개의 디스플레이 또는 카메라와 디스플레이를 1개씩 연결하여 사용할 수 있으며, MIPI 포트를 사용하는 라즈베리파이 공식 터치스크린과 공식 카메라가 판매되고 있다.

MIPI 규격에서 레인(lane)은 고속 직렬 데이터 전송을 위한 경로를 가리키며, 4-레인은 4개의 경로를 사용하여 병렬로 데이터를 전송할 수 있다는 것을 의미한다. 라즈베리파이 4에서는 2-레인 MIPI 포트를 사용하므로 단순히 계산하면 라즈베리파이 5는 라즈베리파이 4보다 2배 빠른 전송 속도를 얻을 수 있다.

PCI Express

라즈베리파이 5에서 MIPI 포트와 비슷하게 생긴 PCI Express(PCIe) 포트를 통해 고속의 주변장치를 연결하여 사용할 수 있다. 라즈베리파이의 PCIe 포트는 리본 케이블을 사용하므로 표준 연결 방식으로 변환하기 위해 HAT이 필요할 수 있다. 라즈베리파이에서 사용할 수 있는 PCIe 장치 중 하나가 SSD로, M.2 HAT을 통해 연결하여 사용할 수 있다.

라즈베리파이를 위한 OS(operating system, 운영체제)는 SD 카드에 설치하여 사용하는 것이 기본이지만, PCIe 포트에 연결된 SSD에 설치하여 사용할 수도 있다. SSD는 SD 카드보다 빠른 읽기 및 쓰기가 가능하므로 시스템 성능 향상을 기대할 수 있다. 또한 SSD는 SD 카드보다 용량이 커 많은 데이터나 큰 애플리케이션을 설치하고 실행하는 데 적합하며, 내구성이 높고 수명이 길어 데이터베이스 서버를 구축하거나 IoT(Internet of Things) 애플리케이션에서의 실시간 데이터 처리 등에 적합하다.

범용 입출력 핀 헤더

라즈베리파이 5에는 이전 버전과 마찬가지로 2열 40핀의 GPIO 핀 헤더를 제공한다. 40핀의 GPIO 핀 헤더는 12개의 전원 관련 핀과 28개의 범용 입출력(GPIO: General Purpose Input Output) 핀으로 구성되어 있으며, 흔히 GPIO 핀 헤더라고 한다. GPIO 핀에는 LED나 버튼 같은 간단한 주변장치를 비롯하여 센서나 모터와 같이 흔히 사용되는 주변장치를 연결하여 사용할 수 있다. 라즈베리파이 1 모델 B+ 이후 40핀의 GPIO 핀 헤더는 표준화된 배열을 따르고 있어 핀 호환성을 갖는다.

1.3 라즈베리파이를 위한 주변장치

라즈베리파이는 컴퓨터이므로 데스크톱 컴퓨터에서 사용하는 대부분의 주변장치를 연결하여 사용할 수 있다. 데스크톱 컴퓨터를 사용할 때 마우스와 키보드 그리고 모니터가 필요한 것처럼, 라즈베리파이에서도 이러한 장치는 필수다. 여기에 더해 라즈베리파이는 별도의 전원 공급장치를 연결해야 하고, OS가 설치된 마이크로 SD 카드 역시 준비해야 한다. 그림 1.5는 라즈베리파이를 데스크톱 컴퓨터처럼 사용하기 위한 일반적인 구성을 보여준다.

USB 전원 공급장치

라즈베리파이 5에서는 5V 5A의 전원 공급장치가 추천되며 USB-C 타입 커넥터를 사용한다. 라즈베리파이 4를 위해서는 15W의 공식 전원 공급장치[2]가 판매되고 있으며 라즈베리파이 5를 위해서는 27W의 공식 전원 공급장치[3]가 판매되고 있으므로, 모델에 맞는 전원 공급장치를 사용하면 된다.

2 https://www.raspberrypi.com/products/type-c-power-supply

3 https://www.raspberrypi.com/products/27w-power-supply

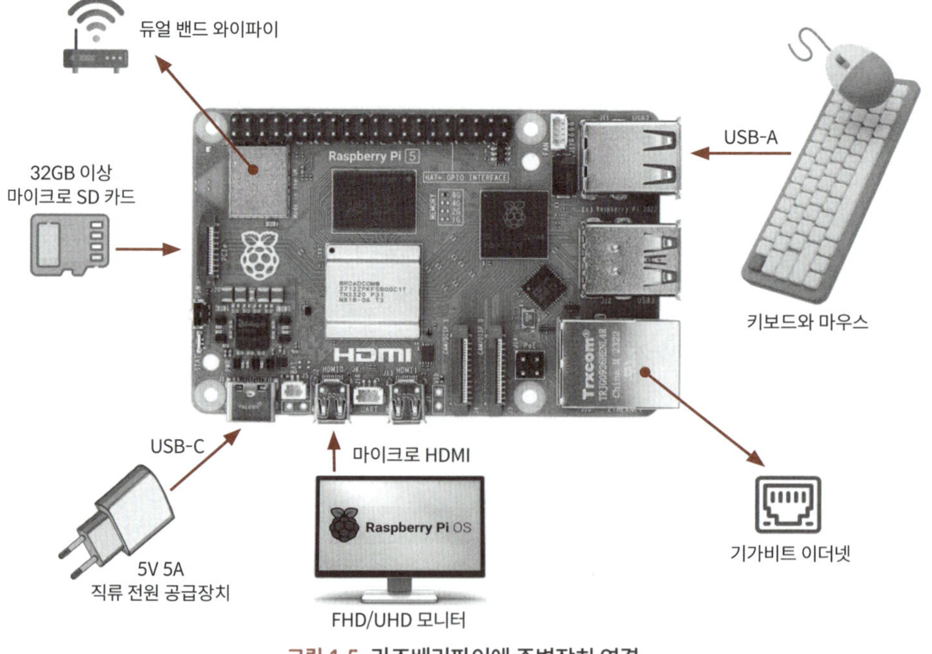

그림 1.5 라즈베리파이에 주변장치 연결

마이크로 SD 카드

SD 카드는 데스크톱 컴퓨터의 SSD 역할을 하며, OS 설치는 물론 애플리케이션 설치와 데이터 저장에도 사용된다. 라즈베리파이 5의 마이크로 SD 카드 슬롯은 SDR104(Single Data Rate 104MB/s) 모드를 지원한다. SDR104 모드는 최대 104MB/s 속도를 지원하지만, 이 속도는 사용하는 SD 카드에 따라 달라질 수 있다. SDR104는 UHS-I의 다른 이름이다. UHS는 'Ultra High Speed'의 약어로 속도에 따라 I, II, III으로 나뉘며 각각 104MB/s, 312MB/s, 614MB/s의 전송 속도를 지원한다.

라즈베리파이 5에서는 32GB 이상의 마이크로 SD 카드가 추천된다. 라즈베리파이 OS를 설치하는 데는 8GB로도 충분하지만, 애플리케이션을 설치하기는 어려울 수 있다. 따라서 최소 16GB 이상의 공간이 필요하며, 데이터 저장까지 고려한다면 32GB 이상의 용량을 사용하는 것이 좋다. SD 카드의 종류에 따라 지원하는 모드가 다르므로 SDR104 모드의 고속 전송을 사용하지는 못할 수 있지만, 32GB 이상의 용량을 가진 대부분의 SD 카드는 라즈베리파이에서 사용할 수 있다.

USB 키보드와 마우스

라즈베리파이에는 데스크톱 컴퓨터에서 사용하는 유선 USB 키보드와 마우스를 연결해서 사용할 수 있고, USB 동글을 연결하면 무선 키보드와 마우스를 사용할 수 있다. 유선 및 무선 키보드와 마우스는 PnP 기능을 통해 별도의 설치 없이 사용할 수 있다.

라즈베리파이 5에는 블루투스 모듈 역시 포함되어 있으므로 블루투스 키보드와 마우스 역시 사용할 수 있다. 하지만 라즈베리파이를 처음 사용할 때는 페어링 문제로 블루투스 장치를 사용하기 어려우므로, 유선이나 무선 키보드와 마우스로 초기 설정을 완료한 후 사용해야 한다.

모니터

라즈베리파이 5에는 2개의 마이크로 HDMI 포트가 포함되어 있어 2개의 모니터를 연결하여 사용할 수 있다. 마이크로 HDMI 포트는 60Hz에 UHD 해상도를 지원한다. 데스크톱 컴퓨터에 모니터를 연결할 때는 HDMI–HDMI 케이블을 주로 사용하지만, 라즈베리파이 5에서는 HDMI–마이크로 HDMI 케이블을 사용한다. 기본 모니터는 HDMI0 포트에 연결하는 경우가 많지만, 모니터를 하나만 연결할 때는 HDMI1 포트에 연결해도 문제는 없다.

라즈베리파이 4까지는 3.5mm의 4극 TRRS(Tip–Ring–Ring–Sleeve) 잭을 통해 아날로그 형식의 비디오를 출력할 수 있었지만, 라즈베리파이 5에는 TRRS 잭이 포함되어 있지 않으므로 아날로그 출력은 사용할 수 없다. TRRS 잭은 오디오 신호 출력에도 사용되는 잭으로, 흔히 오디오 잭이라고 부른다.

네트워크 연결

라즈베리파이는 이더넷 포트가 없는 A 모델과 이더넷 포트가 있는 B 모델로 구분할 수 있으며, 모델 B는 UTP(Unshielded Twisted Pair) 케이블을 사용하여 유선 네트워크에 연결할 수 있다. 또한 라즈베리파이 3 이후 무선 통신 모듈이 추가되면서 와이파이를 사용한 무선 네트워크 연결도 가능하다. 연결과 이동의 편리함 때문에 무선 연결이 흔히 사용되지만, 유선 연결의 속도가 무선 연결보다 빠르고 안정성이 높으므로 많은 데이터를 고속으로 전송할 필요가 있을 때는 유선 연결이 추천된다.

오디오

라즈베리파이에서는 HDMI 포트를 통한 오디오 출력과 USB를 통한 오디오 출력을 사용할 수 있으며, 블루투스 통신 모듈이 포함된 모델에서는 블루투스 오디오 역시 사용할 수 있다. 라즈베리파이 4까지는 TRRS 잭을 통한 아날로그 오디오 출력을 사용할 수 있었지만, 라즈베리파이 5에는 TRRS 잭이 포함되어 있지 않으므로 아날로그 오디오 출력은 사용할 수 없다.

1.4 라즈베리파이 OS

라즈베리파이는 컴퓨터이므로 윈도우나 맥OS 같은 운영체제(OS)가 필요하다. 라즈베리파이는 마이크로 SD 카드 슬롯에 있는 SD 카드에서 OS를 시작하는 것이 기본이다. SD 카드 외에 USB 드라이버, PCIe 포트에 연결된 SSD, 네트워크 저장장치 등에 설치된 OS에서 시작하는 것도 가능하다. 여기서는 SD 카드에 라즈베리파이 OS가 설치된 것으로 가정하는데, 라즈베리파이를 사용할 때 가장 흔한 선택이다. 따라서 먼저 SD 카드에 라즈베리파이를 위한 OS를 설치해야 한다. SD 카드에 OS를 설치하기 위해서는 데스크톱 컴퓨터가 필요하다. 데스크톱 컴퓨터에서 SD 카드에 라즈베리파이 OS를 설치하고, SD 카드를 라즈베리파이의 SD 카드 슬롯에 삽입한 후 전원을 켜면 라즈베리파이를 데스크톱 컴퓨터처럼 사용할 수 있다.

SD 카드에 OS를 설치하는 데는 라즈베리파이 이미저(Raspberry Pi Imager)를 사용한다. 라즈베리파이 이미저는 윈도우, 맥OS, 리눅스 등의 운영체제를 지원하므로 사용하는 데스크톱 컴퓨터의 운영체제에 맞는 프로그램을 설치하면 된다. 여기서는 윈도우 환경에서 SD 카드에 라즈베리파이 OS를 설치하는 것으로 가정한다. 라즈베리파이 이미저를 내려받아[4] 설치하고 프로그램을 실행한다. SD 카드는 SD 카드 리더기를 통해 데스크톱 컴퓨터에 연결한다.

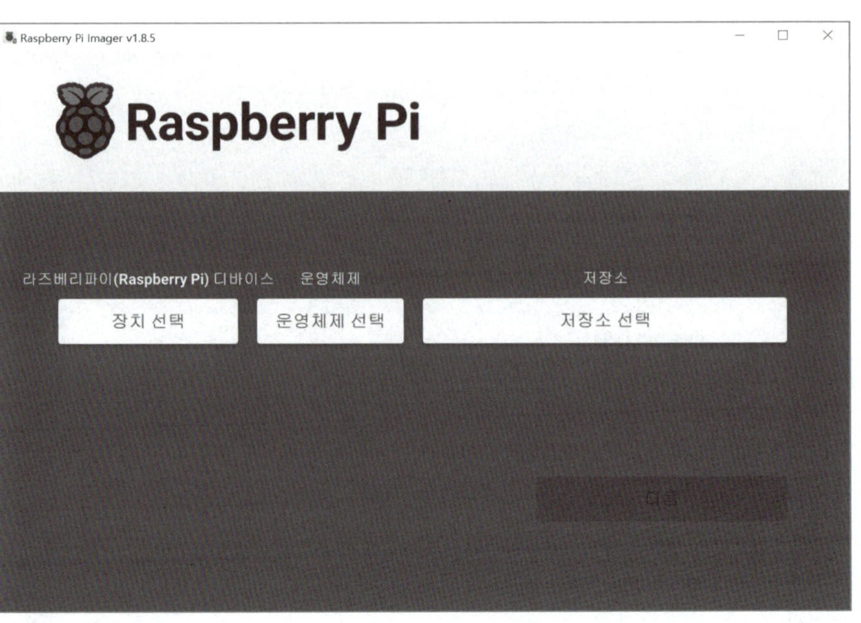

그림 1.6 라즈베리파이 이미저 초기 화면

4 https://www.raspberrypi.com/software

'장치 선택'에서는 사용하는 라즈베리파이 모델을 선택한다. 여기서는 라즈베리파이 5를 선택한다.

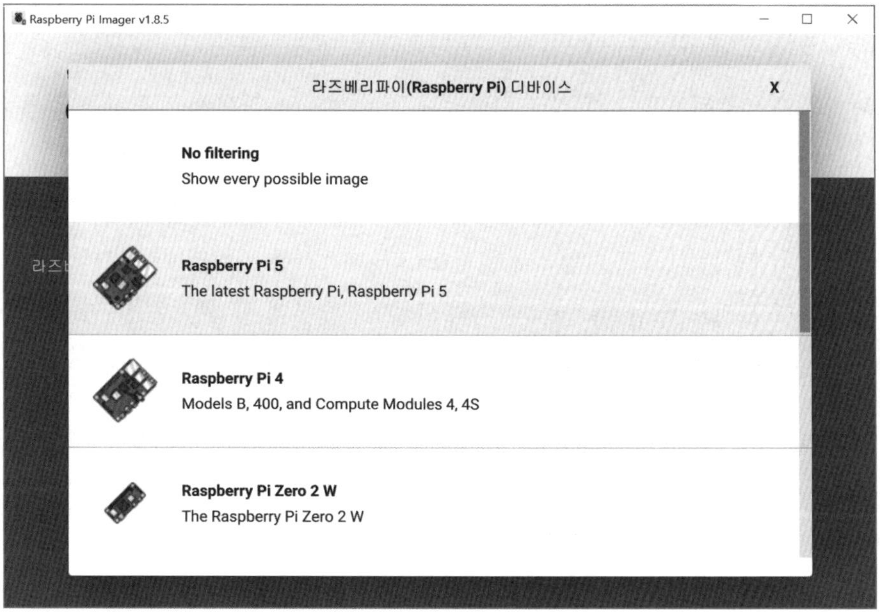

그림 1.7 라즈베리파이 모델 선택

'운영체제 선택'에서는 라즈베리파이에 설치할 OS의 종류를 선택한다.

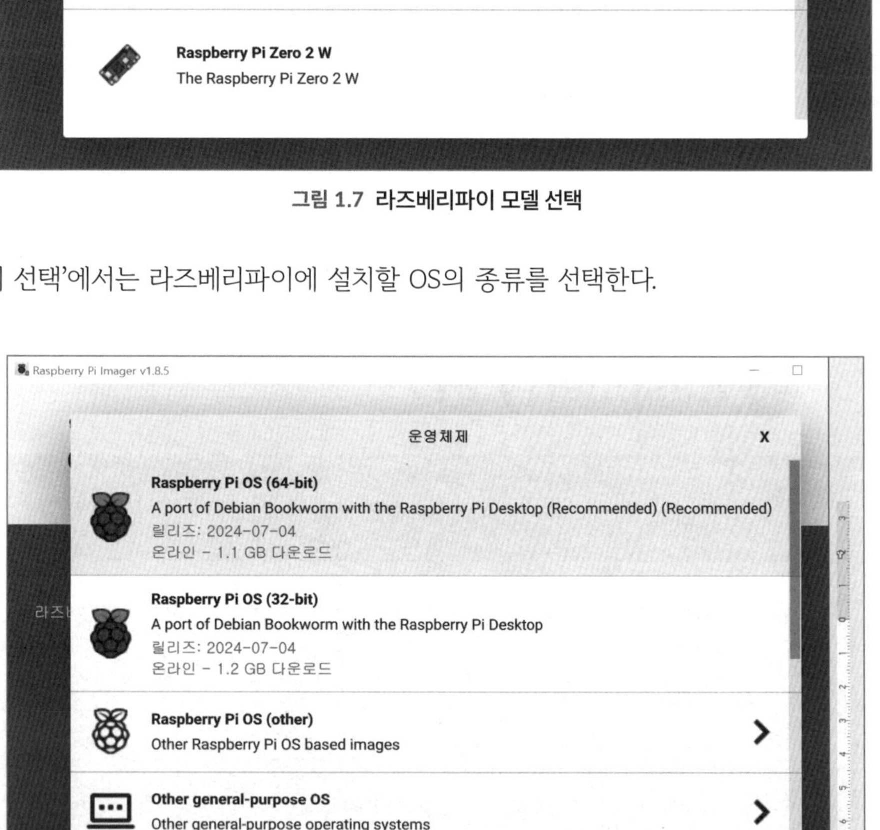

그림 1.8 운영체제 선택

그림 1.8에서 볼 수 있듯이 라즈베리파이에서 사용 가능한 OS는 여러 가지가 있지만, 대부분 라즈베리파이를 위한 공식 OS인 '라즈베리파이 OS'를 사용한다. 라즈베리파이 OS는 데비안 리눅스를 바탕으로 만들어져 '라즈비안(Raspbian)'이라는 이름으로 사용되다가 2020년부터 라즈베리파이 OS라는 이름을 사용하고 있다. 라즈베리파이 OS와 같이 설치되는 라즈베리파이 데스크톱은 라즈베리파이 재단에서 만든 데스크톱 환경으로 사용자 인터페이스와 기본 프로그램을 포함하고 있다. 라즈베리파이 데스크톱은 라즈베리파이뿐만 아니라 데스크톱 컴퓨터에서도 사용할 수 있다.

라즈베리파이 OS는 32비트와 64비트의 두 가지가 제공된다. 라즈베리파이는 모델 3부터 64비트의 SoC를 사용하므로 64비트 OS를 사용하면 되고, 이 책에서도 64비트 OS를 사용한다. 라즈베리파이의 이전 모델을 사용할 때나 소프트웨어 호환 문제가 있을 때는 32비트 라즈베리파이 OS를 선택하면 된다.

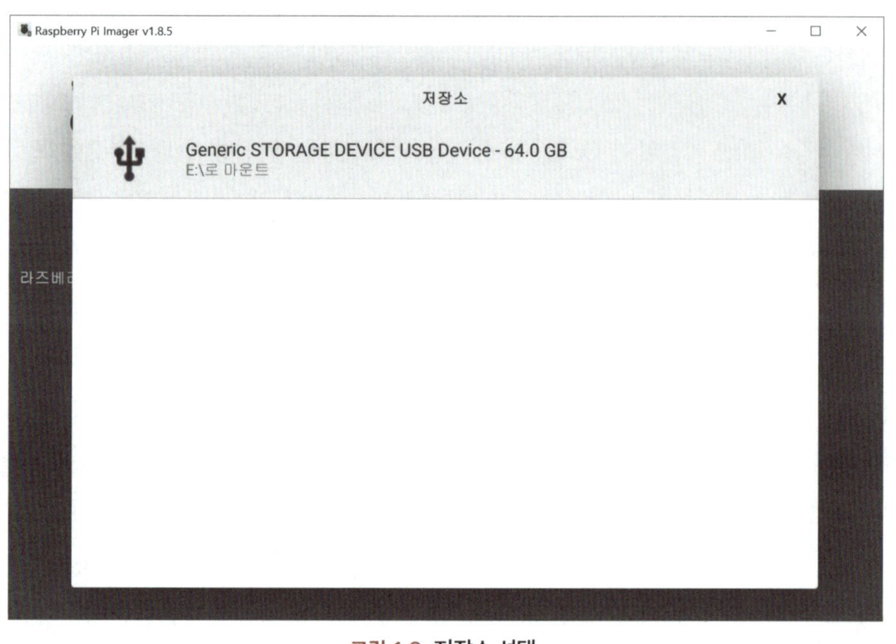

그림 1.9 저장소 선택

'저장소 선택'에서 SD 카드를 선택한 후 '다음' 버튼을 누르면 OS 커스터마이징을 위한 다이얼로그가 나타난다. '아니요' 버튼이 있어 OS 커스터마이징을 진행하지 않아도 될 것으로 생각할 수 있지만, OS 커스터마이징 없이 OS를 설치하면 라즈베리파이 OS를 설치한 SD 카드로 라즈베리파이를 처음 켤 때 커스터마이징을 진행해야 하므로 OS를 설치할 때 진행하는 것이 편리하다.

그림 1.10 OS 커스터마이징 옵션 선택 다이얼로그

OS 커스터마이징은 라즈베리파이 OS의 초기 환경을 설정하는 역할을 한다. '설정을 편집하기' 버튼을 누르면 OS 커스터마이징 다이얼로그가 나타난다. OS 커스터마이징 다이얼로그는 3개의 탭으로 나뉘어 있다. 첫 번째 탭은 일반 탭으로 호스트 이름(즉, 라즈베리파이 이름), 로그인 시 사용자 이름과 비밀번호, 무선 네트워크 연결을 위한 SSID와 비밀번호, 로케일 정보 등을 설정할 수 있다. 호스트 이름은 디폴트값인 'raspberrypi'로 지정되어 있으며 원하는 이름을 지정하면 된다. 사용자 이름과 비밀번호는 라즈베리파이의 첫 번째 사용자 정보를 지정한다. '무선 LAN 설정'에는 연결할 AP(Access Point)의 이름인 SSID와 비밀번호를 지정한다. '숨겨진 SSID' 옵션은 사용하고자 하는 AP가 SSID를 브로드캐스트하지 않을 때 선택한다. SSID 브로드캐스트는 AP가 AP에 연결하고자 하는 기기에게 SSID를 주기적으로 알려주는 것을 말한다. 무선 LAN 국가에는 KR(대한민국)을 지정한다. '로케일 설정 지정'에서는 시간대와 키보드 레이아웃을 선택한다.

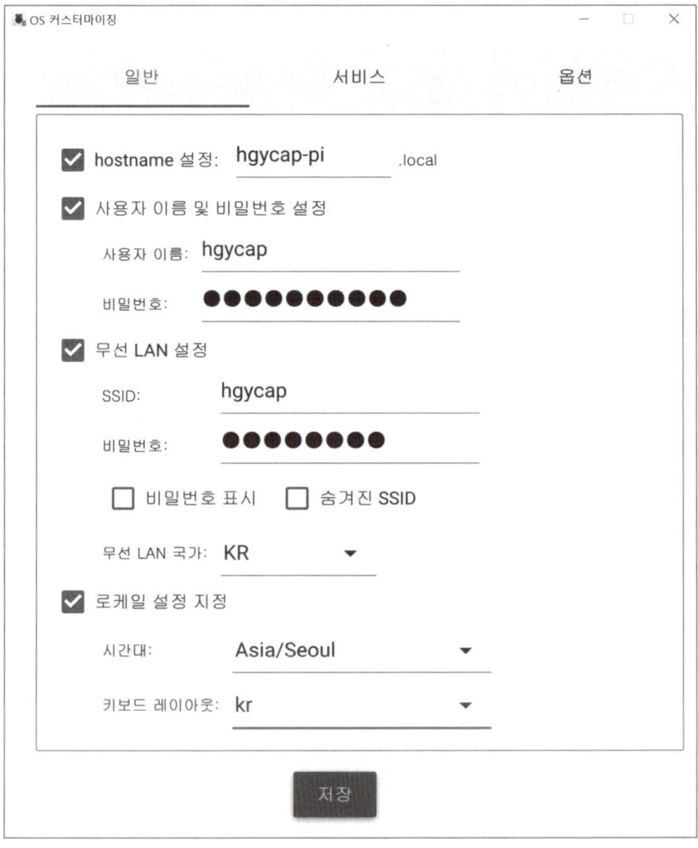

그림 1.11 OS 커스터마이징 – 일반 탭

서비스 탭은 라즈베리파이에 원격으로 연결하여 사용하는 데 필요한 옵션을 포함하고 있다. 라즈베리파이에 원격으로 연결하여 사용할 예정이라면 'SSH 사용' 옵션을 선택해야 한다. 이 책에서는 원격 로그인을 통해 사용하는 것을 기본으로 하므로 'SSH 사용' 옵션을 반드시 선택하자.

'비밀번호 인증 사용' 옵션을 선택하면 일반 탭에서 설정한 사용자 이름과 비밀번호를 원격 로그인에 사용할 수 있으므로 이 옵션을 선택한다. '공개 키만 인증 허용' 옵션을 선택하면 공개 키와 개인 키를 사용하는 인증 방식을 통해 현재 OS 설치에 사용 중인 데스크톱 컴퓨터에서만 원격으로 로그인이 가능하다.

그림 1.12 OS 커스터마이징 – 서비스 탭

옵션 탭에는 라즈베리파이 이미저가 라즈베리파이 OS를 설치하는 과정과 관련된 옵션이 포함되어 있으며, 디폴트값을 사용하면 된다.

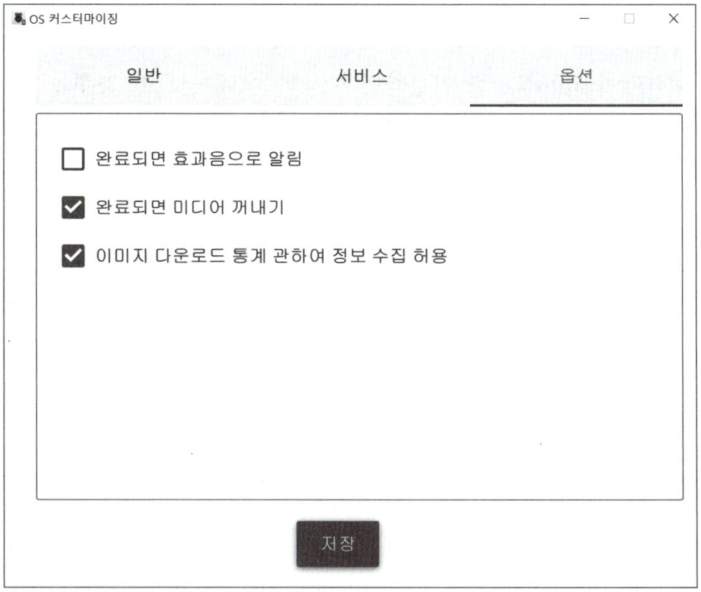

그림 1.13 OS 커스터마이징 – 옵션 탭

OS 커스터마이징이 끝나면 '저장' 버튼을 눌러 변경된 내용을 저장하고, 커스터마이징한 내용을 적용하기 위해 '예' 버튼을 누른다.

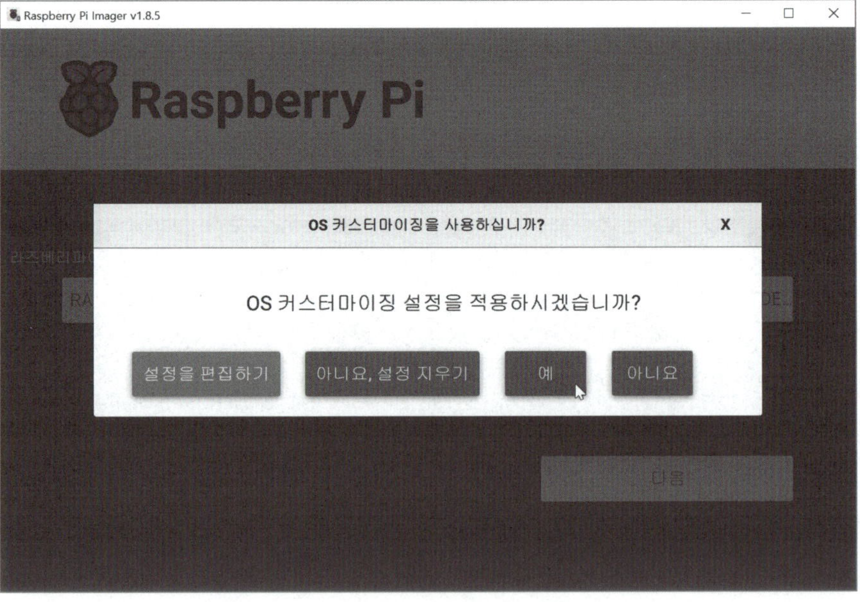

그림 1.14 OS 커스터마이징 적용

SD 카드의 내용이 모두 지워진다는 경고 메시지에 '예'를 선택하면 OS 설치가 시작된다.

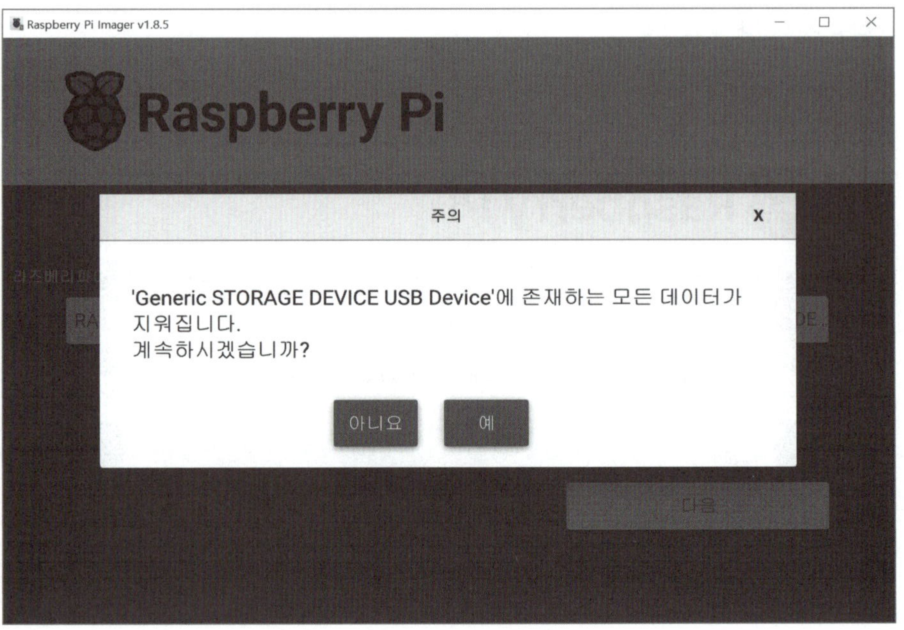

그림 1.15 OS 설치 시작

OS 설치는 내려받은 OS 이미지 파일에서 파일을 추출하여 SD 카드에 설치하는 쓰기 과정과 설치한 파일을 확인하는 확인 과정으로 이루어진다. OS 설치는 데스크톱 컴퓨터에 따라 다르지만 10여 분의 시간이 필요하다.

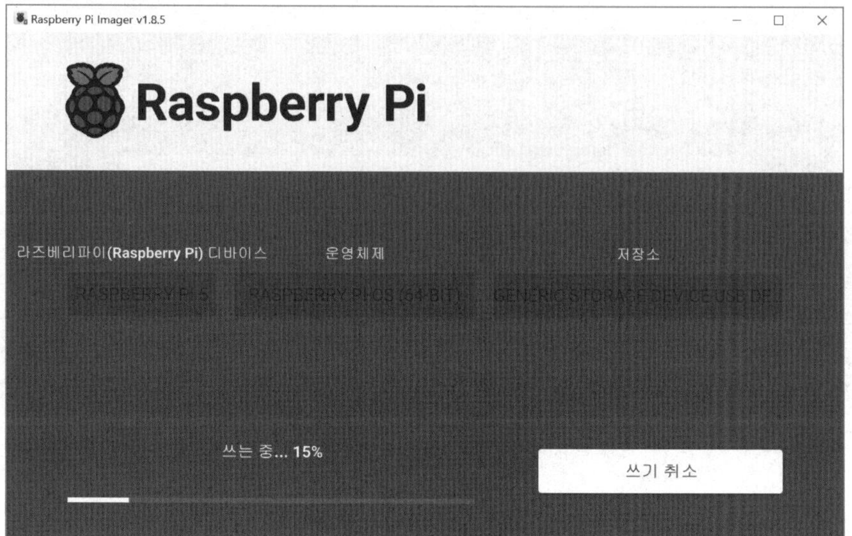

그림 1.16 라즈베리파이 OS 설치

OS 설치가 끝나고 '계속' 버튼을 누르면 SD 카드를 제거할 수 있다는 메시지가 나타난다. OS 커스터마이징의 옵션 탭에서 디폴트값인 '완료되면 미디어 꺼내기' 옵션을 선택한 상태라면 바로 SD 카드를 분리할 수 있다.

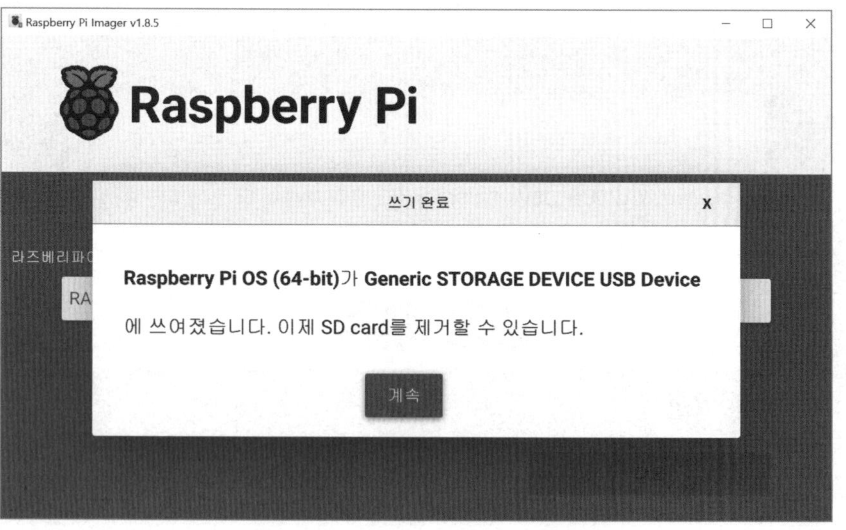

그림 1.17 라즈베리파이 OS 설치 완료

OS 설치가 완료된 SD 카드를 데스크톱 컴퓨터에 연결하면 SD 카드에 2개 파티션이 만들어지고 2개의 드라이버로 인식되는 것을 확인할 수 있다. 첫 번째 파티션은 FAT32(File Allocation Table 32) 파일 시스템을 사용하며 라즈베리파이 부팅을 위한 파일이 설치되어 있다. 두 번째 파티션은 리눅스에서 사용하는 ext4(extended file system 4) 파일 시스템을 사용하며 라즈베리파이 OS가 설치되어 있다. 윈도우는 ext4 파일 시스템을 지원하지 않으므로 윈도우에서 두 번째 파티션에 할당된 드라이버를 클릭하면 드라이버를 포맷해야 한다는 다이얼로그가 나타난다. 이때 '디스크 포맷'이 아닌 '취소'를 선택해야 한다. '디스크 포맷'을 선택하여 해당 드라이버를 포맷했다면 OS를 다시 설치해야 한다.

라즈베리파이 이미저를 사용하여 라즈베리파이 OS를 설치하는 과정에서 오류가 발생했거나 두 번째 파티션을 포맷했다면 SD 카드를 지우고 OS를 다시 설치해야 한다. 사용 중이던 SD 카드를 라즈베리파이 OS 설치에 사용할 때도 OS 설치 전에 SD 카드를 지우는 것을 추천한다. SD 카드를 지우기 위해서는 라즈베리파이 이미저의 '운영체제 선택'(그림 1.8)에서 'Erase' 항목을 선택하면 된다.

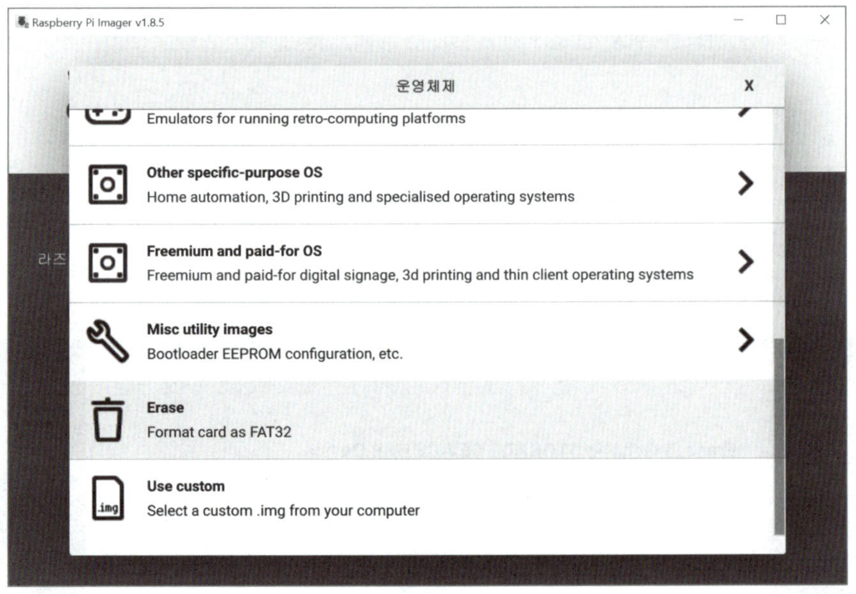

그림 1.18 SD 카드 지우기

포맷하려는 SD 카드에 라즈베리파이 OS가 설치되어 있다면 저장소 선택에서 2개의 드라이버 문자가 하나의 SD 카드에 할당된 것을 확인할 수 있으며(그림 1.19), 이는 그림 1.9에서 1개의 드라이버 문자가 할당된 것과 차이가 있다.

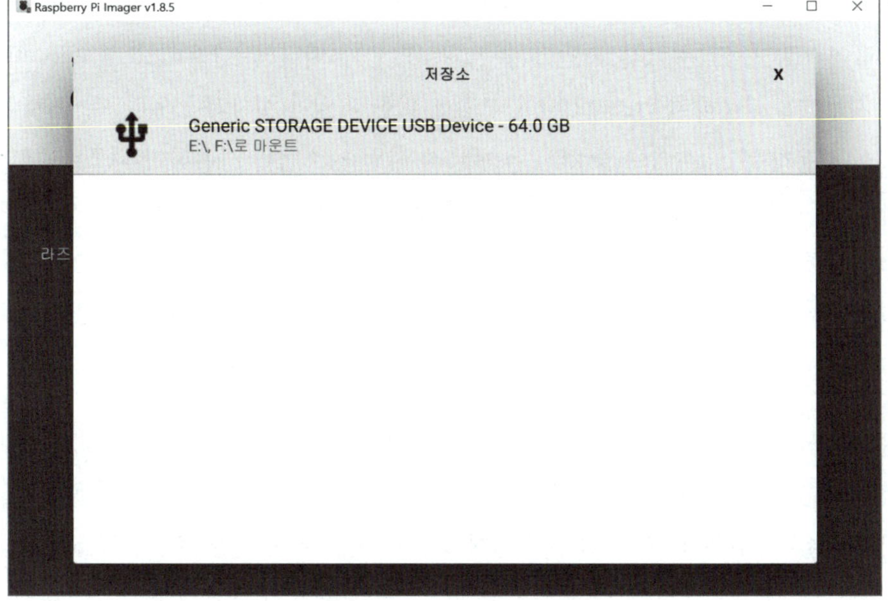

그림 1.19 2개의 파티션/드라이버로 나뉜 SD 카드

지우기가 끝나면 SD 카드는 파티션 없이 FAT32 형식으로 포맷되고 하나의 드라이버 문자만 할당된다.

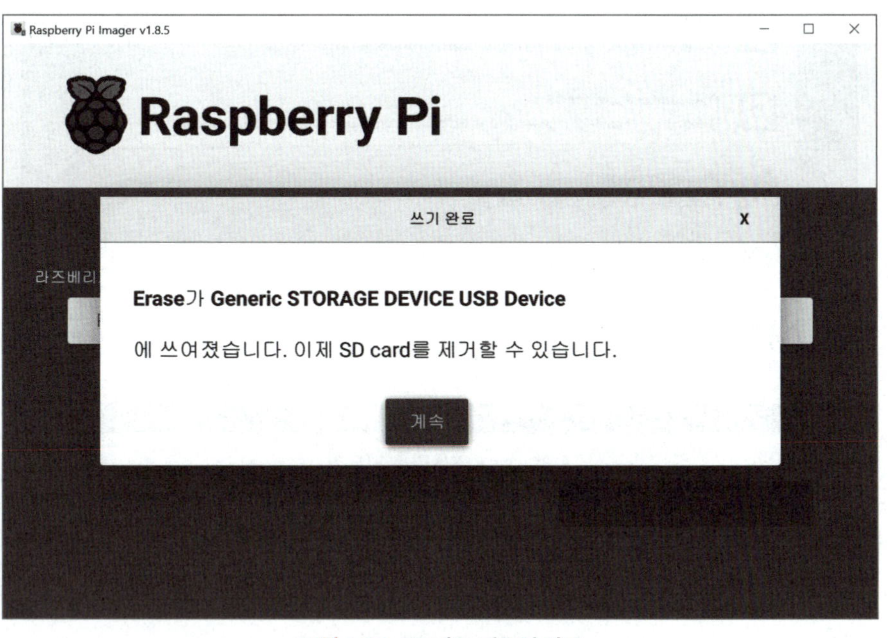

그림 1.20 SD 카드 지우기 완료

라즈베리파이 OS 설치까지 마쳤으면 이제 라즈베리파이를 사용할 준비는 모두 끝났다. 마이크로 SD 카드 슬롯에 라즈베리파이 OS가 설치된 SD 카드를 삽입하고 전원 버튼을 눌러 라즈베리파이를 시작해 보자.

1.5 요약

라즈베리파이는 컴퓨터다. 컴퓨터를 사용하기 위해서는 컴퓨터 자체인 하드웨어와 컴퓨터를 동작시키는 데 필요한 기본적인 소프트웨어인 운영체제가 필요하다. 이 장에서는 하드웨어로서의 라즈베리파이, 그중에서도 이 책에서 사용하는 라즈베리파이 5의 특징을 살펴봤다. 라즈베리파이 5는 이전 모델과의 호환성을 유지하면서 여러 가지 기능이 추가되거나 개선되었다. 특히 클록이 2.4GHz로 빨라짐으로써 인공지능과 사물인터넷을 포함하여 다양한 분야에서 활용 가능성이 높아졌다고 할 수 있다.

하드웨어를 동작시키는 OS로 이 책에서는 라즈베리파이의 공식 OS인 라즈베리파이 OS를 사용한다. 라즈베리파이 OS는 데비안 리눅스를 라즈베리파이에 맞게 수정한 것으로, SD 카드에 설치하고 라즈베리파이의 SD 카드 슬롯에 삽입하여 사용할 수 있다. 라즈베리파이 OS 설치를 위해서는 라즈베리파이에서 제공하는 이미저를 사용하면 된다.

라즈베리파이 5를 준비하고 라즈베리파이 OS를 SD 카드에 설치했다면 라즈베리파이를 사용할 준비는 끝난 셈이다. 다음 장에서는 라즈베리파이를 사용하는 방법 중 하나인 원격 로그인 환경을 구축하고, 라즈베리파이를 시작하는 방법에 대해 알아본다.

라즈베리파이 시작하기

라즈베리파이를 사용하는 방법은 크게 두 가지로, 키보드와 모니터를 연결하여 데스크톱 컴퓨터처럼 사용하는 방법과 다른 컴퓨터에서 원격으로 로그인하여 사용하는 방법이 있다. 데스크톱 컴퓨터처럼 사용하는 방법이 간단하기는 하지만 별도의 키보드와 모니터를 준비해야 하는 불편함이 있으므로, 라즈베리파이에서는 다른 컴퓨터에서 원격으로 로그인해 사용하는 방법을 흔히 사용한다. 이 장에서는 라즈베리파이와 컴퓨터를 연결하는 여러 가지 방법과, 연결된 컴퓨터에서 원격으로 로그인하여 라즈베리파이를 사용하는 방법에 대해 알아본다.

2.1 라즈베리파이 첫 번째 부팅

라즈베리파이를 사용하기 위해서는 기본적인 하드웨어와 소프트웨어의 준비가 필요하다. 하드웨어 준비란 데스크톱 컴퓨터와 마찬가지로 라즈베리파이에 키보드와 모니터를 연결하는 것이다. 여기에 OS를 설치할 SD 카드가 필요하고, 유선으로 인터넷을 사용하려면 이더넷 케이블 역시 필요하다. 소프트웨어 준비는 SD 카드에 OS를 설치하는 것이다. SD 카드에 라즈베리파이 OS를 설치한 후 SD 카드 슬롯에 삽입하면 라즈베리파이를 사용할 준비는 모두 끝난다. 준비가 끝나면 전원 버튼을 눌러 라즈베리파이를 시작해 보자.

Welcome to the
Raspberry Pi Desktop

Powered by Raspberry Pi OS (64 bit)

그림 2.1 라즈베리파이 시작 로고

라즈베리파이를 처음으로 시작하면 초기화 작업에 약간의 시간이 걸린다. 부팅이 완료되면 작업표시줄이 화면 위쪽에 있다는 점을 제외하면 윈도우와 비슷한 라즈베리파이 데스크톱의 사용자 인터페이스를 확인할 수 있다.

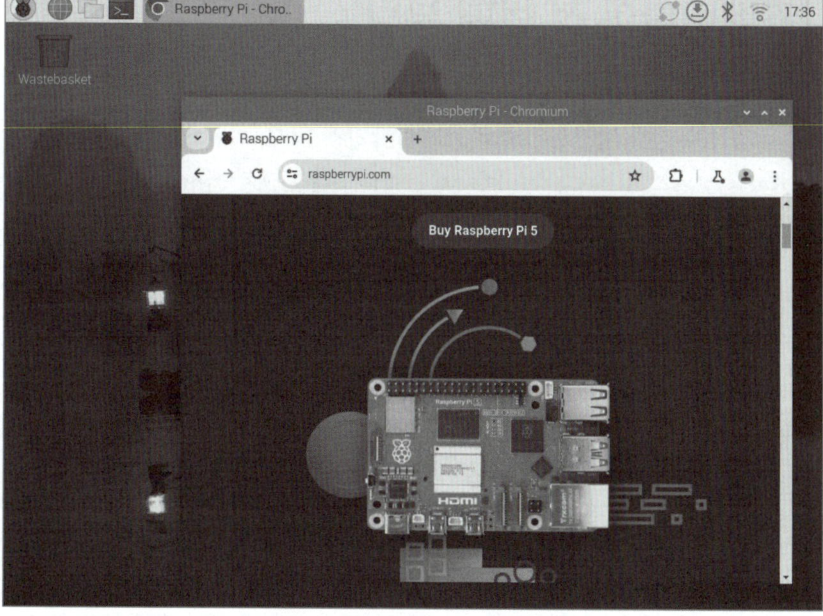

그림 2.2 라즈베리파이 데스크톱

OS 커스터마이징을 진행하지 않았다면 첫 번째 부팅에서 설정 마법사(Setup Wizard)가 실행된다. OS 커스터마이징에서 설정한 옵션을 변경하려면 터미널(>_)에서 `piwiz` 명령을 실행하면 된다. OS 커스터마이징은 일반 사용자 권한으로는 진행할 수 없고 관리자 권한이 필요하므로 관리자 권한으로 `piwiz` 명령을 실행하기 위해 `sudo`(SUper user DO) 명령을 함께 사용해야 한다.

```
hgycap@hgycap-pi:~
File    Edit    Tabs    Help
hgycap@hgycap-pi:~/Documents $ sudo piwiz
```

`sudo piwiz` 명령으로 설정 마법사를 실행하면 그림 2.3과 같이 설정 다이얼로그가 나타나고 OS 커스터마이징을 진행할 수 있다. 이 책에서는 라즈베리파이 OS를 설치할 때 OS를 커스터마이징한 것으로 가정한다.

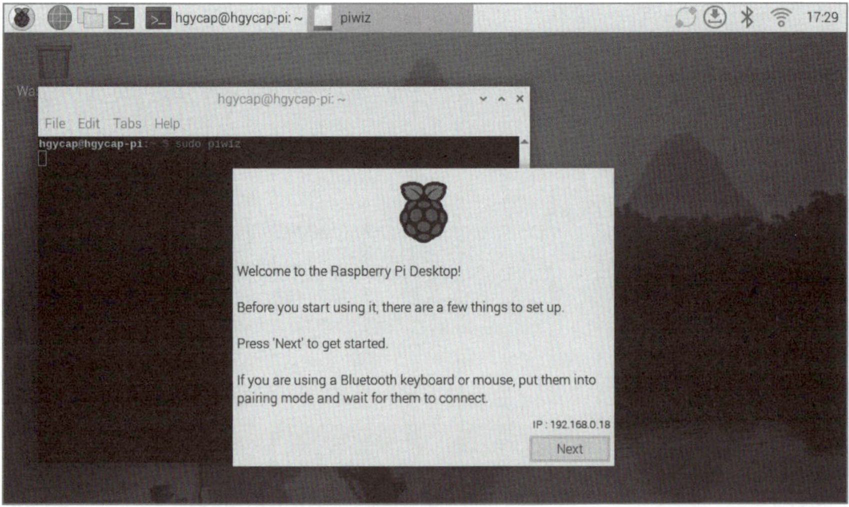

그림 2.3 설정 마법사 실행

라즈베리파이를 끄는 방법 역시 윈도우와 비슷하다. '시작(🍓) → Shutdown...' 항목을 선택하면 셧다운 옵션을 선택할 수 있는 다이얼로그가 나타난다. 'Shutdown'을 선택하면 라즈베리파이를 끌 수 있고, 'Reboot'를 선택하면 다시 시작을, 'Logout'을 선택하면 사용자를 바꿀 수 있다.

라즈베리파이 5에서 새로 추가된 전원 버튼은 전원을 켤 때도 사용하지만 전원을 끌 때도 사용할 수 있다. 전원이 켜진 상태에서 버튼을 한 번 누르면 셧다운 옵션을 선택하는 다이얼로그가 나타나고, 다시 전원 버튼을 누르면 라즈베리파이가 꺼진다. 라즈베리파이가 꺼진 상태에서는 전원 LED가 빨간색으로 켜지고, 라즈베리파이가 켜진 상태에서는 녹색으로 켜지므로 라즈베리파이의 상태를 쉽게 확인할 수 있다.

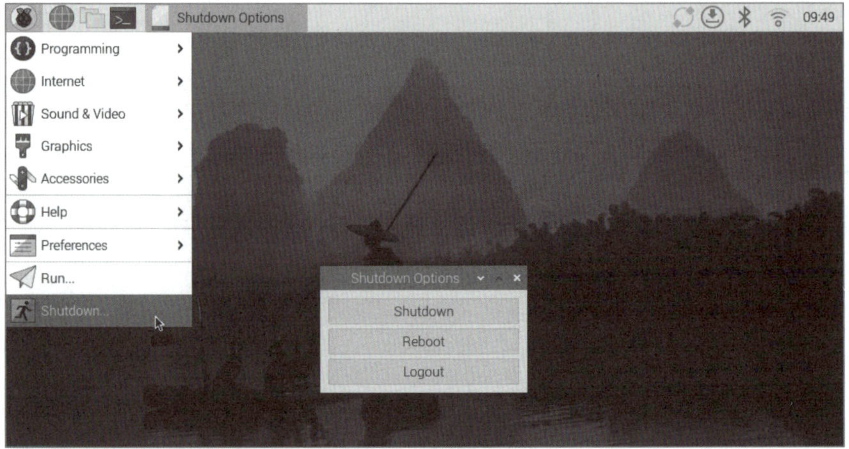

그림 2.4 라즈베리파이 끄기

라즈베리파이를 켜고 끄는 데는 문제가 없지만, 브라우저(🌐)를 실행하고 한글 페이지를 열면 한글이 깨져 읽을 수 없다. 이는 라즈베리파이 OS에 기본적으로 한글 폰트가 포함되어 있지 않기 때문이다.

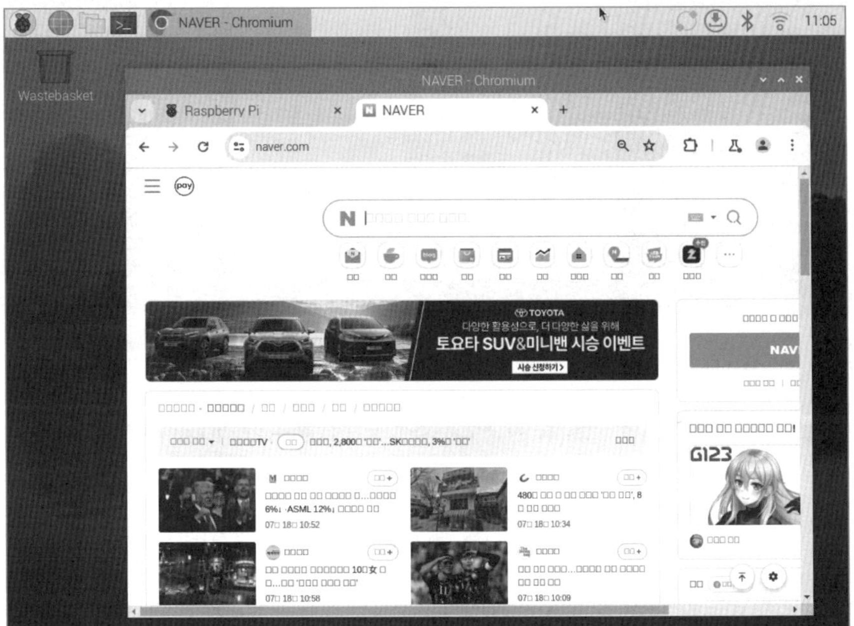

그림 2.5 한글 폰트 깨짐 현상

한글을 정상적으로 표시하기 위해서는 트루타입 폰트 패키지인 `fonts-unfonts-core` 패키지를 설치하면 된다. 패키지 설치를 위해서는 `apt`(Advanced Package Tool) 명령을 사용할 수 있다. `apt` 명령은 데비안 계열 리눅스에서 소프트웨어 패키지를 설치, 삭제, 업데이트하는 데 사용된다. `-y` 옵션은 설치 여부를 확인하는 과정을 건너뛰도록 해준다.

```
hgycap@hgycap-pi:~
File    Edit    Tabs    Help

hgycap@hgycap-pi:~/Documents $ sudo apt install -y fonts-unfonts-core
```

폰트 패키지를 설치하면 한글이 정상적으로 표시되는 것을 확인할 수 있다.

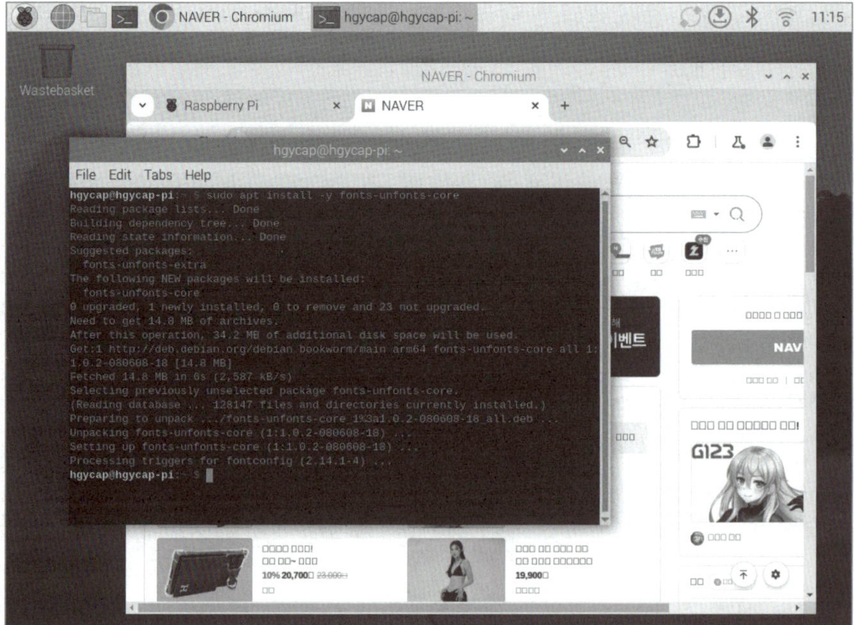

그림 2.6 한글 폰트 설치

한글을 출력하기 위해 폰트 설치가 필요한 것처럼 한글을 입력하기 위해서는 한글 입력기를 설치해야 한다. 한글 입력을 위해 사용할 수 있는 패키지로는 여러 가지가 있지만, 원격 로그인에서 한글 입력기 사용이 원활하지 않을 수 있으므로 이 책에서는 한글 입력을 고려하지 않는다. 한글 입력이 필요하다면 원격 컴퓨터에서 한글을 입력하고 이를 복사하여 라즈베리파이에 붙여넣는 방법으로 해결할 수 있다.

2.2 라즈베리파이의 IP 주소 확인

라즈베리파이에 키보드와 모니터를 연결했으면 SD 카드를 삽입하고 부팅하는 것만으로 데스크톱 컴퓨터처럼 사용할 수 있다. 하지만 이 책에서는 키보드와 모니터를 연결하지 않고 라즈베리파이에 원격으로 로그인하여 사용하는 것을 기본으로 한다. 라즈베리파이와 라즈베리파이에 원격으로 로그인할 컴퓨터가 같은 네트워크에 연결되어 있다면 간단하게 원격으로 로그인할 수 있다. 사무실이나 가정에서 라즈베리파이와 원격 로그인에 사용할 컴퓨터를 같은 공유기에 연결한 것이 같은 네트워크에 연결된 대표적인 예다. 이때 라즈베리파이와 컴퓨터에는 DHCP(Dynamic Host Configuration Protocol)를 통해 동적으로 내부 주소가 할당된다. 할당되는 주소는 192.168.*.*이 가장 많이 사용된다. 컴퓨터에 할당된 주소는 명령 프롬프트에서 `ipconfig` 명령으로 확인할 수 있다. 실제 ipconfig 명령의 출력 결과는 더 많지만, 아래 결과에서는 데스크톱 컴퓨터를 공유기에 연결하는 부분만 나타내었다.

명령 프롬프트

```
C:\Users\Gyeongyong Heo>ipconfig

Windows IP 구성

이더넷 어댑터 이더넷:

   연결별 DNS 접미사. . . . :
   링크-로컬 IPv6 주소 . . . . : fe80::1bc9:c554:2e15:84a%12
   IPv4 주소 . . . . . . . . . : 192.168.0.4
   서브넷 마스크 . . . . . . . : 255.255.255.0
   기본 게이트웨이 . . . . . . : 192.168.0.1
```

ipconfig 명령의 실행 결과에서 확인할 부분은 'IPv4 주소'와 '서브넷 마스크'다. 서브넷 마스크는 255 또는 0의 값을 갖는 경우가 대부분이다. 255는 같은 네트워크에 연결된 모든 컴퓨터가 같은 값을 갖는다는 뜻이고, 0은 컴퓨터에 따라 다른 값을 갖는다는 뜻이다. 즉, 같은 공유기에 연결된 모든 컴퓨터는 192.168.0.* 주소를 갖고 마지막 4가 네트워크 내에서 컴퓨터를 구별하는 데 사용되는 주소다. 라즈베리파이를 같은 네트워크에 연결하면 역시 192.168.0.*의 IP 주소가 할당되며, 이는 무선 와이파이 연결이나 유선 이더넷 연결 모두 마찬가지다.

라즈베리파이에 키보드와 모니터를 연결하고 무선으로 네트워크에 연결했다면 라즈베리파이 데스크톱에서 무선 연결 아이콘에 마우스 포인터를 가져가는 것만으로 IP 주소를 확인할 수 있는데, 이는 IP 주소를 확인할 수 있는 간단한 방법이다.

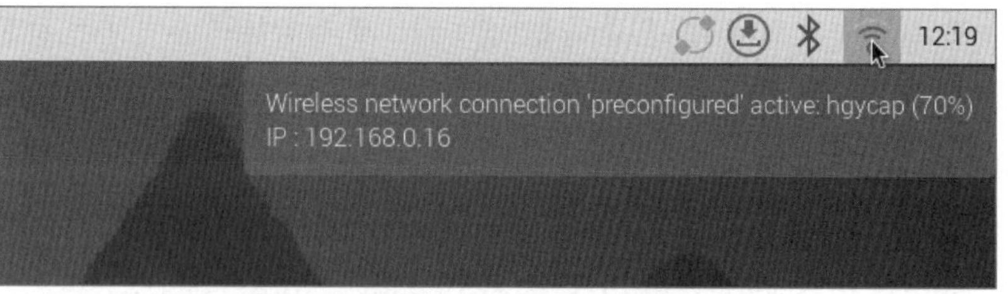

그림 2.7 라즈베리파이에 할당된 IP 주소 확인

터미널에서 hostname -I 명령을 사용해서도 IP 주소를 확인할 수 있다. -I 옵션 없이 hostname 명령만 사용하면 OS 커스터마이징에서 지정한 라즈베리파이의 이름을 확인할 수 있다.

```
hgycap@hgycap-pi:~
File    Edit    Tabs    Help

hgycap@hgycap-pi:~ $ hostname -I
192.168.0.16
hgycap@hgycap-pi:~ $ hostname
hgycap-pi
hgycap@hgycap-pi:~ $
```

원격 로그인에서는 IP 주소나 라즈베리파이의 이름을 사용할 수 있으며, 라즈베리파이의 이름은 OS 커스터마이징에서 지정한 이름이므로 별도로 확인하지 않아도 알 수 있다. 하지만 라즈베리파이의 이름을 사용한 원격 로그인은 여러 가지 제약이 있으므로 라즈베리파이를 네트워크에 처음 연결했다면 라즈베리파이의 이름을 사용하기는 어렵다. 따라서 여러 환경에서 원격 로그인을 사용하기 위해서는 라즈베리파이의 IP 주소를 사용해야 한다.

키보드와 모니터를 연결하지 않고 라즈베리파이를 처음 켰다면 간단하게 IP 주소를 확인할 수는 없다. 라즈베리파이를 처음으로 켤 때는 IP 주소를 확인하기 위해 키보드와 모니터를 연결하는 것을 추천하지만, 키보드와 모니터를 연결하는 것이 힘들다면 다음과 같은 몇 가지 방법으로 라즈베리파이에 할당된 IP 주소를 알아낼 수 있다.

라즈베리파이에 할당된 IP 주소를 확인하는 첫 번째 방법은 공유기의 설정 페이지에서 확인하는 것이다. 공유기 설정 페이지에 로그인하는 방법과 연결된 기기 정보를 확인하는 방법은 공유기 종류에 따라 다를 수 있다. 그림 2.8은 웹 브라우저에서 공유기 설정 페이지인 192.168.0.1 주소로 연결한 후 '고급 설정 → 네트워크 관리 → 내부 네트워크 설정' 메뉴에서 라즈베리파이의 이름인 'hgycap-pi'와 할당된 IP 주소 192.168.0.16을 확인한 예를 보여준다.

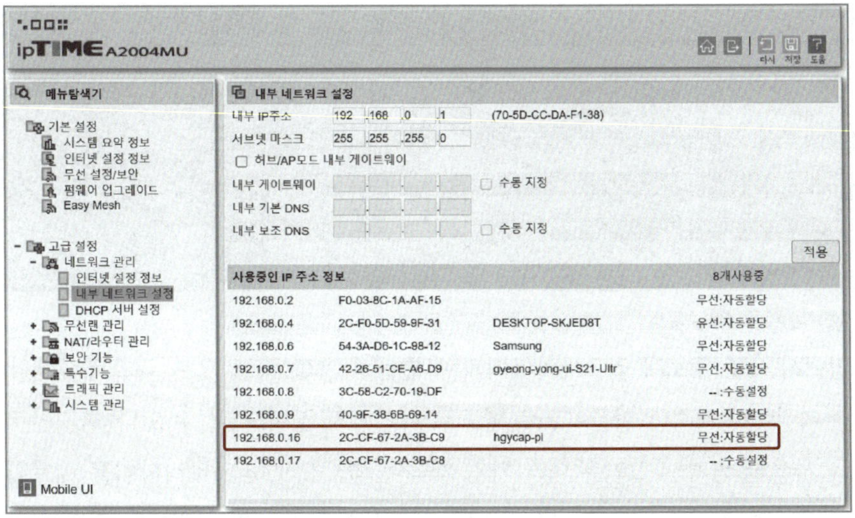

그림 2.8 공유기에 연결된 기기 정보

라즈베리파이에 할당된 IP 주소를 확인하는 두 번째 방법은 ping 명령을 사용하는 것이다. ping 명령은 대상이 되는 시스템에 에코를 요청하는 패킷을 보내고, 에코 요청 패킷에 대한 응답을 통해 네트워크 상태를 진단하거나 연결 상태를 확인하는 데 사용된다. ping 명령은 보낸 패킷의 수와 받은 패킷의 수 그리고 패킷을 받는 데 걸린 시간을 알려주며, 결과를 출력하는 과정에서 대상의 IP 주소를 함께 출력하므로 IP 주소를 확인하는 용도로도 사용할 수 있다. 아래 결과는 라즈베리파이의 이름을 사용하여 ping 명령을 사용한 결과다. ping 명령을 사용할 때 IPv4 주소를 사용하도록 -4 옵션을 함께 사용했다.

명령 프롬프트

```
C:\Users\Gyeongyong Heo>ping -4 hgycap-pi

Ping hgycap-pi.local [192.168.0.16] 32바이트 데이터 사용:
192.168.0.16의 응답: 바이트=32 시간=3ms TTL=64
192.168.0.16의 응답: 바이트=32 시간=4ms TTL=64
192.168.0.16의 응답: 바이트=32 시간=4ms TTL=64
192.168.0.16의 응답: 바이트=32 시간=4ms TTL=64

192.168.0.16에 대한 Ping 통계:
    패킷: 보냄 = 4, 받음 = 4, 손실 = 0 (0% 손실),
왕복 시간(밀리초):
    최소 = 3ms, 최대 = 4ms, 평균 = 3ms

C:\Users\Gyeongyong Heo>
```

라즈베리파이의 이름으로 `ping` 명령을 사용할 때 주의할 점은 DNS 서버를 사용할 수 있어야 한다는 점이다. 즉, 공유기가 인터넷에 연결되어 있지 않으면 `ping` 명령의 응답을 받지 못할 수 있다. 또한 라즈베리파이를 공유기에 처음으로 연결했다면 라즈베리파이의 이름이 DNS 서버에 등록되지 않아 라즈베리파이의 이름을 인식하지 못할 수 있다.

라즈베리파이의 이름을 사용할 수 없다면 라즈베리파이에 할당할 수 있는 모든 IP값을 검사해야 한다. 모든 주소를 일일이 검사하기는 번거로우므로 `for` 루프를 사용하여 일정 범위에 있는 IP 주소에 대해 `ping` 명령을 반복해서 실행하고 `TTL=`이 포함된 응답만 찾아 표시함으로써 에코 요청에 응답을 보내는 장치 목록을 확인할 수 있다. 다만 이 방법으로는 라즈베리파이가 연결된 주소를 바로 확인할 수 없고, 라즈베리파이가 연결되어 있을 가능성이 있는 IP 주소 목록만 확인할 수 있다.

IP 주소 범위에 대해 `ping` 명령을 반복해서 실행하는 `for` 루프에서 `/L` 옵션은 숫자 범위를 지정하여 반복하는 옵션으로, `(2,1,254)`는 2부터 1씩 증가시켜 254까지 반복하는 것을 의미한다. 192.168.0.1과 192.168.0.255는 특별한 용도로 사용되는 주소이므로 생략했다. `-n`은 패킷을 보낼 횟수를, `-w`는 대기 시간을 설정하는 옵션으로, 윈도우에서 패킷을 보내는 횟수는 4번, 대기 시간은 4000ms가 디폴트값이다. 패킷 전송 횟수를 줄이고 대기 시간을 100ms로 설정한 이유는 컴퓨터와 라즈베리파이가 같은 네트워크에 연결되어 있어 빠른 응답을 얻을 수 있기 때문이며, 253개 주소를 검사해야 하므로 전체 실행 시간을 줄이기 위해서다.

명령 프롬프트

```
C:\Users\Gyeongyong Heo>for /L %i in (2,1,254) do @ping -n 1 -w 100 192.168.0.%i | find
"TTL="
192.168.0.2의 응답: 바이트=32 시간=1ms TTL=64
192.168.0.4의 응답: 바이트=32 시간<1ms TTL=128
192.168.0.6의 응답: 바이트=32 시간=3ms TTL=64
192.168.0.8의 응답: 바이트=32 시간<1ms TTL=128
192.168.0.9의 응답: 바이트=32 시간=3ms TTL=64
192.168.0.16의 응답: 바이트=32 시간=37ms TTL=64

C:\Users\Gyeongyong Heo>
```

응답을 보낸 IP 주소 목록에서 실제 라즈베리파이에 할당된 IP 주소를 찾아내려면 명령 프롬프트을 열고 `ssh`(Secure SHell) 명령으로 해당 IP를 가진 기기에 로그인을 시도해 정상적으로 로그인이 가능한지 확인해야 한다. `ssh` 명령으로 라즈베리파이에 원격으로 접속하면 아이디와 비밀번호를 입력하라는 메시지가 나타나고, 로그인이 성공하면 라즈베리파이 OS의 셸이 실행된다. 반면 라즈베리파이가 아닌 다른 장치로 로그인을 시도하면 연결할 수 없다는 메시지가 출력된다. 라즈베리파이에 처음 로그인하면 경고 메시지가 출력될 수 있으며, 연결을 계속할 것인지 묻는 질문에 `yes`를 입력하여 연결을 계속 진행하면 된다. 첫 번째 연결이 성공한 이후에는 윈도우에 연결 정보가 저장되므로 경고 메시지가 출력되지 않는다.

`ssh` 명령은 IP 주소 대신 라즈베리파이의 이름을 사용하여 `ssh hgycap@hgycap-pi`와 같이 사용하는 것도 가능하지만, `ping` 명령을 사용할 때와 마찬가지로 인터넷에 연결되지 않았을 때는 라즈베리파이의 이름을 확인할 수 없어 원격 로그인에 실패할 수 있다.

명령 프롬프트

```
C:\Users\Gyeongyong Heo>ssh hgycap@192.168.0.16
The authenticity of host '192.168.0.16 (192.168.0.16)' can't be established.
ECDSA key fingerprint is SHA256:zlN0maQLixOkFT+ygnQEsquImds9B06SXC74dZw4Ndw.
Are you sure you want to continue connecting (yes/no/[fingerprint])? yes
Warning: Permanently added '192.168.0.16' (ECDSA) to the list of known hosts.
hgycap@192.168.0.16's password: ■■■■■■■■■■[1]
Linux hgycap-pi 6.6.31+rpt-rpi-2712 #1 SMP PREEMPT Debian 1:6.6.31-1+rpt1 (2024-05-29)
aarch64

The programs included with the Debian GNU/Linux system are free software;
the exact distribution terms for each program are described in the
individual files in /usr/share/doc/*/copyright.

Debian GNU/Linux comes with ABSOLUTELY NO WARRANTY, to the extent
permitted by applicable law.
Last login: Fri Aug 30 12:50:57 2024 from 192.168.0.4
hgycap@hgycap-pi:~ $ logout
Connection to 192.168.0.16 closed.

C:\Users\Gyeongyong Heo>ssh hgycap@192.168.0.6
ssh: connect to host 192.168.0.6 port 22: Connection refused

C:\Users\Gyeongyong Heo>
```

명령 프롬프트에서 `arp`(Address Resolution Protocol) 명령으로 라즈베리파이에 할당된 IP 주소 후보 목록을 확인하는 것이 세 번째 방법이 될 수 있다. ARP는 네트워크에 등록된 기기의 인터넷 주소(IP 주소)와 물리적 주소(MAC 주소)의 대응 관계를 출력한다.

1 흰색 사각형으로 표시되는 내용은 화면에 표시되지 않으며 커서 역시 움직이지 않는다.

명령 프롬프트

```
C:\Users\Gyeongyong Heo>arp -a

인터페이스: 192.168.0.4 --- 0xb
  인터넷 주소           물리적 주소           유형
  192.168.0.1           70-5d-cc-da-f1-38     동적
  192.168.0.2           f0-03-8c-1a-af-15     동적
  192.168.0.6           54-3a-d6-1c-98-12     동적
  192.168.0.9           40-9f-38-6b-69-14     동적
  192.168.0.16          2c-cf-67-2a-3b-c9     동적
  192.168.0.255         ff-ff-ff-ff-ff-ff     정적
  224.0.0.2             01-00-5e-00-00-02     정적
  224.0.0.22            01-00-5e-00-00-16     정적
  224.0.0.251           01-00-5e-00-00-fb     정적
  224.0.0.252           01-00-5e-00-00-fc     정적
  239.255.255.250       01-00-5e-7f-ff-fa     정적
  255.255.255.255       ff-ff-ff-ff-ff-ff     정적

C:\Users\Gyeongyong Heo>
```

위의 arp 명령 실행 결과에서 알 수 있듯이 arp 명령의 출력 결과에는 숫자로 이루어진 주소만 나타나고 라즈베리파이의 이름(hgycap-pi)이 나타나지는 않는다. 따라서 ping 명령을 사용할 때와 마찬가지로 ssh 명령으로 로그인을 시도해서 라즈베리파이에 할당된 IP 주소를 확인해야 한다.

arp 명령의 한계는 arp 명령이 캐시(cache)를 바탕으로 하며, 캐시는 네트워크를 통해 데이터 송수신이 성공적으로 이루어졌을 때만 업데이트된다는 점이다. 라즈베리파이를 네트워크에 처음 연결했다면 아무런 데이터 송수신 기록이 없어 arp 명령의 출력 목록에 라즈베리파이의 IP 주소가 나타나지 않는다. 따라서 arp 명령은 초기 설정을 완료하고 통신을 성공적으로 수행한 후 라즈베리파이에 할당된 IP 주소를 다시 확인하는 용도로만 사용할 수 있다.

2.3 원격 데스크톱 사용

라즈베리파이의 IP 주소를 알고 있으면 데스크톱 컴퓨터의 명령 프롬프트에서 ssh 명령으로 라즈베리파이에 원격으로 로그인한 후 명령을 실행할 수 있다. ssh 명령을 사용하기 위해서는 라즈베리파이 OS를 설치할 때 ssh 명령을 사용할 수 있도록 OS 커스터마이징이 이루어져야 한다는 점도 기억해야 한다.

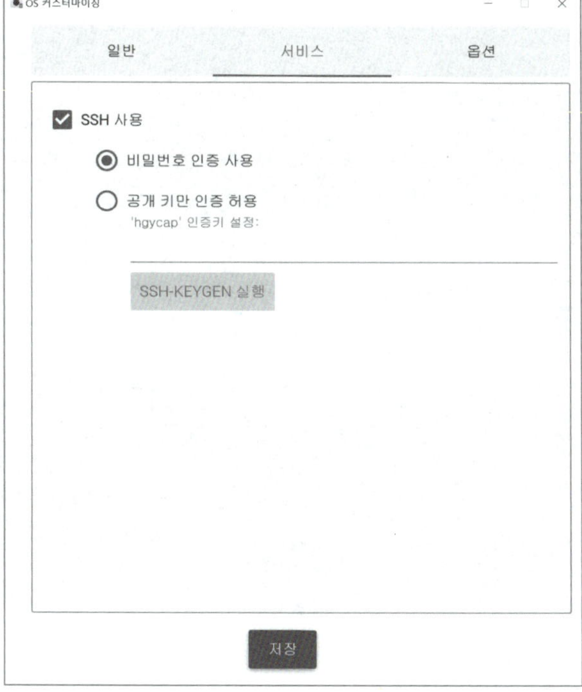

그림 2.9 OS 커스터마이징 – SSH 설정

OS 커스터마이징에서 `ssh` 명령을 사용할 수 없도록 설정했다면 키보드와 모니터를 연결한 후 라즈베리파이 OS의 설정을 변경해야 `ssh` 명령을 사용해서 원격 로그인이 가능하다. 터미널에서 관리자 권한으로 라즈베리파이 소프트웨어 설정 프로그램인 `raspi-config`를 실행한다.

```
hgycap@hgycap-pi:~
File    Edit    Tabs    Help
hgycap@hgycap-pi:~ $ sudo raspi-config
```

주변장치와의 연결을 설정할 수 있는 '3 Interface Options'를 선택한다. 화살표 키와 엔터 키를 사용하여 해당 항목을 선택할 수 있으며, 탭 키를 눌러 <Select>나 <Finish> 버튼으로 옮겨갈 수 있다.

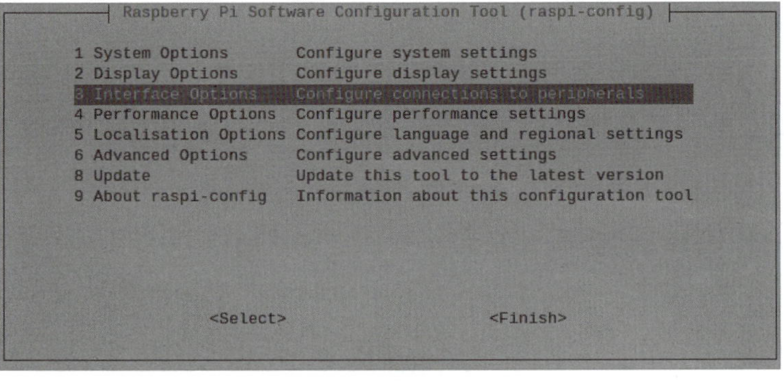

그림 2.10 인터페이스 옵션 선택

'I1 SSH'를 선택한다.

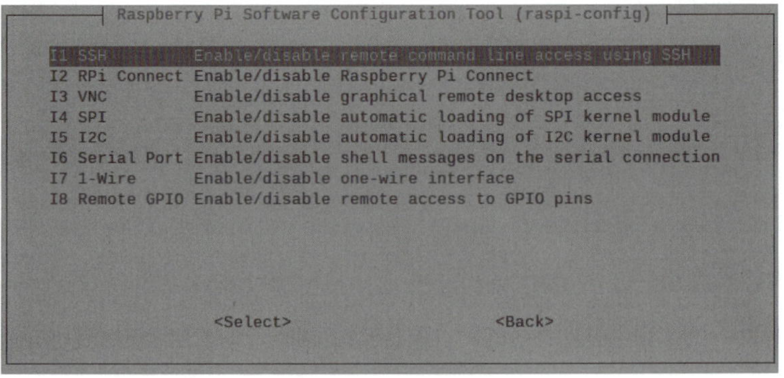

그림 2.11 SSH 선택

SSH 서버를 활성화하도록 <Yes>를 선택하면 SSH 서버 설정이 끝나고 `ssh` 명령을 이용한 원격 로그인이 가능하다.

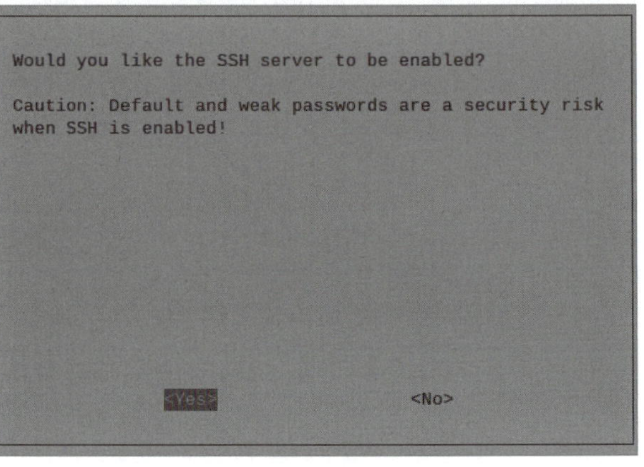

그림 2.12 SSH 서버 활성화

ssh 명령으로 원격으로 로그인하면 셸을 통해 라즈베리파이를 사용할 수 있지만, 셸을 통해 라즈베리파이를 사용하는 것은 텍스트를 기반으로 하고 있으며 GUI 기반의 데스크톱을 사용할 수는 없다. 원격으로 라즈베리파이 OS의 데스크톱을 사용하는 방법은 VNC(Virtual Network Computing)를 사용하는 방법과 RDP(Remote Desktop Protocol)를 사용하는 방법이 대표적이다. RDP는 윈도우에서 '원격 데스크톱 연결'을 통해 사용할 수 있는 방법이므로 데스크톱 컴퓨터에 별도로 설치해야 하는 프로그램은 없지만, 라즈베리파이에는 RDP를 위한 패키지를 별도로 설치해야 한다. 반면 윈도우에서 VNC를 지원하지 않으므로 데스크톱 컴퓨터에 별도로 프로그램을 설치해야 하지만, 라즈베리파이 OS에는 VNC가 포함되어 있어 별도의 패키지 설치 없이 바로 사용할 수 있다. 원격으로 데스크톱을 사용할 때 라즈베리파이는 서버로 동작하여 현재 동작 상태를 컴퓨터로 전송하고, 컴퓨터에 설치된 프로그램은 라즈베리파이의 데이터를 받아 화면에 표시하는 클라이언트 역할을 한다.

2.3.1 VNC

라즈베리파이 OS에 VNC 서버가 기본적으로 포함되어 있지만, 초기 설정은 비활성화되어 있다. VNC를 사용하기 위해서는 먼저 VNC 서버를 활성화해야 하며 이를 위해 라즈베리파이 소프트웨어 설정 도구를 사용할 수 있다. 명령 프롬프트에서 ssh 명령을 사용하여 라즈베리파이에 원격으로 로그인한 후 관리자 권한으로 라즈베리파이 소프트웨어 설정 프로그램인 raspi-config를 실행한다.

```
hgycap@hgycap-pi:~
File    Edit    Tabs    Help
hgycap@hgycap-pi:~ $ sudo raspi-config
```

주변장치와의 연결을 설정할 수 있는 '3 Interface Options'를 선택한 후 'I3 VNC'를 선택한다.

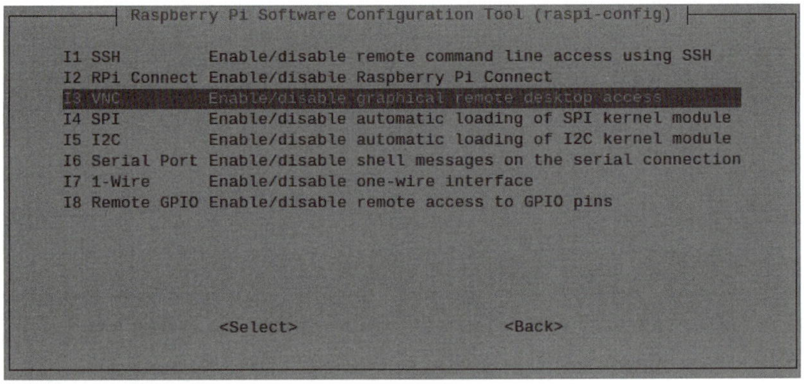

```
Raspberry Pi Software Configuration Tool (raspi-config)

I1 SSH         Enable/disable remote command line access using SSH
I2 RPi Connect Enable/disable Raspberry Pi Connect
I3 VNC         Enable/disable graphical remote desktop access
I4 SPI         Enable/disable automatic loading of SPI kernel module
I5 I2C         Enable/disable automatic loading of I2C kernel module
I6 Serial Port Enable/disable shell messages on the serial connection
I7 1-Wire      Enable/disable one-wire interface
I8 Remote GPIO Enable/disable remote access to GPIO pins

                 <Select>                 <Back>
```

그림 2.13 VNC 선택

VNC 서버를 활성화하도록 <Yes>를 선택하면 VNC 서버 설정은 끝난다. 라즈베리파이의 VNC 서버를 활성화했으면 컴퓨터에는 VNC 클라이언트를 설치해야 한다. VNC 클라이언트는 여러 가지가 있으며 이 책에서는 RealVNC[2]의 RealVNC Viewer를 사용한다. RealVNC Viewer를 내려받아 설치한 후 실행해 보자.

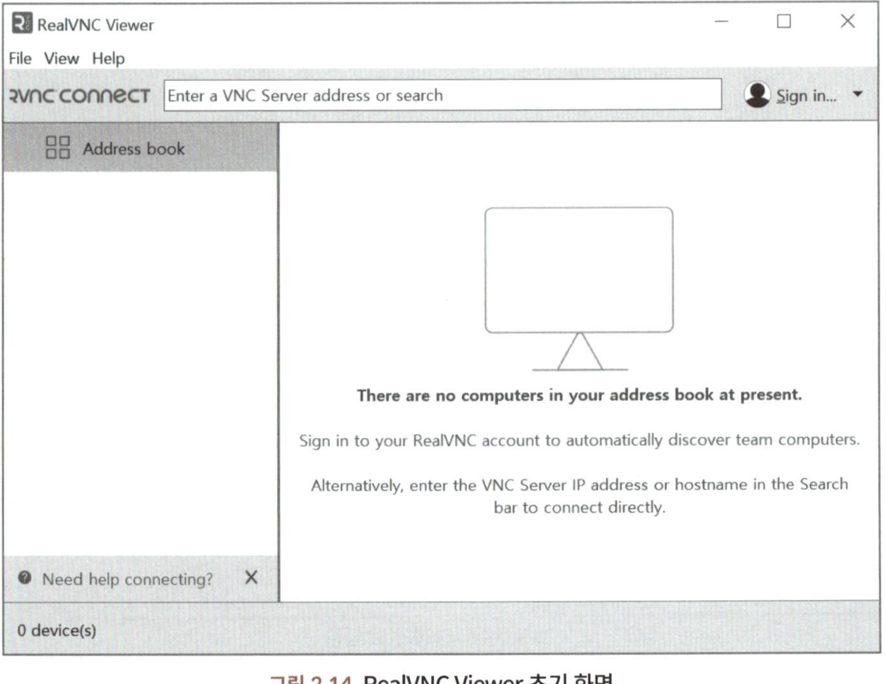

그림 2.14 RealVNC Viewer 초기 화면

2 https://www.realvnc.com

VNC 서버 주소를 입력하는 창에 라즈베리파이의 IP 주소를 입력하고 엔터 키를 누르면 서버를 확인할 수 없다는 경고 창이 뜨지만 'Continue' 버튼을 누르면 된다. 이는 `ssh` 명령으로 라즈베리파이에 처음 연결했을 때와 비슷하다.

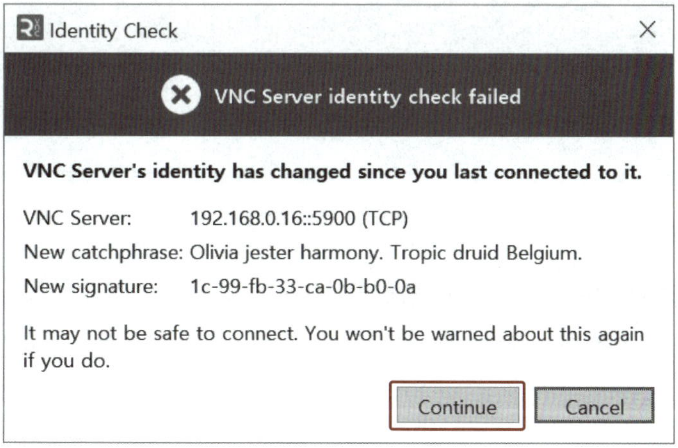

Identity Check

VNC Server identity check failed

VNC Server's identity has changed since you last connected to it.

VNC Server: 192.168.0.16::5900 (TCP)
New catchphrase: Olivia jester harmony. Tropic druid Belgium.
New signature: 1c-99-fb-33-ca-0b-b0-0a

It may not be safe to connect. You won't be warned about this again if you do.

Continue Cancel

그림 2.15 서버를 확인할 수 없다는 경고 메시지

로그인을 위한 계정 정보를 입력하고 'OK'를 누르면 라즈베리파이에 연결된다.

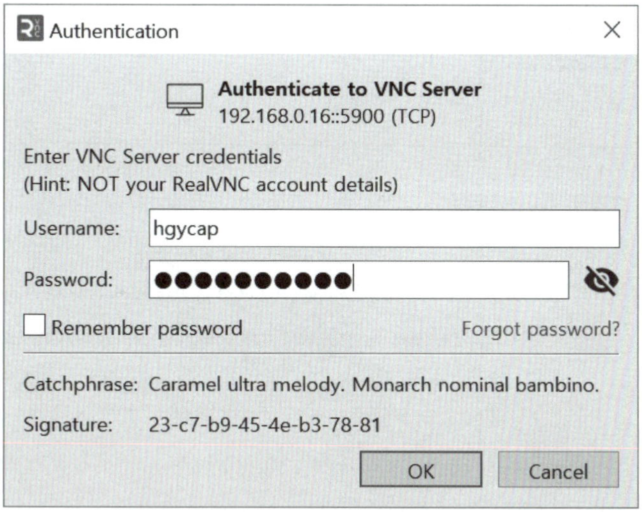

Authentication

Authenticate to VNC Server
192.168.0.16::5900 (TCP)

Enter VNC Server credentials
(Hint: NOT your RealVNC account details)

Username: hgycap
Password: ●●●●●●●●●●●

Remember password Forgot password?

Catchphrase: Caramel ultra melody. Monarch nominal bambino.
Signature: 23-c7-b9-45-4e-b3-78-81

OK Cancel

그림 2.16 계정 정보 입력

연결이 완료되면 라즈베리파이 데스크톱 화면이 새로운 창으로 나타나며, 키보드와 마우스 입력이 라즈베리파이로 전달되고 결과를 RealVNC Viewer 화면을 통해 컴퓨터에서 확인할 수 있다.

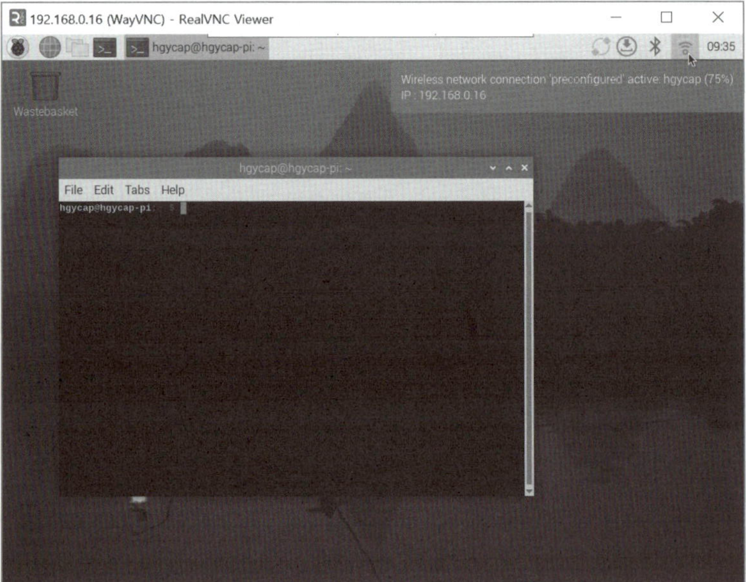

그림 2.17 RealVNC Viewer 연결 화면

연결을 종료하면 RealVNC Viewer에 스크린샷을 사용한 연결 목록이 나타나므로 간단하게 다시 연결할 수 있다.

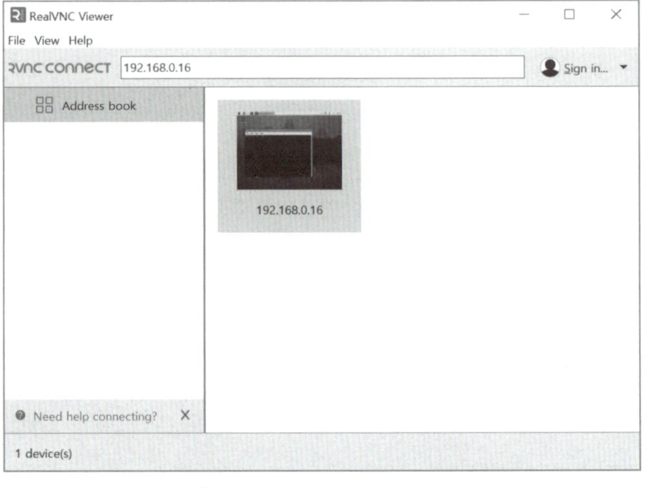

그림 2.18 연결 종료 후 연결 목록

연결 목록에서 마우스 오른쪽 버튼을 누르고 'Properties...' 메뉴 항목을 선택하면 속성 다이얼로그가 나타난다. 속성 다이얼로그에서 'General' 탭의 'Name' 항목에 연결의 이름을 지정해 두면 연결 대상을 쉽게 구별할 수 있다. 그림 2.19에서 연결의 이름을 'hgycap-pi'로 라즈베리파이의 이름과 같은 이름으로 지정했지만, 이는 RealVNC Viewer에서 사용하는 연결의 이름이지 라즈베리파이의 이름이 아니다.

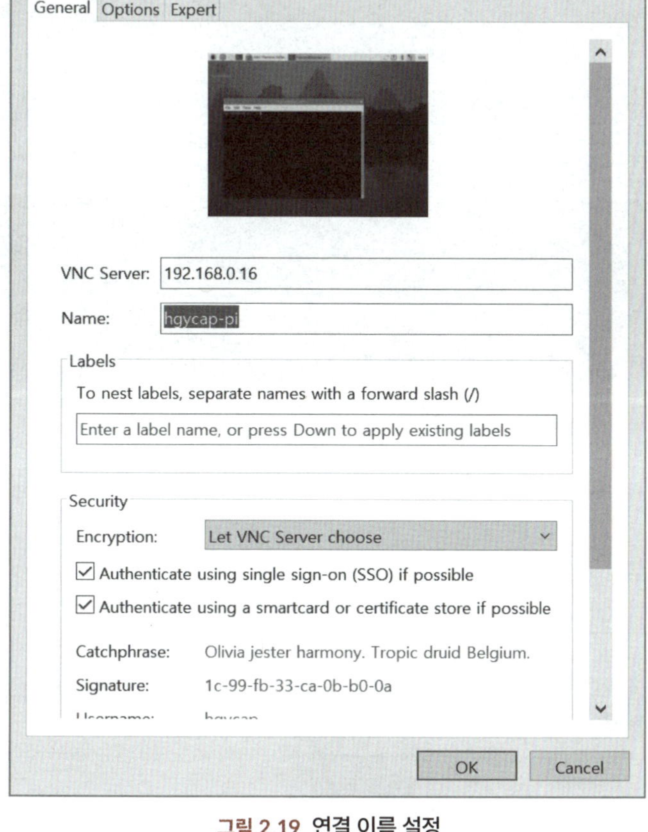

그림 2.19 연결 이름 설정

2.3.2 RDP

RDP(Remote Desktop Protocol) 역시 VNC와 비슷한 방식으로 동작하지만, 라즈베리파이 OS에 RDP 서버가 포함되어 있지 않으므로 서버부터 설치해야 한다. 여기서는 `xrdp` 패키지를 사용한다. `apt` 명령으로 `xrdp` 패키지를 설치한다.

```
hgycap@hgycap-pi:~ $ sudo apt install -y xrdp
Reading package lists... Done
```

```
Building dependency tree... Done
Reading state information... Done
The following additional packages will be installed:
  libfuse2 libxcb-damage0 libxxf86dga1 x11-apps x11-session-utils x11-utils
  xbitmaps xfonts-100dpi xfonts-75dpi xfonts-base xfonts-scalable xorg
  xorg-docs-core xorgxrdp
Suggested packages:
  mesa-utils xorg-docs x11-xfs-utils guacamole
The following NEW packages will be installed:
  libfuse2 libxcb-damage0 libxxf86dga1 x11-apps x11-session-utils x11-utils
  xbitmaps xfonts-100dpi xfonts-75dpi xfonts-base xfonts-scalable xorg
  xorg-docs-core xorgxrdp xrdp
0 upgraded, 15 newly installed, 0 to remove and 130 not upgraded.
...
hgycap@hgycap-pi:~ $
```

`xrdp` 패키지가 설치되면 라즈베리파이를 다시 시작하고, 윈도우에서 '원격 데스크톱 연결'을 실행한다.

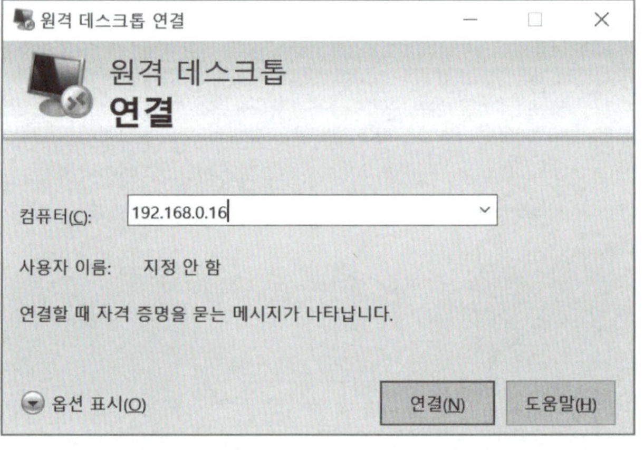

그림 2.20 원격 데스크톱 연결 프로그램 실행

라즈베리파이의 IP 주소를 입력하고 '연결' 버튼을 누르면 경고 메시지가 출력되지만, 연결을 위해 '예'를 선택하면 된다.

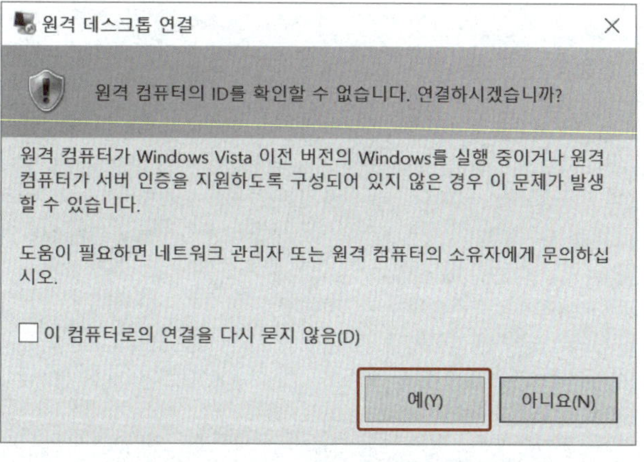

그림 2.21 서버를 확인할 수 없다는 경고 메시지

서버에 연결되면 계정 정보를 입력하는 창이 나타난다. 계정 정보 위의 세션(session)은 사용자가 로그인한 후 로그아웃할 때까지의 모든 활동을 의미한다. RDP로 연결하면 항상 새로운 세션이 만들어지며, 이는 라즈베리파이에 키보드와 모니터를 연결하고 로그인했을 때 만들어지는 세션과는 다른 세션이다.

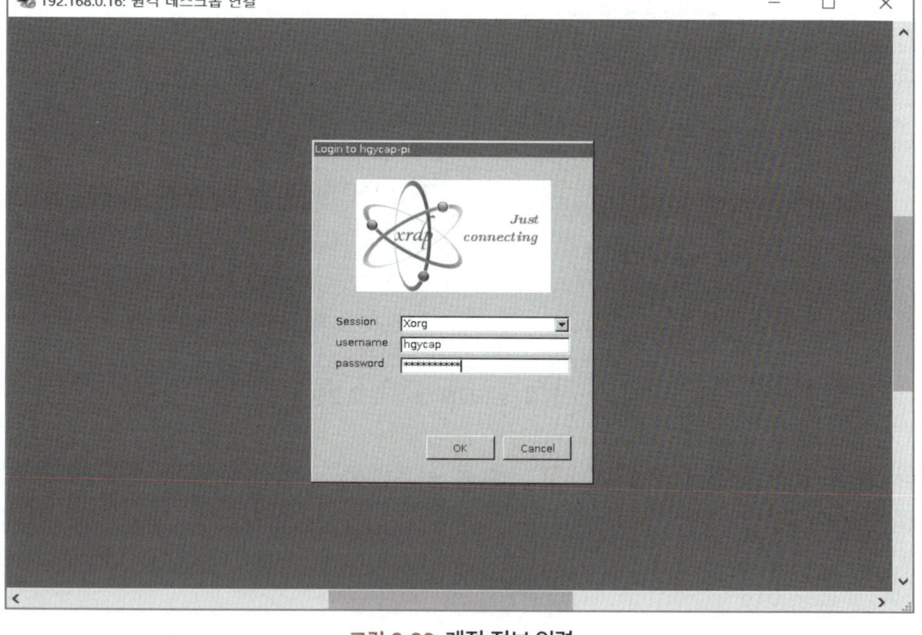

그림 2.22 계정 정보 입력

로그인 후 계정 정보 확인이 필요할 수 있으며 계정 정보를 다시 입력하고 'OK' 버튼을 누르면 라즈베리파이 데스크톱 화면을 확인할 수 있다.

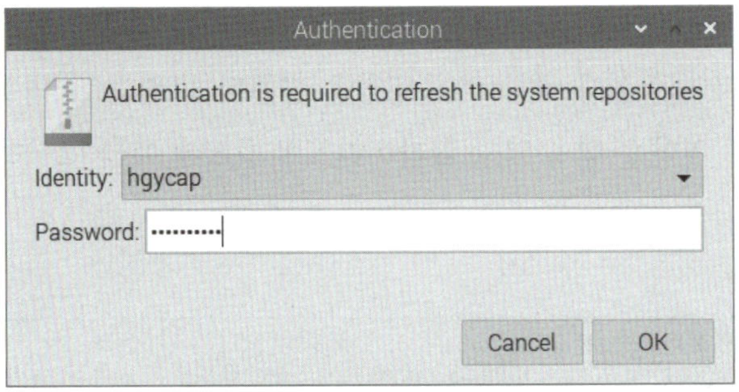

Authentication

Authentication is required to refresh the system repositories

Identity: hgycap

Password: ••••••••••

Cancel OK

그림 2.23 계정 정보 확인

계정 정보를 다시 입력하지 않으려면 그림 2.20에서 '옵션 표시' 버튼을 누른 다음, 그림 2.24와 같이 '항상 자격 증명 묻기' 선택을 해제하면 된다. 입력한 계정 정보는 윈도우에 저장되며, '편집' 또는 '삭제'를 눌러 계정 정보를 수정하거나 삭제할 수 있다.

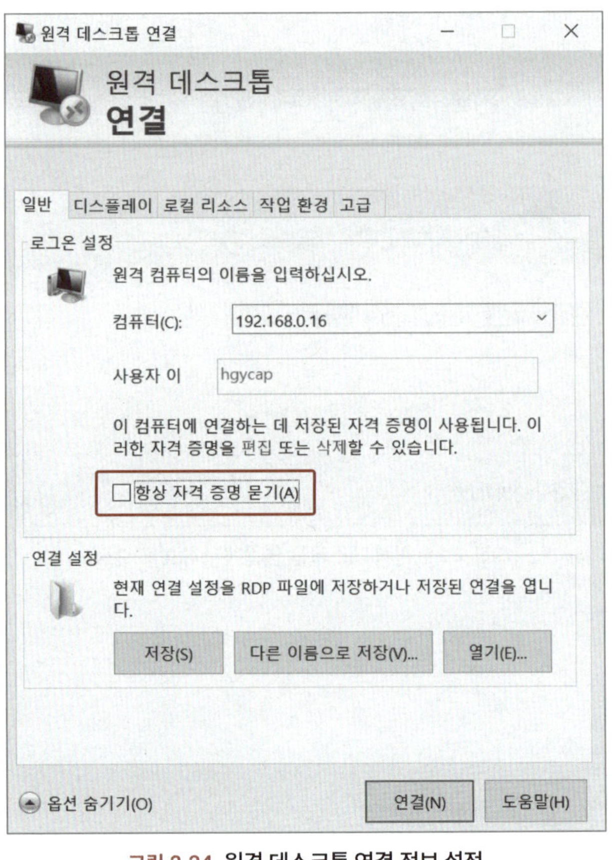

그림 2.24 원격 데스크톱 연결 정보 설정

그림 2.25의 디스플레이 탭에서는 라즈베리파이 화면의 크기를 설정할 수 있다. VNC 연결에서 화면 해상도는 라즈베리파이의 설정, 즉 서버에 영향을 받는다. 반면 RDP 연결에서의 화면 해상도는 라즈베리파이의 설정에 영향을 받지 않고 클라이언트의 요청에 따라 결정되므로 자유롭게 해상도를 선택할 수 있다.

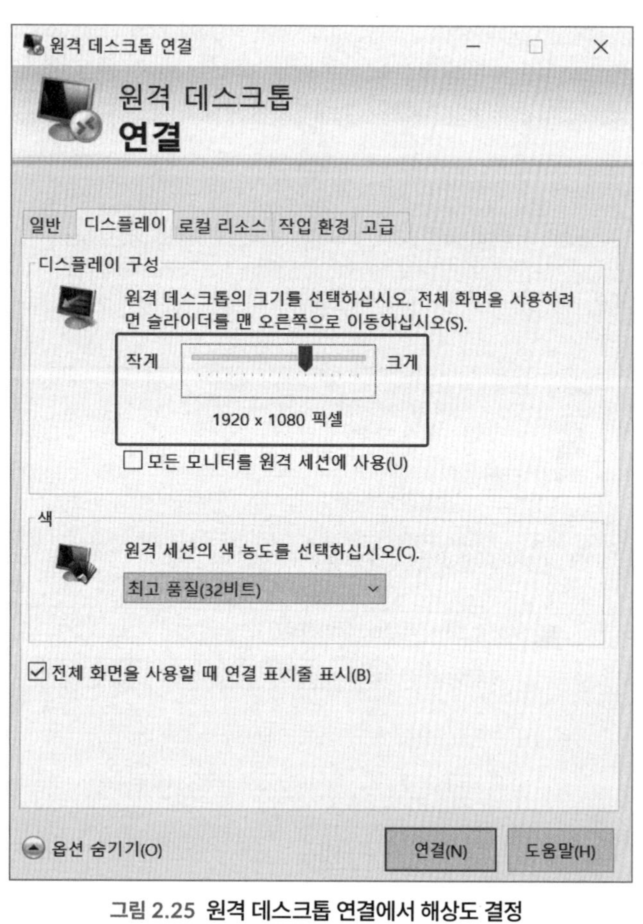

그림 2.25 원격 데스크톱 연결에서 해상도 결정

RDP 연결에서 빈 화면만 출력되는 현상[3]

원격 데스크톱 연결을 사용하여 라즈베리파이에 연결했을 때 화면에 아무 내용도 표시되지 않고 검은색 빈 화면만 보이는 현상이 종종 발생한다. 이는 RDP와 라즈베리파이 데스크톱 환경 사이의 충돌이 주된 원인이다. 빈 화면만 출력되는 현상을 해결하는 방법 중 하나는 라즈베리파이 OS를 최신 버전으로 업데이트하는 것이다. 라즈베리파이 OS를 최신 버전으로 업데이트하는 것은 업데이트할 수 있는 패키지 목록을 확인한 후, 확인된 패키지를 설치하는 두 단계로 이루어진다.

1. `sudo apt update` 명령으로 패키지 목록을 확인한다.
2. `sudo apt full-upgrade` 명령으로 패키지를 최신 상태로 만든다.

라즈베리파이 OS를 최신 버전으로 업데이트해도 문제가 해결되지 않으면 디스플레이 서버를 바꾸는 것이 방법이 될 수 있다. 라즈베리파이 OS는 Wayland를 디스플레이 서버로 사용한다. Wayland는 기존 X11을 대체하기 위해 만들어진 것으로, X11보다 구조가 간단하면서도 성능은 우수한 것으로 알려져 있다. 하지만 라즈베리파이에서는 Wayland보다 X11이 VNC 및 RDP와의 호환성이 높다. 따라서 빈 화면만 나타나는 증상이 계속된다면 디스플레이 서버를 X11으로 바꾸는 것이 해결 방법이 될 수 있다.

1. `ssh` 명령이나 VNC 연결로 라즈베리파이에 로그인한다.
2. `ssh` 연결이나 데스크톱 터미널에서 `sudo raspi-config` 명령을 실행한다.
3. '6 Advanced Options → A6 Wayland → W1 X11' 항목을 선택한다.
4. 라즈베리파이를 리부팅한다.

현재 사용 중인 디스플레이 서버는 환경변수 `XDG_SESSION_TYPE`을 통해 확인할 수 있으며, `x11` 또는 `wayland`를 결과로 얻을 수 있다.

```
hgycap@hgycap-pi:~
File    Edit    Tabs    Help

hgycap@hgycap-pi:~ $ echo $XDG_SESSION_TYPE
x11
hgycap@hgycap-pi:~ $
```

3 RDP로 라즈베리파이에 접속했을 때 라즈베리파이 OS의 상태에 따라 빈 화면만 나타나거나 정상적인 화면이 나타날 때가 있다는 점은 라즈베리파이 OS의 버그 가능성을 시사한다. 라즈베리파이 OS의 상태에 따라서는 디스플레이 서버를 X11으로 바꾼 후 다시 Wayland로 되돌리는 것만으로 정상적인 화면이 나타난다는 점 역시 라즈베리파이 OS의 버그 가능성을 뒷받침한다.

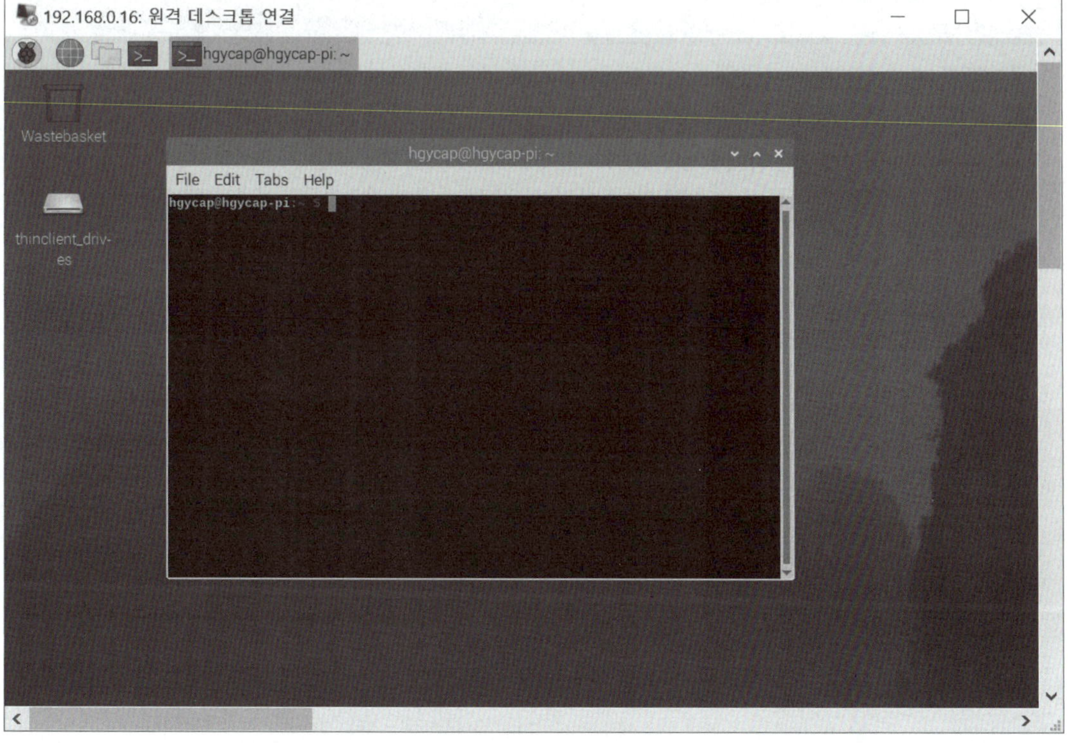

그림 2.26 RDP 연결 화면

VNC로 연결한 결과(그림 2.17)와 RDP로 연결한 결과(그림 2.26)는 비슷해 보이지만 몇 가지 차이가 있다. 그중 하나는 VNC와 RDP로 동시에 라즈베리파이에 연결했을 때 표시되는 화면이 다르다는 점이다. VNC로 연결했을 때 볼 수 있는 화면과 라즈베리파이에 모니터를 연결했을 때 볼 수 있는 화면은 같다. 즉, 로컬에서 실행되는 세션과 같은 세션을 VNC에서 확인할 수 있다. 반면 RDP는 연결할 때 새로운 세션이 만들어지므로, RDP로 볼 수 있는 화면과 라즈베리파이에 모니터를 연결했을 때 볼 수 있는 화면이 서로 다르다.

화면을 나타내는 방식 역시 차이가 있다. VNC는 화면을 캡처해서 전송하는 방식을 사용하므로 높은 해상도에서는 전송하는 데이터가 많아 마우스와 키보드 입력이 지연될 수 있다. 반면 RDP는 서버에서 보낸 정보를 바탕으로 클라이언트에서 화면을 그리는 방식을 사용하므로 전송하는 데이터가 적어 입력 지연이 발생하지 않는다. 하지만 VNC에서 일부 프로그램의 화면이 정상적으로 표시되지 않는다는 단점이 있다.

VNC와 RDP 중에서 어느 것을 선택할지는 사용 환경에 따라 달라질 수 있다. 다양한 운영체제와 호환성이 좋고 라즈베리파이 OS에 VNC 서버가 포함되어 있다는 점은 VNC의 장점이지만, 윈도우에 별도의 클라이언트를 설치해야 한다는 점은 단점이 될 수 있다. 라즈베리파이에 별도의 서버를 설치해야 한다는 점은 RDP의 단점이라 할 수 있지만, 데이터 전송량이 적어 반응 속도가 빠르고, 화면 해상도를 쉽게 변경할 수 있으며, 윈도우에 RDP를 위한 클라이언트가 포함되어 있다는 점은 장점이라 할 수 있다.

2.4 라즈베리파이와 컴퓨터 직접 연결

지금까지 원격으로 라즈베리파이에 연결하기 위해 라즈베리파이와 컴퓨터가 같은 공유기에 연결된 것으로 가정했다. 컴퓨터에서 라즈베리파이로 원격으로 로그인하려고 하지만 컴퓨터와 라즈베리파이를 같은 네트워크에 연결하기 어렵다면, 라즈베리파이와 컴퓨터를 직접 연결하는 방법을 사용할 수 있다. 라즈베리파이와 컴퓨터를 직접 연결하는 방법 중 하나가 이더넷 케이블로 연결하는 것이다. 아래 설명에서 컴퓨터는 이더넷을 통해 유선으로 인터넷에 연결된 것으로 가정했지만, 노트북과 같이 와이파이를 통해 무선으로 인터넷에 연결되었을 때도 같은 방법을 사용할 수 있다.

컴퓨터와 라즈베리파이를 이더넷 케이블로 직접 연결하기 위해서는 컴퓨터와 라즈베리파이에 이더넷 어댑터가 필요하다. 라즈베리파이에는 이더넷 어댑터가 포함되어 있으므로 이를 사용하면 된다. 대부분의 컴퓨터에도 이더넷 어댑터가 포함되어 있지만, 컴퓨터의 이더넷 어댑터는 인터넷 연결에 사용하는 것으로 가정했다. 따라서 라즈베리파이와 컴퓨터를 이더넷으로 직접 연결하기 위해서는 컴퓨터에 두 번째 이더넷 어댑터가 필요하며, 이를 위해 USB–이더넷 어댑터를 사용할 수 있다. 2개의 이더넷 어댑터를 사용하는 것이 흔하지는 않지만, 하나는 인터넷 연결을 위해 사용하고 다른 하나는 라즈베리파이에 연결하면 서로 다른 2개의 네트워크에 연결할 수 있다.

그림 2.27 USB-이더넷 어댑터

USB–이더넷 어댑터를 컴퓨터의 USB 포트에 연결한 후 라즈베리파이와 USB–이더넷 어댑터를 이더넷 케이블로 연결한다. '네트워크 연결 보기'를 실행하면 인터넷에 연결된 어댑터(이더넷) 하나와 라즈베리파이와 연결된 어댑터(이더넷 2) 하나를 확인할 수 있다.

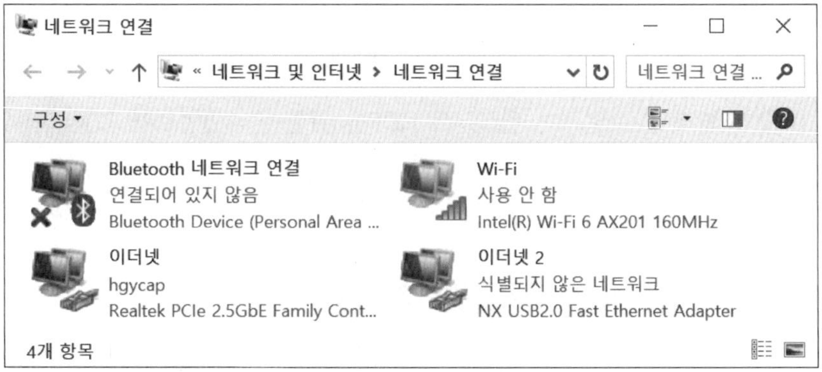

그림 2.28 이더넷 어댑터

먼저 인터넷 연결을 설정하자. 인터넷에 연결된 어댑터(이더넷)에서 마우스 오른쪽 버튼을 누르고 속성 메뉴 항목을 선택한다. 이더넷 속성 다이얼로그에서 '공유' 탭을 선택하고 '다른 네트워크 사용자가 이 컴퓨터의 인터넷 연결을 통해 연결할 수 있도록 허용'을 선택한다. '홈 네트워킹 연결' 드롭다운 메뉴에서 라즈베리파이와 연결된 네트워크, 즉 그림 2.28에서의 '이더넷 2'를 선택하여 라즈베리파이와의 이더넷 연결이 컴퓨터의 인터넷 연결을 공유해서 사용할 수 있도록 설정한다.

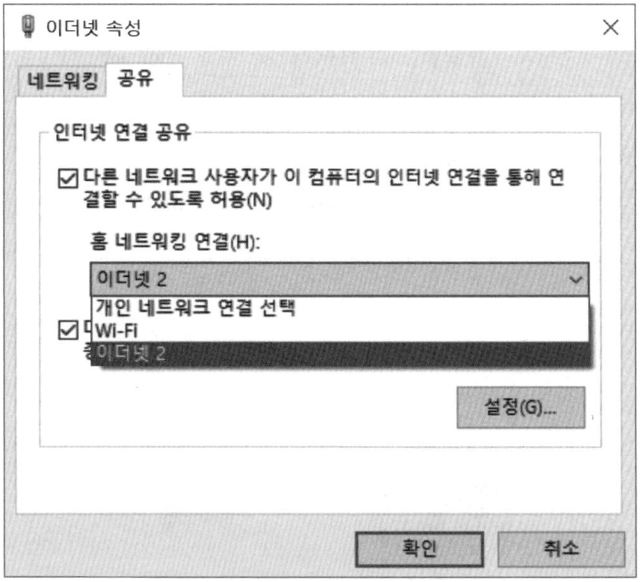

그림 2.29 인터넷 연결 공유 설정

인터넷 연결이 공유되면 인터넷에 연결된 이더넷에 '공유됨'이 표시된다.

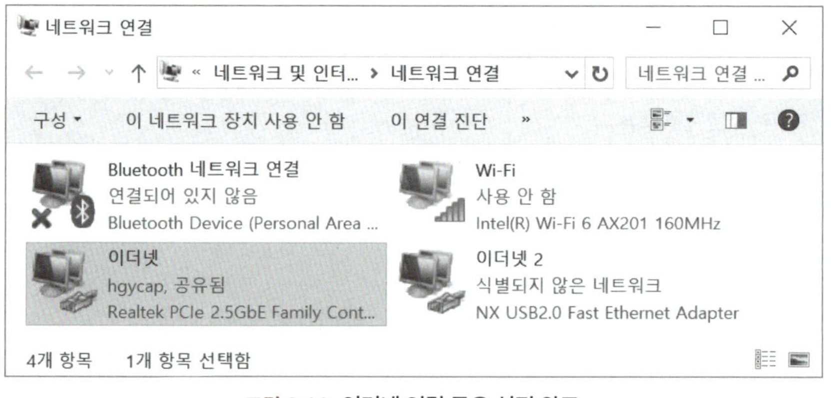

그림 2.30 인터넷 연결 공유 설정 완료

다음으로 라즈베리파이와의 연결을 확인하자. 컴퓨터와 라즈베리파이를 직접 연결한 이더넷 어댑터(이더넷 2)에서 마우스 오른쪽 버튼을 누르고 속성 메뉴 항목을 선택하여 속성 다이얼로그를 연다. 속성 다이얼로그에서 '인터넷 프로토콜 버전 4(TCP/IPv4)' 항목을 선택한다.

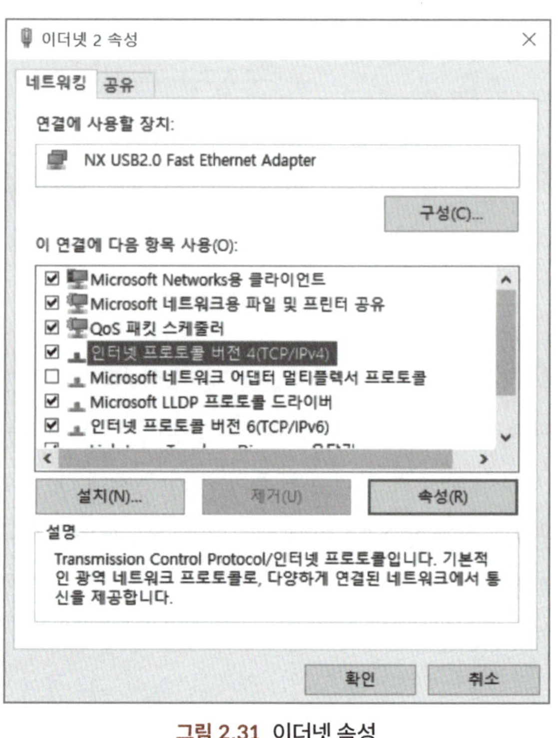

그림 2.31 이더넷 속성

'속성' 버튼을 누르면 두 번째 이더넷 어댑터에 할당된 IP 주소를 확인할 수 있다. 그림 2.32에서는 이더넷 어댑터에 192.168.137.1의 IP 주소가 할당되고 서브넷 마스크로 255.255.255.0이 설정된 것을 확인할 수 있다. 즉, 컴퓨터와 라즈베리파이의 연결은 별도의 네트워크를 구성하며 이 네트워크에 연결된 모든 장치에는 192.168.137.*의 IP 주소가 할당된다. 라즈베리파이의 이더넷 어댑터 역시 192.168.137.*의 IP 주소를 갖는다.

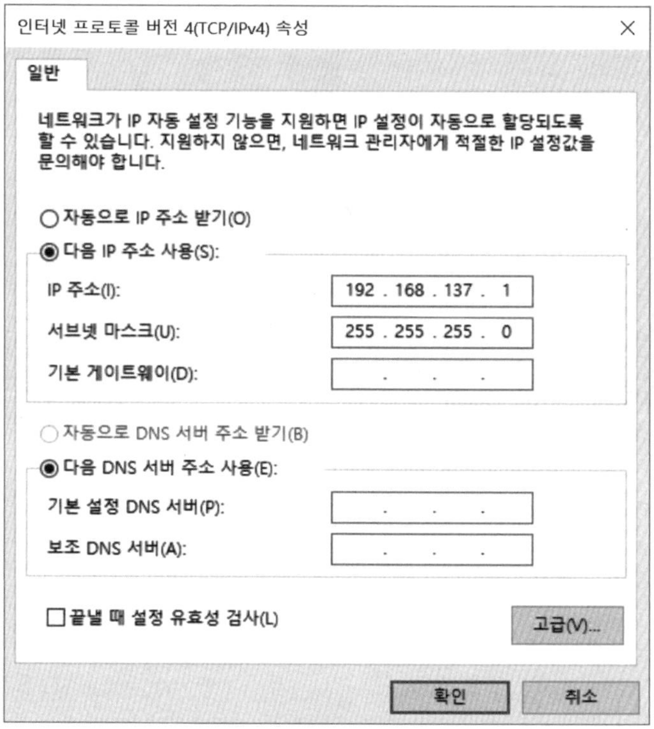

인터넷 프로토콜 버전 4(TCP/IPv4) 속성

일반

네트워크가 IP 자동 설정 기능을 지원하면 IP 설정이 자동으로 할당되도록 할 수 있습니다. 지원하지 않으면, 네트워크 관리자에게 적절한 IP 설정값을 문의해야 합니다.

○ 자동으로 IP 주소 받기(O)
◉ 다음 IP 주소 사용(S):
IP 주소(I): 192 . 168 . 137 . 1
서브넷 마스크(U): 255 . 255 . 255 . 0
기본 게이트웨이(D):

○ 자동으로 DNS 서버 주소 받기(B)
◉ 다음 DNS 서버 주소 사용(E):
기본 설정 DNS 서버(P):
보조 DNS 서버(A):

☐ 끝낼 때 설정 유효성 검사(L) 고급(V)...

확인 취소

그림 2.32 두 번째 이더넷 어댑터의 IP 주소

컴퓨터와 라즈베리파이를 직접 이더넷으로 연결했을 때 라즈베리파이에 할당된 IP 주소를 확인하는 방법은 앞 절에서와 마찬가지로 키보드와 모니터를 연결해서 확인하는 것이 가장 간단하다. 그림 2.33은 공유기를 통한 무선 연결과 이더넷을 통한 직접 연결이 모두 이루어졌을 때 할당된 IP 주소를 확인한 것이다. 공유기를 통한 무선 연결에는 192.168.0.16의 IP 주소가, 컴퓨터에 이더넷을 통한 유선 연결에는 192.168.137.176의 IP 주소가 할당되어 있다.

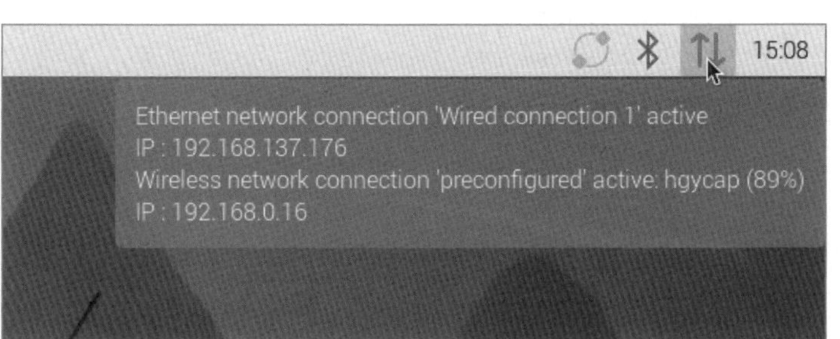

그림 2.33 무선 및 유선 연결의 IP

키보드와 모니터를 연결할 수 없다면 앞 절에서 설명한 `ping` 명령과 `for` 루프를 사용해 라즈베리파이의 이더넷 어댑터에 할당된 IP 주소를 찾아낼 수 있다.

명령 프롬프트

```
C:\Users\Gyeongyong Heo>for /L %i in (2,1,254) do @ping -n 1 -w 100 192.168.137.%i | find
"TTL="
192.168.137.176의 응답: 바이트=32 시간<1ms TTL=64

C:\Users\Gyeongyong Heo>
```

이더넷 연결을 통한 데이터 송수신이 이루어진 후에는 `arp` 명령으로도 라즈베리파이의 이더넷 어댑터에 할당된 IP 주소를 확인할 수 있다. 아래 결과는 공유기에 컴퓨터와 라즈베리파이가 연결되어 있고 두 번째 이더넷 어댑터로 라즈베리파이와 컴퓨터가 직접 연결되어 있을 때 `arp` 명령을 실행한 것이다. 라즈베리파이의 무선 와이파이 어댑터에 할당된 IP 주소가 192.168.0.16이라면 유선 이더넷 어댑터에 할당된 IP 주소는 192.168.137.176으로 그림 2.33의 결과와 같다. 이때 라즈베리파이는 무선과 유선 2개의 네트워크 인터페이스를 사용하여 2개의 네트워크에 연결되어 있으므로 결과 역시 네트워크별로 분리되어 있다.

명령 프롬프트

```
C:\Users\Gyeongyong Heo>arp -a

인터페이스: 192.168.0.4 --- 0xb
  인터넷 주소           물리적 주소           유형
  192.168.0.1           70-5d-cc-da-f1-38     동적
  192.168.0.2           f0-03-8c-1a-af-15     동적
  192.168.0.6           54-3a-d6-1c-98-12     동적
  192.168.0.9           40-9f-38-6b-69-14     동적
  192.168.0.16          2c-cf-67-2a-3b-c9     동적
  192.168.0.255         ff-ff-ff-ff-ff-ff     정적
```

```
  224.0.0.2             01-00-5e-00-00-02     정적
  224.0.0.22            01-00-5e-00-00-16     정적
  224.0.0.251           01-00-5e-00-00-fb     정적
  224.0.0.252           01-00-5e-00-00-fc     정적
  239.255.255.250       01-00-5e-7f-ff-fa     정적
  255.255.255.255       ff-ff-ff-ff-ff-ff     정적

인터페이스: 192.168.137.1 --- 0x17
  인터넷 주소           물리적 주소           유형
  192.168.137.176       2c-cf-67-2a-3b-c8     정적
  192.168.137.255       ff-ff-ff-ff-ff-ff     정적
  224.0.0.2             01-00-5e-00-00-02     정적
  224.0.0.22            01-00-5e-00-00-16     정적
  224.0.0.251           01-00-5e-00-00-fb     정적
  224.0.0.252           01-00-5e-00-00-fc     정적
  239.255.255.250       01-00-5e-7f-ff-fa     정적
  255.255.255.255       ff-ff-ff-ff-ff-ff     정적

C:\Users\Gyeongyong Heo>
```

컴퓨터와 라즈베리파이가 이더넷 어댑터를 사용하여 직접 연결되면, 공유기를 통해 연결되었을 때와 IP 주소만 다르게 해서 ssh 명령을 이용한 셸 기반 연결이나 VNC 또는 RDP 기반의 데스크톱 연결을 사용할 수 있다.

2.5 요약

라즈베리파이를 준비하고 SD 카드에 라즈베리파이 OS를 설치했다면 라즈베리파이를 시작할 준비는 끝난다. 라즈베리파이에 키보드와 모니터를 연결하면 라즈베리파이를 데스크톱 컴퓨터처럼 사용할 수 있으며, 간단하게 라즈베리파이를 사용하는 방법이기도 하다. 하지만 별도의 키보드와 모니터가 필요하다는 점은 단점이라 할 수 있다. 또한 라즈베리파이는 다른 시스템의 일부로 포함되어 동작할 때가 많아 키보드와 모니터를 연결하는 것 자체가 어려울 수 있다는 점도 기억해야 한다.

라즈베리파이를 사용하는 다른 방법은 원격 로그인을 사용하는 방법이다. 라즈베리파이가 네트워크에 연결되어 있다면 같은 네트워크에 연결된 다른 컴퓨터에서 라즈베리파이에 로그인하여 라즈베리파이를 사용할 수 있다. 원격 로그인을 사용하면 키보드와 모니터가 필요하지 않지만, 라즈베리파이가 네트워크에 연결되어 있어야 하므로 네트워크 연결을 위한 설정이 필요할 수 있고, 설정을 위해서는 키보드와 마우스를 연결하는 것이 간편할 수 있다.

이 장에서는 라즈베리파이와 컴퓨터를 같은 네트워크에 연결하는 방법으로 공유기를 사용하는 방법과 공유기 없이 직접 연결하는 방법을 살펴봤다. 두 가지 방법은 연결 방법에서 차이가 있지만, 두 가지 방법에서 모두 라즈베리파이와 컴퓨터는 같은 네트워크에 연결된다. 네트워크에 연결된 후에는 셸 기반의 `ssh` 명령이나 GUI 기반의 VNC 또는 RDP를 사용하여 원격으로 로그인하고 라즈베리파이를 사용할 수 있다. 이 책에서는 공유기를 통해 컴퓨터와 라즈베리파이를 연결하고 VNC나 RDP를 사용하여 원격으로 로그인하는 방법을 주로 사용하지만, 공유기를 사용하기 어려운 환경에서는 직접 연결을 사용할 수 있다. 이 장에서 라즈베리파이에 원격 데스크톱을 연결하여 사용하는 방법을 살펴봤다면, 다음 장에서는 직접 또는 원격으로 라즈베리파이에 로그인한 후 라즈베리파이 OS를 사용하는 방법을 알아본다.

라즈베리파이 OS

라즈베리파이는 리눅스 배포판의 하나인 데비안을 바탕으로 라즈베리파이에 최적화된 라즈베리파이 OS를 기본으로 사용하며, 라즈베리파이 OS 최신 버전은 데비안 12 북웜을 바탕으로 하고 있다. 라즈베리파이 OS는 윈도우나 맥OS와 비슷한 GUI를 사용할 수 있고 사용 방법 역시 비슷하지만, 터미널을 통해 명령행 기반으로 사용할 때 더 많은 기능을 사용할 수 있다. 이 장에서는 라즈베리파이 OS의 기능을 터미널과 데스크톱을 통해 사용하는 방법을 살펴본다.

3.1 라즈베리파이 OS

라즈베리파이는 데비안(Debian)을 기반으로 라즈베리파이에 최적화된 운영체제(OS: Operating System)인 '라즈베리파이 OS'를 사용한다. 데비안은 데비안 프로젝트(Debian Project)[1]에서 관리하는 대표적인 리눅스 배포판의 하나로, 자유 소프트웨어 재단(Free Software Foundation)의 가이드라인에 따라 자유롭게 배포 및 수정이 가능하다. 데비안은 x86, ARM, MIPS 등 다양한 플랫폼을 지원하며 라즈베리파이 역시 그중 하나다.

데비안은 1993년 첫 번째 버전이 발표된 이후 약 2년 주기로 새로운 버전을 발표하고 있다. 2년 주기의 업데이트는 다른 리눅스 배포판에 비해 느린 편이지만, 이는 안정성을 중요시하는 데비안의 철학에 따른 것이다. 데비안이 우주 정거장에서 사용하는 노트북에 사용되었다는 사실에서 데비안의 안정성을 확인할 수 있으며, 서버 시장에서 데비안이 인기를 얻고 있다는 점 역시 데비안의 안정성을 보여주는 예라 할 수 있다. 최신 라즈베리파이 OS는 2023년 발표된 데비안 버전 12 북웜(Bookworm)을 기반으로 하고 있다. 데비안에 사용되는 코드명은 〈토이 스토리〉 시리즈의 캐릭터 이름을 사용하고 있으며, 북웜은 〈토이 스토리 3〉에 등장하는 책벌레 캐릭터의 이름이다.

표 3.1 데비안의 버전 정보

데비안 버전	코드명	발표일
데비안 8	Jessie	2015년 9월
데비안 9	Stretch	2017년 8월
데비안 10	Buster	2019년 6월
데비안 11	Bullseye	2021년 11월
데비안 12	Bookworm	2023년 6월

3.2 셸과 터미널

윈도우에서는 마우스로 대부분의 작업을 진행하지만, 리눅스에서는 키보드로 명령을 입력하고 실행하는 명령행 기반 방식(CLI: Command–Line Interface)이 여전히 사용되고 있다. 이때 명령을 해석하고 실행하는 프로그램을 셸(shell)이라고 하며 사용자와 운영체제를 이어주는 역할을 한다. 사용자와 운영체제를 이어주는 인터페이스로 흔히 이야기하는 것이 터미널(terminal)이다. 터미널은

1 https://www.debian.org

입출력이 가능한 하드웨어를 가리키는 말에서 유래된 것으로 콘솔(console)이라고도 부른다. 터미널은 입력과 출력 기능만 있는 하드웨어에서 시작했고 이를 소프트웨어로 구현한 것이 현재 사용되는 터미널이므로 '터미널 에뮬레이터(terminal emulator)'가 정확한 표현이다. 윈도우의 명령 프롬프트 역시 터미널의 한 종류다.

터미널이 사용자 인터페이스(UI: User Interface)를 갖고 있는 하드웨어에 해당한다면, 셸은 UI가 없는 소프트웨어에 해당한다. 터미널에 명령을 입력하면 입력된 명령은 셸로 전달되고 셸에서 명령을 실행한 결과는 다시 터미널로 보내져 터미널에 출력된다. 즉, 셸을 실행하기 위한 인터페이스가 터미널이다. 셸과 터미널은 구분되어야 하지만, 함께 사용해야 사용자와의 명령을 받아 처리하고 그 결과를 확인할 수 있으므로 셸과 터미널은 흔히 같은 의미로 사용된다.

셸의 종류는 리눅스의 초기 표준 셸인 본 셸(sh: Bourne Shell), C 언어와 비슷한 문법을 사용하는 C 셸(csh: C Shell), C 셸의 향상된 버전인 TC 셸(TENEX C Shell), GNU 프로젝트 일환으로 개발되어 라즈베리파이 OS에서 기본 셸로 사용되는 배시(bash: Bourne Again Shell) 등이 있다. 현재 사용 중인 셸은 환경변수 `SHELL`을 통해 확인할 수 있다.

```
hgycap@hgycap-pi:~
File    Edit    Tabs    Help

hgycap@hgycap-pi:~ $ echo $SHELL
/bin/bash
hgycap@hgycap-pi:~ $
```

태스크바의 터미널을 실행하면 명령어 입력을 기다리는 프롬프트가 나타난다. 프롬프트는 '사용자_이름@라즈베리파이_이름:디렉터리 $' 형식으로 표시된다. 디렉터리 위치를 나타내는 '~'는 사용자의 홈 디렉터리인 '/home/사용자_아이디'를 의미한다. 프롬프트는 터미널의 제목 표시줄에도 나타난다.

셸은 로그인 셸과 비로그인 셸로 나눌 수 있으며 단어 의미 그대로 셸을 시작할 때 로그인이 필요한지에 따라 구분된다. 라즈베리파이를 처음 시작할 때 터미널로 시작하는 옵션을 선택하면 터미널에 로그인 셸이 실행된다. 반면 데스크톱으로 시작하는 옵션을 선택하면 GUI를 기반으로 하는 데스크톱이 실행된다. 부팅 시 시작 옵션은 터미널에서 `sudo raspi-config` 명령을 실행한 후 '1 System Options → S5 Boot / Auto Login' 항목을 선택하면 확인할 수 있다.

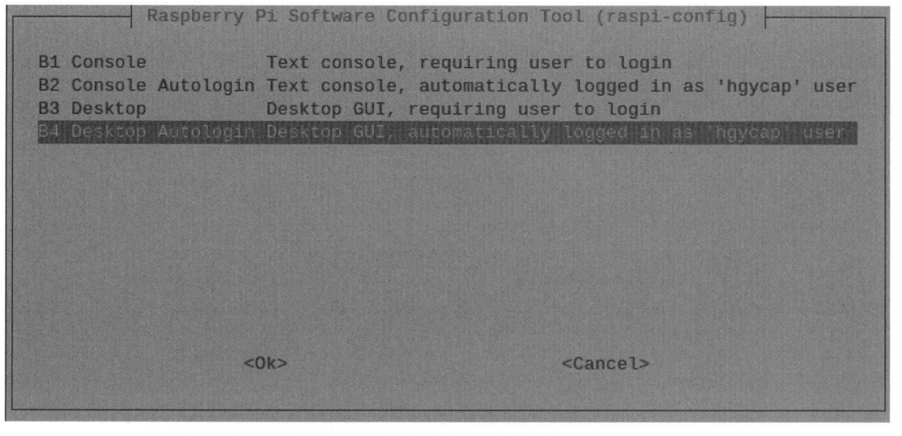

그림 3.1 부팅과 자동 로그인 옵션

부팅과 자동 로그인 옵션은 라즈베리파이 설정 프로그램에서도 변경할 수 있다. '메뉴 → Preferences → Raspberry Pi Configuration' 항목을 선택한다.

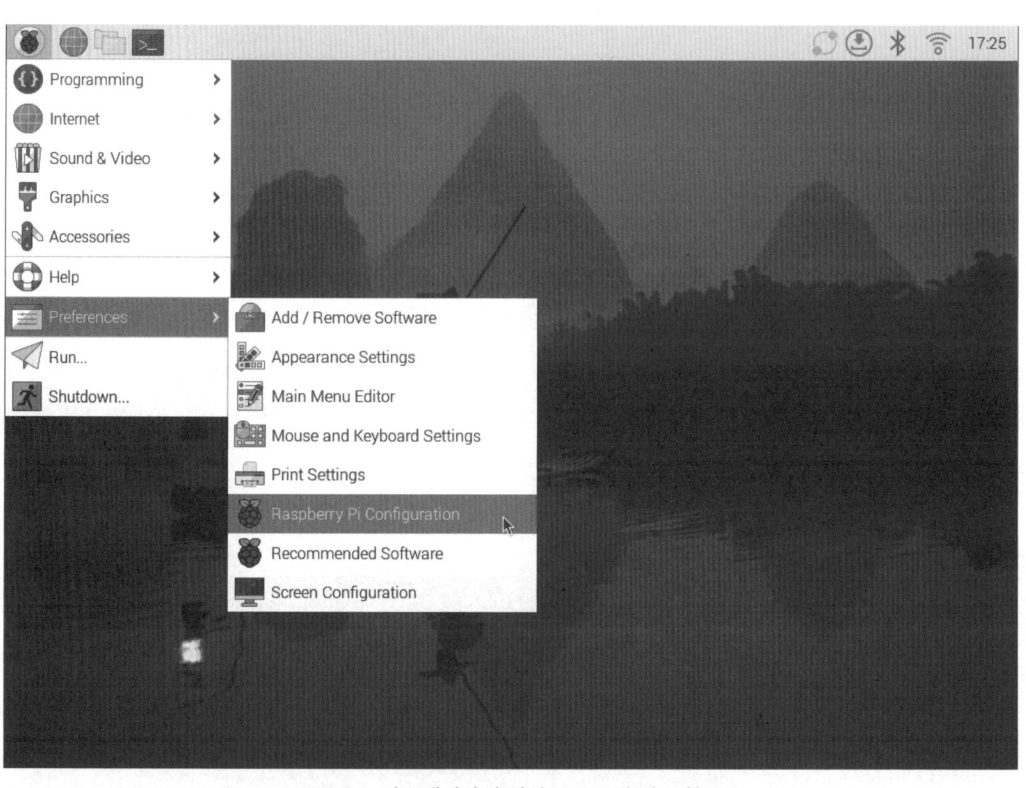

그림 3.2 라즈베리파이 설정 프로그램 메뉴 항목

라즈베리파이 설정 프로그램의 System 탭에서 'Boot'와 'Auto Login' 항목이 부팅과 자동 로그인 옵션에 해당한다. GUI 기반인 라즈베리파이 설정 프로그램에서는 명령행 기반인 `raspi-config` 프로그램에서 변경할 수 있는 모든 옵션을 변경할 수는 없지만, 자주 사용되는 설정은 GUI를 사용하여 변경할 수 있다.

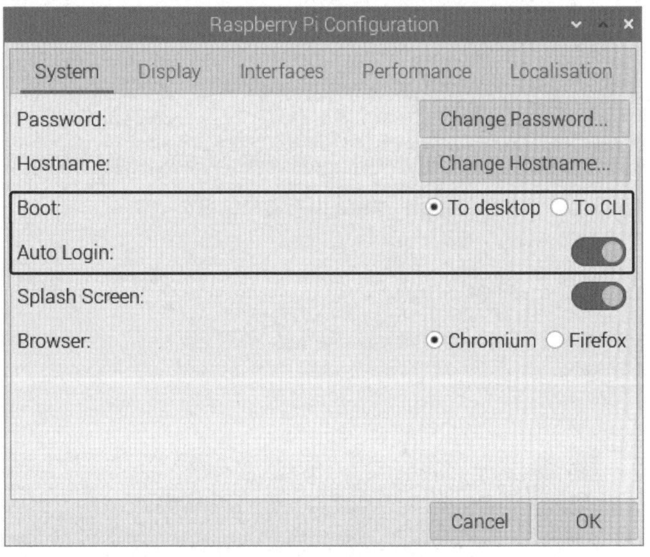

그림 3.3 부팅과 자동 로그인 옵션

로그인 셸은 라즈베리파이를 CLI(Command Line Interface)로 시작할 때뿐만 아니라, 원격으로 라즈베리파이에 로그인했을 때도 볼 수 있다. 윈도우의 명령 프롬프트에서 `ssh`(Secure Shell) 프로그램으로 라즈베리파이에 연결하면 로그인 셸이 실행된다. 로그인 셸에서 로그아웃하기 위해서는 `logout` 명령을 사용할 수 있다. `exit` 명령 역시 로그아웃을 위해 사용할 수 있지만, 로그인 셸에서 `exit` 명령은 `logout` 명령을 실행하도록 되어 있다.

명령 프롬프트

```
C:\Users\Gyeongyong Heo>ssh hgycap@192.168.0.16
hgycap@192.168.0.16's password: ■■■■■■■■■■
Linux hgycap-pi 6.6.31+rpt-rpi-2712 #1 SMP PREEMPT Debian 1:6.6.31-1+rpt1 (2024-05-29)
aarch64

The programs included with the Debian GNU/Linux system are free software;
the exact distribution terms for each program are described in the
individual files in /usr/share/doc/*/copyright.
```

```
Debian GNU/Linux comes with ABSOLUTELY NO WARRANTY, to the extent
permitted by applicable law.
Last login: Fri Aug 30 12:50:57 2024 from 192.168.0.4
hgycap@hgycap-pi:~ $ echo $SHELL
/bin/bash
hgycap@hgycap-pi:~ $ logout
Connection to 192.168.0.16 closed.

C:\Users\Gyeongyong Heo>
```

비로그인 셸은 로그인하지 않고 사용하는 셸로, 데스크톱에서 터미널을 실행했을 때 실행되는 셸이 대표적이다. 비로그인 셸은 단어 의미 그대로 로그인이 필요 없는 셸이므로 로그아웃할 수 없다. 따라서 비로그인 셸에서 `logout` 명령을 실행하면 오류가 발생한다. 비로그인 셸에서 `exit` 명령은 로그아웃이 아니라 셸을 종료하는 데 사용되므로, 터미널에서 `exit` 명령을 실행하면 셸의 종료와 함께 터미널 역시 종료된다.

```
hgycap@hgycap-pi:~
File    Edit    Tabs    Help

hgycap@hgycap-pi:~ $ logout
bash: logout: not login shell: use `exit'
hgycap@hgycap-pi:~ $
```

모든 리눅스 배포판에서 셸을 사용할 수 있다. 데스크톱 환경에서도 셸의 많은 기능을 사용할 수 있지만, 셸은 데스크톱 환경이 만들어지기 전부터 널리 사용되었으며 여전히 일부 기능은 셸을 통해서만 사용할 수 있다. 또한 라즈베리파이 OS는 라즈베리파이를 위해 최적화된 경량의 운영체제이므로 데스크톱 컴퓨터를 위한 리눅스보다 많은 명령을 셸을 통해서만 사용할 수 있다.

3.3 사용자 관리

윈도우가 단일 사용자를 염두에 두고 만들어진 운영체제라면, 리눅스는 여러 사용자를 염두에 두고 만들어진 운영체제다. 윈도우에서도 여러 사용자를 지원하지만, 리눅스는 여러 사용자를 위한 환경으로 처음부터 설계되어 자원의 효율적으로 활용할 수 있고, 시스템의 안정성이 높으며, 강력한 보안 기능을 제공하는 등 다중 사용자 환경에서 높은 신뢰성과 효율성을 제공한다.

리눅스에서 사용자는 시스템의 모든 권한을 가진 관리자(administrator) 또는 슈퍼 유저(super

user)와 제한된 권한을 가진 일반 사용자로 구분한다. 관리자는 시스템 설정 변경, 소프트웨어 설치 및 삭제, 모든 파일에 대한 접근, 사용자 계정 관리 등의 권한을 갖는다. 반면 일반 사용자는 자신이 소유한 파일이나 프로그램만 사용할 수 있고, 시스템 전체에 영향을 미치는 설정은 변경할 수 없으며, 제한적인 소프트웨어 설치 및 삭제만 가능하다.

리눅스에서 사용자를 관리자와 일반 사용자로 구분하는 이유는 보안과 안정성을 유지하기 위해서다. 관리자는 시스템의 모든 부분에 접근할 수 있지만, 일반 사용자는 제한된 권한만 가지므로 일반 사용자가 실수 또는 악의적인 의도로 시스템을 손상시킬 가능성이 작다. 또한 일반 사용자 계정에서 실행되는 프로그램은 시스템 전체에 영향을 미칠 수 없으므로 바이러스나 악성 소프트웨어가 시스템 전체를 변경할 수 없다. 관리자는 시스템 자원 관리를 통해 효율적으로 시스템을 관리할 수 있으며, 일반 사용자의 무분별한 리소스 사용을 막아 시스템의 안정성을 높일 수 있다는 것도 장점 중 하나다.

시스템에서 사용자를 관리하는 데 사용하는 것이 계정(account)이다. 흔히 사용자와 계정을 같은 의미로 사용하지만, 엄밀히 말해 시스템을 사용하는 사람 자체를 가리키는 말이 '사용자'라면, 시스템 내에서 사용자를 나타내고 관리하는 데 사용하는 것이 '계정'이다. 관리자와 루트(root) 계정 역시 비슷하다. 시스템에서 관리자 권한을 갖는 사용자를 관리자라고 한다면, 관리자에 해당하는 계정이 루트 계정이다. 루트 계정은 항상 관리자 권한을 갖지만, 일반 사용자 계정 역시 sudo(super user do) 명령으로 일시적으로 관리자 권한을 가질 수 있으며, 관리자 권한을 가진 일반 사용자 역시 관리자에 포함된다. 시스템 설정이나 변경이 필요할 때 루트 계정으로 작업을 하는 것이 간단할 수 있지만, 보안과 안정성 문제로 루트 계정으로 로그인하는 것은 추천하지 않는다.

sudo 명령은 일반 사용자에게 일시적으로 관리자 권한을 부여하여 관리자 권한이 필요한 명령을 실행하는 데 사용된다. sudo 명령은 관리자 권한으로 실행할 명령 앞에 추가하기만 하면 된다. sudo 명령을 사용하는 대표적인 예가 라즈베리파이 OS에 패키지를 설치하는 것이다. sudo 명령으로 실행할 수 있는 관리자 권한 작업에는 한계가 있지만, 이는 설정을 통해 변경할 수 있다.

라즈베리파이 OS를 SD 카드에 설치할 때 사용자 계정을 지정했으므로 라즈베리파이에는 루트 계정과 사용자 계정이 하나씩 만들어진다. 사용자 계정을 위해서는 비밀번호 역시 지정했으므로 바로 로그인할 수 있지만, 루트 계정의 비밀번호는 등록하지 않았으므로 로그인할 수 없다. 따라서 루트 계정으로 로그인하려면 먼저 패스워드를 등록해야 한다. 터미널에서 관리자 권한으로 passwd 명령을 사용하면 루트 계정의 패스워드를 등록하거나 변경할 수 있다.

```
hgycap@hgycap-pi:~
File    Edit    Tabs    Help

hgycap@hgycap-pi:~ $ sudo passwd root
New password: ■■■■■■■■■■
Retype new password: ■■■■■■■■■■
passwd: password updated successfully
hgycap@hgycap-pi:~ $
```

패스워드 설정에 성공하면 su(substitute user) 명령으로 루트 계정에 로그인할 수 있다. 루트 계정으로 로그인하면 프롬프트가 바뀌는 것을 확인할 수 있으며, exit 명령을 사용하여 루트 계정에서 사용자 계정으로 돌아올 수 있다.

```
hgycap@hgycap-pi:~
File    Edit    Tabs    Help

hgycap@hgycap-pi:~ $ su
Password: ■■■■■■■■■■
root@hgycap-pi:/home/hgycap# exit
exit
hgycap@hgycap-pi:~ $
```

여러 사용자가 라즈베리파이를 사용하기 위해서는 계정을 추가해야 한다. 계정을 추가하기 위해서는 adduser 명령을 사용할 수 있으며, 계정을 추가할 때는 관리자 권한이 필요하므로 sudo 명령을 함께 사용해야 한다.

```
hgycap@hgycap-pi:~
File    Edit    Tabs    Help

hgycap@hgycap-pi:~ $ sudo adduser newuser
Adding user `newuser' ...
Adding new group `newuser' (1001) ...
Adding new user `newuser' (1001) with group `newuser (1001)' ...
Creating home directory `/home/newuser' ...
Copying files from `/etc/skel' ...
New password: ■■■■■■■■■■
Retype new password: ■■■■■■■■■■
passwd: password updated successfully
Changing the user information for newuser
Enter the new value, or press ENTER for the default
                                        Full Name []: Gyeongyong Heo
```

```
                                         Room Number []: 605
                                         Work Phone []: 0510000000
                                         Home Phone []: 0100000000
                                         Other []: Test account
Is the information correct? [Y/n] y
Adding new user `newuser' to supplemental / extra groups `users' ...
Adding user `newuser' to group `users' ...
hgycap@hgycap-pi:~ $
```

추가한 계정은 '메뉴 → Shutdown... → Logout' 항목을 선택했을 때 나타나는 로그인 다이얼로그에서 선택할 수 있다. 계정을 추가할 때 'Full Name'을 지정했으면 Full Name이, 지정하지 않았으면 아이디가 계정 선택 드롭다운 메뉴에 나타난다.

그림 3.4 로그인 계정 선택

라즈베리파이를 여러 사용자가 함께 사용한다면 계정 목록을 확인해야 할 때가 있다. 계정 목록은 여러 가지 방법으로 알아낼 수 있지만 `adduser` 명령으로 계정을 추가하면 계정의 홈 디렉터리가 /home 디렉터리 아래에 만들어지므로 파일 매니저(File Manager)에서 디렉터리 목록으로 계정 목록을 확인할 수 있다.[2] 다만 관리자 권한이 없으면 다른 계정의 파일 목록이나 파일 내용을 확인할 수 없으므로 /home/newuser 디렉터리 내의 파일을 확인할 수는 없다.

2 `useradd` 명령으로도 계정을 추가할 수 있지만 `useradd` 명령은 홈 디렉터리를 만들지 않으므로 파일 매니저에서 계정을 확인하기 어려울 수 있다. 또한 `useradd` 명령으로 추가한 계정은 `adduser` 명령으로 추가한 계정과 달리 비밀번호 설정 등의 추가 작업이 필요하므로 사용을 추천하지 않는다.

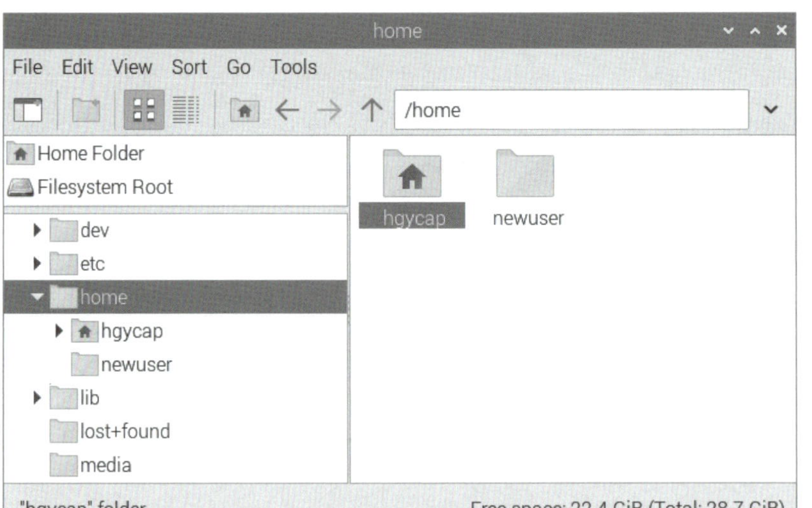

그림 3.5 계정별 홈 디렉터리 생성

현재 로그인한 사용자 이름은 `whoami` 명령을 사용해 확인할 수 있다.

```
hgycap@hgycap-pi:~ $ whoami
hgycap
hgycap@hgycap-pi:~ $
```

계정을 삭제하기 위해서는 `deluser` 명령을 사용하면 되고, `adduser` 명령과 마찬가지로 관리자 권한이 필요하므로 `sudo` 명령을 함께 사용해야 한다.

```
hgycap@hgycap-pi:~ $ sudo deluser --remove-all newuser
Looking for files to backup/remove ...
Removing files ...
Removing crontab ...
Removing user `newuser' ...
Done.
hgycap@hgycap-pi:~ $
```

`adduser` 명령으로 추가한 계정은 라즈베리파이 OS를 설치할 때 만든 계정과 권한이 달라 `sudo` 명

령을 포함하여 일부 명령을 사용하지 못한다. 리눅스에서 여러 계정을 사용하는 것은 흔한 일이지만, 라즈베리파이에서 여러 계정을 사용하는 것은 흔하지 않으므로 이 책에서는 라즈베리파이 OS를 설치할 때 생성한 계정 하나만 사용하는 것으로 가정한다.

3.4 파일 시스템

계정을 생성하면 계정의 홈 디렉터리는 /home 아래에 만들어진다. 윈도우에서 계정의 홈 디렉터리가 C:\Users 아래에 만들어지는 것과 비교하면 드라이버 문자를 사용하지 않고 디렉터리를 구분하는 문자로 역슬래시가 아닌 슬래시를 사용한다는 차이가 있다. 또한 디렉터리 이름에서 대문자와 소문자를 구분한다는 점도 차이점 중 하나다.

디렉터리를 표시하는 방법의 차이가 작지 않지만, 파일 관리를 위한 파일 시스템의 차이는 더 크다. 라즈베리파이 OS에서는 ext4 파일 시스템(4th extended file system)을 사용한다. ext4 파일 시스템은 다른 파일 시스템과 비교했을 때 안정성, 성능, 기능 등 모든 면에서 여러 가지 장점을 제공하므로 대부분의 리눅스 배포판에서 사용하고 있다.

윈도우를 사용하는 컴퓨터에서 라즈베리파이 이미저를 사용하여 라즈베리파이 OS를 SD 카드에 설치하면 SD 카드는 FAT32 파일 시스템을 사용하는 부트(boot) 영역과 ext4 파일 시스템을 사용하는 루트(root) 영역으로 나누어지고, 각각 드라이브 문자가 할당된다. 2개의 파일 시스템 중에서 ext4 파일 시스템은 윈도우에서 지원하지 않는 파일 시스템이므로 리눅스 리더(Linux Reader)[3]와 같은 별도의 프로그램을 설치해야 내용을 확인할 수 있다. 라즈베리파이 OS를 처음 설치했을 때 나뉜 영역의 크기를 합하면 SD 카드의 크기보다 작을 수 있지만, 첫 번째 부팅 과정에서 SD 카드 전체를 사용할 수 있도록 자동으로 확장된다.

라즈베리파이 OS가 설치된 SD 카드를 삽입하고 라즈베리파이를 켜면 2개 영역은 드라이버 문자 없이 최상위 디렉터리 또는 루트 디렉터리(/) 아래의 특정 디렉터리로 연결되어 하나의 파일 시스템으로 나타나며 이를 단일 트리 구조라고 한다. 단일 트리 구조를 만들 때 윈도우에서 드라이버 문자가 할당되는 하나의 영역을 특정 디렉터리에 연결하는 것을 마운트(mount)라고 하고, 연결되는 특정 디렉터리를 마운트 포인트라고 한다.

3 https://www.diskinternals.com/linux-reader

파일 매니저에서 루트 디렉터리를 열면 라즈베리파이 OS에서 사용하는 여러 디렉터리를 확인할 수 있다. 디렉터리 구조는 유닉스 계열 운영체제에서 사용하는 FHS(File system Hierarchy Standard)를 따르고 있지만 일부 내용은 다를 수 있다. 표 3.2는 루트 디렉터리 아래의 디렉터리에 대한 간단한 설명이다. 터미널에서 `man hier` 명령을 사용하면 각 디렉터리에 대한 자세한 설명을 확인할 수 있다.

표 3.2 루트 디렉터리에 포함된 디렉터리

디렉터리	이름	설명
/	-	• 최상위(또는 루트) 디렉터리
/bin	user binaries	• 기본 명령에 해당하는 실행 파일 디렉터리
/boot	bootloader files	• 시스템 부팅 과정에 필요한 파일 디렉터리
/dev	device files	• 마우스, 키보드, 프린터 등 시스템에 연결된 물리적인 장치를 나타내는 장치 파일 디렉터리
/etc	configuration files	• 네트워크 설정, 사용자 정보, 시스템 초기화 정보 등의 시스템 설정 파일 디렉터리
/home	home directories	• 사용자 홈 디렉터리
/lib	library directory	• /bin, /sbin 디렉터리의 명령 실행에 필요한 라이브러리와 커널 모듈 디렉터리
/lost+found	-	• 파일 시스템 오류나 시스템의 비정상적인 종료에 의한 만들어진 파일 조각을 보관하는 디렉터리
/media	removable devices	• USB, CD-ROM 등의 이동식 장치가 마운트 포인트로 사용하는 디렉터리
/mnt	mount directory	• 임시 마운트 장치의 마운트 포인트로 사용하는 디렉터리 • /media 디렉터리는 OS에서 자동으로 마운트하는 포인트로 사용된다면, /mnt 디렉터리는 사용자가 직접 마운트하는 포인트로 사용됨
/opt	optional applications	• 선택적인 추가 애플리케이션 디렉터리 • 패키지 관리 도구(APT: Advanced Package Tool)를 사용하지 않거나 시스템 파일과 독립적으로 동작하는 서드파티 프로그램이 주로 설치됨 • 실행 파일, 라이브러리, 설정 파일 등을 별도의 디렉터리에 저장하는 일반적인 설치와 달리 대부분 하나의 디렉터리에 모두 설치함
/proc	process information	• 현재 메모리에 존재하는 프로세스와 커널의 정보를 파일 형태로 나타내는 가상 파일 시스템
/root	root directory	• 루트 계정 홈 디렉터리 • 일반 사용자를 위한 /home 디렉터리와 구분됨
/run	run-time variable data	• 부팅 이후 지금까지 로그인한 사용자 정보, 데몬 상태 등 시스템 정보를 저장하는 디렉터리
/sbin	system binaries	• 관리자가 사용하는 기본 시스템 명령에 해당하는 실행 파일 디렉터리
/srv	service data	• 웹 서버, FTP 서버, 버전 관리 시스템 등의 서비스에서 제공하는 데이터 저장 디렉터리
/sys	system files	• 장치, 커널 정보 등의 시스템 정보를 파일 형태로 나타내는 가상 파일 시스템

표 3.2 루트 디렉터리에 포함된 디렉터리 (계속)

디렉터리	이름	설명
/tmp	temporary files	• 임시 파일 디렉터리
/usr	user applications	• 대부분의 사용자 프로그램이 설치되는 디렉터리 • 별도의 파티션을 마운트하여 사용하는 것이 일반적임 • /bin이나 /sbin 디렉터리에서 찾을 수 없는 프로그램 대부분이 /usr 디렉터리 아래에 위치함 • 패키지 관리 도구(APT)로 설치한 프로그램 대부분이 /usr 디렉터리 아래에 설치됨
/var	variable files	• 로그 파일, 스풀 파일, 캐시 파일 등 시스템 동작에 따라 계속 변하는 내용을 저장하는 디렉터리 • /tmp 디렉터리는 애플리케이션이 사용한다면, /var 디렉터리는 시스템이 사용함

리눅스에서는 모든 것이 파일이다. 디렉터리 역시 파일의 한 종류로, 디렉터리 내에 포함된 파일과 하위 디렉터리 정보를 갖고 있다. CD-ROM이나 USB 드라이버 같은 물리적인 장치 역시 파일로 나타내고, 파일로의 읽기와 쓰기를 통해 데이터 입출력을 처리한다. 이처럼 리눅스에서는 모든 것이 파일로 처리되므로 파일의 종류도 여러 가지가 있으며, 흔히 볼 수 있는 파일이 일반 파일(regular file), 디렉터리, 심볼릭 링크, 장치 파일(device file) 등이다.

현재 디렉터리에 있는 파일을 나열하는 명령은 `ls`(list)이며 파일 이름만 보여준다. 파일의 자세한 정보를 확인하기 위해서는 `ls` 명령에 `-l` 옵션을 사용해야 한다. 사용자의 홈 디렉터리에서 `ls -l` 명령을 실행해 보자.

```
hgycap@hgycap-pi:~
File    Edit    Tabs    Help

hgycap@hgycap-pi:~ $ ls -l
total 36
drwxr-xr-x 2 hgycap hgycap 4096 Jul  4 09:10 Bookshelf
drwxr-xr-x 2 hgycap hgycap 4096 Jul  4 09:16 Desktop
drwxr-xr-x 2 hgycap hgycap 4096 Jul  4 09:16 Documents
drwxr-xr-x 2 hgycap hgycap 4096 Jul  4 09:16 Downloads
drwxr-xr-x 2 hgycap hgycap 4096 Jul  4 09:16 Music
drwxr-xr-x 2 hgycap hgycap 4096 Jul  4 09:16 Pictures
drwxr-xr-x 2 hgycap hgycap 4096 Jul  4 09:16 Public
drwxr-xr-x 2 hgycap hgycap 4096 Jul  4 09:16 Templates
drwxr-xr-x 2 hgycap hgycap 4096 Jul  4 09:16 Videos
hgycap@hgycap-pi:~ $
```

계정이 만들어질 때 사용자 홈 디렉터리에는 여러 개의 디렉터리가 만들어진다. 파일 목록에서 각 줄의 첫 번째 문자가 파일의 종류를 나타내는 문자로, 문자에 따른 파일의 종류는 표 3.3과 같다. 앞의 실행 결과에서 모든 파일의 속성이 `d`로 시작하므로 여러 개의 디렉터리가 만들어진 것을 알 수 있다.

표 3.3 파일 종류를 나타내는 문자

표시 문자	종류	설명
-	일반 파일	• 데이터 파일과 실행 파일 포함
d	디렉터리	• 디렉터리 내 파일과 하위 디렉터리 정보를 포함하는 파일
l	심볼릭 링크	• 다른 파일을 가리키는 파일 • 윈도우의 바로가기와 비슷함
c	문자 장치 파일	• 장치에 대한 버퍼링 없는 입출력을 지원하는 파일 • 문자(byte) 단위로 데이터를 입출력하는 키보드, 마우스, 프린터 등이 해당
b	블록 장치 파일	• 장치에 대한 버퍼링 입출력을 지원하는 파일 • 블록 단위로 데이터를 입출력하는 CD-ROM, SSD 등이 해당
p	파이프 파일	• 프로세스 간 통신을 위한 파일
s	소켓 파일	• 네트워크 입출력을 위한 파일

특정 파일의 종류를 확인하는 데는 `file` 명령을 사용할 수 있다.

```
hgycap@hgycap-pi:~
File    Edit    Tabs    Help

hgycap@hgycap-pi:~ $ file Documents
Documents: directory
hgycap@hgycap-pi:~ $ file /bin/zip
/bin/zip: ELF 64-bit LSB pie executable, ARM aarch64, version 1 (SYSV), dynamically
linked, interpreter /lib/ld-linux-aarch64.so.1, BuildID[sha1]=c9199b1cdb471d99f4191aee
370a62dfa1704c93, for GNU/Linux 3.7.0, stripped
hgycap@hgycap-pi:~ $ file /bin/xzcat
/bin/xzcat: symbolic link to xz
hgycap@hgycap-pi:~ $ file /dev/gpiochip0
/dev/gpiochip0: character special (254/0)
hgycap@hgycap-pi:~ $ file /dev/ram0
/dev/ram0: block special (1/0)
hgycap@hgycap-pi:~ $
```

`ls -l` 명령의 출력 결과에서 파일 종류를 나타내는 문자에 이어 나오는 9개 문자(`rwxr-xr-x`)는 파

일을 사용할 수 있는 권한을 나타내며, 3개 그룹으로 나눌 수 있다. 3개 그룹은 순서대로 소유자, 그룹, 기타 사용자의 권한을 나타내고, 각 그룹은 읽기 권한(r), 쓰기 권한(w), 실행 권한(x)을 나타내는 3개의 문자로 이루어져 있다. 해당 권한이 있을 때는 해당 문자를 표시하지만, 해당 권한이 없을 때는 `-`로 표시된다. 리눅스에서 실행할 수 있는 파일에는 윈도우와 마찬가지로 이진 기계어 파일(윈도우에서의 *.exe 파일)과 스크립트 파일(윈도우에서의 *.bat 파일)이 있지만, 리눅스에서 실행 파일은 특별한 확장자를 갖지 않으며 실행 권한이 주어졌는지로 구분한다. 디렉터리에 대한 권한은 일반 파일과는 차이가 있으며, 디렉터리 내 파일 목록과 파일 내용을 확인하기 위해 읽기와 실행 권한을 함께 사용하는 경우가 많다.

표 3.4 파일 및 디렉터리에 대한 권한

권한	파일에 대한 권한	디렉터리에 대한 권한
읽기	파일 내용 읽기	디렉터리 내 파일/디렉터리 목록 보기
쓰기	파일 내용 수정	디렉터리 내 파일/디렉터리의 생성, 삭제, 이름 변경
실행	이진 파일이나 스크립트 파일의 실행	해당 디렉터리로 이동

권한 다음에 나오는 숫자는 하드 링크의 수를 나타낸다. 일반 파일에서 이 숫자는 파일에 대한 하드 링크의 수를 나타낸다면, 디렉터리에서는 하위 디렉터리를 포함하여 디렉터리 내 모든 파일의 하드 링크 수를 나타낸다. 먼저 '메뉴 → Accessories → Text Editor' 항목을 선택하여 텍스트 편집기를 실행하고 ~/Documents 디렉터리 아래에 test.txt 파일을 만들어보자. 그림 3.6에서는 간단한 내용을 입력했지만, 내용은 입력하지 않아도 된다.

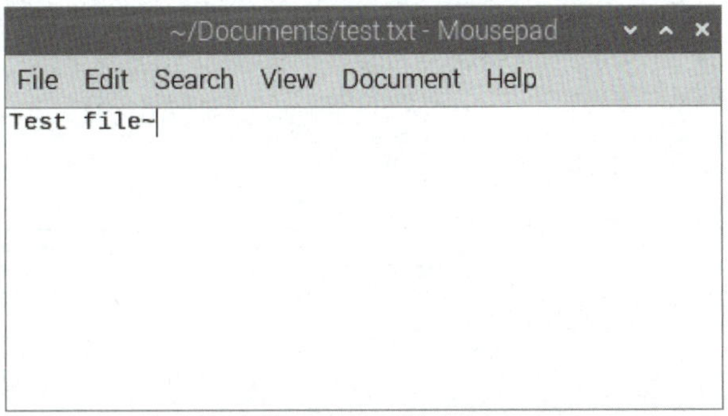

~/Documents/test.txt - Mousepad

File Edit Search View Document Help

Test file~

그림 3.6 텍스트 편집기로 텍스트 파일 생성

파일이 처음 만들어지면 하드 링크 카운트는 1이고, `ln`(link) 명령으로 하드 링크 파일을 만들면 링크 카운트가 증가한다. 리눅스에서 파일은 파일의 내용이 저장되는 위치를 가리키는 포인터로 생각할 수 있다. 하드 링크가 2라는 것은 내용이 저장된 위치를 가리키는 포인터가 2개라는 것, 즉 2개의 파일이 같은 내용을 가리키고 있음을 의미한다. 하드 링크는 파일의 복사본과 비슷하지만, 하드 링크 파일이나 원본 파일 중 하나를 수정하면 다른 파일의 내용도 바뀐다는 점에서 차이가 있다.

복사본을 만드는 명령은 cp(copy)다. cp 명령으로 만들어진 파일은 원본과 내용이 같지만, 다른 위치에 저장되는 다른 파일이다. 따라서 원본이나 복사본 내용을 수정하더라도 다른 파일의 내용이 바뀌지 않는다. cp 명령으로 복사본 파일을 만들면, 원본과 복사본의 링크 카운트는 모두 1로 변하지 않는다는 점도 하드 링크 파일과 차이가 있다.

```
hgycap@hgycap-pi:~
File    Edit    Tabs    Help

hgycap@hgycap-pi:~/Documents $ ls -l
total 4
-rw-r--r-- 1 hgycap hgycap 10 May 13 10:41 test.txt
hgycap@hgycap-pi:~/Documents $ ln test.txt test1.txt
hgycap@hgycap-pi:~/Documents $ ls -l
total 8
-rw-r--r-- 2 hgycap hgycap 10 May 13 10:41 test1.txt
-rw-r--r-- 2 hgycap hgycap 10 May 13 10:41 test.txt
hgycap@hgycap-pi:~/Documents $ cp test.txt test2.txt
hgycap@hgycap-pi:~/Documents $ ls -l
total 12
-rw-r--r-- 2 hgycap hgycap 10 May 13 10:41 test1.txt
-rw-r--r-- 1 hgycap hgycap 10 May 13 10:41 test2.txt
-rw-r--r-- 2 hgycap hgycap 10 May 13 10:41 test.txt
hgycap@hgycap-pi:~/Documents $
```

하드 링크 파일과 복사본은 일반 파일에 속한다. 반면 심볼릭 링크 파일이라고도 불리는 소프트 링크 파일은 윈도우의 바로가기와 비슷하다. 소프트 링크 파일은 원본 파일과 같은 내용을 가리키는 것이 아니라, 원본 파일에 대한 참조를 내용으로 갖는 파일이다. 따라서 원본 파일을 삭제하면 소프트 링크 파일은 사용할 수 없다. 그림 3.7에서 소프트 링크 파일과 하드 링크 파일을 비교해 보면 차이를 이해할 수 있을 것이다. 그림 3.7에서 한 가지 추가된 것은 아이노드(inode: index node)다. 아이노드는 실제 파일의 데이터에 대한 메타 데이터를 저장하는 데 사용되며 여기에는 내용이 저장된 물리적인 위치와 함께 파일 소유자, 권한, 파일 크기, 생성 시간, 수정 시간 등의 정보가 포함되어 있다.

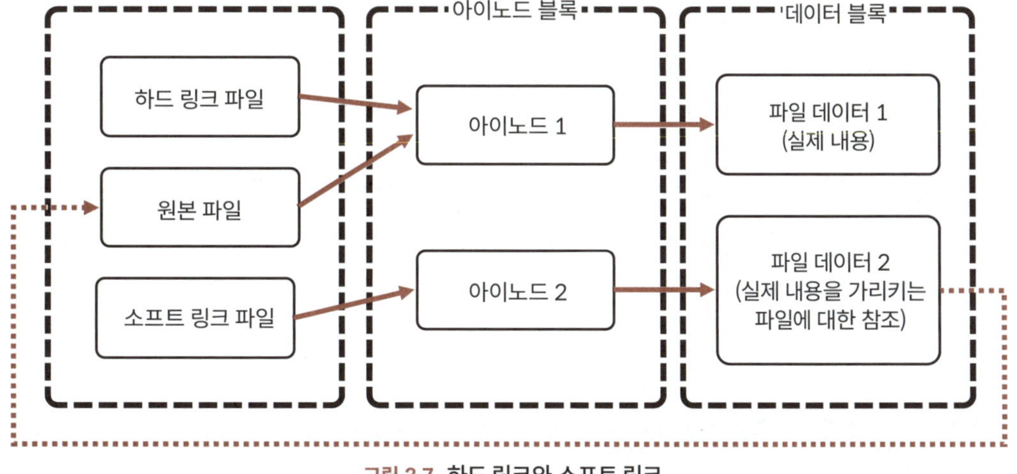

그림 3.7 하드 링크와 소프트 링크

소프트 링크 파일은 `ln` 명령에 `-s` 옵션을 사용하여 만들 수 있으며, 파일 종류도 일반 파일이 아닌 심볼릭 링크로 나타난다. `ls -l` 명령의 실행 결과에서 심볼릭 링크 파일은 원본 파일에 대한 정보를 함께 출력해 준다.

```
hgycap@hgycap-pi:~/Documents
File    Edit    Tabs    Help
hgycap@hgycap-pi:~/Documents $ ln -s test.txt test3.txt
hgycap@hgycap-pi:~/Documents $ ls -l
total 12
-rw-r--r-- 2 hgycap hgycap 10 May 13 10:41 test1.txt
-rw-r--r-- 1 hgycap hgycap 10 May 13 10:41 test2.txt
lrwxrwxrwx 1 hgycap hgycap  8 May 13 10:42 test3.txt -> test.txt
-rw-r--r-- 2 hgycap hgycap 10 May 13 10:41 test.txt
hgycap@hgycap-pi:~/Documents $
```

심볼릭 링크 파일은 `ls -l` 명령으로 확인할 수 있다면, 하드 링크 파일은 `ls -li` 명령으로 확인할 수 있다. 추가된 `-i` 옵션은 아이노드 번호를 출력하는 옵션으로, 하드 링크는 그림 3.7에서와 같이 동일한 내용을 가리키므로 아이노드 번호 역시 같다. 하드 링크와 달리 복사본이나 소프트 링크는 서로 다른 아이노드 번호를 갖는다.

```
hgycap@hgycap-pi:~/Documents
File    Edit    Tabs    Help

hgycap@hgycap-pi:~/Documents $ ls -li
total 12
391266 -rw-r--r-- 2 hgycap hgycap 10 May 13 10:41 test1.txt
391248 -rw-r--r-- 1 hgycap hgycap 10 May 13 10:41 test2.txt
391252 lrwxrwxrwx 1 hgycap hgycap  8 May 13 10:42 test3.txt -> test.txt
391266 -rw-r--r-- 2 hgycap hgycap 10 May 13 10:41 test.txt
hgycap@hgycap-pi:~/Documents $
```

파일에 대한 하드 링크 기본값이 1이라면, 디렉터리의 하드 링크 기본값이 2인 이유는 하위 디렉터리와 상위 디렉터리가 서로를 가리키고 있기 때문이다. `ls` 명령에서 `-a` 옵션을 사용하면 숨겨진 파일을 확인할 수 있으며, 여기에서 현재 디렉터리를 나타내는 `.`, 상위 디렉터리를 나타내는 `..`을 확인할 수 있다. 현재 디렉터리에 대한 하드 링크의 값이 2라면 상위 디렉터리에 대한 링크값이 훨씬 큰 값을 갖는 이유는 상위 디렉터리에는 여러 개의 디렉터리와 파일이 포함되어 있기 때문이다. 상위 디렉터리를 나타내는 `..`는 디렉터리 이동 명령(`cd`)에서도 흔히 사용된다.

```
hgycap@hgycap-pi:~/Documents
File    Edit    Tabs    Help

hgycap@hgycap-pi:~/Documents $ ls -al
total 20
drwxr-xr-x  2 hgycap hgycap 4096 May 13 10:42 .
drwx------ 18 hgycap hgycap 4096 May 13 09:12 ..
-rw-r--r--  2 hgycap hgycap   10 May 13 10:41 test1.txt
-rw-r--r--  1 hgycap hgycap   10 May 13 10:41 test2.txt
lrwxrwxrwx  1 hgycap hgycap    8 May 13 10:42 test3.txt -> test.txt
-rw-r--r--  2 hgycap hgycap   10 May 13 10:41 test.txt
hgycap@hgycap-pi:~/Documents $
```

하드 링크 개수 다음에는 소유자와 소유 그룹이 표시된다. 리눅스에서는 여러 사용자를 권한에 따라 나누어 관리하기 위해 사용자 그룹을 지정한다. 사용자 그룹은 같은 권한을 가진 사용자를 묶은 것으로 생각할 수 있다. 모든 사용자는 하나 이상의 그룹에 속해 있으며, 별도로 그룹을 명시하지 않으면 사용자 이름과 같은 이름의 그룹을 비롯하여 여러 그룹에 속하게 된다. 사용자가 속한 그룹은 `groups` 명령으로 확인할 수 있다. 다음의 실행 결과는 기본적으로 만들어진 사용자 계정이 속한 사용자 그룹을 확인한 것으로, 관리자 권한으로 명령을 실행할 수 있는 `sudo` 그룹을 포함하여 오디오(`audio`)와 비디오(`video`) 장치에 접근할 수 있는 권한을 가진 그룹, 직렬 포트(`dialout`)와 입력장치(input)에 접근할 수 있는 권한을 가진 그룹 등 여러 그룹에 포함되어 있다.

```
hgycap@hgycap-pi:~/Documents
File    Edit    Tabs    Help

hgycap@hgycap-pi:~/Documents $ cd ..
hgycap@hgycap-pi:~ $ groups
hgycap adm dialout cdrom sudo audio video plugdev games users input render netdev
lpadmin gpio i2c spi
hgycap@hgycap-pi:~ $
```

파일 정보에서 마지막 세 가지는 파일의 바이트 단위 크기, 마지막으로 수정한 시간, 파일 이름을 나타낸다. 소프트 링크 파일은 파일 이름과 함께 원본 파일에 대한 정보 역시 나타난다.

3.5 파일과 디렉터리 관리

디렉터리 역시 파일의 한 종류이지만, 파일과 디렉터리를 구분하여 이야기하는 것은 리눅스에서도 마찬가지다. 파일과 디렉터리 데스크톱의 파일 매니저(File Manager)를 통해 윈도우와 같은 방법으로 관리할 수 있지만, 여기서는 파일과 디렉터리 관리를 위해 터미널에서 사용할 수 있는 명령을 중심으로 살펴본다.

파일 관리를 위해 가장 많이 사용되는 명령은 현재 디렉터리 내의 파일을 나열하는 `ls`(list) 명령으로 숨긴 파일을 포함하여 모든 파일을 나열하기 위한 `-a` 옵션, 파일에 대한 자세한 정보를 표시하는 `-l` 옵션이 흔히 사용된다. 옵션을 지정하지 않은 `ls` 명령은 파일 이름만 출력하며, 파일 이름만으로는 일반 파일과 디렉터리를 구분하기 어렵다. `-F` 옵션을 사용하면 디렉터리 이름 뒤에 슬래시(/)가 함께 표시되므로 파일과 디렉터리를 쉽게 구별할 수 있으며, 실행 파일 뒤에는 별표(*)가 표시되므로 실행 파일도 쉽게 구별할 수 있다.

```
hgycap@hgycap-pi:~
File    Edit    Tabs    Help

hgycap@hgycap-pi:~ $ ls
Bookshelf  Documents  Music     Public     Videos
Desktop    Downloads  Pictures  Templates
hgycap@hgycap-pi:~ $ ls -F
Bookshelf/  Documents/  Music/     Public/     Videos/
Desktop/    Downloads/  Pictures/  Templates/
hgycap@hgycap-pi:~ $
```

파일과 디렉터리가 구별되게 표시하는 방법

리눅스에서 `ls` 명령의 출력만으로는 파일과 디렉터리를 구분할 수 없다. `-F` 옵션을 사용하면 구분할 수 있지만, 매번 `-F` 옵션을 추가하는 것이 번거롭다면 셸 설정 파일에서 `ls` 명령에 `-F` 옵션이 항상 추가되도록 설정할 수 있다. 셸 설정 파일을 나노 에디터로 연다. 여기서는 라즈베리파이 OS의 기본 셸인 배시를 사용하는 것으로 가정한다.

```
hgycap@hgycap-pi:~
File    Edit    Tabs    Help
hgycap@hgycap-pi:~ $ nano ~/.bashrc
```

설정 파일의 끝에 다음과 같이 `-F` 옵션이 추가된 `ls` 명령을 `ls` 명령의 별명(alias)으로 등록한다.

```
alias ls='ls -F'
```

Ctrl + X 키를 눌러 종료를 선택하고, y를 눌러 수정한 내용을 저장하는 것으로 선택한 후 기존 파일을 수정하도록 엔터 키를 누르면 수정이 완료된다. 수정된 내용을 적용하기 위해서는 `source` 명령을 사용한다.

```
hgycap@hgycap-pi:~
File    Edit    Tabs    Help
hgycap@hgycap-pi:~ $ source ~/.bashrc
```

이제 `ls` 명령을 실행하면 `ls -F` 명령이 실행되고 디렉터리 끝에는 슬래시가, 실행 파일 끝에는 별표가 표시된다.

디렉터리를 이동하는 명령은 `cd`(change directory)로, `cd` 명령 뒤에 이동할 디렉터리를 지정한다. 지정하는 디렉터리를 슬래시부터 시작하면 루트 디렉터리(/)부터 시작하는 절대 경로를 나타내고, 슬래시가 아닌 문자로 시작하면 현재 디렉터리를 기준으로 하는 상대 경로를 나타낸다. 틸드(~)는 사용자의 홈 디렉터리를 나타내며, 디렉터리를 지정하지 않고 `cd` 명령을 사용하면 사용자의 홈 디렉터리로 이동한다. 현재 디렉터리는 `pwd`(print working directory) 명령으로 확인할 수 있으며, 프롬프트와 터미널의 타이틀에서도 현재 디렉터리를 확인할 수 있다.

```
hgycap@hgycap-pi:~
File   Edit   Tabs   Help

hgycap@hgycap-pi:~ $ pwd
/home/hgycap
hgycap@hgycap-pi:~ $ cd Documents
hgycap@hgycap-pi:~/Documents $ pwd
/home/hgycap/Documents
hgycap@hgycap-pi:~/Documents $ cd /
hgycap@hgycap-pi:/ $ pwd
/
hgycap@hgycap-pi:/ $ cd
hgycap@hgycap-pi:~ $ pwd
/home/hgycap
hgycap@hgycap-pi:~ $
```

파일이나 디렉터리 이름을 입력할 때 유용한 기능 중 하나가 탭 키를 사용한 자동완성 기능이다. 파일이나 디렉터리 이름의 앞 몇 글자만 입력하고 탭 키를 누르면 지금까지 입력한 내용과 일치하는 파일이나 디렉터리 이름이 자동으로 입력된다. 이때 지금까지 입력한 글자로 시작되는 파일이나 디렉터리가 하나만 있어야 한다. 2개 이상 일치되는 파일이나 디렉터리가 있으면 자동완성이 실행되지 않는다. 자동완성이 실행되지 않을 때 한 번 더 탭 키를 누르면 일치되는 파일이나 디렉터리 목록이 출력된다. 아래 예에서는 'Do'로 시작하는 디렉터리가 Documents와 Downloads 2개 존재하므로 탭 키를 두 번 눌렀을 때 목록이 출력되고 지금까지 입력한 내용이 다시 표시되는 것을 확인할 수 있다.

```
hgycap@hgycap-pi:~
File   Edit   Tabs   Help

hgycap@hgycap-pi:~ $ ls
Bookshelf  Desktop  Documents  Downloads  Music  Pictures  Public  Templates
thinclient_drives  Videos
hgycap@hgycap-pi:~ $ cd Do⭾⭾
Documents/ Downloads/
hgycap@hgycap-pi:~ $ cd Do
```

파일을 복사하는 데는 `cp`(copy) 명령, 파일 이름을 바꾸는 데는 `mv`(move) 명령, 파일을 지우는 데는 `rm`(remove) 명령을 사용한다.

```
hgycap@hgycap-pi:~\Documents
File    Edit    Tabs    Help

hgycap@hgycap-pi:~/Documents $ ls
test.txt
hgycap@hgycap-pi:~/Documents $ cp test.txt test1.txt
hgycap@hgycap-pi:~/Documents $ ls
test1.txt  test.txt
hgycap@hgycap-pi:~/Documents $ mv test1.txt test2.txt
hgycap@hgycap-pi:~/Documents $ ls
test2.txt  test.txt
hgycap@hgycap-pi:~/Documents $ rm test2.txt
hgycap@hgycap-pi:~/Documents $ ls
test.txt
hgycap@hgycap-pi:~/Documents $
```

디렉터리를 위한 명령은 파일을 위한 명령과 차이가 있다. 디렉터리 생성을 위해서는 `mkdir`(make directory) 명령을 사용한다. 디렉터리 전체를 복사할 때는 일반 파일과 마찬가지로 `cp` 명령을 사용하지만, `-r`(recursive) 옵션을 사용해 디렉터리 내 파일이 복사되도록 해야 한다. 디렉터리의 이름은 일반 파일과 마찬가지로 `mv` 명령으로 바꿀 수 있다. 디렉터리를 삭제할 때는 `rmdir`(remove directory) 명령을 사용할 수 있다. 하지만 `rmdir` 명령은 디렉터리가 비어 있을 때만 사용할 수 있으며, 파일이나 하위 디렉터리를 갖고 있는 디렉터리를 삭제하기 위해서는 `rm` 명령에 `-r` 옵션을 사용해야 한다.

파일 조작에는 권한을 변경하는 것도 포함된다. 권한은 소유자(owner), 그룹(group), 기타 사용자(world)에 대해 읽기, 쓰기, 실행의 세 가지 권한을 설정할 수 있다. 텍스트 에디터로 만든 문서 파일은 기본적으로 소유자가 읽기와 쓰기 권한을, 그룹과 기타 사용자는 읽기 권한만을 갖는다(`rw-r--r--`). 문서 파일은 실행할 수 없는 파일이므로 실행 권한은 갖지 않는다. 파일의 권한은 터미널에서 `ls -l` 명령을 사용해서 확인할 수 있으며, 파일 매니저에서 해당 파일의 속성 다이얼로그를 통해서도 확인할 수 있다. 파일 매니저에서 해당 파일을 찾은 후 마우스 오른쪽 버튼을 누르고 속성(Properties) 메뉴 항목을 선택하면 속성 다이얼로그가 나타나며, 권한(Permissions) 탭에서 읽기, 쓰기, 실행에 대한 권한을 선택할 수 있다. 권한은 소유자, 그룹, 기타 사용자가 권한을 갖는 'Anyone', 소유자와 그룹이 권한을 갖는 'Only owner and group', 소유자만 권한을 갖는 'Only owner', 루트 계정만 권한을 갖는 'Nobody' 등이 있다.

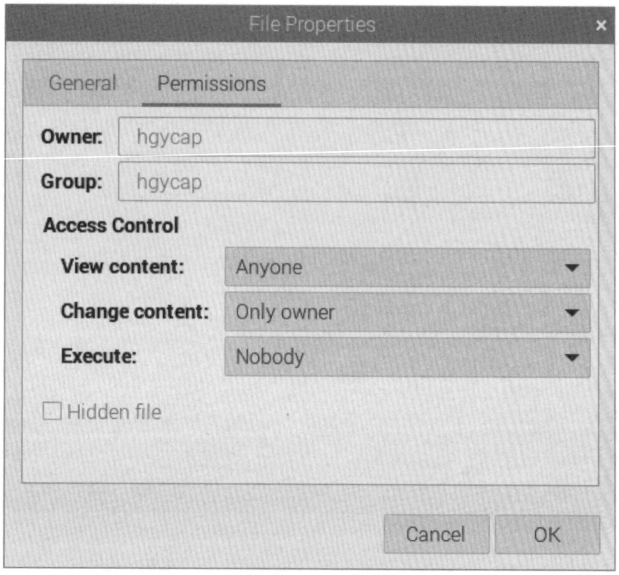

File Properties

General | Permissions

Owner: hgycap

Group: hgycap

Access Control

View content: Anyone

Change content: Only owner

Execute: Nobody

☐ Hidden file

Cancel OK

그림 3.8 파일 권한 설정 다이얼로그

터미널에서 파일 권한을 변경하는 데는 chmod(change mode) 함수를 사용한다. chmod 함수 뒤에는 사용자 그룹을 나타내는 문자, 권한 변경 방법을 나타내는 문자, 권한 종류를 나타내는 문자를 조합한 문자열과 파일 이름을 지정한다. 사용자 그룹을 나타내는 문자는 u(user or owner), g(group), o(other or world), a(all) 등을 사용할 수 있고, 권한 변경 방법을 나타내는 문자는 +(add), -(remove), =(set) 등을 사용할 수 있으며, 권한의 종류를 나타내는 문자는 r(read), w(write), x(execute) 등을 사용할 수 있다. 이 책에서는 단일 사용자를 가정하고 있으므로 권한을 변경하는 일은 거의 없다. 권한 변경이 필요하다면 파일 매니저에서 속성 다이얼로그를 실행하여 변경하는 것이 간단하고 직관적인 방법이 될 것이다.

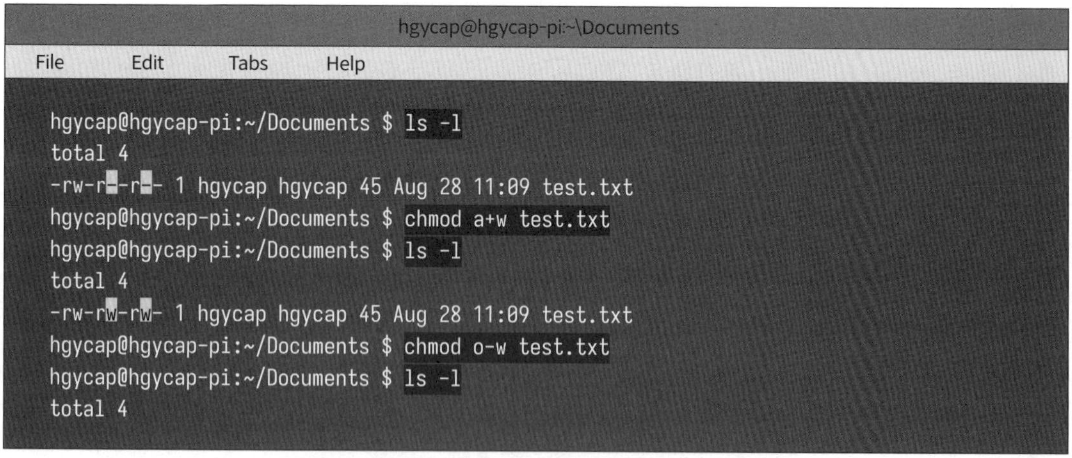

hgycap@hgycap-pi:~\Documents

File Edit Tabs Help

```
hgycap@hgycap-pi:~/Documents $ ls -l
total 4
-rw-r--r-- 1 hgycap hgycap 45 Aug 28 11:09 test.txt
hgycap@hgycap-pi:~/Documents $ chmod a+w test.txt
hgycap@hgycap-pi:~/Documents $ ls -l
total 4
-rw-rw-rw- 1 hgycap hgycap 45 Aug 28 11:09 test.txt
hgycap@hgycap-pi:~/Documents $ chmod o-w test.txt
hgycap@hgycap-pi:~/Documents $ ls -l
total 4
```

```
-rw-rw-r-- 1 hgycap hgycap 45 Aug 28 11:09 test.txt
hgycap@hgycap-pi:~/Documents $ chmod g-w test.txt
hgycap@hgycap-pi:~/Documents $ ls -l
total 4
-rw-r--r-- 1 hgycap hgycap 45 Aug 28 11:09 test.txt
hgycap@hgycap-pi:~/Documents $
```

3.6 USB 드라이버 연결

윈도우에서 USB 드라이버를 연결하면 자동으로 인식되고 드라이버 문자가 할당되는 것처럼 리눅스에서도 USB 드라이버를 연결하면 자동으로 인식되고 특정 디렉터리(마운트 포인트)로 연결(마운트)된다. 이는 라즈베리파이 OS를 설치한 SD 카드의 2개 파티션이 단일 트리 구조로 나타나는 것과 같다. USB 드라이버와 같은 이동식 장치는 /media 디렉터리 아래에 사용자 이름을 가진 디렉터리가 나온 후 그 아래에 USB 드라이버에 해당하는 디렉터리가 나타나므로 /media/hgycap 아래에서 확인할 수 있다.

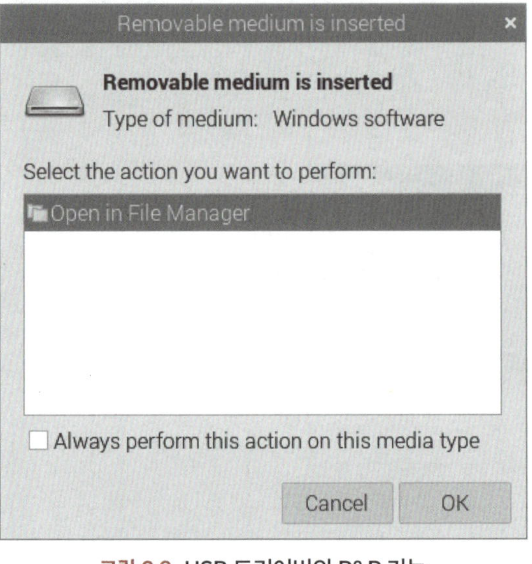

그림 3.9 USB 드리어버의 P&P 기능

USB 드라이버를 자동으로 인식하고 특정 디렉터리에 마운트하는 것은 리눅스에서도 PnP(Plug and Play) 기능을 제공하기 때문이다. 라즈베리파이 OS에서는 표 3.5와 같은 다양한 장치에 대해 PnP 기능을 지원하며 USB 드라이버가 그중 한 가지다.

표 3.5 PnP 기능 지원 장치

장치 종류	장치 예
USB 장치	키보드, 마우스, 프린터, USB 메모리, 외장 HDD/SSD 등
네트워크 장치	이더넷 어댑터, WiFi 동글 등
오디오 장치	USB 스피커, 마이크 등
디스플레이 장치	HDMI 모니터, 터치 스크린 등

자동으로 마운트가 안 되는 장치는 터미널에서 `mount` 명령을 사용하여 마운트한 후 사용할 수 있으며, 마운트를 해제하기 위해서는 `umount`(unmount) 명령을 사용한다. USB 드라이버 사용이 끝난 후 연결을 해제하기 전에도 먼저 `umount` 명령으로 마운트를 해제하는 것을 추천한다.

```
hgycap@hgycap-pi:~/Documents $ umount /media/hgycap/ESD-USB
hgycap@hgycap-pi:~ $
```

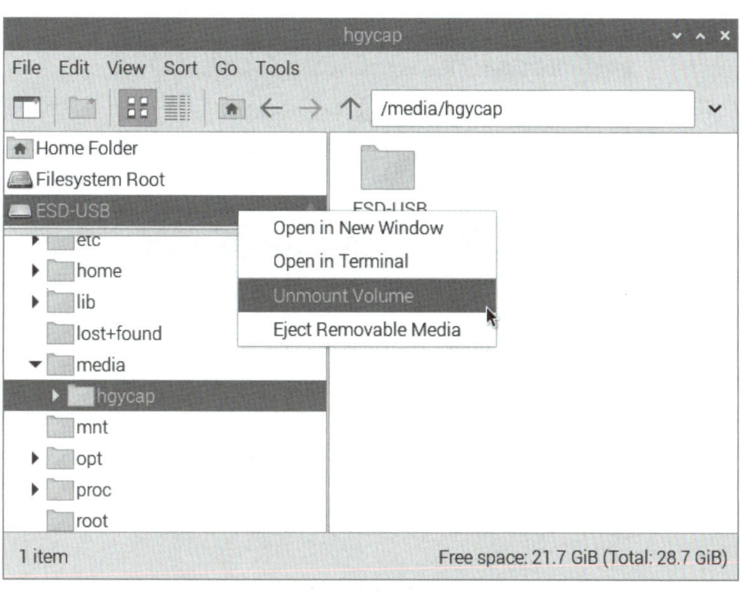

그림 3.10 USB 드라이버 제거

파일 매니저에서도 마운트된 USB 드라이버를 언마운트할 수 있다. 파일 매니저의 왼쪽 패널 위에는 홈 디렉터리, 루트 디렉터리와 함께 마운트된 장치가 나타난다. 마운트된 장치에서 마우스 오른쪽 버튼을 누른 후 'Unmount Volume' 메뉴 항목을 선택하면 파일 시스템 연결을 해제할 수 있다. 'Eject Removable Media' 메뉴 항목은 파일 시스템 연결을 해제하는 동작 이후에 CD-ROM과 같은 장치의 트레이를 여는 동작을 실행한다. 하지만 USB 드라이버는 트레이를 여는 동작이 필요하지 않으므로 `eject`와 `umount` 명령 사이에 차이는 없다. 파일 매니저에서 마운트된 장치 오른쪽에 표시되는 아이콘(⏏)을 클릭해도 마운트된 장치를 언마운트할 수 있다.

3.7 시스템 관리

라즈베리파이에 필요한 프로그램을 설치하고 필요 없는 프로그램을 삭제하는 것은 흔한 일이다. 이때 프로그램에는 애플리케이션뿐만 아니라 시스템 프로그램도 포함된다. 리눅스에서는 설치 프로그램을 흔히 패키지라고 부르며 패키지의 설치, 업데이트, 삭제 등을 위해 패키지 관리자를 사용한다. 라즈베리파이 OS는 리눅스 배포판의 하나인 데비안을 기반으로 하고 있으므로 패키지 관리 역시 데비안의 APT(Advanced Package Tool) 패키지 관리자를 기본으로 한다. APT 패키지 관리자는 명령행 기반의 도구로 인터넷의 패키지 저장소에서 패키지를 내려받아 설치하거나 설치된 패키지를 업데이트 또는 삭제하는 데 사용할 수 있다. 패키지를 관리할 때는 `sudo` 명령을 함께 사용해 모든 사용자가 사용할 수 있도록 하는 경우가 대부분이다.

패키지를 설치할 때는 `apt` 명령에 `install` 옵션과 패키지 이름을 지정한다. 한글 출력을 위해 한글 폰트 패키지인 `fonts-unfonts-core`를 설치한 것이 그 예이며, 패키지를 설치할 때 `-y` 옵션은 설치 여부 확인을 건너뛰기 위해 사용한다.

```
hgycap@hgycap-pi:~
File    Edit    Tabs    Help
hgycap@hgycap-pi:~ $ sudo apt install -y fonts-unfonts-core
Reading package lists... Done
Building dependency tree... Done
Reading state information... Done
Suggested packages:
  fonts-unfonts-extra
The following NEW packages will be installed:
  fonts-unfonts-core
0 upgraded, 1 newly installed, 0 to remove and 86 not upgraded.
...
hgycap@hgycap-pi:~ $
```

비슷하게 패키지 삭제를 위해서는 `remove` 옵션을 사용할 수 있다.

```
hgycap@hgycap-pi:~
File    Edit    Tabs    Help

hgycap@hgycap-pi:~ $ sudo apt remove -y fonts-unfonts-core
Reading package lists... Done
Building dependency tree... Done
Reading state information... Done
The following packages will be REMOVED:
  fonts-unfonts-core
0 upgraded, 0 newly installed, 1 to remove and 86 not upgraded.
...
hgycap@hgycap-pi:~ $
```

시스템과 애플리케이션을 최신 버전으로 업데이트하는 것은 먼저 `update` 옵션을 사용해 패키지 목록을 업데이트하고 `full-upgrade` 옵션으로 설치된 패키지를 최신 버전으로 업그레이드하는 두 단계로 이루어진다. 패키지 업그레이드에는 `full-upgrade` 옵션뿐만 아니라 `upgrade` 옵션도 사용할 수 있지만, 라즈베리파이 OS에서는 `full-upgrade` 옵션 사용을 추천하고 있다. `full-upgrade` 옵션을 사용하면 필요에 따라 다른 패키지를 제거하거나 새로운 패키지를 설치하여 패키지 사이의 의존성을 만족시키는 과정이 추가된다. 라즈베리파이 OS는 빠른 속도로 개선이 이루어지고 있으므로 패키지를 최신 버전으로 유지하기 위해 업데이트와 업그레이드를 주기적으로 해주는 것이 좋다.

업데이트 과정에서 한 가지 주의할 점은 옵션의 이름이 `update`와 `upgrade`로 흔히 사용하는 의미와 차이가 있다는 점이다. 업데이트와 업그레이드는 같이 사용하는 것이 일반적이므로, 이 책에서 패키지를 업데이트한다는 것은 목록을 업데이트하고 실제 내용을 업그레이드하는 것을 의미한다.

```
hgycap@hgycap-pi:~
File    Edit    Tabs    Help

hgycap@hgycap-pi:~ $ sudo apt update
Hit:1 http://deb.debian.org/debian bookworm InRelease
Hit:2 http://deb.debian.org/debian-security bookworm-security InRelease
Get:3 http://deb.debian.org/debian bookworm-updates InRelease [55.4 kB]
Get:4 http://archive.raspberrypi.com/debian bookworm InRelease [39.0 kB]
Get:5 http://archive.raspberrypi.com/debian bookworm/main arm64 Packages [452 kB]
Fetched 546 kB in 4s (155 kB/s)
Reading package lists... Done
Building dependency tree... Done
Reading state information... Done
86 packages can be upgraded. Run 'apt list --upgradable' to see them.
```

```
hgycap@hgycap-pi:~ $ sudo apt full-upgrade -y
Reading package lists... Done
Building dependency tree... Done
Reading state information... Done
Calculating upgrade... Done
The following NEW packages will be installed:
  raspi-utils-core raspi-utils-dt raspi-utils-eeprom raspi-utils-otp raspinfo
The following packages will be upgraded:
  agnostics bluez bubblewrap chromium-browser chromium-browser-l10n
  ...
86 upgraded, 5 newly installed, 0 to remove and 0 not upgraded.
...
hgycap@hgycap-pi:~ $
```

apt 명령을 사용하여 특정 패키지만을 업그레이드할 수도 있으며 이를 위해서는 install 옵션과 함께 --only-upgrade 옵션을 사용하면 된다.

```
hgycap@hgycap-pi:~
File    Edit    Tabs    Help

hgycap@hgycap-pi:~ $ sudo apt install --only-upgrade ghostscript
Reading package lists... Done
Building dependency tree... Done
Reading state information... Done
The following additional packages will be installed:
  libgs-common libgs10 libgs10-common
The following packages will be upgraded:
  ghostscript libgs-common libgs10 libgs10-common
4 upgraded, 0 newly installed, 0 to remove and 0 not upgraded.
...
hgycap@hgycap-pi:~ $
```

apt 명령을 사용하여 특정 패키지의 정보를 확인하는 것도 가능하며, 이를 위해서는 show 옵션을 사용할 수 있다.

```
hgycap@hgycap-pi:~
File    Edit    Tabs    Help

hgycap@hgycap-pi:~ $ apt show fonts-unfonts-core
Package: fonts-unfonts-core
Version: 1:1.0.2-080608-18
Priority: optional
```

```
Section: fonts
Maintainer: Debian Fonts Task Force <debian-fonts@lists.debian.org>
Installed-Size: 34.2 MB
Pre-Depends: dpkg (>= 1.15.7.2)
Suggests: fonts-unfonts-extra
Homepage: http://kldp.net/unfonts/
Tag: culture::korean, made-of::font, role::data, x11::font
Download-Size: 14.8 MB
APT-Manual-Installed: yes
APT-Sources: http://deb.debian.org/debian bookworm/main arm64 Packages
Description: Un series Korean TrueType fonts
 This is a set of Korean TrueType fonts.  These fonts were made from
 the HLaTeX's PostScript fonts and modified slightly.
 .
 This package has only the most common font families (UnBatang, UnDinaru,
 UnDotum, UnGraphic, UnGungseo and UnPilgi). Install fonts-unfonts-extra for
 additional fonts.
hgycap@hgycap-pi:~ $
```

apt 명령으로 패키지 정보를 확인할 때 주의할 점은 라즈베리파이 OS에 설치되어 있는지를 나타내는 것이 아니라는 점이다. 라즈베리파이에 특정 패키지가 설치되어 있는지를 확인하기 위해서는 dpkg(Debian package) 명령을 사용할 수 있다. dpkg 명령은 패키지 관리를 위해 apt 대신 사용할 수 있는 명령이다. 하지만 dpkg 명령에는 연관된 패키지를 함께 설치하는 기능이 없어 종속성 문제가 발생할 수 있으므로 apt 명령 사용을 추천한다.

dpkg -l 명령은 패키지 이름, 버전, 아키텍처, 설명 등을 출력하며, 출력 결과를 파이프라인(|)을 사용하여 grep 명령으로 전달하고 패키지 이름을 검색하면 지정한 패키지의 설치 여부를 확인할 수 있다.

```
hgycap@hgycap-pi:~
File    Edit    Tabs    Help
hgycap@hgycap-pi:~ $ dpkg -l | grep unfonts
ii  fonts-unfonts-core                1:1.0.2-080608-18                all
Un series Korean TrueType fonts
hgycap@hgycap-pi:~ $
```

패키지 관리는 데스크톱 프로그램을 사용해서도 가능하다. '메뉴 → Preferences → Add/Remove Software' 항목을 선택한다.

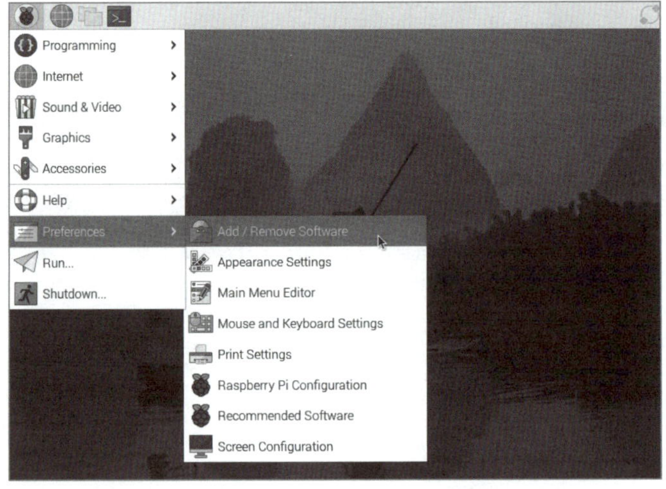

그림 3.11 소프트웨어 추가/제거 프로그램 메뉴 항목

소프트웨어 추가/제거 프로그램은 패키지 카테고리를 나타내는 왼쪽 패널, 해당 카테고리에 속하는 패키지 목록과 특정 패키지 정보를 보여주는 오른쪽 패널로 이루어져 있다.

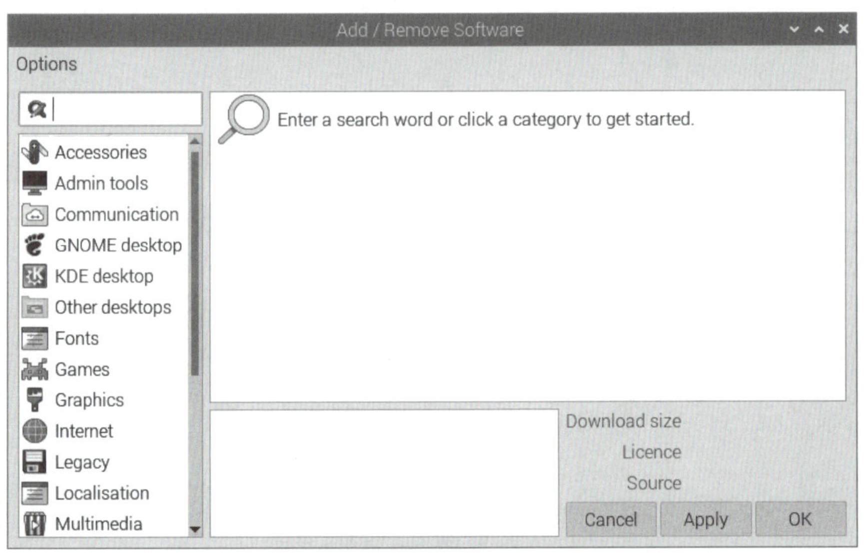

그림 3.12 소프트웨어 추가/제거 프로그램 초기 화면

한글 폰트 설치를 위해 왼쪽 패널에서 'Fonts' 항목을 선택하면 오른쪽에 패키지 목록이 나타난다. 하지만 패키지 수가 많아 목록에서 패키지를 찾는 것은 쉽지 않으므로 검색 기능을 사용하는 것이 편리하다. 'fonts-unfonts'를 검색하면 2개의 패키지를 확인할 수 있다. 패키지 이름에서 마우스 오른쪽 버튼을 누르고 'Install Package'를 선택하면 설치되지 않은 패키지 아이콘( )이 설

치를 위해 선택한 아이콘(■)으로 바뀐다.

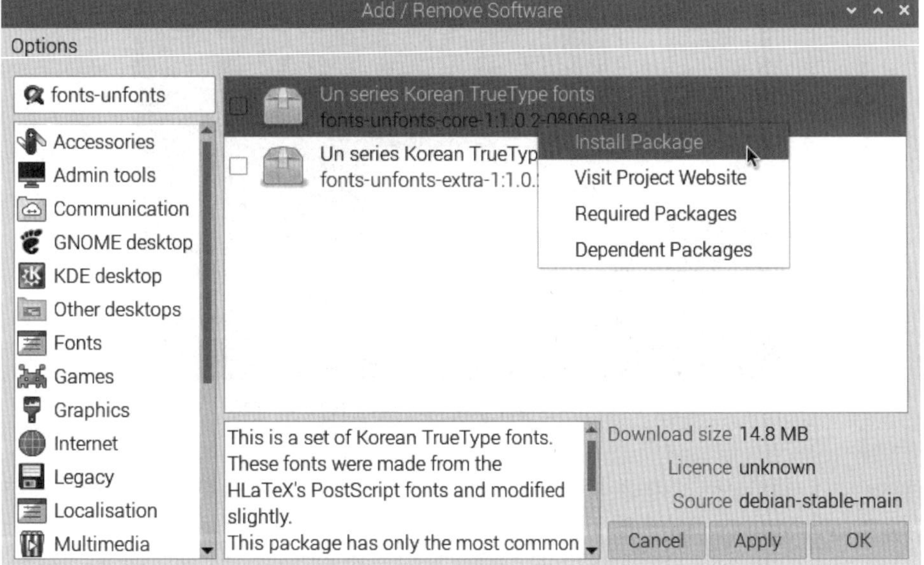

그림 3.13 설치할 패키지 선택

오른쪽 아래의 'Apply' 버튼을 누르면 패키지 설치 권한을 확인하기 위해 비밀번호 입력창이 나타난다. 비밀번호를 입력하고 'OK' 버튼을 누르면 설치가 진행된다.

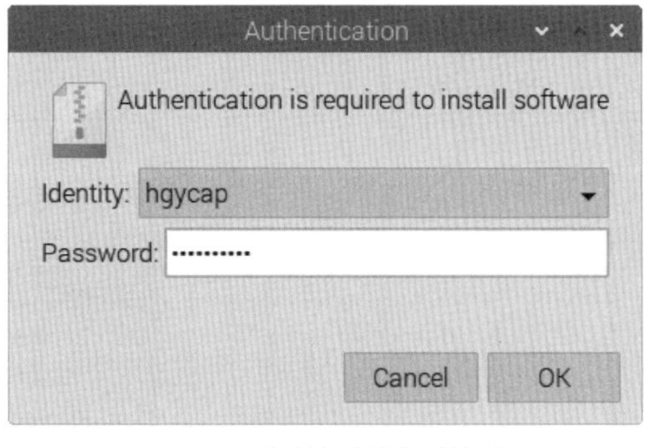

그림 3.14 패키지 설치를 위한 인증

설치가 완료되면 해당 패키지의 아이콘은 설치된 아이콘(■)으로 바뀐다. 다시 마우스 오른쪽 버튼을 누르고 'Remove Package' 메뉴 항목을 선택하면 제거를 위해 선택한 아이콘(■)으로 바뀐다. 제거할 패키지 선택이 완료된 후 'Apply' 버튼을 누르고 비밀번호를 입력하면 선택한 패키지를 제거할 수 있다.

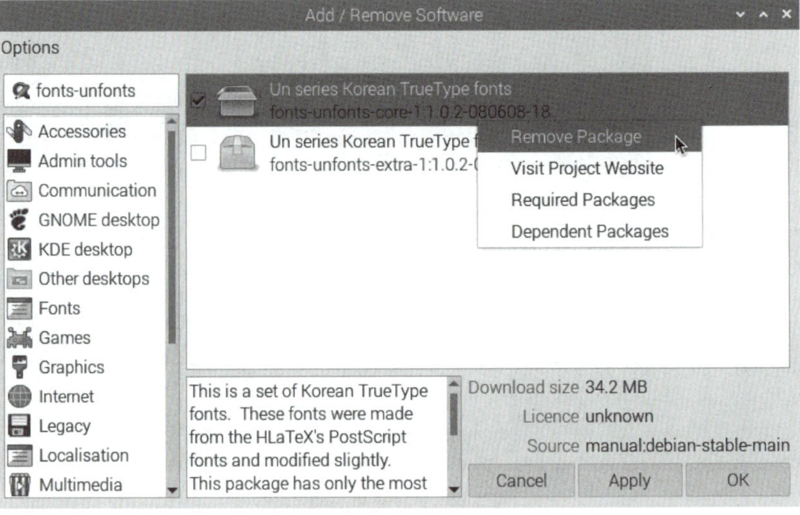

그림 3.15 제거할 패키지 선택

패키지 관리는 설치된 패키지를 최신 상태로 유지할 수 있도록 해주지만, 라즈베리파이 OS의 메이저 업그레이드는 지원하지 않는다. 예를 들어, 라즈베리파이 OS를 이전 버전인 불스아이에서 현재 버전인 북웜으로 업그레이드하는 것은 명령 하나로 간단하게 끝나지 않는다. 이 책에서는 북웜 버전의 라즈베리파이 OS를 사용하는 것으로 가정하며, 이전 버전 라즈베리파이 OS에서의 메이저 업그레이드는 다루지 않는다. 이전 버전의 라즈베리파이 OS를 사용하고 있다면 이미저 프로그램을 사용해 OS를 다시 설치하는 것을 추천한다.

3.8 시스템 종료 및 재시작

라즈베리파이를 끄거나 재시작하기 위해서는 '메뉴 → Shutdown...' 항목을 선택한 후 셧다운 옵션을 선택하면 된다. 셧다운 옵션에는 시스템을 완전히 끄는 '셧다운', 시스템을 다시 시작하는 '리부트', 현재 로그인한 계정에서 로그아웃하는 '로그아웃'이 있으며 터미널에서 명령을 통해서도 가능하다.

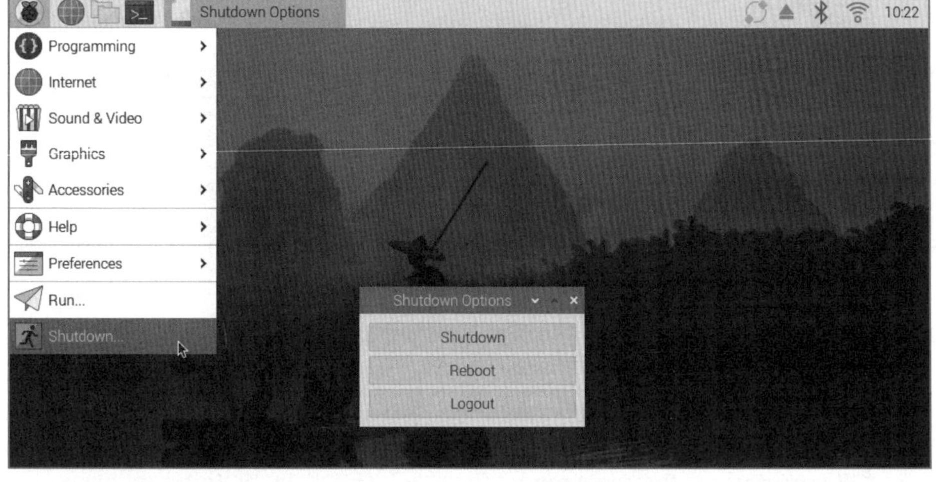

그림 3.16 셧다운 메뉴와 옵션

셧다운을 위한 명령은 shutdown이다. 리눅스는 다중 사용자를 위한 운영체제이므로 shutdown 명령을 실행하면 프로세스 종료, 데이터 동기화, 로그인한 사용자의 로그아웃 등을 위해 일정 시간 기다린 후 셧다운이 진행된다. 셧다운은 관리자 권한이 필요하므로 sudo 명령을 함께 사용해야 한다. 셧다운을 위한 유예 시간은 1분이지만, +m 옵션으로 m분 후에 셧다운이 실행되도록 변경할 수 있다. shutdown 명령을 실행한 후 실제 셧다운되기 전에는 -c 옵션을 사용한 shutdown 명령으로 셧다운을 취소할 수 있다. 그림 3.16에서 'Shutdown' 항목을 선택하면 유예 시간 없이 즉시 셧다운이 진행된다.

hgycap@hgycap-pi:~

File Edit Tabs Help

```
hgycap@hgycap-pi:~ $ sudo shutdown
Shutdown scheduled for Fri 2024-08-30 10:31:03 KST, use 'shutdown -c' to cancel.
hgycap@hgycap-pi:~ $ sudo shutdown -c
hgycap@hgycap-pi:~ $
```

시스템을 다시 시작하는 명령은 reboot다. 리부트 역시 관리자 권한이 필요하므로 sudo 명령을 함께 사용해야 한다. shutdown 명령에 -r 옵션을 지정하면 역시 리부트가 진행된다. 다만 shutdown 명령은 유예 시간이 있지만 reboot 명령은 유예 시간이 없다는 차이가 있다. shutdown -r 명령에 유예 시간 없이 즉시 리부트를 진행하는 now 옵션을 추가하면 reboot와 마찬가지로 즉시 리부팅한다.

현재 로그인한 계정에서 로그아웃하기 위해서는 `logout` 명령을 사용할 수 있지만 `logout` 명령은 로그인 셸에서만 사용할 수 있다. 따라서 데스크톱 환경에서 사용자를 바꾸기 위해서는 그림 3.16에서처럼 로그아웃 메뉴 항목을 선택해야 한다. 사용자 계정을 바꿀 때 사용하는 명령이 `su`(substitute user) 명령이지만, `su` 명령은 다른 사용자의 권한으로 명령을 실행하기 위한 것으로 로그인과는 차이가 있다. 따라서 `su` 명령으로 사용자를 바꾼 후에도 `logout` 명령은 사용할 수 없다. `su` 명령으로 다른 사용자로 전환한 후 원래 사용자로 돌아오기 위해서는 `exit` 명령을 사용해야 한다.

```
hgycap@hgycap-pi:~
File    Edit    Tabs    Help

hgycap@hgycap-pi:~ $ su
Password: ▪▪▪▪▪▪▪▪▪▪
root@hgycap-pi:/home/hgycap# logout
bash: logout: not login shell: use `exit'
root@hgycap-pi:/home/hgycap# exit
exit
hgycap@hgycap-pi:~ $
```

터미널에서 루트 계정으로 로그인하기 위해서는 `login` 명령을 사용할 수 있고, `login` 명령으로 로그인했을 때는 `logout` 명령을 사용할 수 있다. 루트 계정으로 로그인할 때는 `sudo` 명령을 함께 사용해야 한다. 이 책에서는 단일 사용자를 가정하고 있으므로 루트 계정으로 로그인할 필요는 없으며, 보안상 이유로 루트 계정으로의 로그인은 가능한 한 최소화해야 한다.

```
hgycap@hgycap-pi:~
File    Edit    Tabs    Help

hgycap@hgycap-pi:~ $ sudo login root
Password: ▪▪▪▪▪▪▪▪▪▪
Linux hgycap-pi 6.12.25+rpt-rpi-2712 #1 SMP PREEMPT Debian 1:6.12.25-1+rpt1 (2025-04-
30) aarch64
The programs included with the Debian GNU/Linux system are free software;
the exact distribution terms for each program are described in the
individual files in /usr/share/doc/*/copyright.
Debian GNU/Linux comes with ABSOLUTELY NO WARRANTY, to the extent
permitted by applicable law.
root@hgycap-pi:~# logout
hgycap@hgycap-pi:~ $
```

3.9 요약

라즈베리파이에 라즈베리파이 OS를 설치한 SD 카드를 삽입하고 전원을 켜면 부팅 과정을 거쳐 라즈베리파이가 시작된다. 라즈베리파이를 사용하는 방법은 크게 두 가지로, 터미널을 통해 명령행 기반으로 사용하는 방법과 데스크톱을 통해 사용하는 방법이 있다. 두 가지 모두 라즈베리파이 OS를 사용하는 방법이지만 사용자 경험에서 차이가 있다. 명령행 기반으로 사용하는 방법이 데스크톱을 사용하는 방법보다 불편하지만, 리눅스에서는 전통적으로 명령행 기반의 방법을 많이 사용한다. 명령행 기반의 방법을 선호하는 이유는 여러 가지이지만 명령행 기반의 사용이 리눅스의 더 많은 기능을 사용할 수 있다는 점이 한 가지 이유다. 데스크톱은 명령행 기반으로 사용할 수 있는 기능 일부를 GUI를 통해 사용할 수 있도록 해주는 것으로 이해할 수 있다.

명령행 기반과 데스크톱 기반의 사용 방법은 명령 프롬프트 기반과 GUI 기반으로 사용하는 윈도우와 비슷하다. 하지만 리눅스에서 데스크톱을 변경할 수 있다는 점은 윈도우와 차이가 있다. 데스크톱을 변경하는 것에는 GUI를 변경하는 것이 포함되므로 윈도우에서 테마를 바꾸는 것과 비슷해 보이지만, 데스크톱 변경에는 GUI를 변경하는 것 이외에도 많은 것이 포함되어 있다. 윈도우에서 테마를 변경하는 것이 집 인테리어를 바꾸는 것이라면, 리눅스에서 데스크톱을 바꾸는 것은 집 자체를 바꾸는 것으로 생각할 수 있다.

이 장에서는 라즈베리파이 OS를 사용하는 방법을 살펴봤으며, 그중에서도 명령행 기반의 사용 방법을 중심으로 살펴봤다. 이 장에서 설명한 내용은 라즈베리파이 OS를 사용할 때 흔히 사용하는 기능들로 데스크톱을 통해서도 사용할 수 있는 기능이 대부분이지만, 명령행 기반 사용에 익숙해진다면 데스크톱을 통해 사용할 수 없는 라즈베리파이 OS의 고급 기능 역시 쉽게 사용할 수 있을 것이다. 이 장에서 라즈베리파이 OS의 기본 기능에 대해 살펴봤다면, 다음 장에서는 라즈베리파이를 위한 프로그래밍 언어인 파이썬(Python)에 대해 알아본다.

파이썬 프로그래밍

라즈베리파이에서는 전통적으로 하드웨어 제어에 사용되는 C/C++, 쉬운 프로그래밍 언어로 알려진 파이썬 등이 주로 사용된다. 특히 파이썬은 교육용으로 인기를 얻기 시작해 다양한 라이브러리 지원에 힘입어 현재 가장 많이 사용되는 프로그래밍 언어로까지 성장했다. 이러한 파이썬의 성장에 따라 라즈베리파이 재단은 라즈베리파이를 위한 프로그래밍 언어로 파이썬을 추천하고 있으며, 이는 쉽고 간단하게 사용할 수 있는 라즈베리파이와 파이썬의 만남이라 할 수 있다. 이 장에서는 파이썬의 특징을 C/C++와 비교해서 살펴보고, 라즈베리파이에서 파이썬을 사용하는 방법을 알아본다.

4.1 파이썬의 역사

파이썬은 네덜란드 출신 프로그래머인 귀도 반 로섬(Guido van Rossum)이 고안한 인터프리터를 사용하는 객체 지향 언어다. 파이썬이라는 이름은 파르나소스 산기슭의 델파이(Delphi)에서 신탁을 관장하는 뱀의 이름에서 유래했으며, 유래에 따라 파이썬의 공식 로고는 뱀의 모양을 형상화하고 있다.

그림 4.1 파이썬 공식 로고[1]

파이썬은 1980년대 후반 ABC 언어를 바탕으로 고안되어 1989년 말 로섬의 주도로 구현되기 시작했다. 1991년 처음 발표된 이후 2000년 파이썬 2.0이 발표되고, 2008년 파이썬 3.0이 발표되어 현재 최신 버전은 파이썬 3.x 버전이다. 파이썬은 크게 2.x 버전의 파이썬 2와 3.x 버전의 파이썬 3 두 가지로 나눌 수 있고 이들은 서로 호환되지 않는다. 지금은 파이썬 2와 파이썬 3가 함께 사용되고 있지만, 파이썬 2에 대한 지원이 2020년 중단되었으므로 특별한 이유가 없다면 파이썬 3를 추천한다. 파이썬의 버전 관리와 버전에 따른 지원 정책은 비영리 단체인 파이썬 소프트웨어 재단(PSF: Python Software Foundation)에서 관리하고 있다.

프로그래밍 언어의 사용 정도를 나타내는 지표의 하나인 TIOBE 인덱스에 의하면 2018년 이후 파이썬의 사용은 빠른 속도로 증가했다. 2019년 8월 파이썬은 점유율이 10%를 넘어 C, 자바(Java)와 함께 주요 프로그래밍 언어로 자리 잡았으며, 2021년 10월 TIOBE 인덱스 기준으로 1위를 처음 차지한 이후 지금까지 상승세를 이어오고 있다.

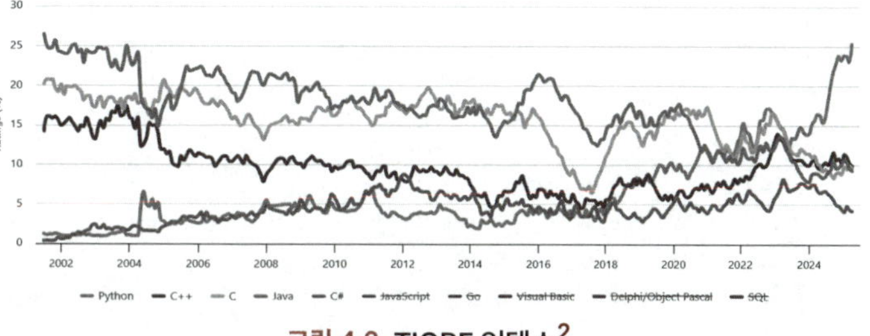

그림 4.2 TIOBE 인덱스[2]

1 https://www.python.org

2 https://www.tiobe.com/tiobe-index

파이썬은 비전공자를 위한 쉬운 프로그래밍 언어로 인기를 얻기 시작해 다양한 라이브러리 지원을 통해 다양한 분야에서 사용할 수 있는 언어로 성장했다. 하지만 파이썬 역시 장점만 있는 언어는 아니며 단점 역시 존재한다. 파이썬이 인터프리터 기반의 언어이므로 성능과 효율이 낮다는 점은 흔히 언급되는 단점이며, 모바일 장치를 위한 애플리케이션 개발에는 적합하지 않다는 점 역시 단점으로 꼽힌다. 하지만 파이썬 역시 진화하고 있으며 구글, 페이스북, 넷플릭스, 인스타그램, 드롭박스 등 주요 IT 기업에서 파이썬을 사용하고 있다는 점 그리고 인공지능 알고리즘 구현에 파이썬이 많이 사용되고 있다는 점에서 파이썬의 인기는 당분간 계속될 것이라는 데 이견을 찾기는 어렵다.

4.2 파이썬의 특징

파이썬은 다른 언어에서는 볼 수 없는 몇 가지 특징을 지니고 있다. 그중 하나가 들여쓰기를 통해 코드 블록을 구분한다는 점이다. 들여쓰기에 의한 엄격한 코딩 방식은 프로그래머의 자유를 제한한다는 비판도 있지만, 가독성과 이식성을 높인다는 측면에서 대체로 긍정적인 평가를 얻고 있다.

파이썬으로 작성된 코드는 다른 프로그래밍 언어로 작성된 코드보다 길이가 짧고 이해하기 쉽다는 점 역시 장점으로 꼽힌다. 파이썬으로 작성된 코드가 이해하기 쉬운 이유는 언어가 단순하기 때문이다. 여기서 단순하다는 것은 다른 프로그래밍 언어에서 혼돈의 여지가 있는 부분을 없애 가능한 한 짧은 코드로 명확하게 의도한 바를 표현할 수 있도록 해준다는 의미다. C/C++를 사용해 작성하는 코드는 프로그래머에 따라 달라지기 마련이며, 이는 C/C++가 제공하는 자유와 다양성이라는 장점으로 이야기된다. 반면 파이썬에서는 같은 문제를 해결하기 위한 코드는 누가 작성하는지와 관계없이 비슷한 형태를 갖도록 하겠다는 철학이 언어 설계에 반영되어 간단하고 읽기 쉬운 코드를 작성할 수 있다.

파이썬과 관련된 모든 내용은 PEP(Python Enhancement Proposal)를 통해 관리된다. PEP는 말 그대로 파이썬과 관련된 모든 수정 및 개선사항에 대한 '제안'을 담고 있으며, 제출된 PEP의 반영 여부는 PSF의 논의를 통해 결정된다. PEP 목록은 PEP 관리 홈페이지[3]에서 확인할 수 있다. 수많은 PEP 중에서 파이썬의 철학을 담고 있는 PEP 20과 파이썬 코드의 작성 방식에 대한 가이드인 PEP 8은 파이썬을 공부하면서 흔히 참고하는 PEP다.

'PEP 8. 파이썬 코드 스타일 가이드(Style Guide for Python Code)'는 파이썬 프로그램에서 제공하

3 https://peps.python.org

는 표준 라이브러리의 코딩 관례를 설명하고 있으며, 파이썬으로 작성하는 코드는 간결하면서도 명확한 의미 전달이 가능하도록 작성해야 한다는 것으로 요약할 수 있다. 이 책에서 제시하는 코드들도 가능한 한 PEP 8의 스타일 가이드를 따르려고 했지만, 스타일 가이드는 반드시 따라야 하는 절대적인 것은 아니다.

PEP 8의 스타일 가이드는 'PEP 20. 파이썬의 철학(The Zen of Python)'을 반영하고 있다. PEP 20은 팀 피터스(Tim Peters)가 파이썬이 지향하는 바를 19개 문장으로 나타낸 것으로, '간단하고 명확한' 코드를 목표로 하고 있다. PEP 20은 온라인에서 쉽게 찾아볼 수 있으므로 한 번쯤 찾아 읽어보기를 추천한다.

파이썬의 또 다른 장점은 다양한 라이브러리를 사용할 수 있다는 점이다. 다양한 라이브러리를 사용할 수 있다는 점이 파이썬만의 장점은 아니지만, 다른 프로그래밍 언어보다 라이브러리를 사용하기가 간단하고, 기존 라이브러리를 바탕으로 다른 라이브러리를 만드는 것 역시 쉽다는 점은 장점이 아닐 수 없다. 파이썬에 포함된 표준 라이브러리가 다른 프로그래밍 언어에서 제공하는 표준 라이브러리보다 많은 기능을 제공하고 있다는 점도 무시할 수 없다. 파이썬과 함께 흔히 사용되는 라이브러리에는 벡터와 행렬 연산을 위한 넘파이(NumPy), 과학 및 공학 계산을 위한 사이파이(SciPy), 빅데이터 조작과 분석을 위한 판다스(Pandas), 인공지능을 위한 사이킷런(Scikit-Learn) 등이 있다.

파이썬의 또 다른 특징은 인터프리터를 사용한다는 점이다. 그림 4.2에서 파이썬을 제외한 C/C++, 자바, C# 등은 컴파일러를 사용한다. 인터프리터를 사용하는 다른 언어에는 웹 페이지 작성에 사용하는 PHP(Personal Home Page 또는 Hypertext Preprocessor), Matlab 등이 있다. 인터프리터를 사용하는 언어로 작성한 코드는 흔히 스크립트(script)라고 하며, 파이썬으로 작성한 코드 역시 스크립트라고 부르기도 한다.

컴파일러와 인터프리터의 차이는 여러 가지가 있지만, 프로그래머가 작성한 코드를 컴퓨터가 이해할 수 있는 기계어 명령으로 변환하는 시점에 근본적인 차이가 있다. C/C++로 작성한 소스 코드는 컴파일 과정을 통해 코드 전체를 목적 프로그램으로 변환하고 여기에 사전에 준비된 라이브러리를 연결(linking)해 실행 가능한 기계어 파일을 만든다. 따라서 실행 가능한 파일이 만들어진 후에는 컴파일러가 필요 없다. 반면 인터프리터는 소스 코드를 실행하는 시점에서 줄 단위로 기계어로 번역하여 실행한다. 따라서 파이썬 코드를 실행하기 위해서는 인터프리터가 실행되고 있어야 한다. 표 4.1은 컴파일러와 인터프리터를 사용하는 프로그래밍 언어의 특징을 비교한 것이다.

표 4.1 컴파일러와 인터프리터

항목	컴파일러	인터프리터
번역 단위	소스 코드 전체	줄(문장)
번역 속도	느림	빠름
번역 효율, 최적화	높음	낮음
실행 파일 생성	○	×
실행 속도	빠름	느림
실행 과정에서 번역기 사용	×	○
사용 언어	C/C++, 자바	파이썬, PHP, Matlab

인터프리터는 줄 단위로 소스 코드를 번역하므로 작성한 코드를 바로 실행하여 결과를 얻을 수 있어 대화형 개발이 가능하다. 하지만 실행 시에 매번 코드를 번역해야 하므로 실행 속도가 느리고 인터프리터가 함께 실행되고 있어야 하므로 메모리 소비가 많다는 것은 단점이라 할 수 있다. 하지만 파이썬으로 작성한 소스 코드를 실행 가능한 파일로 변환하는 도구 역시 공개되어 있으므로 실행 속도가 문제라면 고려해 볼 수 있다.

4.3 파이썬 프로그래밍 환경 설정

라즈베리파이는 교육용으로 시작되었으며 파이썬 역시 교육용 언어로 널리 사용되고 있으므로 라즈베리파이와 파이썬은 잘 어울리는 조합으로 볼 수 있다. 파이썬을 사용하기 위해서는 파이썬 프로그램을 설치해야 하지만, 라즈베리파이 OS에는 파이썬 프로그램과 여러 가지 개발 도구가 포함되어 있으므로 별도로 설치하지 않아도 된다. 라즈베리파이 OS에 포함된 파이썬은 파이썬 3로, 터미널에서 `python` 명령에 `--version` 옵션을 사용하여 파이썬의 버전을 확인할 수 있다.

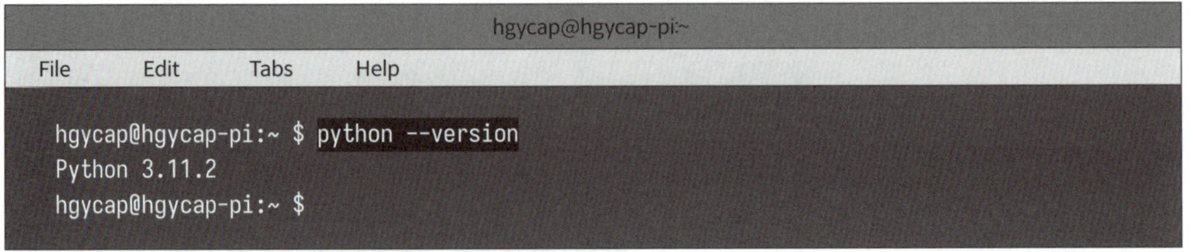

파이썬을 사용하는 가장 간단한 방법은 터미널에서 파이썬 인터프리터를 실행하는 것이다. 터미널에서 `python` 명령어를 입력하면 파이썬 인터프리터가 실행되면서 프롬프트가 바뀌고, 이후 입력하는 명령은 리눅스의 셸 명령이 아닌 파이썬 명령으로 인식된다. 인터프리터를 끝내기 위해서는

Ctrl + D 키를 누르거나 quit() 또는 exit()를 입력하면 된다.

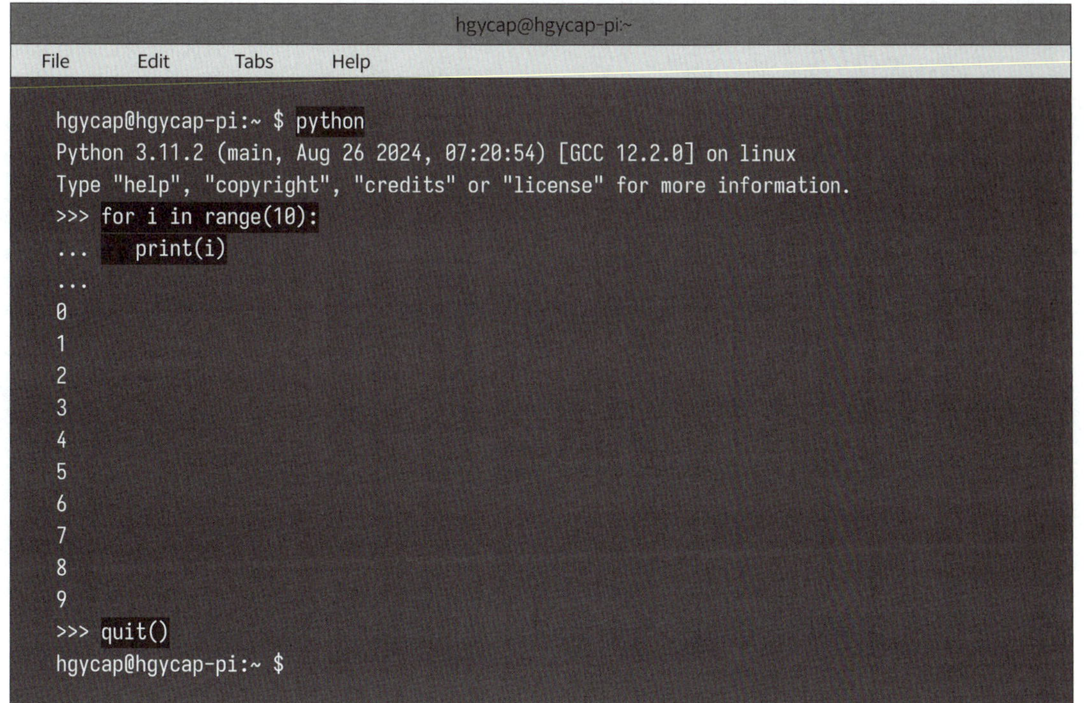

위의 예는 0부터 9까지의 숫자를 출력하는 2줄로 이루어진 코드를 입력하여 실행 결과를 보인 것이다. 파이썬 인터프리터에는 한 줄씩 명령을 입력하고 실행하는 것이 기본이므로 복잡한 작업을 위한 여러 줄의 코드를 입력하는 것이 쉽지 않다. 따라서 다른 프로그래밍 언어와 마찬가지로 소스 코드를 작성하여 파일로 저장한 후 한 번에 실행하는 방법을 주로 사용하며, 이를 위해 통합개발환경(IDE: Integrated Development Environment)을 사용할 수 있다. 라즈베리파이 OS에는 파이썬을 위한 IDE로 Thonny가 포함되어 있다. '메뉴 → Programming → Thonny' 항목을 선택한다.

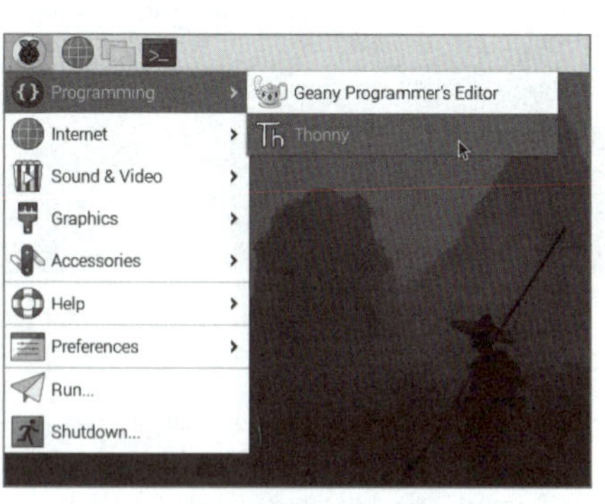

그림 4.3 Thonny 파이썬 IDE

Thonny는 소스 코드를 편집할 수 있는 위쪽의 편집기 영역과 파이썬 인터프리터에 해당하는 아래쪽 셸 영역으로 이루어져 있다. 셸에는 명령을 줄 단위로 입력하고 실행할 수 있으며, 이는 터미널에서 `python` 명령을 실행한 상태와 같다. 라즈베리파이 OS에서 터미널에 명령을 줄 단위로 입력하여 실행할 때 실제 명령어 처리를 담당하는 프로그램을 셸이라고 한다. 마찬가지로 파이썬 명령어를 입력받아 처리하는 프로그램을 셸이라고 한다. 다만 라즈베리파이 OS의 셸과 파이썬의 셸은 입력받아 처리할 수 있는 명령어 종류에 차이가 있다.

Thonny를 처음 실행하면 메뉴 없이 툴바만 보이는 단순 모드(simple mode)로 설정되어 있다. 툴바의 오른쪽에 있는 'Switch to regular mode'를 누르고 Thonny를 다시 시작하여 일반 모드(regular mode)로 바꾸면 메뉴와 툴바 아이콘을 같이 볼 수 있다.

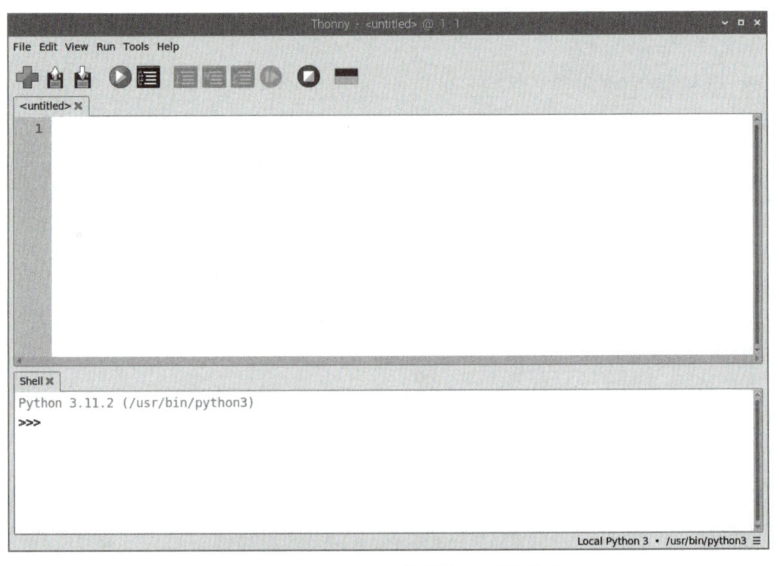

그림 4.4 Thonny 초기 화면 – 일반 모드

사용자 인터페이스 모드는 'Tool → Options...' 메뉴 항목을 선택한 후 General 탭에서 'UI mode'를 선택하여 바꿀 수 있다.

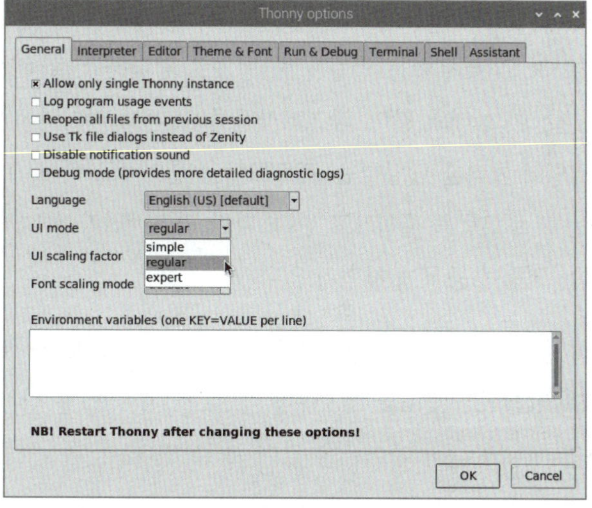

그림 4.5 Thonny의 UI 모드 선택

편집창에 파이썬 코드를 입력하고 입력한 코드를 저장한 후에 실행 버튼을 누르면 여러 줄로 이루어지는 파이썬 코드를 실행할 수 있다. 파이썬 코드는 *.py 확장자를 가지므로 그림 4.6과 같이 코드를 입력하고 ~/Documents/FirstPython.py로 저장한 후 실행 버튼(▶)을 누르면 셸에 'Hello Raspberry Pi~'가 5번 출력되는 것을 확인할 수 있다.

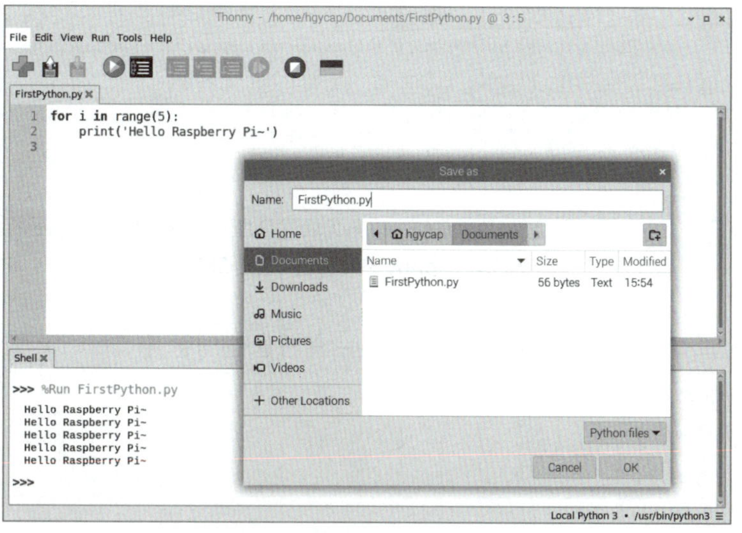

그림 4.6 파이썬 코드 저장 및 실행

라즈베리파이 OS에 포함된 Thonny를 사용하면 파이썬 코드를 작성하고 실행하는 것은 간단하지만, 라이브러리를 설치할 수 없다는 문제가 있다. 정확하게는 모든 사용자가 사용할 수 있는 라이브러리를 설치할 수 없다. 이는 데비안 북웜 버전부터 보안이 강화되면서 라이브러리 설치에 따라 발생할 수 있는 보안 문제를 방지하기 위해서다. 따라서 라즈베리파이 OS에서 파이썬을 사용할 때는 사용자별로 파이썬 가상 환경을 구성하고 가상 환경에 라이브러리를 설치해야 한다. 가상 환경에서 설치하는 라이브러리는 가상 환경 사용자만 사용할 수 있고 다른 사용자는 사용할 수 없다.

가상 환경은 하나의 시스템 안에 만들어진 서로 독립적인 파이썬 실행 환경을 가리키는 말로, 현재 설치된 파이썬 환경과 충돌이나 의존성 문제 없이 특정 버전의 파이썬이나 특정 라이브러리를 사용할 수 있도록 해준다. 가상 환경은 시스템에 설치된 파이썬과 별도로 다른 디렉터리에 파이썬 인터프리터와 파이썬 라이브러리를 설치한 것으로 생각할 수 있으며, Thonny를 사용하면 간단하게 구축할 수 있다. 'Run → Configure interpreter...' 메뉴 항목을 선택하거나 상태바의 오른쪽 끝부분을 눌러 'Configure interpreter...' 메뉴 항목을 선택하여 옵션 다이얼로그를 실행한다. 상태바의 오른쪽 끝부분에는 현재 사용되고 있는 파이썬 인터프리터가 표시된다.

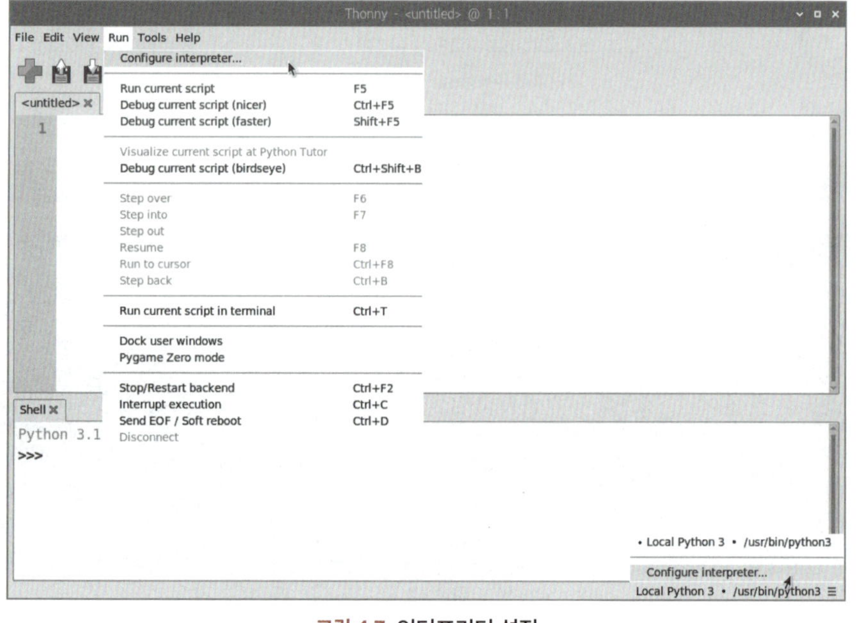

그림 4.7 인터프리터 설정

다이얼로그의 'Python executable' 부분에서 사용할 수 있는 파이썬 인터프리터를 확인할 수 있다. 하지만 /bin 디렉터리는 /usr/bin 디렉터리에 대한 링크이며, python과 python3는 모두 python3.11에 대한 링크다. 즉, 라즈베리파이 OS에서 실제로 사용할 수 있는 파이썬 인터프리터는 하나뿐이다.

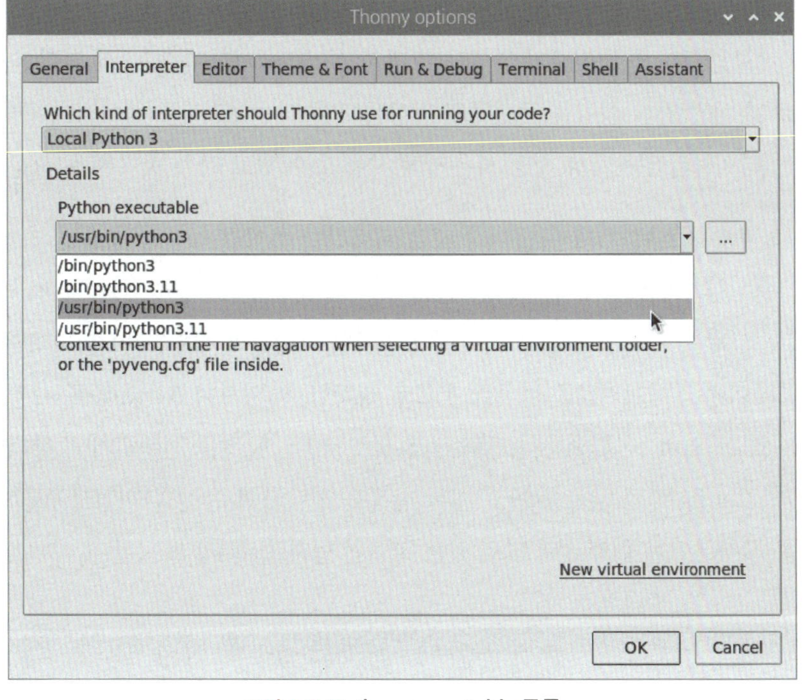

그림 4.8 Python executable 목록

```
hgycap@hgycap-pi:~
File    Edit    Tabs    Help

gycap@hgycap-pi:~ $ ls -l /bin
lrwxrwxrwx 1 root root 7 Jul  4 09:04 /bin -> usr/bin
hgycap@hgycap-pi:~ $ ls -l /usr/bin/python
lrwxrwxrwx 1 root root 7 Jun 17 22:36 /usr/bin/python -> python3
hgycap@hgycap-pi:~ $ ls -l /usr/bin/python3
lrwxrwxrwx 1 root root 10 Apr  9  2023 /usr/bin/python3 -> python3.11
hgycap@hgycap-pi:~ $ ls -l /usr/bin/python3.11
-rwxr-xr-x 1 root root 6618336 Aug 26 16:20 /usr/bin/python3.11
hgycap@hgycap-pi:~ $
```

그림 4.8의 옵션 다이얼로그에서 아래쪽의 'New virtual environment'를 눌러 새로운 가상 환경을 구성할 수 있다. 'New virtual environment'를 누르면 가상 환경의 루트 디렉터리를 선택할 수 있는 다이얼로그가 나타난다.

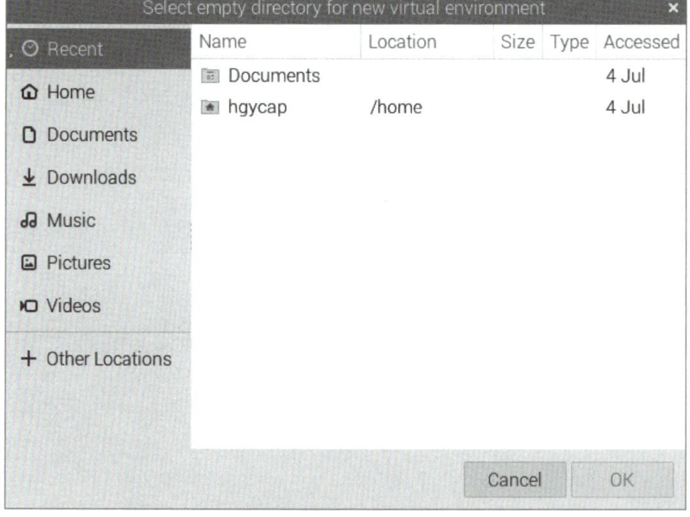

그림 4.9 가상 환경의 루트 디렉터리 선택 다이얼로그

왼쪽 패널에서 'Home'을 선택하고 오른쪽 위에 있는 디렉터리 생성 버튼( )을 누른 후 디렉터리 이름을 입력하여 가상 환경을 위한 루트 디렉터리를 만들 수 있다. 그림 4.10에서는 'venv'라는 이름으로 가상 환경을 위한 루트 디렉터리를 생성했다.

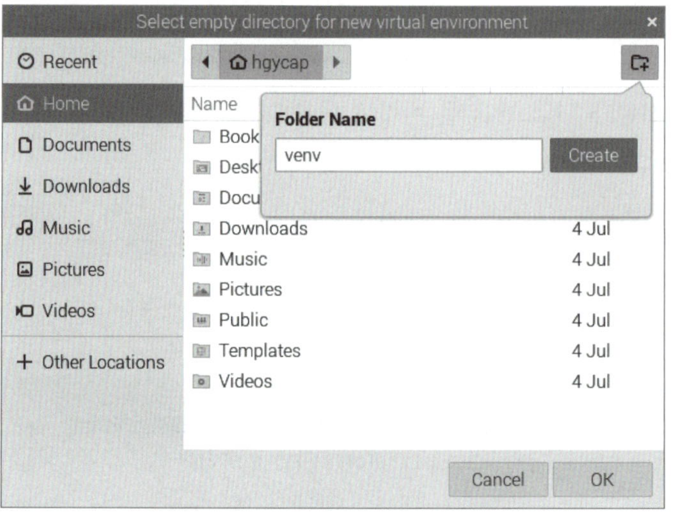

그림 4.10 가상 환경 루트 디렉터리 생성

디렉터리가 만들어진 후 'OK' 버튼을 누르면 가상 환경 구성을 위한 파일 복사가 이루어지고, 'Python executable'이 /usr/bin/python3에서 /home/hgycap/venv/bin/python3로 바뀐다.

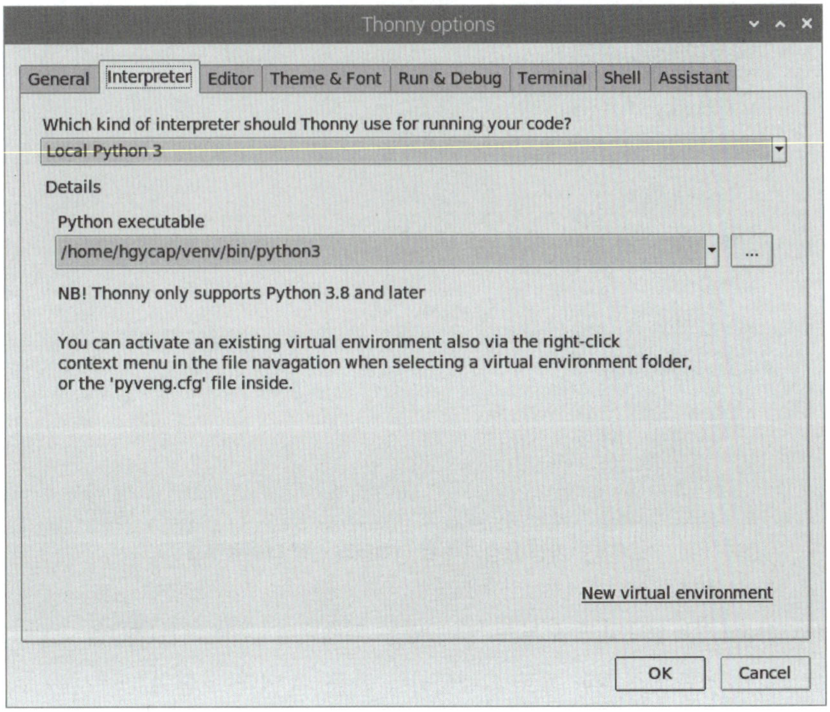

Thonny options
General
Interpreter
Editor
Theme & Font
Run & Debug
Terminal
Shell
Assistant
Which kind of interpreter should Thonny use for running your code?
Local Python 3
Details
Python executable
/home/hgycap/venv/bin/python3
NB! Thonny only supports Python 3.8 and later
You can activate an existing virtual environment also via the right-click context menu in the file navagation when selecting a virtual environment folder, or the 'pyveng.cfg' file inside.
New virtual environment
OK
Cancel

그림 4.11 가상 환경의 파이썬 인터프리터 사용

'OK' 버튼을 누르면 시스템의 파이썬 인터프리터를 사용하는 것이 아니라 가상 환경의 파이썬 인터프리터를 사용하는 것으로 바뀌며, Thonny의 상태바 오른쪽에 가상 환경의 파이썬 인터프리터에 대한 경로가 표시된다. 인터프리터를 바꾸고 싶을 때는 상태바의 오른쪽에 있는 인터프리터 목록에서 사용하고자 하는 인터프리터를 선택하면 된다.

• Local Python 3 • /home/hgycap/venv/bin/python3
Local Python 3 • /usr/bin/python3
Configure interpreter...
Local Python 3 • /home/hgycap/venv/bin/python3

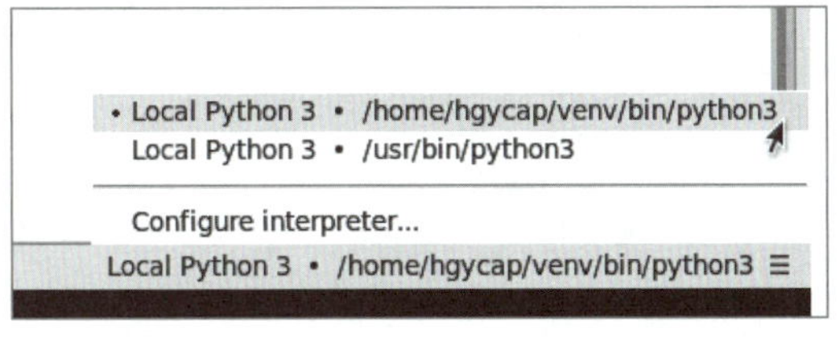

그림 4.12 파이썬 인터프리터 선택

가상 환경을 설정한 후에는 시스템에 설치된 라이브러리를 사용할 수 있도록 설정해야 한다. 나노 에디터에서 가상 환경 설정 파일인 pyvenv.cfg 파일을 연다.

```
hgycap@hgycap-pi:~ $ nano venv/pyvenv.cfg
```

가상 환경에서 시스템 라이브러리를 사용할 수 있도록 설정 파일의 `include-system-site-packages`를 `true`로 변경한다.

```
include-system-site-packages = true
```

Ctrl + X 키를 눌러 종료를 선택하고, `y`를 눌러 수정한 내용을 저장하는 것으로 선택한 후 기존 파일을 수정하도록 엔터 키를 누르면 수정이 완료된다. Thonny를 다시 시작하면 시스템 라이브러리를 가상 환경에서 사용할 수 있다.

가상 환경을 선택하면 새로운 라이브러리를 설치할 수 있다. 이때 설치되는 라이브러리는 가상 환경에서만 사용할 수 있는 라이브러리이므로 다른 사용자는 사용할 수 없다. 라이브러리를 설치할 때 라즈베리파이 OS의 태스크바를 통해 실행한 터미널을 사용해서는 안 된다. 라즈베리파이 OS의 태스크바를 통해 실행한 터미널에서 라이브러리를 설치하면, 가상 환경에 라이브러리를 설치하는 것이 아니라 라즈베리파이 OS에 라이브러리를 설치한다. 물론 라즈베리파이 OS에 라이브러리를 설치하면 보안 문제로 오류가 발생한다. 가상 환경에 라이브러리를 설치하려면 Thonny에서 'Tools → Open system shell...' 메뉴 항목을 선택하여 터미널을 실행하고, 이 터미널에서 라이브러리를 설치해야 한다. Thonny에서 'Tools → Open system shell...' 메뉴 항목을 선택해서 터미널을 실행했을 때 출력되는 메시지에서 가상 환경의 파이썬 인터프리터와 설치 프로그램이 사용된다는 것을 확인할 수 있다.

```
hgycap@hgycap-pi:~
File    Edit    Tabs    Help

********************************************************************************
Some Python commands in the PATH of this session:
 - python     -> /home/hgycap/venv/bin/python3
 - python3    == /home/hgycap/venv/bin/python3
 - python3.11 -> /home/hgycap/venv/bin/python3
 - pip        == /home/hgycap/venv/bin/pip
 - pip3       == /home/hgycap/venv/bin/pip3
 - pip3.11    == /home/hgycap/venv/bin/pip3.11

********************************************************************************
hgycap@hgycap-pi:~ $
```

라이브러리 설치를 위해서는 `pip3`(Pip Installs Packages) 명령을 사용할 수 있으며 라이브러리 설치 방법은 뒤에서 다시 설명한다. Thonny에서 패키지 관리 다이얼로그를 사용해 패키지/라이브러리를 설치하거나 제거할 수도 있지만, 여러 가지 이유로 오류가 발생하는 경우가 많으므로 이 책에서는 `pip3` 명령으로 패키지/라이브러리를 관리하는 것으로 가정한다.

4.4 파이썬

라즈베리파이는 교육용으로 처음 개발되었으며, 파이썬 또한 쉽고 간단한 프로그래밍 언어로 교육 현장에서 사용이 증가하고 있다. 이처럼 파이썬은 교육용으로 만들어졌다는 점과 쉽고 간단하게 사용 가능하다는 점을 라즈베리파이와 같이하고 있으므로 라즈베리파이 재단에서도 파이썬 사용을 추천하고 있으며 이 책에서도 파이썬을 사용한다.

파이썬과 함께 가장 많이 사용되는 프로그래밍 언어인 C/C++, 자바, C#은 비슷한 문법을 사용한다. 반면 파이썬은 이러한 언어와 키워드는 비슷하지만 간결하고 직관적인 문법을 사용한다는 점에서 차이가 있다. 따라서 이 장에서는 다른 프로그래밍 언어, 특히 C/C++와의 차이점을 중심으로 파이썬의 특징을 살펴본다. 파이썬에 대한 자세한 내용은 다른 책을 참고하면 된다.

4.4.1 파이썬 식별자

식별자란 프로그램을 구성하는 요소를 구별하는 데 사용되는 이름으로 파이썬의 식별자에는 변수, 함수, 클래스, 모듈 등의 이름이 포함된다. 식별자는 다음의 규칙에 따라 만들어지며 다른 프로그래밍 언어에서와 거의 같다.

- 파이썬의 키워드는 식별자로 사용할 수 없다.
- 식별자는 영어 대문자(A~Z)와 소문자(a~z) 그리고 밑줄(_)로 시작할 수 있다.
- 식별자의 첫 글자 이후에는 영어 대문자와 소문자, 밑줄, 숫자(0~9) 등이 0개 이상 나올 수 있다.

파이썬의 키워드는 이미 특별한 의미로 사용되고 있으므로 식별자로 사용할 수 없는 것은 당연하다. 파이썬의 키워드는 C/C++와 비슷하며 파이썬 셸에서 `keyword` 라이브러리를 사용하여 확인할 수 있다. 라이브러리를 사용하기 위해서는 C/C++의 `#include`에 해당하는 `import`를 사용한다. 키워드는 파이썬 버전에 따라 차이가 있을 수 있다.

Thonny IDE 셸 실행 결과

```
>>> import keyword
>>> print(keyword.kwlist)
 ['False', 'None', 'True', 'and', 'as', 'assert', 'async', 'await', 'break', 'class',
'continue', 'def', 'del', 'elif', 'else', 'except', 'finally', 'for', 'from', 'global',
'if', 'import', 'in', 'is', 'lambda', 'nonlocal', 'not', 'or', 'pass', 'raise', 'return',
'try', 'while', 'with', 'yield']
>>>
```

사용 목적에 따라 식별자의 이름을 다르게 정하는 것이 가독성을 높이는 데 유용하다. 식별자를 정하는 관례는 'PEP 8. 파이썬 코드 스타일 가이드'[4]를 참고하면 되고, 여기서는 흔히 사용되는 관례들을 소개한다.

- 클래스 이름은 영어 대문자로 시작한다. 그 밖의 식별자는 영어 소문자로 시작한다.
- 클래스 이름에는 밑줄을 사용하지 않고 대문자로 시작하는 단어의 조합을 사용한다. 이를 대문자 표기법(CapWords), 파스칼 표기법(PascalCase), 낙타 표기법(CamelCase) 등으로 부른다.
- 변수, 함수, 라이브러리 등의 이름은 영어 소문자와 밑줄을 사용하여 만든다.
- 상수는 영어 대문자와 밑줄을 사용하여 만든다.
- 이름의 시작이나 끝에 사용되는 밑줄은 특별한 의미를 가질 때가 많으므로 사용에 주의해야 한다. 이름의 처음과 끝에 밑줄을 사용하는 것은 추천하지 않지만, 단어를 연결할 때 사용하는 밑줄은 가독성을 높이는 데 유용하므로 사용하는 것을 추천한다.
- 하나의 밑줄로 끝나는 이름은 파이썬 키워드와 충돌을 방지하기 위해 사용하며, 특히 함수의 매개변수에서 흔히 사용한다. 비슷한 용도로 C/C++에서는 밑줄로 시작하는 이름을 사용하기도 한다.

4.4.2 문장과 줄 그리고 들여쓰기

프로그래밍 언어에서 문장은 실행할 수 있는 가장 작은 코드 단위를 말하며 흔히 한 줄로 나타낸다. 여러 개의 문장을 묶어 복잡한 작업을 할 수 있도록 구성한 문장의 모임을 코드 블록이라고 한다. C/C++, 자바, C# 등의 언어에서는 코드 블록을 나타내기 위해 중괄호({ })를 사용한다. 하지만 파이썬에서 중괄호는 수학에서와 같이 집합을 나타내는 데 사용하므로 코드 블록을 나타내는 데 사용할 수 없다. 따라서 코드 블록을 나타내기 위해 파이썬에서는 들여쓰기(indentation)를 사

4 https://www.python.org/dev/peps/pep-0008

용한다. 같은 수준으로 들여쓰기가 된 문장의 집합은 코드 블록을 형성하며 잘못된 들여쓰기는 잘못된 코드 블록으로 인식되므로, 파이썬에서는 들여쓰기를 반드시 지켜야 한다. 한 수준 들여쓰기를 할 때 들여쓸 공백문자의 수는 정해져 있지 않지만, 같은 블록 내의 문장은 모두 같은 수의 공백문자를 써서 들여써야 한다. 다만 스타일 가이드에서는 한 수준 들여쓰기를 위해 4개의 공백문자를 사용하도록 추천하고 있다.

코드 4.1은 잘못된 들여쓰기의 예를 보여준다. 코드 4.1에서 2번과 3번 줄은 같은 수준으로 들여써야 하지만 다른 수준으로 들여써 오류가 발생한다면, 5번과 6번 줄은 들여써야 하지만 들여쓰지 않아 오류가 발생한다. 코드 4.1에서 #은 코멘트를 표시하기 위해 사용되었다. 문자열 내부에 있지 않은 #은 이후 문장의 끝까지가 코멘트로 처리되어 인터프리터에서 무시하므로 코드 실행에 영향을 주지 않는다.

코드 4.1 잘못된 들여쓰기

```
01 if True:
02     print("Answer is ...")
03         print("True")                  # 일관되지 않은 들여쓰기 오류
04 else:
05 print("Answer is ...")                 # 들여쓰기를 하지 않은 오류
06 print("False")
```

코드 4.1의 들여쓰기 오류를 수정한 것이 코드 4.2다. 5번과 6번 줄의 코드 블록은 2번과 3번 줄의 코드 블록과 같은 수준이지만, 2번과 3번 줄의 코드보다 한 수준 더 들여쓰기가 되어 있다. 들여쓰기는 블록 내에서만 정확하게 이루어지면 되므로 오류가 발생하지는 않지만, 블록에 따라 다른 수준의 들여쓰기를 사용하면 가독성이 떨어질 수 있으므로 추천하지 않는다.

코드 4.2 수정된 들여쓰기

```
01 if True:
02     print("Answer is ...")
03     print("True")
04 else:
05         print("Answer is ...")
06         rint("False")
```

Thonny IDE 셸 실행 결과

```
>>> %Run indent_test.py
 Answer is ...
```

```
True
>>>
```

파이썬에서 들여쓰기를 할 때는 콜론(:) 사용에 주의해야 한다. 코드 4.2의 1번 줄 끝에 콜론을 표시한 것은 이후 문장이 하위 블록을 형성한다는 의미다. 편집기에서 1번 줄을 입력하고 엔터 키를 누르면 자동으로 한 수준 들여쓰기가 된다. 이처럼 들여쓰기의 시작은 콜론의 위치로 쉽게 구별할 수 있지만, 들여쓰기 끝은 자동으로 알아내기 어렵다. 따라서 들여쓰기를 끝내야 하는 지점에서는 백스페이스(BackSpace) 키를 눌러 들여쓰기를 조정해야 한다.

스타일 가이드에서는 한 줄에 72개 이하의 문자만 입력하도록 추천하고 있지만, 문장을 입력하다 보면 그보다 많은 문자가 필요할 수 있다. 한 문장이 72개보다 많은 문자로 이루어져 있다면 문장을 여러 줄에 나누어 입력하는 방법을 사용할 수 있다. 이때 여러 줄에 걸쳐 입력된 내용이 이어지는 하나의 문장임을 표시하기 위해 줄 끝에 역슬래시(\)를 사용한다. 코드 4.3의 5번과 6번 줄은 4번 줄에 이어지는 내용이다.

코드 4.3에서 한 가지 더 주의해서 볼 것은 1번 줄 중간에 있는 세미콜론(;)이다. C/C++와 달리 파이썬에서는 문장의 끝에 세미콜론을 사용할 필요가 없지만, 여러 문장을 하나의 줄에 입력할 때 문장을 구분하기 위한 용도로 세미콜론을 사용할 수 있다.

코드 4.3 여러 줄에 문장 입력하기

```
01 one = 1; two = 2                      # 문장 구분을 위해 세미콜론 사용
02 three = 3;
03
04 total = one + \
05         two + \
06         three                         # 문장이 끝날 때는 역슬래시를 쓰지 않음
07
08 print("Total", total)
```

Thonny IDE 셸 실행 결과

```
>>> %Run multi_line.py
 Total 6
>>>
```

문장 내에서 괄호를 사용할 때는 줄의 끝에 역슬래시를 사용하지 않아도 괄호 쌍이 완성될 때까

지 자동으로 이어지는 문장으로 인식된다. 코드 4.4의 1번 줄에는 여는 대괄호만 있기 때문에 2번 줄의 닫는 대괄호까지 자동으로 한 문장으로 인식되므로 역슬래시를 사용하지 않아도 된다. 물론 1번 줄 끝에 역슬래시를 입력해도 결과는 달라지지 않는다.

코드 4.4 역슬래시 없이 여러 줄에 문장 입력하기

```
01 days = ['Monday', 'Tuesday', 'Wednesday',
02         'Thursday', 'Friday', 'Saturday', 'Sunday']
03
04 for day in days:
05     print(day)
```

Thonny IDE 셸 실행 결과

```
>>> %Run day_of_the_week.py
 Monday
 Tuesday
 Wednesday
 Thursday
 Friday
 Saturday
 Sunday
>>>
```

코드 4.3과 코드 4.4를 비교해 보면 문자열을 나타내기 위해 큰따옴표(코드 4.3의 8번 줄)와 작은따옴표(코드 4.4의 1번과 2번 줄)가 사용되고 있음을 알 수 있다. 파이썬은 C/C++처럼 문자와 문자열을 구분하지 않고, 문자를 길이가 1인 문자열로 처리한다. 따라서 문자와 문자열을 구별하기 위해 작은따옴표와 큰따옴표를 사용하는 C/C++와 달리, 파이썬에서는 문자열을 나타낼 때 작은따옴표나 큰따옴표를 모두 사용할 수 있다. 작은따옴표와 큰따옴표 중에서 어떤 것을 사용할지는 프로그래머의 선택이지만, 코드 내에서 일관되게 사용하는 것을 추천한다. 예외가 있다면 작은따옴표가 포함된 문자열은 큰따옴표로, 큰따옴표가 포함된 문자열은 작은따옴표로 나타내는 것이 편리하다는 정도다. 작은따옴표로 나타내는 문자열에 포함된 큰따옴표와 큰따옴표로 나타내는 문자열에 포함된 작은따옴표는 이스케이프 시퀀스(escape sequence)를 사용하지 않아도 된다.

코드 4.5 문자열 표시와 따옴표 사용

```
str1 = 'String marked with \'single quotes\' and containing single quotes'
str2 = 'String marked with "single quotes" and containing double quotes'
str3 = "String marked with 'double quotes' and containing single quotes"
str4 = "String marked with \"double quotes\" and containing double quotes"
```

```
print(str1)
print(str2)
print(str3)
print(str4)
```

Thonny IDE 셸 실행 결과

```
>>> %Run string_and_quotes.py
 String marked with 'single quotes' and containing single quotes
 String marked with "single quotes" and containing double quotes
 String marked with 'double quotes' and containing single quotes
 String marked with "double quotes" and containing double quotes
>>>
```

표 4.2는 파이썬에서 특별한 문자를 문자열 내에 포함시킬 때 사용하는 이스케이프 시퀀스의 일부를 나타낸 것으로, C/C++와 사용 방법이 같다.

표 4.2 이스케이프 시퀀스

이스케이프 시퀀스	이름	아스키코드 값
\b	백스페이스	8
\t	탭	9
\n	라인 피드	10
\f	폼 피드	12
\r	캐리지 리턴	13
\"	큰따옴표	34
\'	작은따옴표	39
\\	역슬래시	92

4.4.3 변수와 데이터 타입

C/C++에서 사용할 수 있는 기본 데이터 타입은 숫자(정수와 실수)와 문자다. 파이썬에서도 숫자는 기본 데이터 타입에 포함되지만, 문자를 길이가 1인 문자열로 다루므로 문자는 기본 데이터 타입이 아니다. 따라서 파이썬에서 사용할 수 있는 기본 데이터 타입은 숫자와 문자열이라고 할 수 있다. 또한 앞의 예에서 볼 수 있는 것처럼 파이썬에서는 변수를 사용하기 전에 변수를 선언하지 않으며, 하나의 변수에 서로 다른 타입의 데이터를 대입할 수 있다. 하나의 변수에 숫자와 문자열을

모두 대입할 수 있는 이유는 파이썬의 변수가 C/C++에서의 포인터 변수와 비슷하기 때문이다. 변수에 등호(=)를 사용하여 값을 대입하면 값을 저장하기 위한 메모리가 할당되고 할당된 메모리에 값이 저장된 후, 다시 변수를 위한 메모리가 할당되어 변숫값이 저장된 메모리를 가리킨다. 복잡하게 보일 수도 있지만, 파이썬은 객체 지향 언어이므로 모든 정숫값은 정수 클래스의 객체로, 모든 실숫값은 실수 클래스의 객체로 만들고 변수는 만들어진 객체를 가리키는 용도로만 사용된다. 코드 4.6은 하나의 변수가 정수, 실수, 문자열 등 다른 종류의 데이터를 가리키는 예를 보여준다.

코드 4.6 변수에 값 대입하기

```
some_value = 10                                   # 정수
print(some_value)

some_value = 3.1415927                            # 실수
print(some_value)

# 문자열
some_value = 'Assign values of any data type to a single variable...'
print(some_value)
```

Thonny IDE 셸 실행 결과

```
>>> %Run data_type.py
 10
 3.141593
 Assign values of any data type to a single variable...
>>>
```

파이썬에서 다룰 수 있는 숫자로는 정수, 실수, 복소수가 있다. 정수는 현재 사용할 수 있는 메모리 범위 내에서 필요한 만큼의 메모리를 사용하여 저장되므로, 일반적인 정수 연산에서는 오버플로 걱정 없이 큰 정수를 사용할 수 있다. 하지만 파이썬의 정수 연산에서도 오버플로가 발생할 수 있으며, 특히 C/C++로 작성한 라이브러리를 사용할 때는 C/C++의 정수 표현 방법으로 인해 오버플로가 발생할 수 있으므로 주의해야 한다.

정수 연산에서 주의할 사항은 정수 사이의 나눗셈(/)도 결과가 실수로 나온다는 점으로, C/C++에서 정수 사이의 나눗셈 결과는 몫을 나타내는 정수라는 것과 차이가 있다. 파이썬에서는 정수 사이의 나눗셈에서 몫을 구하는 연산자(//)와 나머지를 구하는 연산자(%)를 별도로 제공한다. 파이썬의 정수 표현이 C/C++와 차이가 있다면, 실수 표현은 C/C++와 마찬가지로 배정도

부동소수점 방식을 사용하므로 약 10^{308} 크기의 숫자를 나타낼 수 있다. 파이썬의 실수 연산 역시 C/C++의 실수 연산과 큰 차이가 없다.

코드 4.7 정수와 실수 범위

```
print(10 / 3)                              # 정수 사이의 나눗셈 결과는 실수
print(10 // 3)                             # 정수 나눗셈의 몫
print(10 % 3)                              # 정수 나눗셈의 나머지
print(10000000000000000000000)             # 큰 정수

print(10.0**308)
print(10.0**309)
```

Thonny IDE 셸 실행 결과

```
>>> %Run value_range.py
 3.3333333333333335
 3
 1
 10000000000000000000000
 1e+308
 Traceback (most recent call last):
   File "/home/hgycap/Documents/value_range.py", line 7, in <module>
     print(10.0**309)
 OverflowError: (34, 'Numerical result out of range')
>>>
```

파이썬에서는 C/C++와 달리 별도의 라이브러리 설치 없이 복소수를 사용할 수 있다. 복소수에서 허수부는 숫자 뒤에 소문자 `j` 또는 대문자 `J`를 써서 나타낸다. 복소수에 대한 기본적인 연산 역시 정의되어 있으므로 실수와 같은 방법으로 사용할 수 있다.

코드 4.8 복소수

```
c1 = 3 + 2j
c2 = 1 - 4j

print('Real part      :', c1.real)
print('Imaginary part :', c1.imag)

print(c1 + c2)
print(c1 * c2)
print(c1 / c2)
```

Thonny IDE 셸 실행 결과

```
>>> %Run complex_value.py
 Real part      : 3.0
 Imaginary part : 2.0
 (4-2j)
 (11-10j)
 (-0.29411764705882354+0.8235294117647058j)
>>>
```

파이썬의 문자열과 C/C++의 문자열은 저장과 처리 방법에서는 차이가 있지만 사용 방법은 비슷하다. 문자열에서 문자를 얻어오기 위해서는 C/C++에서 배열을 다루는 것과 같이 대괄호를 사용하여 인덱스를 지정하면 된다. 인덱스는 C/C++와 마찬가지로 0부터 시작되지만, 음수를 지정하면 문자열의 끝에서부터 역방향으로 순서가 정해진다는 점은 차이가 있다.

문자열에 인덱스 범위(`[n1:n2]`)를 지정하면 문자열의 일부를 얻어올 수 있다. 범위를 지정할 때 주의해야 할 점은 시작 위치인 `n1` 위치는 포함되지만 끝나는 위치인 `n2` 위치는 포함되지 않는다는 점이다. 범위를 지정할 때 시작 인덱스를 지정하지 않으면 인덱스 `0`인 첫 번째 문자부터, 종료 인덱스를 지정하지 않으면 문자열의 끝까지가 자동으로 지정된다. 인덱스를 음수로 지정할 때도 시작 위치는 끝 위치보다 왼쪽에 있어야 하므로 시작 위치는 끝 위치보다 작은 숫자여야 한다.

문자열에 대해서도 `+`와 `*` 연산을 사용할 수 있지만 `+`는 문자열 연결을, `*`는 문자열 반복을 위해 사용되는 등 숫자 연산과는 다른 의미로 사용된다. 특히 문자열을 이어 붙이는 `+` 연산은 새로운 문자열을 생성하는 데 흔히 사용된다.

코드 4.9는 문자열을 조작하는 기본적인 방법을 보여준다. 3번 줄의 `len` 함수는 문자열의 길이를 반환하는 함수다. 7번 줄에서는 범위 인덱싱을 사용하여 문자열을 두 부분으로 나누고 나눈 문자열을 이어 붙여 앞뒤를 바꾸는 방법을 보여준다. 8번 줄은 문자열에 대해 정의된 곱하기 연산자를 사용해 문자열을 반복해서 이어 붙이는 효과를 얻고 있다.

코드 4.9 문자열 인덱싱

```
01  str = 'Hello Pi 5~'
02
03  for i in range(len(str)):
04      print(str[i])                          # 문자열의 기본적인 인덱싱
05
06  # 시작 인덱스가 생략되면 0부터, 종료 인덱스가 생략되면 마지막까지
```

```
print(str[6:] + str[:6])
print((str + ' ') * 2)
```

Thonny IDE 셸 실행 결과

```
>>> %Run string_indexing.py
 H
 e
 l
 l
 o
 
 P
 i
 
 5
 ~
 Pi 5~Hello
 Hello Pi 5~ Hello Pi 5~
>>>
```

문자열 역시 문자열 클래스의 객체로 저장되며 문자열 조작을 위해서는 표 4.3과 같은 함수들을 사용할 수 있다.

표 4.3 문자열 조작 방법

코드	결과	설명
str = 'Hello World'		
str[-1]	'd'	오른쪽부터의 인덱스로 -1이 오른쪽 끝을 나타냄
str[-3:-1]	'rl'	-1 위치는 포함되지 않음
len(str)	11	문자열 길이
str.upper()	'HELLO WORLD'	소문자를 대문자로 변환
str.lower()	'hello world'	대문자를 소문자로 변환
str.replace('o', 'A')	'HellA WArld'	문자(열) 교체
str.find('W')	6	주어진 문자(열)가 처음으로 발견된 위치
str.split()	['Hello', 'World']	단어 단위의 리스트 생성
list(str)	['H', 'e', 'l', 'l', 'o', ' ', 'W', 'o', 'r', 'l', 'd']	글자 단위의 리스트 생성

4.4.4 연산자와 연산자 우선순위

파이썬에서 사용할 수 있는 연산자는 다른 프로그래밍 언어에서 사용할 수 있는 연산자와 거의 같다. 연산자는 산술 연산자, 비교/관계 연산자, 논리 연산자, 비트 연산자, 대입 연산자, 멤버십(membership) 연산자, 아이덴티티(identity) 연산자 등으로 나눌 수 있다.

산술 연산자는 사칙연산을 기본으로 하고 정수 나눗셈에서 몫을 구하는 연산자(`//`)와 나머지를 구하는 연산자(`%`)를 별도로 제공하고 있다. 산술 연산자는 숫자를 피연산자로 하고 연산 결과 역시 숫자로 주어진다.

표 4.4 산술 연산자

연산자	의미	사용 예	비고
+	더하기	a = b + 3	
-	빼기	a = b - 3	
*	곱하기	a = b * 3	
/	나누기	a = b / 3	정수 사이의 나누기도 결과는 실수로 주어진다.
//	정수 몫	a = b // 3	피연산자는 실수도 가능하다.
%	나머지	a = b % 3	
**	거듭제곱	a = b ** 3	

비교/관계 연산자는 두 숫자 사이의 관계를 알아보는 연산자로, 숫자를 피연산자로 하고 연산 결과는 피연산자의 관계에 따라 참(`True`) 또는 거짓(`False`)의 논릿값으로 주어진다.

표 4.5 비교 연산자

연산자	의미	사용 예	비고
>	크다	a > b	
>=	크거나 같다	a >= b	
<	작다	a < b	
<=	작거나 같다	a <= b	
==	같다	a == b	대입 연산자 =와 다르다는 점에 주의해야 한다.
!=	다르다	a != b	

논리 연산자는 2개의 논릿값을 불대수(Boolean algebra)에 따라 계산하고 연산 결과를 논릿값으로 반환하는 연산자다. 비교 연산자와 달리 논리 연산자는 피연산자와 결과 모두 참(`True`) 또는 거짓(`False`)의 논릿값을 갖는다.

표 4.6 논리 연산자

논리 연산자	의미	사용 예
`and`	논리 AND	`(a > 100) and (a < 200)`
`or`	논리 OR	`(a == 100) or (b == 200)`
`not`	논리 NOT	`not (a < 100)`

비트 연산자는 비트 논리 연산자와 비트 이동 연산자로 나눌 수 있다. 비트 논리 연산은 논리 연산의 일종이지만, 논리 연산과 달리 피연산자와 연산 결과 모두 정수로 주어진다. 비트 논리 연산은 피연산자에 대해 비트 단위로 논리 연산을 실행한다. 반면 비트 이동 연산은 피연산자를 지정한 비트 수만큼 메모리 내에서 왼쪽 또는 오른쪽으로 이동시키는 연산이다.

표 4.7 비트 연산자

<table>
<tr><th>구분</th><th>연산자</th><th>의미</th><th>사용 예</th><th>비고</th></tr>
<tr><td rowspan="4">비트 논리 연산자</td><td>&</td><td>비트 AND</td><td>a & b</td><td></td></tr>
<tr><td>|</td><td>비트 OR</td><td>a | b</td><td></td></tr>
<tr><td>^</td><td>비트 XOR</td><td>a ^ b</td><td></td></tr>
<tr><td>~</td><td>비트 NOT</td><td>~a</td><td>1의 보수를 구한다.</td></tr>
<tr><td rowspan="2">비트 이동 연산자</td><td><<</td><td>왼쪽으로 이동</td><td>a << n</td><td rowspan="2">왼쪽/오른쪽으로 n비트만큼 메모리 내에서 이동한다.
빈칸은 0으로 채우고 밀려난 비트는 버린다.</td></tr>
<tr><td>>></td><td>오른쪽으로 이동</td><td>a >> n</td></tr>
</table>

코드 4.10은 비트 연산의 예를 보인 것이다. 코드 4.10의 4번 줄에서 8번 줄까지 사용된 `format`은 문자열의 출력 형식을 지정하기 위해 사용되었다. 중괄호 내의 `{0:08b}`는 출력 형식을 나타내는 문자열로, 첫 번째 `0`은 `format` 함수의 첫 번째 매개변수를 나타낸다. 매개변수의 인덱스는 0부터 시작되며 코드 4.10에서는 비트 연산의 결과에 해당한다. 두 번째 `0`은 빈칸을 0으로 채운다는 의미이고, `8`은 8칸으로 값을 나타낸다는 것을, 마지막 `b`는 이진수 형식으로 표시한다는 것을 의미한다. 콜론은 매개변수 인덱스와 형식 지정을 위한 문자열을 구분하는 데 사용된다.

비트 NOT 연산은 비트 단위의 반전을 의미하며 비트 단위 반전을 1의 보수라고 한다. `a`의 값이 `0b00110011`이므로 비트 반전한 결과는 `0b11001100`이 된다. 정수를 표현할 때 최상위 비트가 1인 것은 음수를, 0인 것은 양수를 나타내므로 반전된 결과인 `0b11001100`은 음수가 된다. 이때 주의할 점은 6번 줄은 −52를 나타내지만 7번 줄은 −51을 나타낸다는 점이다. 이는 6번 줄이 비트 반전으로 얻을 수 있는 1의 보수에 해당한다면, 7번 줄은 1의 보수에 1을 더해서 얻을 수 있는 2의 보수에 해당하기 때문이다. 파이썬에서 음수는 2의 보수로 표현된다. 다만 내부적인 표현과는 달리

6번 줄과 7번 줄의 출력 결과는 부호와 크기로 음수를 나타내고 있다.

코드 4.10 비트 연산

```
01  a = 0b00110011                        # 51의 이진수 표현
02  b = 0x0F                              # 16진수 표현
03
04  print('{0:08b}'.format(a & b))        # a의 하위 4비트만 출력
05  print('{0:08b}'.format(a ^ b))        # a의 하위 4비트만 반전하여 출력
06  print('{0:08b}'.format(~a), ~a)       # 1의 보수
07  print('{0:08b}'.format(~a + 1), ~a + 1)   # 2의 보수
08  print('{0:08b}'.format(a << 2))       # a에 4를 곱해서 출력
```

Thonny IDE 셸 실행 결과

```
>>> %Run bit_operator.py
 00000011
 00111100
 -0110100 -52
 -0110011 -51
 11001100
>>>
```

멤버십(membersip) 연산자인 `in`과 `not in`은 여러 개의 값을 저장하는 문자열, 리스트, 튜플 등에서 지정한 값이 포함되어 있는지를 검사하여 그 결과를 참(True) 또는 거짓(False)으로 반환한다. 리스트와 튜플에 대해서는 뒤에서 다시 설명한다.

코드 4.11 리스트에서의 멤버십 연산

```
days = ['SUN', 'MON', 'TUE', 'WED', 'THU', 'FRI', 'SAT']

print('mon' in days)
print('MON' in days)
```

Thonny IDE 셸 실행 결과

```
>>> %Run membership_operator.py
 False
 True
>>>
```

아이덴티티(identity) 연산자는 두 객체의 아이덴티티, 즉 변수가 가리키는 객체가 저장된 메모리

주소를 비교하여 같은 주소에 저장된 객체를 가리키면 참(True), 다른 주소에 저장된 객체를 가리키면 거짓(False)을 반환한다. 파이썬에서 값은 메모리에 저장되고 변수는 메모리를 가리키는 포인터 역할만 하므로 같은 값을 가리키는 변수는 같은 메모리를 가리킨다. 값이 저장된 메모리 주소는 id 함수로 알아낼 수 있고, 변수가 가리키는 메모리 주소가 같은지 여부는 is와 is not 연산자를 통해 알아낼 수 있다. 코드 4.12에서 a와 b의 값은 모두 정수 1로 같은 메모리를 가리키지만, c는 실수 1.0으로 다른 메모리를 가리키고 있다.

코드 4.12 아이덴티티 연산

```python
a = 1
b = 2 // 2
c = 2 / 2

print('a : ', a)
print('b : ', b)
print('c : ', c)

print('a and b point to the same memory : ', a is b)
print('a and c point to the same memory : ', a is c)

print('Memory address pointed to by a : ', id(a))
print('Memory address pointed to by b : ', id(b))
print('Memory address pointed to by c : ', id(c))
```

Thonny IDE 셸 실행 결과

```
>>> %Run identity_operator.py
 a :  1
 b :  1
 c :  1.0
 a and b point to the same memory :  True
 a and c point to the same memory :  False
 Memory address pointed to by a :  10709280
 Memory address pointed to by b :  10709280
 Memory address pointed to by c :  140735961071088
>>>
```

파이썬에서 사용할 수 있는 연산자는 여러 가지가 있고, 복잡한 연산을 표현하기 위해 하나의 문장에 여러 개의 연산자가 포함될 수 있다. 이처럼 여러 개의 연산자가 하나의 문장에 사용되었을 때 어느 연산자를 먼저 계산할 것인지 결정하는 것이 연산자 우선순위다. 표 4.8은 파이썬에서 사용할 수 있는 연산자의 우선순위를 나타낸 것으로, '산술 연산자 → 비트 연산자 → 멤버십, 아이덴티티, 비교 연산자 → 논리 연산자' 순으로 우선순위가 낮아진다.

표 4.8 연산자 우선순위

우선순위	연산자	설명
1	`( )`	괄호
2	`**`	거듭제곱
3	`+`, `-`, `~`	단항 연산자로 부호(`+`, `-`)와 비트 NOT(`~`)
4	`*`, `/`, `//`, `%`	곱하기, 나누기, 정수 나누기, 나머지
5	`+`, `-`	더하기, 빼기
6	`<<`, `>>`	비트 이동
7	`&`	비트 AND
8	`^`	비트 XOR
9	`|`	비트 OR
10	`in`, `not in`, `is`, `is not`, `<`, `<=`, `>`, `>=`, `!=`, `==`	멤버십 검사, 아이덴티티 검사, 비교
11	`not`	논리 NOT
12	`and`	논리 AND
13	`or`	논리 OR

연산자들 사이에 우선순위가 정해져 있지만 복잡한 계산을 하나의 문장으로 나타내는 것은 코드를 이해하기 어렵게 만들 수 있으므로, 복잡한 문장은 여러 개의 간단한 문장으로 나누어 단계별로 계산하는 것이 좋다. 또한 연산자 중에서 우선순위가 가장 높은 연산자가 괄호이므로 우선순위가 명확하게 나타날 수 있도록 괄호 사용을 추천한다.

4.4.5 제어문

컴퓨터를 위한 프로그램의 구조는 순차형(sequence structure), 선택형(decision structure), 순환형(repetition structure)의 세 가지로 나눌 수 있다. 이 중에서 기본이 되는 형태는 순차형으로, 위에서 아래로 한 번에 하나씩 문장을 실행하는 것이다. 순차형은 현대 컴퓨터의 모태가 된 폰노이만 구조의 실행 형태이기도 하다. 하지만 프로그램의 실행 순서는 필요에 따라 바뀔 수 있으며, 주어진 조건에 따라 일부 코드만 실행하는 선택형과 주어진 조건을 만족시키는 동안 코드를 반복해서 실행하는 순환형이 순차형의 실행 흐름을 바꾸는 데 사용된다. 파이썬에서 선택형은 `if-else` 조건문을 사용해 구현할 수 있고, 순환형은 `while`과 `for`의 반복문을 사용해 구현할 수 있다.

1 조건문

주어진 조건의 만족 여부에 따라 선택적으로 코드를 실행하고 싶을 때 사용할 수 있는 것이 조건문으로, `if-else`가 대표적이다. `if-else` 문은 조건의 만족 여부에 따라 참 또는 거짓에 해당하는 2개의 코드 블록 중 하나만 실행한다. 그림 4.13은 `if-else` 문의 구조와 이를 코드로 나타낸 것이다. `if`로 시작하고 콜론(:)으로 끝나는 문장과 `else:`는 헤더(header)라고 하고, 그 아래 한 단계 들여쓰기 된 부분은 선택적으로 실행되는 코드 블록(③, ④)을 나타낸다. `if-else` 문에서 조건이 만족되지 않을 때 실행되는 `else` 부분은 생략할 수 있다.

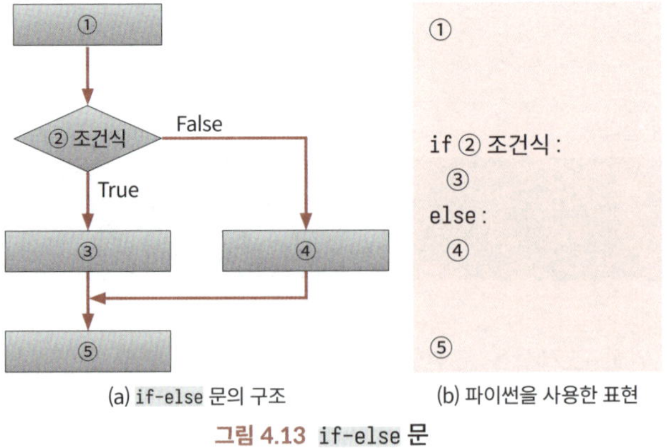

그림 4.13 `if-else` 문

`if-else` 문을 사용하면 주어진 조건의 만족 여부에 따라 서로 다른 두 가지 동작을 할 수 있다. 서로 다른 세 가지 동작을 하고자 한다면, 예를 들어 주어진 숫자를 양수, 음수, 영의 세 가지로 나누고자 한다면 그림 4.14와 같이 `if`나 `else` 내에 또 다른 `if-else` 문을 넣어야 하며, 이를 중첩된(nested) `if-else` 문이라고 한다. 중첩된 `if-else` 문은 `elif`를 써서 간단하게 나타낼 수 있다.

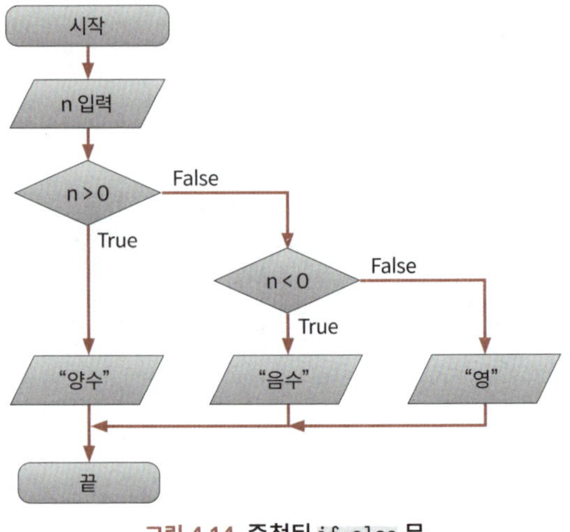

그림 4.14 중첩된 `if-else` 문

코드 4.13 중첩된 if-else 문

```
value = -5

if value > 0:
    print('Positive')
else:
    if value < 0:
        print('Negative')
    else:
        print('Zero')
```

```
value = -5

if value > 0:
    print('Positive')
elif value < 0:
    print('Negative')
else:
    print('Zero')
```

Thonny IDE 셸 실행 결과

```
>>> %Run nested_if.py
 Negative
>>>
```

파이썬에서 if 문을 위한 조건식을 표현할 때 C/C++와 달리 범위의 양 끝값을 한 번에 지정할 수 있다. 코드 4.14에서 3번과 4번 줄은 C/C++와 같은 스타일로 −10과 10 사이의 값을 찾아내는 방법이라면, 6번과 7번 줄은 파이썬에서만 사용할 수 있는 방법이다.

코드 4.14 범위 양 끝값 지정

```
01 value = -5
02
03 if value > -10 and value < 10:
04     print('between -10 and 10')
05
06 if -10 < value < 10:
07     print('between -10 and 10')
```

Thonny IDE 셸 실행 결과

```
>>> %Run both_ends.py
 between -10 and 10
 between -10 and 10
>>>
```

2 반복문

지정한 조건이 만족되는 동안 어떤 동작을 반복해서 실행하는 구조를 루프(loop)라고 하고, 루프를 구현하는 데 사용하는 문장을 반복문이라고 한다. 파이썬에서는 반복문을 위해 while과 for를 사용할 수 있다. while 문은 주어진 조건이 만족되는 동안 반복해서 실행할 코드 블록을 지정하기 위해 사용한다. 파이썬에서 while 문은 C/C++와 달리 조건이 만족되지 않을 때 반복문을 끝내기 전에 한 번 실행할 수 있는 else 블록을 사용할 수 있다. 그림 4.15는 while 문의 구조와 이를 코드로 나타낸 것이다. if-else 문에서는 조건이 만족될 때 그림 4.13의 코드 블록 ③이 한 번 실행된다면, while 문에서는 조건이 만족될 때 그림 4.15의 코드 블록 ③이 0번 이상 실행된다. ④의 else 부분은 조건이 만족되지 않을 때 한 번만 실행되고 생략할 수 있는 것은 if-else 문에서와 같다.

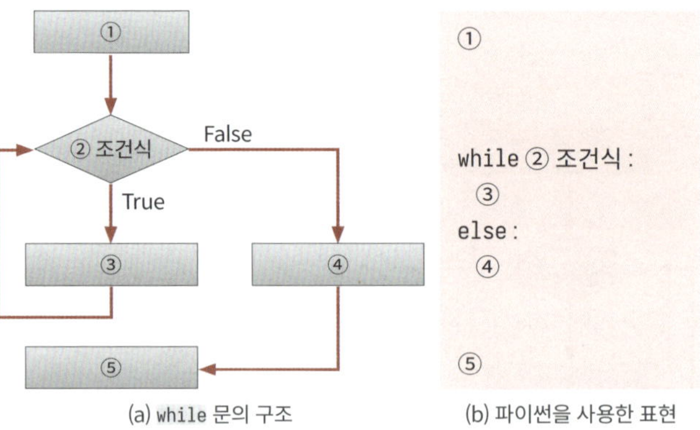

(a) while 문의 구조 (b) 파이썬을 사용한 표현

그림 4.15 while 문

코드 4.15 while 문

```python
count = 0

while count < 5:
    print(count, "is less than 5.")
    count = count + 1
else:
    print(count, "is NOT less than 5. End the loop~")
```

Thonny IDE 셸 실행 결과

```
>> %Run while_statement.py
 0 is less than 5.
 1 is less than 5.
 2 is less than 5.
 3 is less than 5.
 4 is less than 5.
 5 is NOT less than 5. End the loop~
>>>
```

`while` 문은 조건이 만족되는 동안 반복해서 실행되는 반면, `for` 문은 시퀀스(sequence)에 포함된 요소(element)들 각각에 대해 반복하는 차이가 있다. 시퀀스는 순서가 있는 요소들의 모임으로 뒤에서 다시 다룬다. C/C++에서 `for` 문과 `while` 문은 거의 같은 방식으로 동작하므로 `for` 문으로 `while` 문을 대체할 수 있다. 반면 파이썬에서는 `while` 문이 비교 연산자 또는 조건 연산자를 사용하여 반복 여부를 결정한다면, `for` 문은 시퀀스 내에 처리하지 않은 요소의 존재 여부를 조건으로 사용한다는 차이가 있다. 파이썬에서도 `range` 함수를 사용하면 `for` 문으로 `while` 문을 대체할 수 있지만, 서로 다른 조건을 사용한다는 점은 기억해야 한다. 그림 4.16은 `for` 문의 구조와 이를 코드로 나타낸 것이다.

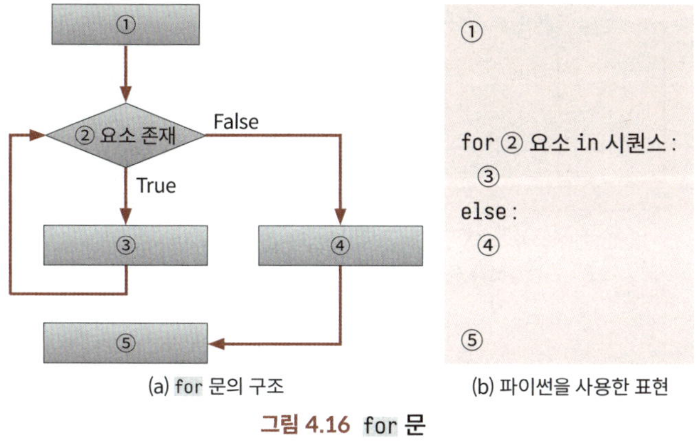

그림 4.16 `for` 문

코드 4.16은 숫자와 문자열로 이루어진 리스트에서 각각의 요소를 출력하는 예를 보여준다. 3번 줄에서는 리스트에서 요소를 하나씩 가져오기 위해 멤버십 연산자인 `in`이 사용되었다. 반면 7번 줄에서는 멤버십 연산자인 `in`을 사용하기는 하지만 정수 시퀀스를 만드는 `range` 함수로 인덱스 리스트를 별도로 만들어 사용하고 있다. 3번 줄과 같이 값을 기준으로 `for` 문을 사용하는 것은 파이썬에서만 가능하다면, 7번 줄과 같이 인덱스를 기준으로 `for` 문을 사용하는 것은 C/C++에서의 사용 방법과 비슷하다.

코드 4.16 `for` 문

```
01 item_list = [1, 2, 3.14, 2.71, "String", 'List']
02
03 for item in item_list:                    # 요소에 의한 나열
04     print(item)
05
06 print()
07 for i in range(len(item_list)):           # 인덱스에 의한 나열
08     print(item_list[i])
```

Thonny IDE 셸 실행 결과

```
>>> %Run for_statement.py
 1
 2
 3.14
 2.71
 String
 List

 1
 2
 3.14
 2.71
 String
 List
>>>
```

4.4.6 시퀀스

`for` 문에서 사용하는 시퀀스(sequence)는 파이썬에서 기본이 되는 데이터 타입의 하나로, 데이터에 순서(또는 번호)를 붙여 나열한 것을 말한다. 시퀀스는 시퀀스 내 각 요소에 인덱스(또는 위치)에 해당하는 숫자가 할당되어 있으며 인덱스는 0부터 시작한다. 파이썬에서 사용할 수 있는 시퀀스에는 문자열(str(ing)), 리스트(list), 튜플(tuple), 범위(range) 등이 있으며 시퀀스 자체는 이들의 공통적인 특징을 나타내는 추상적인 개념이다. 모든 시퀀스에는 인덱싱, 자르기, 더하기, 곱하기, 멤버십 검사 등의 작업이 가능하다.

1 리스트

시퀀스의 하나인 리스트(list)는 단어 의미 그대로 데이터를 나열한 것이다. 파이썬에서 리스트는 대괄호 사이에 콤마로 분리된 값을 나열하여 만들 수 있고, 리스트에 포함되는 요소가 모두 같은 데이터 타입일 필요는 없다. 리스트의 요소는 문자열에서 각 문자를 인덱싱하는 것과 마찬가지로 대괄호를 써서 알아낼 수 있다. 이때 음의 인덱스를 지정하면 오른쪽 끝에서 왼쪽으로 인덱싱이 이루어진다. 문자열에서 음의 인덱스를 사용할 수 있었던 이유는 문자열과 리스트 모두 순서가 있는 시퀀스의 한 종류이기 때문이다. 표 4.9는 리스트에서 흔히 사용되는 연산자 사용 방법을 나타낸 것이다.

표 4.9 리스트 조작 연산자

코드	결과	설명
a = [1, 2, 3] a[1] a[-1]	 2 3	리스트 생성 두 번째 요소 마지막 요소
len([1, 2, 3])	3	리스트 내 요소 수
[1, 2] + [3, 4]	[1, 2, 3, 4]	리스트 연결
['Hello'] * 3	['Hello', 'Hello', 'Hello']	요소 반복
3 in [1, 2, 3]	True	멤버십 검사
for x in [1, 2, 3] : print(x)	1 2 3	요소 나열

리스트는 연산자를 사용하여 조작할 수도 있지만, 함수를 사용해서도 조작할 수 있다. 리스트를 조작하는 기본적인 함수에는 요소를 추가하거나 제거하는 함수, 리스트를 정렬하는 함수 등이 포함된다. 표 4.10은 리스트를 조작하는 함수와 그 결과를 나타낸 것이다.

표 4.10 리스트 조작 함수

코드	결과	설명
a = [1, 2, 3]	[1, 2, 3]	리스트 생성
a.append(4)	[1, 2, 3, 4]	마지막 요소 추가
a.insert(1, 1.5)	[1, 1.5, 2, 3, 4]	인덱스 위치에 요소 추가
a.remove(1.5)	[1, 2, 3, 4]	값에 의한 요소 제거
del a[1]	[1, 3, 4]	인덱스에 의한 요소 제거
a.pop(1)	[1, 4]	인덱스에 의한 요소 제거 제거된 요소 반환
a.sort(reverse=True)	[4, 1]	내림차순 정렬
a.sort()	[1, 4]	오름차순 정렬
a.clear()	[]	모든 요소 제거

❷ 튜플

튜플(tuple)은 한 번 만들어진 이후 변경할 수 없으며 소괄호를 써서 만든다는 점을 제외하면 리스트와 같다. 이때 변경할 수 없다는 것은 만들어진 튜플의 내용을 변경할 수 없다는 뜻이지, 변수가 다른 튜플을 가리킬 수 없다는 뜻은 아니다.

튜플이 생성되면 이후 사용 방법은 리스트를 나타내는 대괄호가 소괄호로 바뀐다는 점을 제외하면 리스트와 같다. 한 가지 주의할 점은 하나의 요소로만 이루어지는 튜플을 만들 때는 요소 다음에 콤마를 추가해야 한다는 점이다. 콤마 없이 하나의 요소만을 소괄호 내에 넣으면 튜플이 아닌 요소의 데이터 타입으로 인식된다. 코드 4.17에서 3번 줄과 7번 줄의 `type` 함수는 변수가 가리키는 객체의 종류를 알아내기 위해 사용했다.

코드 4.17 튜플

```
01 number_tuple = (1)          # 기본 데이터 타입으로 인식
02 print(number_tuple)
03 print(type(number_tuple))
04
05 number_tuple = (1,)         # 요소가 1개인 튜플로 인식
06 print(number_tuple)
07 print(type(number_tuple))
```

Thonny IDE 셸 실행 결과

```
>>> %Run one_element_tuple.py
 1
 <class 'int'>
 (1,)
 <class 'tuple'>
>>>
```

❸ 범위

범위(range)는 연속된 정수를 나타내는 데이터 타입이다. 범위를 나타낼 때는 시작값과 끝값, 그리고 간격을 지정한다. 이때 끝값 자체는 연속된 정수에 포함되지 않으며 이는 문자열이나 리스트의 인덱싱에서도 마찬가지다. 시작값이 생략되면 0부터 시작하고, 간격을 생략하면 디폴트값인 1로 설정된다. 범위는 규칙에 따라 만들어진 숫자 리스트와 비슷해 보이지만, 리스트에는 실제 숫자가 저장되고 범위에는 숫자를 만드는 규칙이 저장된다는 차이가 있다. 즉, 범위는 실제로 사용될 때 숫자열이 만들어지므로 리스트에 비해 적은 메모리를 사용한다. 범위 역시 시퀀스의 한 종류이므로 대괄호를 사용하여 인덱싱할 수 있다. 범위는 `for` 문에서 일정한 규칙을 갖는 숫자열을 만드는 데 흔히 사용되며, `list` 함수를 사용하면 규칙을 나타내는 범위를 실제 숫자 리스트로 변환할 수 있다.

코드 4.18의 1번 줄에서 `sys` 라이브러리를 포함하고 5번 줄과 12번 줄에서 `getsizeof` 함수를 사용한 이유는 메모리에 저장되는 데이터의 크기를 알아내기 위해서다. `range` 객체는 48바이트가

필요하지만, `list` 객체는 88바이트가 필요하다는 점에서 범위와 리스트의 차이를 알 수 있다. 3번 줄에서 범위의 끝값을 100으로 바꾸어도 범위를 저장하는 데 필요한 메모리는 증가하지 않지만, 리스트를 저장하는 데 필요한 메모리는 요소의 수가 증가함에 따라 같이 증가한다는 점도 차이점이다.

코드 4.18 범위

```
01 import sys
02
03 a = range(1, 7, 2)                    # 1부터 7 미만까지 2 간격의 정수
04 print(a)                              # 숫자의 나열과는 다름
05 print('Bytes :', sys.getsizeof(a))
06
07 for item in a:                        # for 문에서 range 사용
08     print(item)
09 print()
10
11 b = list(a)                           # 범위(range)를 리스트(list)로 변환
12 print('Bytes :', sys.getsizeof(b))
13 for item in b:                        # for 문에서 list 사용
14     print(item)
```

Thonny IDE 셸 실행 결과

```
>>> %Run range_and_list.py
 range(1, 7, 2)
 1
 3
 5

 1
 3
 5
>>>
```

4.4.7 컬렉션

컬렉션(collection)은 데이터를 모아놓은 것으로, 시퀀스와의 차이점은 순서가 없다는 것이다. 시퀀스 역시 컬렉션의 한 종류로, 순서가 있는 컬렉션에 해당한다. 컬렉션에는 순서가 없으므로 시퀀스와 같이 순서를 나타내는 숫자를 인덱스로 사용할 수는 없지만, 멤버십 연산자 `in`을 사용하여 컬렉션에 포함된 요소를 나열하는 것은 가능하다.

❶ 집합

집합은 시퀀스와 달리 순서 없이 단순히 요소를 모아놓은 것으로, 중복된 요소가 없다는 점에서 다른 데이터 타입과 다르다. 즉, 같은 값을 갖는 요소는 집합 내에 하나만 포함될 수 있다. 파이썬에서 집합은 중괄호 사이에 콤마로 요소를 분리하여 만들 수 있다. 집합을 나타내는 데 중괄호를 사용하는 것은 수학에서와 같은 방법이다. 집합에 포함되는 요소는 모두 같은 데이터 타입일 필요가 없다는 점은 리스트와 같으며, 사용 방법 역시 리스트와 비슷하다. 집합에는 더하기와 곱하기 연산자가 정의되어 있지 않지만, 수학에서 사용하는 합집합, 교집합 등의 집합 연산을 위해 `union`, `intersection` 등의 함수와 이에 해당하는 `|`, `&` 등의 연산자가 정의되어 있다.

코드 4.19 집합

```
my_set = {1, 2, 3, 4, 1, 2}            # 중복된 요소는 자동 제거
print(my_set)

for x in my_set:                       # 집합의 요소 나열
    print(x)
```

Thonny IDE 셸 실행 결과

```
>>> %Run set_operation.py
 {1, 2, 3, 4}
 1
 2
 3
 4
>>>
```

표 4.11은 집합의 요소를 조작하는 기본적인 방법과 그 결과를 나타낸 것이다.

표 4.11 집합 조작 방법

코드	결과	설명
`a = {1, 2, 3}`	`{1, 2, 3}`	집합 생성
`a.add(4)`	`{1, 2, 3, 4}`	집합에 요소 추가
`a.remove(3)`	`{1, 2, 4}`	값에 의한 요소 제거
`a.clear()`	`set()`	모든 요소 제거

표 4.11에서 볼 수 있듯이 공집합은 `set()`으로 표시된다. 집합을 만들 때 중괄호를 사용하지만, 중괄호는 사전을 만들 때도 사용된다. 따라서 빈 중괄호 `{ }`는 빈 사전을 나타내기 위해 사용하고

공집합은 set()을 사용한다. 표 4.11이 하나의 집합에서 요소를 다루는 방법이라면, 표 4.12는 두 집합 사이의 연산에 해당한다.

표 4.12 집합 연산

<table>
<tr><th>코드</th><th>결과</th><th>설명</th></tr>
<tr><td>A = {1, 2, 3}
B = {3, 4, 5}
C = {3}</td><td></td><td></td></tr>
<tr><td>A > C
A > A</td><td>True
False</td><td>C가 A의 진부분집합인지 여부
A가 A의 진부분집합인지 여부</td></tr>
<tr><td>A >= C
A.issuperset(C)
C.issubset(A)</td><td>True</td><td>C가 A의 부분집합인지 여부</td></tr>
<tr><td>A.isdisjoint(B)</td><td>False</td><td>서로소 집합</td></tr>
<tr><td>A | B
A.union(B)</td><td>{1, 2, 3, 4, 5}</td><td>A와 B의 합집합</td></tr>
<tr><td>B & C
B.intersection(C)</td><td>{3}</td><td>B와 C의 교집합</td></tr>
<tr><td>B - C
B.difference(C)</td><td>{4, 5}</td><td>차집합</td></tr>
<tr><td>A ^ B
A.symmetric_difference(B)</td><td>{1, 2, 4, 5}</td><td>A와 B의 대칭차집합</td></tr>
</table>

❷ 사전

사전은 집합과 마찬가지로 중괄호를 써서 나타내지만, 하나의 요소가 키(key)와 값(value)의 쌍으로 이루어진다는 점에서 차이가 있다. 사전에서 각 요소는 콜론으로 분리된 키와 값으로 나타낸다. 사전은 우리가 흔히 사용하는, 단어를 찾으면 그에 대한 설명이 나오는 사전을 생각하면 된다. 사전에서 표제어에 해당하는 것이 키이고, 표제어의 설명에 해당하는 것이 값이다. 키를 사용하여 그에 해당하는 값을 찾아내기 위해서는 빠른 속도로 키를 검색할 수 있는 자료 구조 중 하나인 해시 테이블(hash table)이 사용된다. 사전에 대한 더하기와 곱하기 역시 집합과 마찬가지로 정의되어 있지 않다.

지금까지의 컬렉션 타입과 달리 사전에는 하나의 요소에 키와 값의 두 가지가 포함되므로 다른 컬렉션 타입과는 사용 방법에 차이가 있다. 특히, 사전에서 멤버십 검사와 요소 나열이 키에 대해 이루어진다는 점에 주의해야 한다. 사전에서도 대괄호를 사용하는 인덱싱을 사용할 수는 있지만, 숫자를 사용하는 인덱싱이 아니라 키의 값을 사용하는 인덱싱이라는 점도 주의해야 한다. 코드 4.20은 사전을 사용하는 기본적인 방법을 보여준다.

코드 4.20 사전

```
my_dict = {'SUN':'Apple', 'MON':'Grape', 'TUE':'Mango'}

# 키의 멤버십 검사, 값의 멤버십 검사는 불가능
print('SUN' in my_dict)

for x in my_dict:
    print(x, ': ', end='')          # 키 나열
    print(my_dict[x])               # 키에 의한 인덱싱으로 값 나열
```

Thonny IDE 셸 실행 결과

```
>>> %Run dictionary_operation.py
 True
 SUN : Apple
 MON : Grape
 TUE : Mango
>>>
```

표 4.13은 사전을 조작하는 방법과 그 결과를 나타낸 것이다.

표 4.13 사전 조작 방법

코드	결과	설명
a = {'x':3, 'y':2}	{'x': 3, 'y': 2}	사전 생성
a['z'] = 1	{'x': 3, 'y': 2, 'z': 1}	요소 추가
del a['y']	{'x': 3, 'z': 1}	키에 의한 요소 제거
a.pop('x')	{'z': 1}	키에 의한 요소 제거 제거된 요소 반환
a.clear()	{}	모든 요소 제거

그림 4.17은 지금까지 설명했던 데이터 타입들의 관계를 나타낸 것으로, 화살표는 상속을 의미한다. 상속은 상위 클래스 또는 부모 클래스의 특성이 하위 클래스 또는 자식 클래스로 전달되는 것을 말한다. 예를 들어, 그림 4.17에서 시퀀스는 컬렉션의 자식 클래스로 컬렉션의 특징을 갖는다. 또한 컬렉션은 컨테이너의 자식 클래스다. 따라서 시퀀스는 컨테이너의 특성을 컬렉션을 통해 물

려받게 된다. 그림 4.17에서 컨테이너, 컬렉션, 시퀀스는 추상적인 데이터 타입으로, 실제 데이터 저장에 사용되지는 않으며 자식 클래스의 공통적인 특성을 정의하는 용도로 사용된다. 나머지는 실제 데이터를 저장하는 데 사용하는 클래스다.

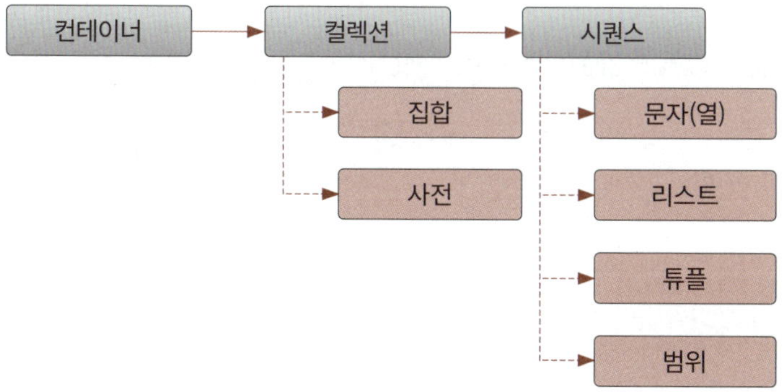

컨테이너 → 컬렉션 → 시퀀스
컬렉션: 집합, 사전
시퀀스: 문자(열), 리스트, 튜플, 범위

그림 4.17 데이터 타입의 상속 관계

4.4.8 함수

함수는 특정한 작업을 위해 재사용할 수 있도록 만들어진 코드 블록을 말한다. 파이썬에는 변수의 값을 출력하는 `print`를 포함하여 많은 내장 함수가 정의되어 있으며, 필요에 따라 사용자 역시 함수를 만들어 사용할 수 있다. 함수를 만드는 규칙은 C/C++와 비슷하다.

- 함수 블록은 키워드 `def`로 시작하고 함수 이름과 괄호 쌍이 나온다. 마지막에는 헤더의 끝을 나타내는 콜론이 나온다.
- 괄호 쌍 내에는 함수로 전달되는 0개 이상의 매개변수가 나온다.
- 함수 본문에 해당하는 코드 블록은 함수를 정의하는 헤더보다 들여써야 한다.
- `return`은 함수를 호출한 곳으로 0개 이상의 값을 반환하는 데 사용하며, 반환값이 없을 때는 생략할 수 있다.
- 함수의 헤더 부분에는 반환값의 개수나 반환값의 데이터 타입을 지정하지 않는다.

코드 4.21은 하나의 값 `x`를 매개변수로 받고 여기에 2를 더해 반환하는 함수를 정의한 것이다. `test_function`을 호출했을 때 출력되는 값 10은 `test_function` 내에서 출력하는 값이고, 12는 함수에서 반환한 값이다.

코드 4.21 함수의 정의와 사용

```
def test_function(x):                          # 함수 정의
    print(x)
    return x + 2

result = test_function(10)                     # 함수 호출
print(result)
```

Thonny IDE 셸 실행 결과

```
>>> %Run simple_function.py
 10
 12
>>>
```

함수의 매개변수는 함수를 호출할 때 값을 지정하는 것이 원칙이지만, 호출할 때 값을 지정하지 않으면 디폴트값을 사용하는 디폴트 매개변수를 사용할 수 있다. 코드 4.22에서 `test_function` 함수를 호출할 때 매개변수 `x`의 값을 지정하지 않으면 디폴트값인 3이 사용된다. 디폴트 매개변수에 값을 지정하면 지정한 값이 디폴트값보다 우선한다.

코드 4.22 디폴트 매개변수 사용

```
def test_function(x = 3):
    for i in range(x):
        print(i + 1)

test_function()                                # 디폴트 매개변숫값 사용
print()
test_function(2)                               # 사용자 지정 매개변숫값 사용
```

Thonny IDE 셸 실행 결과

```
>>> %Run default_parameter.py
 1
 2
 3

 1
 2
>>>
```

함수의 매개변수는 0개 이상을 사용할 수 있다. 함수를 호출할 때 매개변수의 값은 함수의 헤더에

정의된 매개변수의 순서를 따르는 것이 기본이지만, 파이썬에서는 함수 헤더에 정의된 매개변수의 이름을 사용하여 매개변수의 순서를 바꿀 수 있다. 다만 함수 헤더에서 디폴트값을 갖는 매개변수는 디폴트값을 갖지 않는 매개변수보다 뒤에 와야 한다.

코드 4.23 매개변수의 이름 사용

```
def test_function(x = 1, y = 2, z = 3):
    print(x)
    print(y)
    print(z)

test_function(y=100)                    # x, z 지정 없이 y만 지정
print()
# z와 x의 순서를 바꾸어서 지정하고 y는 지정하지 않음
test_function(z=300, x=100)
```

Thonny IDE 셸 실행 결과

```
>>> %Run named_parameter
 1
 100
 3

 100
 2
 300
>>>
```

C/C++에서 함수는 1개 이하의 값만 반환할 수 있지만, 파이썬의 함수는 2개 이상의 값을 반환할 수 있다. 함수가 2개 이상의 값을 반환할 때 반환된 값은 하나의 변수에 대입할 수도 있고 여러 개의 변수에 대입할 수도 있다. 반환값을 여러 개의 변수에 대입하면 각각의 반환값이 개별적으로 변수에 대입된다. 반면 반환된 여러 개의 값을 하나의 변수에 대입하면 튜플 형태를 갖는다.

코드 4.24 함수의 반환값

```
def test_function(x, y):
    return x + y, x - y

result = test_function(10, 20)          # 튜플로 반환
print(type(result), result)
for item in result:
    print(type(item), item)
print()
```

```python

xy_plus, xy_minus = test_function(10, 20) # 개별 값으로 반환
print(type(xy_plus), xy_plus)
print(type(xy_minus), xy_minus)
```

Thonny IDE 셸 실행 결과

```
>>> %Run return_value.py
 <class 'tuple'> (30, -10)
 <class 'int'> 30
 <class 'int'> -10

 <class 'int'> 30
 <class 'int'> -10
>>>
```

4.4.9 모듈

모듈은 연관된 코드의 집합을 말한다. 모듈은 연관된 코드를 묶어 논리적으로 구성할 수 있도록 해주므로 코드를 이해하고 사용하기 쉽게 해준다. 모듈은 하나의 파일로 만들고 파일 내에는 관련된 함수, 클래스, 변수 등이 포함된다. 모듈 이름은 파일 이름과 같으며 파일로 만들어진 모듈을 다른 코드에서 사용하기 위해 `import` 문을 사용한다. `import` 문을 사용하여 모듈을 임포트한 후에는 모듈 이름과 도트 연산자를 사용하여 모듈에 정의된 객체를 사용할 수 있다. 코드 4.25는 2개의 함수가 정의된 welcome.py와 `welcome` 모듈을 임포트하여 사용하는 module_test1.py를 보여준다.

코드 4.25 모듈 정의와 사용

FILE welcome.py

```python
def print_message(x):
    print(x, "Welcome to Raspberry Pi~")
    return

def print_square(x):
    print(x * x)
    return
```

FILE module_test1.py

```python
import welcome

welcome.print_message('Jason')
welcome.print_square(3.14)
```

Thonny IDE 셸 실행 결과

```
>>> %Run module_test1.py
 Jason Welcome to Raspberry Pi~
 9.8596
>>>
```

welcome.py에는 2개의 함수가 정의되어 있으므로 `welcome` 모듈을 임포트하면 2개의 함수를 모두 사용할 수 있다. 모듈에 정의된 2개의 함수 중 1개만 필요하다면 모듈 전체가 아닌 모듈 일부만 임포트하는 것도 가능하며, 이를 위해 `from` 키워드를 사용할 수 있다. `from` 키워드를 사용해 모듈을 임포트하면 모듈 이름과 객체 이름을 도트 연산자로 연결하지 않고 객체 이름만 써서 사용할 수 있다. 코드 4.26은 `welcome` 모듈의 2개 함수를 `from` 키워드를 사용해 임포트하여 모듈 이름 없이 모듈 내 객체 이름, 즉 함수 이름만으로 사용하는 방법을 보여준다. 코드 4.26에서는 코드 4.25의 welcome.py를 사용한다.

코드 4.26 모듈 이름 없이 모듈 내 객체 사용

FILE **module_test2.py**

```
from welcome import *

print_message('Jason')
print_square(3.14)
```

Thonny IDE 셸 실행 결과

```
>>> %Run module_test2.py
 Jason Welcome to Raspberry Pi~
 9.8596
>>>
```

모듈을 임포트할 때 `as` 키워드를 사용하면 임포트하는 모듈의 이름을 바꿀 수 있다. 코드 4.27은 모듈의 이름인 `welcome`을 `W`로 변경하여 임포트하고 있다. `as` 키워드는 자주 사용하는 모듈 이름이 길 때 이름을 줄여 사용하기 위해 흔히 사용된다.

코드 4.27 모듈 이름을 변경하여 임포트

FILE **module_test3.py**

```
import welcome as W

W.print_message('Jason')
W.print_square(3.14)
```

Thonny IDE 셸 실행 결과

```
>>> %Run module_test3.py
 Jason Welcome to Raspberry Pi~
 9.8596
>>>
```

as 키워드를 사용하면 모듈의 이름뿐만이 아니라 모듈 내의 객체 이름 역시 변경할 수 있다. 코드 4.28은 welcome 모듈 내 print_square 함수의 이름을 ps로 변경하여 임포트하는 방법을 보여준다. 코드 4.28에서 from 키워드를 사용했으므로 모듈 이름 welcome 역시 사용되지 않았다는 점도 주의해야 한다.

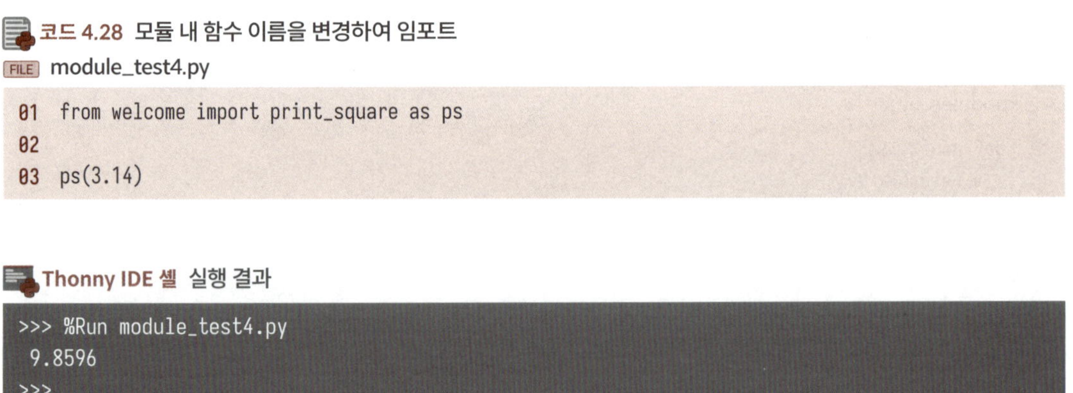

코드 4.28 모듈 내 함수 이름을 변경하여 임포트

FILE module_test4.py

```
from welcome import print_square as ps

ps(3.14)
```

Thonny IDE 셸 실행 결과

```
>>> %Run module_test4.py
 9.8596
>>>
```

4.4.10 패키지

모듈은 하나의 파일로 만들어진 객체의 집합으로 객체의 재사용을 가능하게 해준다. 만약 모듈 내의 객체가 많아진다면 2개 이상의 파일로 나누어 저장하는 것이 편리할 수 있다. 하지만 2개 이상의 파일로 나누게 되면 모듈 역시 2개 이상이 된다. 이처럼 여러 개의 모듈이 만들어졌을 때 모듈 내의 객체를 묶어서 한꺼번에 관리할 수 있도록 해주는 것이 패키지다.

패키지는 모듈, 즉 파일을 디렉터리 형식으로 구조화한다. 모듈의 이름이 모듈을 위한 파일 이름과 같다면, 패키지 이름은 모듈을 모아놓은 디렉터리 이름과 같다. 먼저 패키지에 해당하는 디렉터리 my_package를 생성하고, my_package 디렉터리 아래에 모듈을 정의할 파일을 1개 이상 만든다. 코드 4.29에서는 moduleA.py와 moduleB.py에 각각 2개씩의 함수를 정의했다. 마지막으로 __init__.py를 my_package 디렉터리 아래에 저장한다. __init__.py 파일의 이름은 변경할 수 없으며, 패키지를 임포트할 때 각 모듈에서 임포트할 객체를 지정하는 데 사용된다. 코드 4.29에서는

`moduleA`와 `moduleB`의 모든 객체를 임포트하고 있다. 그림 4.18은 `my_package` 패키지가 저장되는 디렉터리 구조와 이를 사용하는 package_test.py 파일을 나타낸다.

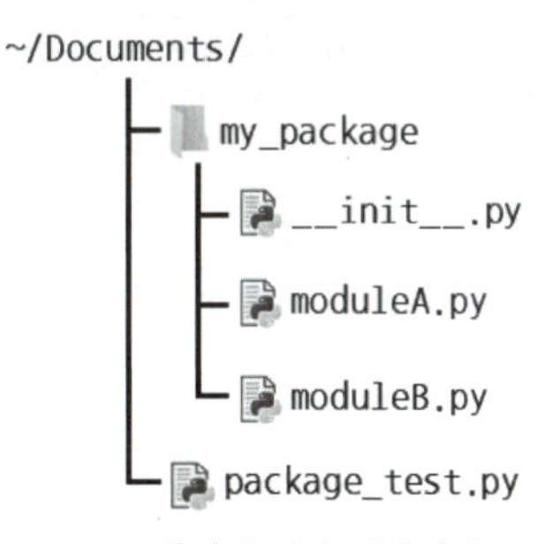

그림 4.18 패키지 저장 디렉터리 구조

코드 4.29 패키지 정의와 사용

FILE moduleA.py

```
def add(x, y):
    return x + y

def substract(x, y):
    return x - y
```

FILE moduleB.py

```
def message1():
    print('Output message 1 of module B')
    return

def message2():
    print('Output message 2 of module B')
    return
```

FILE __init__.py

```
from my_package.moduleA import *
from my_package.moduleB import *
```

FILE package_test.py

```
from my_package import *

print(moduleA.add(2, 3))                # moduleA
print(add(10, 3))

moduleB.message1()                      # moduleB
message2()

print(dir())                            # 사용할 수 있는 객체 이름 나열
```

Thonny IDE 셸 실행 결과

```
>>> %Run package_test.py
 5
 13
 Output message 1 of module B
 Output message 2 of module B
 ['__annotations__', '__builtins__', '__doc__', '__file__', '__loader__', '__name__',
 '__package__', '__spec__', 'add', 'message1', 'message2', 'moduleA', 'moduleB',
 'substract']
>>>
```

코드 4.29의 실행 결과에서 볼 수 있듯이 패키지 내의 객체는 임포트하는 방법에 따라 여러 가지 방법으로 사용할 수 있다. 패키지를 임포트한 후에 `dir` 함수로 사용할 수 있는 객체의 이름을 확인할 수 있으며 이때 모듈과 패키지 내의 객체도 표시된다. 코드 4.29의 실행 결과에서 파이썬 사용을 위해 기본적으로 임포트되는 객체와 함께, 사용자가 작성한 모듈 이름인 `moduleA`와 `moduleB`, 모듈 내에 정의된 함수 이름인 `add`, `substract`, `message1`, `message2` 등을 확인할 수 있다.

패키지는 계층적으로 구성되므로 패키지에 포함된 객체를 사용할 때는 패키지 이름과 도트 연산자를 모듈 이름 앞에 한 번 더 사용해야 한다. 즉, '패키지 >> 모듈 >> 객체' 순서로 도트 연산자를 사용하여 연결해야 한다.

4.4.11 클래스

객체 지향 프로그래밍은 함수 중심의 절차적 프로그래밍과 달리 프로그램을 객체의 모임으로 나타내고 객체 사이의 메시지 교환을 통해 데이터를 처리한다. 이때 프로그램의 중심이 되는 객체는 나타내고자 하는 대상의 속성과 행동을 추상화하여 정의한 클래스를 통해 나타낸다. 파이썬 역시 객체 지향 언어로 설계되었으며, 클래스를 정의하는 데 `class` 키워드를 사용한다. 클래스를 사용하여 만든 객체는 인스턴스(instance)라고 하며 객체와 같은 의미로 사용한다. 인스턴스를 생성하지 않고 연관된 함수만을 제공하기 위한 클래스도 존재하지만, 클래스 대부분은 인스턴스를 생성해서 사용한다.

코드 4.30은 키와 몸무게를 속성으로 갖는 `Student` 클래스의 예를 보여준다. 클래스 정의에서 사용된 변수는 멤버 변수 또는 속성(attribute)이라고 한다. 클래스 정의에 사용된 속성은 공용 속성으로 모든 인스턴스가 공유하므로 클래스 이름과 인스턴스 이름을 통해 접근할 수 있다. 하지만 인스턴스에서 공용 속성의 값을 변경하면 공용 속성을 변경한 인스턴스에서는 공용 속성이 아닌 인스턴스 속성으로 바뀌고, 클래스 전체의 속성이 아닌 특정 인스턴스의 속성을 나타낸다. 클래스 정의에서 키(height) 165는 학생의 평균 키로 인스턴스 속성이 지정되지 않았을 때 사용하는 디폴트값으로 생각할 수 있다면, 인스턴스 속성은 특정 학생의 키를 나타낸다는 차이가 있다. 인스턴스 속성으로 변경된 후 공용 속성의 값은 인스턴스를 통해서는 알아낼 수 없고 클래스 이름을 통해서만 알아낼 수 있다.

코드 4.30 클래스

```
class Student:
    height = 165
    weight = 60

s = Student()                       # 인스턴스 생성
print(s.height)                     # 인스턴스 속성이 없으므로 공용 속성 출력

s.height = 180                      # 인스턴스 속성 지정
print(s.height)                     # 인스턴스 속성 출력

print(Student.height)               # 클래스를 통한 공용 속성 출력
```

Thonny IDE 셸 실행 결과

```
>>> %Run class_basic.py
 165
 180
 165
>>>
```

코드 4.30의 동작에 문제는 없지만, 공용 속성과 인스턴스 속성을 구별하기가 어려워 추천하지 않는다. 대신 공용 속성은 클래스를 정의할 때 멤버 변수로 정의하고, 인스턴스 속성은 객체의 초기화 함수 내에서 정의하면 공용 속성과 인스턴스 속성을 쉽게 구별할 수 있다. 객체를 생성할 때 초기화를 담당하는 함수는 `__init__` 함수로, 함수의 이름은 변경할 수 없고 인스턴스 자체를 가리키는 첫 번째 매개변수 `self` 역시 변경할 수 없다. 코드 4.30과 같이 인스턴스에 공통으로 할당되는 공용 속성값은 `__init__` 함수에서 매개변수의 디폴트값으로 처리할 수 있다. `__init__` 함수가 인스턴스가 만들어질 때 자동으로 호출되는 함수라면, `__del__` 함수는 객체가 메모리에서 사라질 때 자동으로 호출되는 함수로, `__init__` 함수와 마찬가지로 인스턴스 자체를 가리키는 `self`를 매개변수로 갖는다.

코드 4.31과 같이 `Student` 클래스에 `__init__` 함수를 추가하자. 지금까지 만들어진 학생 인스턴스의 수를 나타내는 `student_count` 멤버 변수는 공용 속성으로, 인스턴스의 초기화 과정에서 1씩 증가시킬 수 있다. 객체가 메모리에서 사라지면 반대로 __del__ 함수에서 `student_count` 멤버 변숫값을 1씩 감소시킨다. 이때 함수 내부에서 클래스 내부에 있는 멤버 변수에 직접 접근할 수 없으므로 변수 이름 앞에 클래스 이름을 사용한다. 반면 인스턴스 속성 앞에는 `self`를 사용해 구별한다.

코드 4.31 공용 속성과 인스턴스 속성

```
class Student:
    student_count = 0

    def __init__(self, height = 165, weight = 60):
        # 공용 속성값 변경
        Student.student_count = Student.student_count + 1

        # 인스턴스 속성값 할당
        self.height = height
        self.weight = weight
    def __del__(self):
        # 공용 속성값 변경
        Student.student_count = Student.student_count - 1

s1 = Student()
print('Count :', Student.student_count)    # 공용 속성
print(s1.height, s1.weight)                 # 인스턴스 속성

s2 = Student(180, 70)
print('Count :', Student.student_count)
print(s2.height, s2.weight)

del(s2)                                     # 인스턴스 삭제
print('Count :', Student.student_count)
```

Thonny IDE 셸 실행 결과

```
>>> %Run member_variable.py
 Count : 1
 165 60
 Count : 2
 180 70
 Count : 1
>>>
```

클래스에는 속성을 나타내는 변수와 함께 대상의 특정 동작을 나타내는 함수 역시 정의할 수 있으며, 이를 멤버 함수 또는 메서드(method)라고 한다. 메서드 중 인스턴스를 통해 호출하는 메서드는 첫 번째 매개변수로 인스턴스 자신을 나타내는 `self`를 매개변수로 가져야 한다. 객체를 초기화하는 데 사용되는 `__init__` 함수도 `self`를 매개변수로 갖는다. `self`를 매개변수로 갖지 않는 메서드는 클래스 이름을 사용해 호출할 수 있다.

코드 4.32 메서드

```
class Student:
    student_count = 0

    def __init__(self, height = 165, weight = 60):
        # 공용 속성값 변경
        Student.student_count = Student.student_count + 1

        # 인스턴스 속성값 할당
        self.height = height
        self.weight = weight

    def getBMI(self): # 비만 지수
        return self.weight * 10000 / self.height / self.height

    def print_student_count():
        print('Total number of students :', Student.student_count)

s1 = Student()
print(s1.getBMI())                  # 인스턴스 메서드

s2 = Student(180, 70)
Student.print_student_count()       # 클래스 메서드
```

Thonny IDE 셸 실행 결과

```
>>> %Run member_function.py
 22.03856749311295
 Total number of students : 2
>>>
```

4.4.12 라이브러리

객체를 재사용할 수 있도록 하나의 파일로 만든 것이 모듈로, 모듈 내에는 함수, 클래스, 상수 등이 포함될 수 있다. 이를 확장하여 여러 개의 모듈 또는 파일을 하나의 이름으로 관리할 수 있도록

구조화한 것이 패키지다. 반면 라이브러리는 모듈 또는 패키지를 가리키는 추상적인 용어다. 라이브러리는 크게 표준 라이브러리와 외부 라이브러리로 나눌 수 있다. 표준 라이브러리는 파이썬과 함께 설치되는 라이브러리로 별도의 설치 없이 `import`를 통해 사용할 수 있다. 반면 외부 라이브러리를 사용하기 위해서는 별도의 설치가 필요하다. 파이썬을 위한 라이브러리는 검색을 통해 어렵지 않게 찾을 수 있으며, 외부 라이브러리를 등록할 수 있는 홈페이지 역시 존재한다. 파이썬을 위한 외부 라이브러리를 체계적으로 관리하는 공식 저장소가 PyPI(Python Package Index)다. PyPI에는 다양한 프로젝트가 등록되어 있으므로, 필요한 라이브러리가 있다면 PyPI를 방문해 검색해 보기를 추천한다.

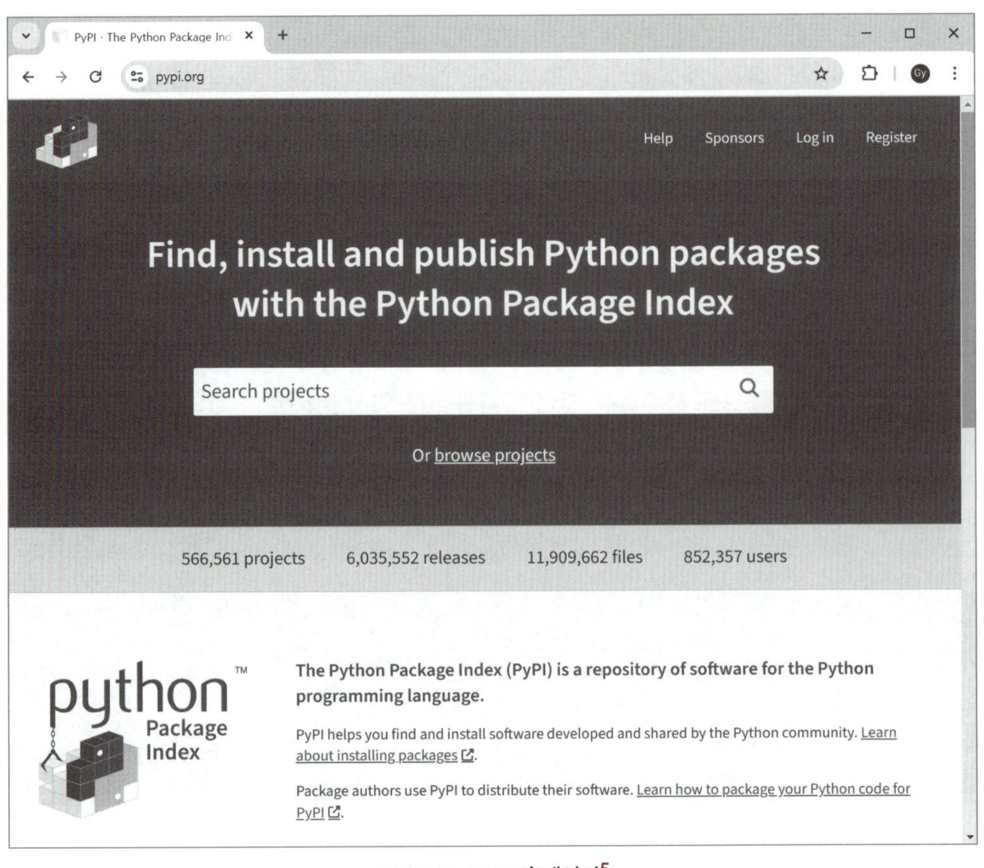

그림 4.19 PyPI 홈페이지[5]

5 https://pypi.org

패키지와 라이브러리

파이썬에서 재사용 가능한 코드 집합을 패키지 또는 라이브러리라고 한다. 하지만 패키지는 라즈베리파이 OS에 설치하는 파일을 가리키는 데도 사용된다. 따라서 이 책에서는 라즈베리파이 OS에 설치하는 파일을 '패키지', 파이썬에서 설치하는 코드 집합을 '라이브러리'라고 구별하여 부른다.

패키지는 `apt` 명령으로, 라이브러리는 `pip3` 명령으로 설치 또는 제거할 수 있다. 패키지와 라이브러리는 별개이지만, 일부 라즈베리파이 OS의 패키지는 파이썬에서 사용할 수 있는 라이브러리를 함께 설치하므로 패키지를 설치하는 것만으로 파이썬에서 라이브러리를 사용할 수 있다.

라이브러리는 Thonny IDE에서 'Tools → Manage packages...' 메뉴 항목을 선택한 후 실행되는 패키지 관리 다이얼로그를 통해 관리하거나, 'Tools → Open system shell...' 메뉴 항목을 선택했을 때 실행되는 셸에서 `pip3` 명령을 사용해 관리할 수 있다. 이 책에서는 셸에서 `pip3` 명령을 사용해 관리하는 방법을 사용한다.

터미널에서 라이브러리를 관리할 때 사용하는 `pip`(Pip Installs Packages)는 온라인 저장소인 PyPI에 연결하여 라이브러리를 관리하는 명령으로, 파이썬 3.4 이후 파이썬 프로그램에 포함되어 있다. 패키지 관리에는 `pip`와 `pip3`의 두 가지 명령을 사용할 수 있는데 `pip`는 파이썬 2의 라이브러리 관리에, `pip3`는 파이썬 3의 라이브러리 관리에 사용된다는 차이가 있다. 파이썬 3가 설치된 라즈베리파이 OS에서는 `pip3`를 사용하는 것이 맞지만, `pip` 역시 `pip3`로 연결되어 있으므로 어느 것을 사용해도 무방하다. `pip`와 `pip3`가 실제로 가리키는 프로그램은 버전을 통해 확인할 수 있다.

```
hgycap@hgycap-pi:~
File    Edit    Tabs    Help

gycap@hgycap-pi:~ $ pip --version
pip 23.0.1 from /usr/lib/python3/dist-packages/pip (python 3.11)
hgycap@hgycap-pi:~ $ pip3 --version
pip 23.0.1 from /usr/lib/python3/dist-packages/pip (python 3.11)
hgycap@hgycap-pi:~ $
```

`pip`의 기본적인 사용 방법은 명령(command)과 함께 라이브러리 이름을 지정하는 것이다. 명령으로는 설치(`install`)와 제거(`uninstall`)가 흔히 사용되고 라이브러리 목록 확인(`list`), 라이브러리 정보 확인(`show`) 등도 유용하다.

```
hgycap@hgycap-pi:~
File    Edit    Tabs    Help

hgycap@hgycap-pi:~ $ pip show thonny
Name: thonny
Version: 4.1.4
Summary: Python IDE for beginners
Home-page: https://thonny.org
Author: Aivar Annamaa and others
Author-email: thonny@googlegroups.com
License: MIT
Location: /usr/lib/python3/dist-packages
Requires:
Required-by:
hgycap@hgycap-pi:~ $
```

4.5 요약

이 책은 라즈베리파이를 사용해 다양한 시스템을 구성하는 데 필요한 기본적인 내용을 살펴보는 것이 목적이며, 이를 위해서는 라즈베리파이에 포함되어 있거나 별도로 연결한 장치를 제어하는 프로그램을 작성해야 한다. 라즈베리파이에서 사용할 수 있는 프로그래밍 언어에는 여러 가지가 있지만, 전통적으로 하드웨어 제어에 많이 사용되는 C/C++와 교육용으로 널리 사용되는 파이썬이 대표적이다. 특히 파이썬은 최근 사용이 증가하고 있는 프로그래밍 언어로, 쉬운 프로그래밍 언어라는 특징으로 인기를 얻기 시작하여 다양한 라이브러리의 지원, 특히 인공지능 라이브러리를 간단하게 사용할 수 있다는 장점에 힘입어 가장 많이 사용되는 프로그래밍 언어로까지 성장했다. 이러한 파이썬의 인기에 힘입어 라즈베리파이 재단은 라즈베리파이를 위한 프로그래밍 언어로 파이썬을 추천하고 있으며 이 책에서도 파이썬을 사용한다.

라즈베리파이 OS는 파이썬을 사용하는 데 필요한 인터프리터와 통합개발환경인 Thonny를 포함하고 있으므로 별도의 설치 없이 파이썬을 사용할 수 있다. 다만 라즈베리파이 OS의 버전이 바뀌면서 보안상의 이유로 시스템 전체에 영향을 미치는 라이브러리를 설치할 수 없다는 제약이 생겼다. 따라서 라즈베리파이에서 파이썬을 사용할 때는 사용자별로 가상 환경을 구성하고, 사용자별로 필요한 라이브러리를 자신만의 가상 환경에 설치해 사용해야 한다. 즉, 사용자 사이에서 라이브러리를 함께 사용하는 것은 원칙적으로 불가능하다. 이 장에서 파이썬 관련 내용은 C/C++와의 차이점을 중심으로 설명했으므로, 자세한 내용은 온라인 자료나 다른 책을 참고하면 된다.

이 장에서는 파이썬의 특징과 라즈베리파이에서 파이썬을 사용하는 데 필요한 내용을 살펴봤다. 이를 바탕으로 다음 장에서는 라즈베리파이가 제공하는 범용 입출력 핀과 이를 파이썬을 사용하여 제어하는 방법을 살펴본다.

PART II

범용 입출력 핀 사용하기

범용 입출력 핀

라즈베리파이는 주변장치 연결에 사용할 수 있는 40핀의 범용 입출력(GPIO) 핀 헤더를 제공하고 있다. GPIO 핀 헤더는 28개의 데이터 핀과 12개의 전원 핀으로 구성되어 있으며, 라즈베리파이 모델 1B+ 이후 같은 배치를 사용하고 있다. 이 장에서는 GPIO 핀 헤더의 배치와 GPIO 핀을 통해 사용할 수 있는 여러 가지 기능을 살펴본다. 또한 GPIO 핀에 주변장치를 연결하고 이를 파이썬 라이브러리와 C/C++ 라이브러리를 사용하여 제어하는 방법을 살펴본다.

5.1 범용 입출력 핀

라즈베리파이에 주변장치를 연결하는 방법은 여러 가지가 있다. 라즈베리파이는 작은 컴퓨터이므로 USB를 통해 주변장치를 연결하는 것이 그중 하나이며, 라즈베리파이 5에서는 4개의 USB 포트를 사용할 수 있다. 라즈베리파이의 USB 포트에는 키보드와 마우스, USB 메모리, 프린터, 웹캠, 스피커 등 데스크톱 컴퓨터에서 사용할 수 있는 주변장치 대부분을 연결할 수 있다. USB 포트에 연결하는 많은 장치는 PnP(Plug and Play) 기능을 통해 별도의 설치나 설정 없이 바로 사용할 수 있다.

MIPI(Mobile Industry Processor Interface) 포트 역시 CSI(Camera Serial Interface)를 사용하는 카메라와 DSI(Display Serial Interface)를 사용하는 디스플레이를 연결하는 데 사용할 수 있다. 라즈베리파이의 공식 카메라와 디스플레이 중에도 MIPI 포트를 사용하는 모델이 포함되어 있다.

범용 입출력(GPIO: General Purpose Input Output) 핀도 USB 포트나 MIPI 포트와 마찬가지로 주변장치 연결에 사용할 수 있으며, 이 장에서 살펴볼 것이 GPIO 핀에 주변장치를 연결하고 사용하는 방법이다. GPIO 핀은 비트 단위의 디지털 데이터 입출력을 기본으로 하며 이는 아두이노와 같은 마이크로컨트롤러에서 주변장치를 연결할 때 주로 사용하는 방법이다. 마이크로컨트롤러의 GPIO 핀과 다른 점 중 하나는 라즈베리파이의 GPIO 핀에는 아날로그 데이터 입출력 기능이 포함되어 있지 않다는 점이다. 따라서 아날로그 데이터 입출력을 위해서는 별도의 ADC(Analog Digital Converter)와 DAC(Digital Analog Converter)가 필요하다. 하지만 아날로그 신호 출력과 비슷한 기능을 하는 PWM(Pulse Width Modulation) 신호 출력 기능은 포함되어 있다.

디지털 데이터 입출력 기능은 GPIO 핀을 통해 사용할 수 있는 기본 기능으로, 하나의 GPIO 핀을 통해 비트 단위의 데이터를 교환하는 데 사용한다. 하지만 영문자 한 글자를 나타내기 위해서도 바이트 단위 데이터가 필요하므로 비트 단위 데이터로는 다양한 정보를 나타내기는 어렵다. 바이트 단위 데이터를 교환하기 위해서는 8개 GPIO 핀을 사용하는 병렬 방식을 사용할 수 있지만, GPIO 핀 수가 제한된 라즈베리파이에서는 사용하기 어렵다. 병렬 방식 대신 바이트 단위 데이터를 8개의 비트 단위 데이터로 나누고 1개의 GPIO 핀을 사용하여 순서대로 전달하는 직렬 방식이 흔히 사용되며 이를 시리얼 통신이라고 한다. 시리얼 통신은 데이터 교환을 위해 2개의 GPIO 핀을 사용하고, 하나는 입력으로 다른 하나는 출력으로 사용하는 것이 기본이다. 여기에 8번으로 나누어 보내는 비트 단위 데이터를 구분하기 위해 GPIO 핀을 추가하거나, 입력과 출력이 동시에 이루어지지 않는다는 조건을 사용하여 1개의 GPIO 핀만으로 입출력을 수행함으로써 사용하는 GPIO 핀 수를 줄이는 등 통신 방법에 따라 사용하는 GPIO 핀의 수는 달라질 수 있다. 하지만 몇 개의

GPIO 핀을 사용하더라도 시리얼 통신이 GPIO 핀의 비트 단위 디지털 데이터 입출력 기능을 바탕으로 바이트 단위의 데이터 입출력을 수행한다는 점에서는 같다.

시리얼 통신에서는 바이트 단위 데이터를 비트열로 전송하고 수신된 비트열을 다시 바이트 단위 데이터로 재구성하는 방법, 데이터 전송을 시작하고 끝내는 방법, 전송 과정에서 발생하는 오류를 찾아내는 방법 등 데이터 송수신 과정에서 필요한 다양한 약속이 필요하며 이를 프로토콜(protocol)이라고 한다. 시리얼 통신에서 사용하는 프로토콜에는 여러 가지가 있으며 이들은 서로 다른 목적을 위해 만들어졌다. 컴퓨터에서 흔히 사용하는 USB(Universal Serial Bus)를 포함하여 UART(Universal Asynchronous Receiver/Transmitter), I2C(Inter-Integrated Circuit), SPI(Serial Peripheral Interface) 등이 라즈베리파이에서 주변장치를 연결하는 데 흔히 사용되는 시리얼 통신 프로토콜이다. 이 중에서 USB는 라즈베리파이의 USB 커넥터를 통해 사용할 수 있고, 다른 시리얼 통신은 GPIO 핀을 통해 사용할 수 있다. 이처럼 라즈베리파이의 GPIO 핀은 1개 핀을 통해 비트 단위 데이터 입출력에 사용되거나, 1개 이상의 핀을 묶어 시리얼 통신을 통해 바이트 단위 데이터를 송수신하는 데 사용될 수 있다.

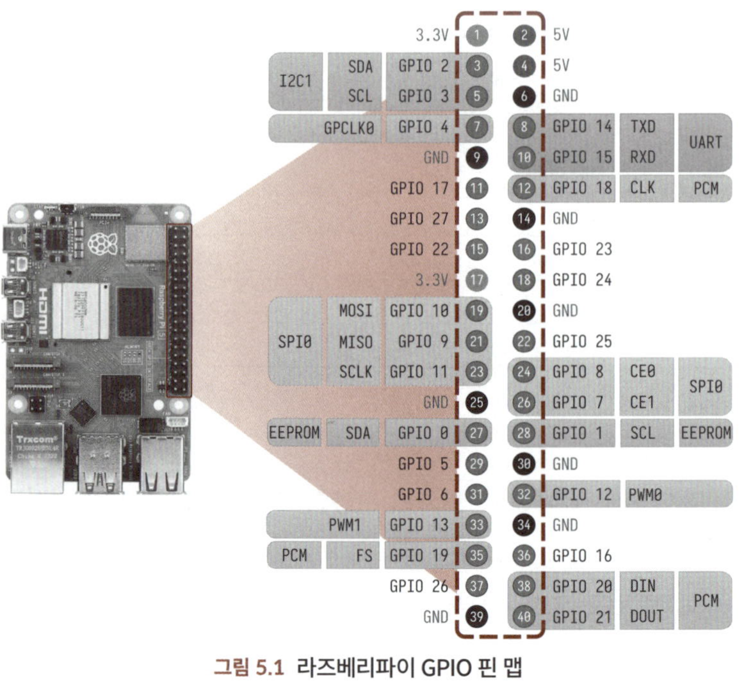

그림 5.1 라즈베리파이 GPIO 핀 맵

라즈베리파이에서 제공하는 GPIO 핀은 전원 핀을 포함하여 40 핀의 GPIO 핀 헤더로 제공된다. GPIO 핀 헤더는 라즈베리파이 1B+ 모델 이후 같은 배열을 사용하고 있으며 핀의 배치는 그림 5.1

과 같다. 모든 GPIO 핀은 디지털 데이터 입출력을 위해 사용할 수 있으며, 일부 GPIO 핀은 시리얼 통신에도 사용된다. 표 5.1은 핀 헤더를 기능에 따라 묶어서 나타낸 것이다.

표 5.1 라즈베리파이 GPIO 핀

그룹	핀 이름	설명
전원	5V	
	3.3V	
	GND	
범용 입출력	GPIO n	General Purpose Input/Output, n = 0, ..., 27
클록	GPCLK0	General Purpose Clock
PWM	PWMn	n = 0, 1
UART	TXD	Transmit Data
	RXD	Receive Data
I2C	SDA	Serial Data
	SCL	Serial Clock
EEPROM I2C	SDA	Serial Data
	SCL	Serial Clock
SPI	MOSI	Master Out Slave In
	MISO	Master In Slave Out
	SCLK	Serial Clock
	CEn	Chip Enable[1], n = 0, 1
PCM	DIN	Data In
	DOUT	Data Out
	CLK	Clock
	FS	Frame Synchronization

전원

40핀의 GPIO 핀 헤더에서 실제 GPIO 핀으로 사용할 수 있는 것은 28개다. 나머지 12개는 전원 관련 핀으로, 주변장치에 전원을 공급하는 용도로 사용할 수 있다. 라즈베리파이는 5V 전원을 사용하지만, SoC인 BCM2712는 3.3V 전원을 사용하므로 3.3V로 변환한 후 SoC에 공급된다. SoC가 3.3V 전원을 사용하므로 GPIO 핀이 사용하는 전압 레벨 역시 3.3V를 기준으로 한다. 즉, `HIGH`는 3.3V에 해당하고 `LOW`는 0V에 해당한다. 5V 전원은 USB 장치, HDMI 포트에 연결된 디스플레이

1 CS(Chip Select), SS(Slave Select) 등으로도 불린다.

등에서 사용된다. GPIO 핀 헤더에는 5V와 3.3V 전원 핀이 모두 포함되어 있다.

범용 입출력

GPIO 핀의 가장 기본적인 용도는 디지털 데이터 입출력으로, GPIO 핀 헤더에 있는 28개 핀은 모두 디지털 데이터 입출력을 위해 사용할 수 있다. 이는 그림 5.1에서 전원 핀이 아닌 모든 핀에 'GPIO n'이라는 이름이 붙어 있는 것에서도 알 수 있다. 일부 GPIO 핀은 디지털 데이터 입출력과 함께 PWM 신호 출력이나 시리얼 통신을 위해서도 사용할 수 있으며, 이처럼 하나의 GPIO 핀을 2개 이상의 기능으로 사용할 수 있을 때는 설정을 통해 하나의 기능을 선택해서 사용한다. 예를 들어 GPIO 2번과 3번 핀은 기본적으로 디지털 데이터 입출력 핀으로 사용할 수 있지만, 설정에 따라 I2C 통신(SDA와 SCL)을 위해서도 사용할 수 있다.

GPIO 핀의 기본적인 기능인 디지털 데이터 입출력은 실제로는 서로 다른 두 가지 기능이라는 점은 기억해야 한다. 디지털 데이터 입력과 디지털 데이터 출력은 동시에 사용될 수 없다. 즉, 모든 GPIO 핀은 디지털 데이터 입력과 디지털 데이터 출력이라는 최소 두 가지 기능을 갖고 있다.

클록

GPCLK0 핀은 범용 클록을 출력하는 핀으로, 다양한 주파수의 클록을 출력할 수 있다. 출력하는 클록은 주변장치의 클록으로 사용하거나 라즈베리파이와의 동기화에 사용된다. 출력할 수 있는 주파수는 수 Hz에서 수백 MHz까지 변경할 수 있다.

PWM

PWM(Pulse Width Modulation) 신호는 주파수와 한 주기 내에서 `HIGH`의 비율을 나타내는 듀티 사이클(duty cycle)로 정의할 수 있으며 LED 밝기 조절, 모터 속도 제어, 오디오 신호 생성 등에 사용한다. PWM 주파수는 수 Hz에서 수백 kHz 사이에서, 듀티 사이클은 0~100% 사이에서 조절할 수 있다. 라즈베리파이 5는 독립적으로 동작하는 2개의 하드웨어 PWM 채널(PWM0와 PWM1)을 갖고 있으며, GPIO 핀을 통해 사용할 수 있다.

UART

UART(Universal Asynchronous Receiver/Transmitter)는 대표적인 비동기 시리얼 통신의 하나로, 시리얼 통신이라고 하면 UART 통신을 떠올릴 만큼 널리 사용되고 있다. 라즈베리파이 5에서는 GPIO 14번과 GPIO 15번 핀을 통해 사용할 수 있는 0번 UART 포트와 별도의 커넥터를 통해 사용할 수 있는 10번 UART 포트를 제공한다.

UART10 포트는 디버깅 콘솔 또는 시리얼 콘솔로 사용되는 포트다. 시리얼 콘솔은 UART 시리얼 통신을 통해 라즈베리파이 OS의 명령행 인터페이스(CLI: Command Line Interface)에 접근할 수 있도록 해준다. 시리얼 콘솔을 사용하면 네트워크에 연결하지 않은 상태에서도 라즈베리파이에 원격으로 연결할 수 있으므로 관리 도구로 사용된다.

UART 통신을 사용하는 GPS 모듈, 시리얼 모뎀 등을 사용하기 위해서는 GPIO 핀으로 연결된 UART0 포트를 사용한다. 다만 UART0 포트는 초기 상태가 비활성화된 상태이므로 상태를 변경한 후 사용해야 한다.

I2C

I2C(Inter–Integrated Circuit)는 적은 양의 데이터를 가끔 전송할 목적으로 만들어진 시리얼 통신으로, 센서 데이터 전송에 흔히 사용된다. I2C 통신은 2개의 연결선을 사용하고 여러 개의 장치를 연결할 때도 필요한 연결선의 수는 2개에서 늘어나지 않으므로, 연결이 간편하고 확장성이 높아 흔히 사용된다. 라즈베리파이 5에서는 GPIO 2번과 GPIO 3번 핀을 사용하는 1번 I2C 포트를 사용하며, GPIO 2번과 GPIO 3번 핀에는 I2C 통신을 위한 풀업 저항이 포함되어 있다. GPIO 0번과 GPIO 1번 핀 역시 I2C 통신을 위해 사용할 수 있는 0번 I2C 포트이지만, HAT(Hardware Attached on Top)을 통한 외장 EEPROM 제어에 예약된 핀이므로 설정 변경 없이는 사용을 권장하지 않는다.

SPI

적은 데이터를 저속으로 전송하는 I2C와 달리, SPI(Serial Peripheral Interface)는 많은 데이터를 고속으로 전송하기 위해 만들어진 시리얼 통신으로 디스플레이, 메모리, ADC 등에서 흔히 사용한다. 라즈베리파이 5에서는 0번 SPI 포트가 흔히 사용된다. PCM 포트 역시 SPI 통신을 위해 사용할 수 있으며 이때 PCM 포트는 1번 SPI 포트에 해당한다.

PCM

PCM(Pulse Coded Modulation)은 아날로그 신호를 디지털 데이터로 변환하는 방법 중 하나로, 가장 기본적인 디지털 데이터 표현 방법이다. 라즈베리파이의 PCM 포트는 디지털 오디오를 전송하거나 외부 DAC에 연결하여 아날로그 오디오를 출력하는 데 주로 사용되며, I2S(Inter–IC Sound) 통신을 사용한다. PCM과 I2S는 흔히 함께 사용되는 용어로, PCM이 디지털 오디오의 형식을 이야기한다면 I2S는 PCM 데이터를 전달하는 데 사용되는 인터페이스를 이야기한다. 즉, PCM 데이터가 I2S 인터페이스를 통해 전송된다는 것이 정확한 표현이지만, PCM과 I2S는 같은 의미로 사용되기도 한다.

5.2 파이썬을 이용한 범용 입출력 핀 제어

라즈베리파이의 GPIO 핀에는 다양한 주변장치를 연결하여 사용할 수 있다. GPIO 핀 헤더의 GPIO 핀은 비트 단위의 데이터 입출력을 기본으로 하므로 LED를 연결하여 켜고 끄거나, 버튼을 연결하여 누르거나 누르지 않은 상태를 알아내는 것을 기본으로 하며, 이를 바탕으로 다양한 시리얼 통신을 사용할 수 있다. 여기서는 GPIO 핀을 이용하여 간단한 회로를 구성하고 GPIO 핀에 연결된 주변장치를 제어하는 과정을 살펴본다. 연결한 주변장치에 따라 제어 방법은 달라질 수 있으며 자세한 주변장치에 따른 제어 방법은 별도의 장에서 다룬다.

GPIO 핀에 연결된 주변장치 제어를 위해서는 파이썬을 사용할 수 있으며 다양한 파이썬 라이브러리가 공개되어 있다. 대표적인 GPIO 라이브러리에는 `RPi.GPIO` 라이브러리와 `gpiozero` 라이브러리가 있다. `RPi.GPIO` 라이브러리는 저수준의 하드웨어 제어를 위해 설계된 라이브러리로 GPIO 핀 제어에 흔히 사용되지만, 라즈베리파이 5에서 입출력 하드웨어가 변경되면서 라즈베리파이 5와 호환성이 낮다는 단점이 있다. `gpiozero` 라이브러리는 `RPi.GPIO` 라이브러리보다 고수준의 라이브러리로, 간단하고 직관적인 인터페이스를 제공하므로 라즈베리파이 5에서 GPIO 핀 제어 및 연결된 주변장치 제어를 위해 흔히 사용한다. 이 책에서도 `gpiozero` 라이브러리를 사용한다.

`gpiozero` 라이브러리는 라즈베리파이 OS에 기본적으로 설치되어 있다. 라즈베리파이에 설치된 특정 라이브러리 정보는 Thonny에서 'Tools → Open system shell...' 메뉴 항목을 선택하여 터미널을 실행하고 `pip3` 명령에 `show` 옵션을 사용하여 확인할 수 있다. `gpiozero` 라이브러리는 라즈베리파이 OS에 기본으로 포함된 라이브러리이므로, 데스크톱에서 터미널을 실행해서도 정보를 확인할 수 있다.

hgycap@hgycap-pi:~

File Edit Tabs Help

```
hgycap@hgycap-pi:~ $ pip3 show gpiozero
Name: gpiozero
Version: 2.0
Summary: A simple interface to GPIO devices with Raspberry Pi
Home-page: https://gpiozero.readthedocs.io/
Author: Ben Nuttall
Author-email: ben@bennuttall.com
License: BSD-3-Clause
Location: /usr/lib/python3/dist-packages
```

```
Requires:
Required-by:
hgycap@hgycap-pi:~ $
```

`gpiozero` 라이브러리를 사용하여 GPIO 핀에 연결된 LED를 1초 간격으로 점멸하는 코드를 작성해 보자. 그림 5.2와 같이 GPIO 24번 핀에 LED의 (+) 핀을 연결하고, LED의 (–) 핀은 GND에 연결한다. 이때 전류 제한을 위해 (–) 핀 쪽에 220Ω의 저항을 사용했다.

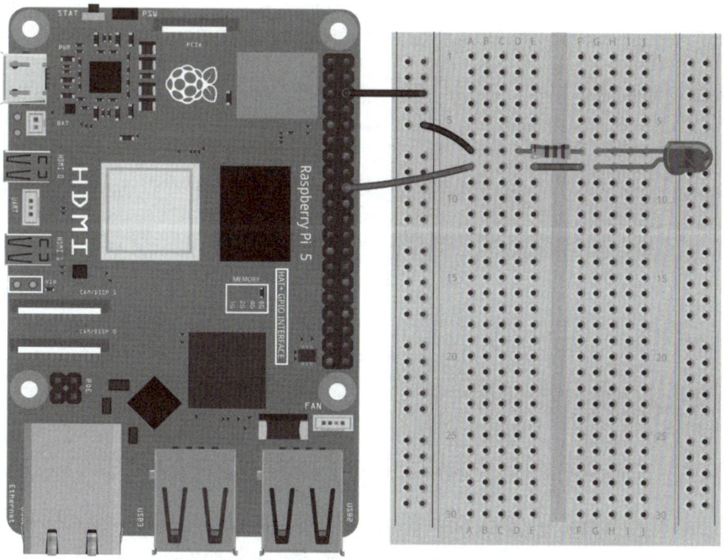

라즈베리파이	주변장치	비고
GPIO 24	LED의 (+)	
GND	LED의 (-)	220Ω 전류 제한 저항 사용

그림 5.2 GPIO 24번 핀에 LED 연결

코드 5.1은 GPIO 24번 핀에 연결된 LED를 1초 간격으로 점멸하는 예다. 코드 5.1을 입력한 후 blink.py라는 이름으로 저장한다. 'Run → Run current script' 메뉴 항목, 단축키 F5 또는 툴바의 실행 버튼(▶)을 누르면 연결된 LED가 1초 간격으로 점멸하는 것을 확인할 수 있다. 코드가 실행 중일 때 실행을 끝내기 위해서는 'Run → Stop/Restart backend' 메뉴 항목, 단축키 Ctrl + F2 또는 툴바의 정지 버튼(■)을 누르면 된다. Ctrl + C 키를 눌러도 사용자 인터럽트에 의해 코드 실행을 끝낼 수 있다.

코드 5.1 LED를 1초 간격으로 점멸

```
from gpiozero import LED
from time import sleep

led = LED(24)           # GPIO 24번 핀에 연결된 LED 객체 생성

while True:
    led.on()            # LED 켜기
    sleep(1)            # 1초 대기
    led.off()           # LED 끄기
    sleep(1)            # 1초 대기
```

Thonny IDE 셸 실행 결과

```
>>> %Run blink.py
```

코드 5.1에서는 LED 제어를 위해 gpiozero 라이브러리의 LED 클래스를 사용하고 있다. LED 클래스의 객체를 생성할 때는 LED가 연결된 GPIO 핀 번호를 지정하고, 연결된 LED를 켜거나 끌 때는 on 또는 off 함수를 사용하면 된다. 시간 간격을 조절하기 위해서는 time 라이브러리의 sleep 함수를 사용했다.

앞에서도 이야기한 것처럼 GPIO 핀의 기본 동작은 디지털 데이터 입력과 출력이며, 코드 5.1은 디지털 데이터 출력의 예에 해당한다. 코드 5.1의 실행 결과는 GPIO 핀에 연결된 LED를 켜거나 끄는 간단한 동작뿐이지만, 이를 바탕으로 다양한 주변장치를 제어할 수 있으며 이후의 장에서 확인할 수 있다. 여기서는 파이썬을 사용하여 GPIO 핀에 연결된 주변장치(여기서는 LED)를 제어할 수 있음을 확인하는 것으로 충분하다.

5.3 C/C++를 이용한 범용 입출력 핀 제어

파이썬을 사용하여 GPIO 핀을 제어하는 것과 비슷하게 C/C++를 사용해서도 GPIO 핀을 제어할 수 있다. C/C++는 파이썬보다 실행 속도가 빠르고, 저수준의 하드웨어 제어가 가능하며, 다양한 라이브러리와 예제가 갖추어져 있는 등 여러 가지 장점이 있다. 이 책에서는 파이썬을 사용하지만, 실행 속도가 문제가 된다면 C/C++ 사용을 고려할 수 있다. 여기서는 C/C++를 사용하여 GPIO 핀을 제어하는 방법을 소개한다.

C/C++를 위한 대표적인 GPIO 라이브러리는 WiringPi이지만, 라즈베리파이 OS에 설치되어 있지

않으므로 별도로 설치해야 한다. `WiringPi` 패키지를 설치하는 방법도 있지만, 최신 버전을 깃허브(Github)에서 내려받아 직접 설치하는 것을 추천한다. 깃허브에서 소스 코드를 내려받는 데는 `git clone` 명령을 사용한다.

```
git clone https://github.com/WiringPi/WiringPi.git
```

여기서는 사용자 홈 디렉터리 아래 projects라는 디렉터리를 만들고 projects 디렉터리에서 작업을 진행하는 것으로 가정한다. 내려받은 파일은 현재 디렉터리 아래 WiringPi 디렉터리에 저장된다.

```
hgycap@hgycap-pi:~/projects
File    Edit    Tabs    Help

hgycap@hgycap-pi:~ $ mkdir projects
hgycap@hgycap-pi:~ $ cd projects
hgycap@hgycap-pi:~/projects $ git clone https://github.com/WiringPi/WiringPi.git
Cloning into 'WiringPi'...
remote: Enumerating objects: 2512, done.
remote: Counting objects: 100% (1148/1148), done.
remote: Compressing objects: 100% (240/240), done.
remote: Total 2512 (delta 1003), reused 918 (delta 906), pack-reused 1364 (from 1)
Receiving objects: 100% (2512/2512), 1.02 MiB | 3.71 MiB/s, done.
Resolving deltas: 100% (1698/1698), done.
hgycap@hgycap-pi:~/projects $ ls
WiringPi
hgycap@hgycap-pi:~/projects $
```

WiringPi 디렉터리로 이동한 후 `build` 스크립트를 실행하여 `WiringPi` 라이브러리를 설치한다. `build` 스크립트를 실행할 때는 `./build`와 같이 반드시 파일 이름 앞에 현재 디렉터리를 함께 지정해야 한다. 리눅스에서는 실행 파일을 찾기 위해 환경변수 `PATH`에 지정된 디렉터리 목록을 사용한다.

```
hgycap@hgycap-pi:~
File    Edit    Tabs    Help

hgycap@hgycap-pi:~ $ mkdir projects echo $PATH
/usr/local/sbin:/usr/local/bin:/usr/sbin:/usr/bin:/sbin:/bin:/usr/local/games:/usr/
games
hgycap@hgycap-pi:~ $
```

실행 결과에서 볼 수 있는 것처럼 PATH에는 /bin, /usr/bin과 같은 시스템 디렉터리가 포함되어 있지만, 현재 디렉터리(.)는 포함되어 있지 않다. 따라서 실행할 파일이 현재 디렉터리에 있을 때 명시적으로 현재 디렉터리를 지정하지 않으면 실행 파일을 찾을 수 없다는 오류가 발생한다. 현재 디렉터리에 있는 실행 파일을 실행할 수 없도록 한 것은 현재 디렉터리에서 악의적인 실행 파일이 실행되는 것을 막기 위한 보안상의 이유에서다.

```
hgycap@hgycap-pi:~/projects
File    Edit    Tabs    Help

hgycap@hgycap-pi:~/projects $ cd WiringPi
hgycap@hgycap-pi:~/projects/WiringPi $ sudo ./build
wiringPi Build script
=====================
...
NOTE: To compile programs with wiringPi, you need to add:
    -lwiringPi
  to your compile line(s) To use the Gertboard, MaxDetect, etc.
  code (the devLib), you need to also add:
    -lwiringPiDev
  to your compile line(s).
hgycap@hgycap-pi:~/projects/WiringPi $
```

WiringPi 라이브러리를 설치했으면 gpio 명령으로 라이브러리와 시스템 정보를 확인할 수 있다.

```
hgycap@hgycap-pi:~/projects/WiringPi
File    Edit    Tabs    Help

hgycap@hgycap-pi:~/projects/WiringPi $ gpio -v
gpio version: 3.10
Copyright (c) 2012-2024 Gordon Henderson and contributors
This is free software with ABSOLUTELY NO WARRANTY.
For details type: gpio -warranty
Hardware details:
  Type: Pi 5, Revision: 00, Memory: 8192MB, Maker: Sony
System details:
  * Device tree present.
      Model: Raspberry Pi 5 Model B Rev 1.0
  * Supports full  user-level GPIO access via memory.
  * Supports basic user-level GPIO access via /dev/gpiomem.
  * Supports basic user-level GPIO access via /dev/gpiochip (slow).
hgycap@hgycap-pi:~/projects/WiringPi $
```

WiringPi 라이브러리를 설치했으면 터미널에서 gpio 명령을 사용하여 그림 5.2와 같이 GPIO 24번 핀에 연결된 LED를 제어할 수 있다. 먼저 mode를 출력(out)으로 지정한다. 이때 핀 번호는 GPIO 핀 번호가 아닌 WiringPi 라이브러리에서 사용하는 별도의 핀 번호로, GPIO 24 핀에 해당하는 WiringPi 라이브러리의 핀 번호는 5다. 모드를 지정한 후에 1 또는 0을 출력하면(write) 연결된 LED를 켜거나 끌 수 있다.

```
hgycap@hgycap-pi:~/projects/WiringPi
File    Edit    Tabs    Help

hgycap@hgycap-pi:~/projects/WiringPi $ gpio mode 5 out
hgycap@hgycap-pi:~/projects/WiringPi $ gpio write 5 1
hgycap@hgycap-pi:~/projects/WiringPi $ gpio write 5 0
hgycap@hgycap-pi:~/projects/WiringPi $
```

WiringPi 라이브러리를 사용하여 GPIO 24번 핀에 연결된 LED를 1초 간격으로 점멸하는 C/C++ 예는 코드 5.2와 같다. '메뉴 → Accessories → Text Editor' 항목을 선택하여 편집기를 실행하고 코드 5.2를 입력한 후 ~/projects/blink.c로 저장한다. WiringPi 라이브러리에서는 pinMode, digitalWrite 등 아두이노와 비슷한 이름의 함수를 사용한다.

코드 5.2 LED를 1초 간격으로 점멸

```
#include <stdio.h>
#include <wiringPi.h>

#define  LED  5                           // GPIO 24에 해당하는 wiringPi 핀 번호

int main (void) {
    wiringPiSetup () ;
    pinMode (LED, OUTPUT) ;

    for (;;) {
        digitalWrite (LED, HIGH) ;        // LED 켜기
        delay (1000) ;                    // 밀리초 단위의 대기
        digitalWrite (LED, LOW) ;         // LED 끄기
        delay (1000) ;
    }
    return 0 ;
}
```

소스 코드를 컴파일하고 실행 파일을 만드는 데는 gcc 명령을 사용한다. GCC(GNU Compiler

Collection)는 GNU(GNU's Not Unix) 프로젝트의 일부로 개발된 오픈소스 컴파일러로, C/C++를 포함하여 다양한 프로그래밍 언어를 다양한 운영체제에서 사용할 수 있도록 해준다. `gcc` 명령에서 `-o` 옵션은 실행 파일의 이름을 지정하는 데 사용하며, `WiringPi` 라이브러리를 사용하기 위해 `-lwiringPi` 옵션을 지정해야 한다. 생성된 실행 파일은 `./blink` 명령으로 실행할 수 있으며 LED가 1초 간격으로 점멸하는 것을 확인할 수 있다. 실행을 멈추기 위해서는 Ctrl + C 키를 누르면 된다.

```
hgycap@hgycap-pi:~/projects
File    Edit    Tabs    Help
hgycap@hgycap-pi:~/projects $ gcc -o blink blink.c -lwiringPi
hgycap@hgycap-pi:~/projects $ ./blink
```

파이썬 코드 작성을 위해 Thonny를 사용하는 것처럼 C/C++ 코드 작성을 위해서도 통합개발환경을 사용할 수 있다. C/C++를 위한 통합개발환경 중 하나가 Thonny와 함께 라즈베리파이 OS에 포함된 Geany다. 이 책에서는 파이썬을 사용하며, C/C++를 사용하여 GPIO 핀을 제어할 수 있음을 보이기 위해 터미널에서 코드를 컴파일하고 실행하는 방법만 소개했다.

5.4 GPIO 사용 시 주의할 점

이 책에서는 파이썬을 사용하여 라즈베리파이에 연결된 주변장치를 제어하며 GPIO 핀 제어를 위해 `gpiozero` 라이브러리를 사용한다. 앞에서 `gpiozero` 라이브러리를 사용하여 작성한 코드에서 눈여겨볼 점은 LED를 제어하는 데 `LED` 클래스를 사용했다는 점이다. LED 제어에 `LED` 클래스를 사용하는 것이 특별해 보이지 않을 수 있다. 하지만 C/C++를 사용한 코드 5.2에서는 `digitalWrite` 함수로 GPIO 핀의 출력을 제어한다는 점에서 차이가 있다. 결과는 같아도 코드 5.2에서는 GPIO 핀을 중심으로 생각한다면, 코드 5.1에서는 GPIO 핀에 연결된 장치를 중심으로 생각하고 있다. 즉, `gpiozero` 라이브러리는 연결된 주변장치를 중심으로 추상화된 클래스 라이브러리를 제공하고 있으며 이는 저수준 라이브러리인 `WiringPi`와 다른 점이다. 이 책에서는 사용하지 않는 `RPi.GPIO` 라이브러리 역시 `WiringPi` 라이브러리와 비슷한 저수준 라이브러리에 속한다.

GPIO 핀을 사용할 때는 사용하는 라이브러리와 무관하게 몇 가지 주의가 필요하다. 첫 번째는 전압이다. 라즈베리파이의 GPIO 핀은 3.3V를 기준 전압으로 사용하므로 3.3V를 초과하는 전압이 가해지지 않도록 주의해야 한다. 라즈베리파이와 함께 사용하는 일부 주변장치는 5V 전압을 사용하며 입출력 핀 역시 5V 기준 전압을 사용한다. 5V 기준 전압을 사용하는 주변장치의 출력을 바로 라즈베리파이의 입력으로 연결하면 라즈베리파이가 손상될 수 있으므로 레벨 변환기를 사용해야 한다. 반면 라즈베리파이의 3.3V 출력은 5V 기준 전압을 사용하는 장치로 직접 입력할 수 있다.

GPIO 핀으로 출력할 수 있는 전류 역시 제한된다는 점도 주의해야 한다. GPIO 핀은 데이터를 전달하는 용도로 사용해야지 전력을 공급하는 용도로 사용해서는 안 된다. 그림 5.2와 같이 GPIO 핀에 LED를 연결하면 LED를 켜는 데 GPIO 핀이 공급하는 전력을 사용한다. LED는 많은 전력을 사용하지 않으므로 문제가 없지만, 전력 소비가 많은 대형 LED나 모터 등에는 GPIO 핀으로 전력을 공급할 수 없다. 라즈베리파이의 GPIO 핀으로 공급할 수 있는 최대 전류는 16mA, 모든 GPIO 핀으로 공급할 수 있는 전류 합은 50mA를 넘을 수 없는 것으로 알려져 있다. 28개의 GPIO 핀 모두를 사용한다고 가정하면 핀 하나가 사용할 수 있는 전류는 단순히 계산했을 때 2mA 미만이다. 따라서 많은 전력이 필요한 주변장치를 사용할 때는 별도의 전용 전원 공급장치를 사용해야 하며, 모터가 대표적인 예다.

데이터 핀의 번호를 정하는 방법에 여러 가지가 있다는 점도 주의해야 한다. `gpiozero` 라이브러리에서 사용하는 데이터 핀 번호는 GPIO n으로 정의된 핀 번호(n)를 기본적으로 사용한다. GPIO n으로 정의되는 핀 번호는 라즈베리파이에 사용된 SoC의 GPIO 번호에 해당하며 흔히 BCM(Broadcom) 핀 번호라고 한다. 흔히 사용하지는 않지만, 라즈베리파이의 GPIO 핀 헤더를 기준으로 핀 번호를 정해서 사용하기도 한다. GPIO 핀 헤더를 기준으로 핀 번호를 정할 때는 그림 5.1에 표시된 것과 같이 왼쪽 위가 1번, 오른쪽 아래가 40번으로 정해지며 이를 물리적인 핀 번호라고 이야기한다. `WiringPi` 라이브러리는 위의 두 가지 번호와는 또 다른 번호를 사용한다.

`gpiozero` 라이브러리에서는 GPIO 번호를 기본으로 사용하지만, 다른 번호 역시 사용할 수 있다. 아래 코드는 GPIO 24번 핀에 연결된 LED 제어를 위한 객체를 생성하는 여러 가지 방법으로, 서로 다른 핀 번호 체계를 사용하고 있다.

```
led = LED(24)                           # GPIO 핀 번호, BCM 핀 번호
led = LED("GPIO24")
led = LED("BCM24")
led = LED("BOARD18")                    # 핀 헤더 번호, 물리적 핀 번호
led = LED("WPI5")                       # WiringPi에서 사용하는 번호
```

표 5.2는 GPIO(BCM) 핀 번호, `WiringPi` 핀 번호, 물리적 핀 번호를 비교한 것이다.

표 5.2 핀 번호 비교

GPIO(BCM) 핀 번호	WiringPi 핀 번호	물리적 핀 번호
0	30	27
1	31	28
2	8	3
3	9	5
4	7	7
5	21	29
6	22	31
7	11	26
8	10	24
9	13	21
10	12	19
11	14	23
12	26	32
13	23	33
14	15	8
15	16	10
16	27	36
17	0	11
18	1	12
19	24	35
20	28	38
21	29	40
22	3	15
23	4	16
24	5	18
25	6	22
26	25	37
27	2	13

터미널에서 `gpio` 명령에 `readall` 옵션을 사용하면 40핀의 GPIO 핀 헤더에 대해 `WiringPi` 핀 번호와 BCM 핀 번호는 물론 시리얼 통신과 전원 핀 정보 역시 표시해 주므로 유용하게 쓸 수 있다.

```
hgycap@hgycap-pi:~
File     Edit     Tabs     Help

hgycap@hgycap-pi:~ $ gpio readall
 +-----+-----+---------+------+---+---Pi 5---+---+------+---------+-----+-----+
 | BCM | wPi |   Name  | Mode | V | Physical | V | Mode | Name    | wPi | BCM |
 +-----+-----+---------+------+---+----++----+---+------+---------+-----+-----+
 |     |     |    3.3v |      |   |  1 || 2  |   |      | 5v      |     |     |
 |   2 |   8 |   SDA.1 |   -  | 0 |  3 || 4  |   |      | 5v      |     |     |
 |   3 |   9 |   SCL.1 |   -  | 0 |  5 || 6  |   |      | 0v      |     |     |
 |   4 |   7 | GPIO. 7 |   -  | 0 |  7 || 8  | 0 |  -   | TxD     | 15  | 14  |
 |     |     |      0v |      |   |  9 || 10 | 0 |  -   | RxD     | 16  | 15  |
 |  17 |   0 | GPIO. 0 |   -  | 0 | 11 || 12 | 0 |  -   | GPIO. 1 | 1   | 18  |
 |  27 |   2 | GPIO. 2 |   -  | 0 | 13 || 14 |   |      | 0v      |     |     |
 |  22 |   3 | GPIO. 3 |   -  | 0 | 15 || 16 | 0 |  -   | GPIO. 4 | 4   | 23  |
 |     |     |    3.3v |      |   | 17 || 18 | 0 | OUT  | GPIO. 5 | 5   | 24  |
 |  10 |  12 |    MOSI |   -  | 0 | 19 || 20 |   |      | 0v      |     |     |
 |   9 |  13 |    MISO |   -  | 0 | 21 || 22 | 0 |  -   | GPIO. 6 | 6   | 25  |
 |  11 |  14 |    SCLK |   -  | 0 | 23 || 24 | 0 |  -   | CE0     | 10  | 8   |
 |     |     |      0v |      |   | 25 || 26 | 0 |  -   | CE1     | 11  | 7   |
 |   0 |  30 |   SDA.0 |   IN | 1 | 27 || 28 | 1 | IN   | SCL.0   | 31  | 1   |
 |   5 |  21 | GPIO.21 |   -  | 0 | 29 || 30 |   |      | 0v      |     |     |
 |   6 |  22 | GPIO.22 |   -  | 0 | 31 || 32 | 0 |  -   | GPIO.26 | 26  | 12  |
 |  13 |  23 | GPIO.23 |   -  | 0 | 33 || 34 |   |      | 0v      |     |     |
 |  19 |  24 | GPIO.24 |   -  | 0 | 35 || 36 | 0 |  -   | GPIO.27 | 27  | 16  |
 |  26 |  25 | GPIO.25 |   -  | 0 | 37 || 38 | 0 |  -   | GPIO.28 | 28  | 20  |
 |     |     |      0v |      |   | 39 || 40 | 0 |  -   | GPIO.29 | 29  | 21  |
 +-----+-----+---------+------+---+----++----+---+------+---------+-----+-----+
 | BCM | wPi |   Name  | Mode | V | Physical | V | Mode | Name    | wPi | BCM |
 +-----+-----+---------+------+---+---Pi 5---+---+------+---------+-----+-----+
hgycap@hgycap-pi:~ $
```

GPIO 핀 헤더에는 여러 가지 주변장치를 연결하여 사용할 수 있지만, 핀 번호나 핀 이름이 표시되어 있지 않아 핀을 구별하기가 어렵고, 40핀이 2열로 배치되어 있어 주변장치를 연결하는 것도 쉽지 않다. GPIO 확장 보드와 전용 케이블을 사용하면 이러한 불편을 줄일 수 있다. GPIO 확장 보드에는 핀 번호와 이름이 표시되어 있고, 브레드보드에 연결할 수 있도록 핀 간격을 넓게 배치해 놓았으므로 쉽게 주변장치를 연결하여 사용할 수 있다. GPIO 확장 보드는 라즈베리파이에서 공식적으로 제공하는 보드는 아니지만, 쉽고 간단하게 GPIO 핀을 사용할 수 있게 해주므로 사용을 추천한다. 그림 5.3은 GPIO 확장 보드의 하나인 T자형 보드를 브레드보드에 연결한 예를 보여준다. T자형 GPIO 확장 보드는 가장 많이 사용되는 GPIO 확장 보드이지만, 다른 형태의 GPIO 확장 보드도 판매되고 있으므로 사용 목적에 따라 선택하여 사용하면 된다.

그림 5.3 GPIO 확장 보드 연결

5.5 요약

라즈베리파이에 주변장치를 연결하는 방법 중 하나가 범용 입출력(GPIO) 핀을 사용하는 것이다. 라즈베리파이는 모델 1B+ 이후 40핀의 GPIO 핀 헤더를 제공하고 있으며, 40핀 중에서 28개 핀이 GPIO 핀으로 주변장치 연결에 사용할 수 있다. 나머지 12개는 전원 관련 핀이다. GPIO 핀의 기본 기능은 디지털 데이터를 입출력하는 것으로, 비트 단위의 데이터를 교환하는 데 사용할 수 있다. GPIO 핀의 디지털 데이터 입출력을 바탕으로 바이트 단위 데이터를 교환하는 것이 시리얼 통신으로, 라즈베리파이에서는 UART, I2C, SPI 등 여러 가지 시리얼 통신을 GPIO 핀을 통해 사용할 수 있다.

GPIO 핀에 연결된 주변장치를 제어하기 위해서는 제어 목적에 맞는 코드를 작성해야 하며 이를 위해 파이썬, C/C++ 등을 사용할 수 있다. 이 책에서는 파이썬과 `gpiozero` 라이브러리를 사용하며, 통합개발환경으로 Thonny를 사용한다. `gpiozero` 라이브러리와 Thonny는 모두 라즈베리파이 OS에 포함되어 있으므로 별도의 설치 없이 바로 사용할 수 있다.

이 장에서는 `gpiozero` 라이브러리와 Thonny를 사용하여 GPIO 핀에 연결한 LED를 제어하는 파이썬 코드 작성 과정을 살펴봤다. C/C++와 `WiringPi` 라이브러리를 사용하는 방법 역시 소개했지만, 라즈베리파이의 연산 능력이 높아지면서 이전처럼 많이 사용하지는 않는다. 연결하는 주변장치에 따라 다른 코드가 필요한 것은 당연하지만, 이 장에서 살펴본 코드 작성 과정은 모든 주변장치에 그대로 적용된다. 주변장치에 따른 코드 작성 방법은 별도의 장에서 살펴볼 것이다.

USB 포트와 MIPI 포트 역시 주변장치 연결에 사용할 수 있다. MIPI 포트는 카메라와 디스플레이를 연결하는 데 주로 사용되며, 라즈베리파이의 공식 카메라와 디스플레이가 MIPI 포트를 사용하고 있다. 하지만 데스크톱 컴퓨터에서 사용하는 USB 방식 카메라와 HDMI 방식 디스플레이를 라즈베리파이에서도 사용할 수 있으므로 MIPI 포트를 꼭 사용해야 할 이유는 많지 않다. MIPI 포트에 주변장치를 연결할 때는 라즈베리파이의 전원을 꺼야 하는 것도 불편한 점이다. USB나 HDMI는 라즈베리파이의 전원이 켜진 상태에서 장치를 연결하거나 분리할 수 있으므로 MIPI 포트보다 사용이 편리하다는 장점이 있다.

이 장에서는 GPIO 핀에 주변장치를 연결하고 제어 코드를 작성하여 결과를 확인하는 전체 과정을 살펴봤다면, 다음 장에서는 GPIO 핀의 기본 기능인 디지털 데이터 입출력에 대해 자세히 살펴본다.

디지털 데이터 입출력: LED와 버튼

라즈베리파이에서는 28개의 범용 입출력(GPIO) 핀을 40핀의 표준화된 GPIO 핀 헤더를 통해 제공하고 있다. GPIO 핀의 기본 기능은 비트 단위 디지털 데이터를 입력하거나 출력하는 것으로, 비트 단위 데이터 입출력을 통해 LED를 점멸하거나 버튼의 상태를 읽어오는 데 사용할 수 있다. GPIO 핀을 통해 사용할 수 있는 다른 기능 중 하나가 아날로그 신호 출력과 비슷한 효과를 얻을 수 있는 PWM 신호 출력 기능으로, LED 밝기 조절이나 모터 속도 조절 등에 사용한다. 이 장에서는 PWM 신호 출력을 포함하는 디지털 데이터 입출력 방법을 LED와 버튼을 사용하여 살펴본다.

6.1 디지털 데이터 출력

라즈베리파이의 범용 입출력(GPIO) 핀으로 출력할 수 있는 데이터는 0(`LOW`)과 1(`HIGH`)을 나타낼 수 있는 비트 단위의 디지털 데이터다. 비트 단위 디지털 데이터 출력으로 할 수 있는 것은 GPIO 핀에 연결된 LED(Light Emitting Diode)를 켜거나 끄는 간단한 동작뿐이다. 하지만 비트 단위 디지털 데이터 출력은 주변장치를 제어하는 간단하고 효율적인 방법이며, 바이트 단위 이상의 많은 데이터를 전송할 수 있는 시리얼 통신의 기반이 되는 등 디지털 컴퓨터에서 데이터 전달을 위한 핵심적인 기능에 해당한다.

디지털 데이터 출력을 확인하는 데 LED가 흔히 사용되는 이유는 회로 구성이 간단하고, 소비전력이 적어 라즈베리파이의 GPIO 핀으로 쉽게 제어할 수 있으며, 이해하기 쉬운 시각적인 피드백을 빠른 속도로 제공하는 등의 장점이 있기 때문이다. LED는 다이오드의 한 종류로 전류가 흐를 때 빛을 내는 반도체 소자를 말한다. LED는 다이오드와 마찬가지로 2개의 다리를 갖고 있으며 긴 쪽이 (+), 짧은 쪽이 (−)에 해당한다. 긴 다리에 VCC(`HIGH`)를 연결하고 짧은 다리에 GND(`LOW`)를 연결한 것을 순방향 연결이라고 하며, LED는 순방향 연결에서만 켜지고 이 외의 연결에서는 켜지지 않는다. LED는 단색을 나타낼 수 있는 2핀 LED가 기본이지만, 두 가지 색을 조합해서 나타낼 수 있는 3핀의 투톤 LED, 세 가지 색을 조합해서 나타낼 수 있는 4핀의 RGB LED 등 여러 종류가 있다.

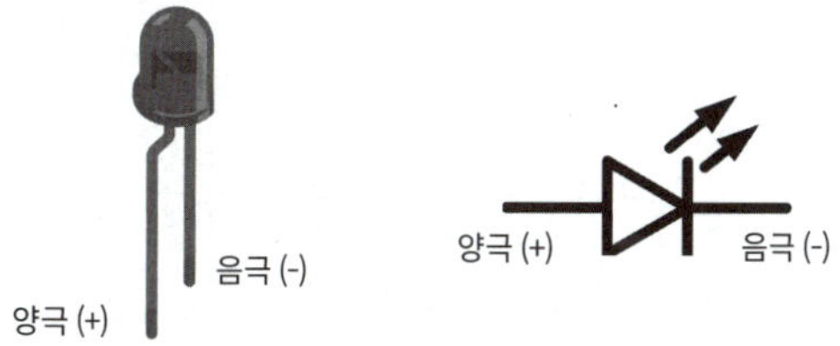

그림 6.1 LED(발광 다이오드)

LED를 그림 6.2와 같이 GPIO 24번 핀에 연결하자. 그림 6.2에서 LED의 (+)를 GPIO 24번 핀에, LED의 (−)를 GND에 연결했으므로 GPIO 핀으로 `HIGH`를 출력하면 LED가 켜진다. LED에 많은 전류가 흐르면 파손될 수 있으므로 전류를 제한하기 위해 저항을 함께 사용해야 한다. 그림 6.2에서는 (−) 쪽에 220Ω 저항을 연결했지만, (+) 쪽에 저항을 연결해도 효과는 같다.

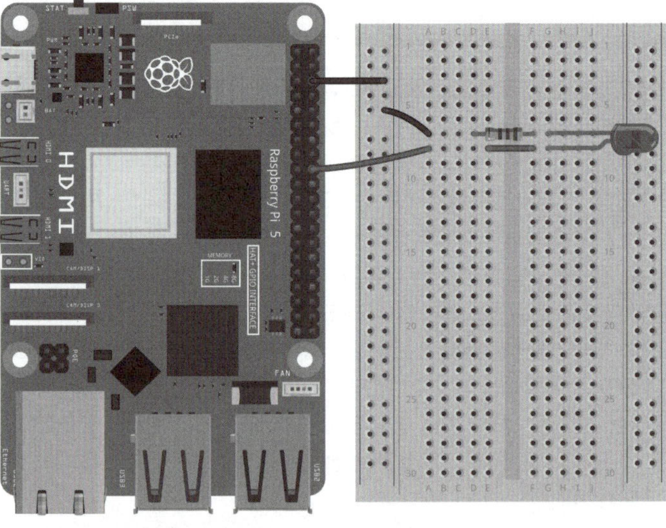

라즈베리파이	주변장치	비고
GPIO 24	LED의 (+)	
GND	LED의 (-)	220Ω 전류 제한 저항 사용

그림 6.2 LED 연결 회로

코드 6.1은 LED를 1초 간격으로 점멸하는 예다. LED 제어를 위해서는 `gpiozero` 라이브러리의 `LED` 클래스를 사용했다. `LED` 클래스는 LED 제어를 위한 클래스로, LED가 연결된 GPIO 핀을 지정하여 객체를 생성한 후 `on` 또는 `off` 함수를 사용하여 LED를 켜거나 끌 수 있다. 1초 간격을 지정하기 위해서는 `time` 라이브러리의 `sleep` 함수에 초 단위 시간을 지정하여 사용했다. Thonny에서 'Run → Run current script' 메뉴 항목, 단축키 F5 또는 툴바의 실행 버튼(▶)을 선택하면 코드를 실행할 수 있고, 'Run → Stop/Restart backend' 메뉴 항목, 단축키 Ctrl + F2 또는 툴바의 정지 버튼(■)을 선택하면 실행을 끝낼 수 있다.

Ctrl + C 키를 누르는 것도 코드 실행을 끝내는 방법이다. Ctrl + C 키를 누르면 키보드 인터럽트인 `KeyboardInterrupt`가 발생하고, 코드 6.1의 `try-except` 문에서 키보드 인터럽트를 처리한다. 코드 6.1에서는 키보드 인터럽트에 의해 실행을 끝낸다는 내용을 출력한다. `except` 문에서 키보드 인터럽트를 처리한 후에는 `finally` 문에서 코드 실행을 끝내기 전에 `LED` 클래스의 객체인 `myLED`를 `close` 함수로 종료한다. `LED` 클래스의 객체를 종료한다는 것은 장치를 종료하고 연관된 모든 리소스를 해제한다는 의미다.

Thonny에서 파이썬 코드 실행을 끝내는 방법

코드 6.1에는 끝나지 않는 무한 루프(`while True`)가 포함되어 있으므로 실행이 시작되면 끝나지 않는 것이 기본이다. 실행을 끝내는 방법은 Thonny에서 'Run → Stop/Restart backend' 메뉴 항목, 단축키 Ctrl + F2, 툴바의 정지 버튼(■) 등을 선택하는 것이다. 하지만 이러한 방법은 파이썬 인터프리터를 강제로 종료하는 방법을 사용한다. 파이썬 인터프리터가 종료되면 코드 실행도 끝나지만, 코드 실행을 끝낼 때 필요한 정리 작업이 이루어지지 않을 수 있다. LED를 사용할 때 `LED` 클래스의 객체가 사용하는 리소스가 해제되지 않는 것이 그 예이며, 리소스가 해제되지 않으면 코드 실행이 끝나더라도 LED가 켜진 상태에 남아있을 수 있다. 여러 스레드를 사용하여 LED를 점멸할 때는 코드 실행이 끝난 후에도 LED가 계속 점멸하는 현상이 발생할 수 있다. 반면 Ctrl + C 키를 눌러 코드 실행을 끝내면 `except`와 `finally` 블록이 실행되는 것을 보장할 수 있으므로 객체 정리를 포함하여 코드 실행을 끝낼 때 필요한 작업이 실행되는 것을 보장할 수 있다. 즉, Ctrl + C 키를 눌러 코드 실행을 끝내면, LED가 켜진 상태로 남아있거나 실행이 끝난 후에도 LED가 점멸하는 현상은 발생하지 않는다. 따라서 이 책에서는 Ctrl + C 키를 눌러 코드 실행을 끝내는 방법을 사용하고, 이를 위해 필요한 `try-except-finally` 문 사용을 추천한다.

코드 6.1 블링크 1

```
from gpiozero import LED
from time import sleep

# GPIO 24번 핀에 연결된 LED 제어를 위한 객체 생성
myLED = LED(24)

try:
    while True:
        myLED.on()                          # LED 켜기
        sleep(1)                            # 1초 대기
        myLED.off()                         # LED 끄기
        sleep(1)
except KeyboardInterrupt:                   # Ctrl + C에 의한 프로그램 종료
    print("** Program termination by user (Ctrl + C)")
finally:
    myLED.close()                           # LED 객체 정리
```

Thonny IDE 셸 실행 결과

```
>>> %LED_blink_1.py
 ** Program termination by user (Ctrl + C)
>>>
```

코드 6.1이 LED를 켜고 끄기를 반복한다면, 코드 6.2는 LED의 현재 상태를 반전시켜 LED를 점멸하는 것과 같은 효과를 얻는 예다. LED의 상태를 반전시키기 위해서는 `toggle` 함수를 사용했다.

코드 6.2에서는 사용하지 않았지만, LED의 현재 상태를 확인하고 싶다면 LED 클래스의 value 속성을 사용할 수 있다.

코드 6.2 블링크 2

```
from gpiozero import LED
from time import sleep

myLED = LED(24)

try:
    while True:
        myLED.toggle()                    # LED의 상태 반전
        sleep(1)
except KeyboardInterrupt:
    print("** Program termination by user (Ctrl + C)")
finally:
    myLED.close()
```

Thonny IDE 셸 실행 결과

```
>>> %LED_blink_2.py
```

코드 6.1과 코드 6.2에서는 sleep 함수를 사용하여 LED의 점멸 간격을 조절했다. sleep 함수를 사용하는 것이 LED 점멸 간격을 조절하는 간단한 방법이지만, sleep 함수는 블로킹(blocking) 함수이므로 지정한 시간 동안 다른 작업을 수행할 수 없다는 문제가 있다. LED를 일정한 시간 간격으로 점멸하는 동작과 모터를 앞뒤로 회전하는 동작을 함께 진행한다고 가정하면, LED 점멸을 위해 sleep 함수가 실행되는 동안은 모터의 회전 방향을 바꾸는 동작을 방해하여(블로킹) 두 가지 동작은 동시에 진행될 수 없다. 두 가지 동작을 동시에 진행하는 방법 중 하나가 스레드(thread)를 사용하는 것이다. 스레드는 독립적으로 실행되는 작업 단위로 여러 개의 스레드는 병렬로 진행된다. 따라서 LED 점멸을 위해 sleep 함수가 실행되는 동안에도 모터의 회전 방향을 바꿀 수 있다.

LED 클래스의 blink 함수는 켜져 있는 시간(on_time)과 꺼져 있는 시간(off_time)을 지정하여 별도의 스레드로 LED를 점멸하도록 해준다. LED를 점멸하는 것은 하나의 스레드로 충분하지만, LED 점멸을 위해 별도의 스레드를 생성했으므로 코드 6.3의 메인 루프인 8번과 9번 줄에서는 아무런 작업도 하지 않는다. 코드 6.3의 9번 줄에 있는 pass 명령은 문법적으로 코드 블록이 필요하지만 실제로 실행할 내용이 없을 때 사용되는 명령으로, LED를 점멸하는 것과 다른 동작을 수행하는 문장을 pass 명령 위치에 둘 수 있다. Ctrl + C 키를 눌러 실행을 정지하면 KeyboardInterrupt를

처리하고 `finally` 블록에서 `LED` 클래스의 `close` 함수를 통해 `blink` 함수에 의해 만들어진 LED 점멸 스레드 역시 중지시킨다.

코드 6.3 블링크 3

```
from gpiozero import LED

myLED = LED(24)

try:
    # 1초 동안 켜지고(on_time) 1초 동안 꺼지는(off_time) 동작 반복
    myLED.blink(on_time=1, off_time=1)
    while True:
        pass                            # 아무런 동작도 하지 않음
except KeyboardInterrupt:
    print("** Program termination by user (Ctrl + C)")
finally:
    myLED.close()                       # 객체 정리
```

Thonny IDE 셸 실행 결과

```
>>> %LED_blink_3.py
```

코드 6.1에서 코드 6.3까지는 하나의 LED를 점멸하는 방법으로, 구현 방법에 차이가 있지만 같은 동작을 한다. 이를 확장하여 여러 개의 LED를 연결하고 제어하는 코드를 작성해 보자. LED는 그림 6.3과 같이 GPIO 24번 핀부터 GPIO 27번 핀까지 4개를 연결한다.

코드 6.4는 리스트를 이용하여 4개 LED를 제어하는 예로, 4개 LED 중에서 하나만 켜지고 나머지 3개는 꺼진 상태에 있도록 한다. 켜진 LED의 위치를 바꾸기 위해서는 LED의 상태를 나타내는 리스트인 `pattern` 리스트를 자르고 이어 붙여 원형 이동 연산과 같은 회전 효과를 얻도록 했다.

리스트에서 인덱스 범위를 지정할 때는 콜론으로 분리하여 시작 인덱스와 끝 인덱스를 지정하며 끝 인덱스 위치의 요소는 포함되지 않는다. 시작 인덱스가 생략되면 첫 번째 요소부터, 끝 인덱스가 생략되면 마지막 요소까지 범위에 포함된다. 또한 음수 인덱스는 뒤에서부터 인덱스를 지정하는 것으로, −1이 마지막 요소를 가리킨다. 따라서 코드 6.4의 12번 줄에서 `[-1:]`은 마지막 요소 하나만을 나타내고, `[:-1]`은 마지막 요소를 제외한 나머지 요소를 나타낸다.

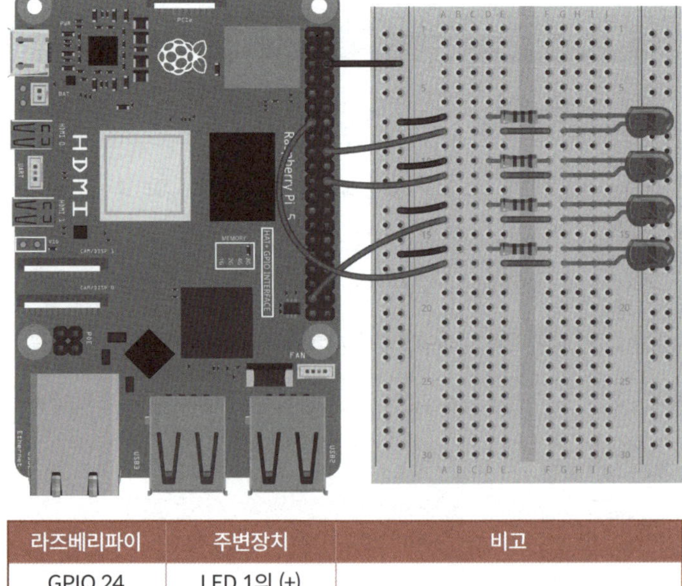

라즈베리파이	주변장치	비고
GPIO 24	LED 1의 (+)	
GPIO 25	LED 2의 (+)	
GPIO 26	LED 3의 (+)	
GPIO 27	LED 4의 (+)	
GND	LED 4개의 (-)	4개의 220Ω 전류 제한 저항 사용

그림 6.3 4개 LED 연결 회로

코드 6.4 리스트를 이용한 4개 LED 제어

```
from gpiozero import LED
from time import sleep

LEDs = [LED(24), LED(25), LED(26), LED(27)]     # LED 리스트
pattern = [1, 0, 0, 0]                          # LED 상태 리스트

try:
    while True:
        for i in range(4):
            LEDs[i].value = pattern[i]          # LED 개별 제어
    # 새로운 LED 상태 리스트를 만들기 위해 리스트 항목 회전
    pattern = pattern[-1:] + pattern[:-1]

    sleep(1)
except KeyboardInterrupt:
    print("** Program termination by user (Ctrl + C)")
finally:
    for led in LEDs:
        led.close()
```

Thonny IDE 셸 실행 결과

```
>>> %LEDs_control_1.py
```

여러 개의 LED를 리스트로 관리할 수도 있지만 `LEDBoard` 클래스를 사용해서도 관리할 수 있다. `LEDBoard` 클래스는 여러 개의 LED를 묶어놓은 것으로 생각할 수 있으며 `on`, `off`, `toggle` 함수를 사용하여 `LEDBoard` 객체에 포함된 LED 전체를 하나의 LED처럼 켜거나 끄고 반전시킬 수 있다. 일부 LED의 상태를 변경하기 위해서는 `value` 속성에 제엇값 리스트를 지정하거나 `on`, `off`, `toggle` 함수에서 인덱스를 매개변수로 지정하면 된다. 코드 6.5는 코드 6.4와 같은 기능을 `LEDBoard` 클래스를 사용하여 구현한 것이다.

코드 6.5 4개 LED 상태 개별 지정

```
from gpiozero import LEDBoard
from time import sleep

LEDs = LEDBoard(24, 25, 26, 27)

try:
    LEDs.value = (1, 0, 0, 0)                # value 속성에 전체 LED 상태 지정
    current = 0                              # 현재 켜진 LED 인덱스

    while True:
        sleep(1)
        next = (current + 1) % 4             # 다음에 켜질 LED 인덱스

        LEDs.toggle(current, next)           # 현재와 다음에 켜지는 LED 상태 반전

        current = next
except KeyboardInterrupt:
    print("** Program termination by user (Ctrl + C)")
finally:
    LEDs.close()
```

Thonny IDE 셸 실행 결과

```
>>> %LEDs_control_2.py
```

6.2 디지털 데이터 입력

GPIO 핀으로 출력되는 디지털 데이터를 확인하는 데 LED를 사용했다면, GPIO 핀으로 디지털 데이터를 입력하는 데는 버튼을 사용할 수 있다. 버튼은 연결되거나 끊어진 상태에 따라 `HIGH` 또는 `LOW`를 GPIO 핀으로 입력하는 데 사용되므로 핀 2개면 충분하지만, 흔히 사용하는 버튼은 4개의 핀을 갖고 있고 2개씩 연결된 상태에 있다. 따라서 버튼은 핀 4개를 모두 사용하는 것이 아니라 대각선 방향의 핀 2개(1번과 3번 또는 2번과 4번)만 사용하는 것이 일반적이다.

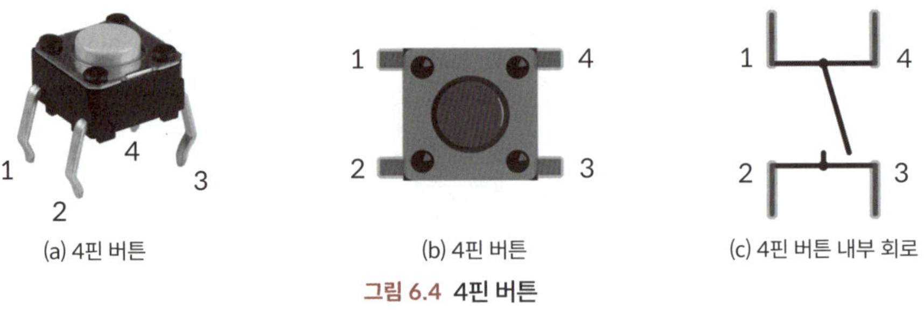

(a) 4핀 버튼 (b) 4핀 버튼 (c) 4핀 버튼 내부 회로

그림 6.4 4핀 버튼

버튼을 GPIO 핀에 연결하고 다른 한 핀을 VCC에 연결하면 버튼을 눌렀을 때 VCC가 GPIO 핀에 가해진다. 하지만 버튼을 누르지 않았을 때 GPIO 핀은 아무것도 연결되지 않은 상태가 된다. 이러한 상태를 플로팅(floating) 상태라고 하며, 플로팅 상태의 핀으로는 주변 회로나 정전기 등 다양한 원인으로 임의의 값이 입력될 수 있다. 플로팅 상태를 방지하기 위해 사용하는 것이 풀업/풀다운 저항이다. 풀업 저항은 버튼을 누르지 않았을 때 GPIO 핀에 VCC가 가해지도록 한다면, 풀다운 저항은 버튼을 누르지 않았을 때 GPIO 핀에 GND가 가해지도록 한다. 풀업 저항을 사용할 때 버튼에는 GND를 연결해야 하고, 풀다운 저항을 사용할 때 버튼에는 VCC를 연결해야 한다. 반대로 저항에는 풀업 저항을 사용할 때 VCC를, 풀다운 저항을 사용할 때 GND를 연결해야 한다. 그림 6.5는 풀업/풀다운 저항을 사용하여 GPIO 핀에 버튼을 연결한 것을 비교한 것으로, 저항과 버튼에 연결된 전원에 주의해야 한다.

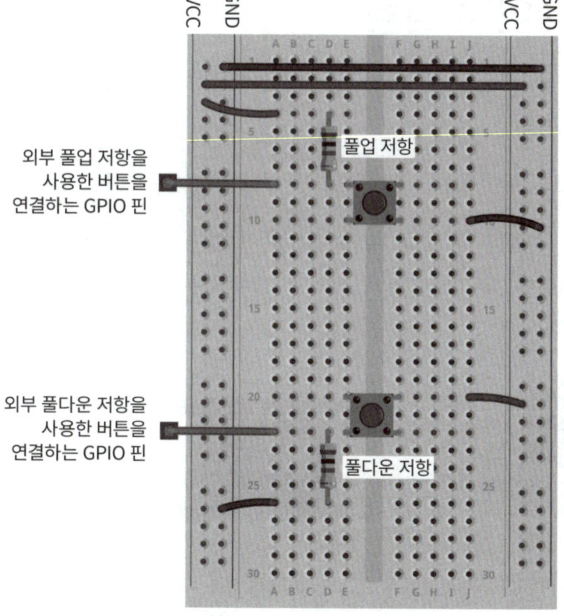

그림 6.5 외부 풀업/풀다운 저항을 사용한 버튼 연결 회로

풀업/풀다운 저항을 사용할 때 전원이 다르게 연결되므로 버튼을 눌렀을 때 GPIO 핀에 입력되는 값 역시 달라진다. 표 6.1은 풀업/풀다운 저항을 사용했을 때 버튼 상태에 따라 입력되는 값을 나타낸 것이다. 풀업 저항을 사용하면 버튼을 눌렀을 때 `LOW`값이 입력되어 직관적인 입력과 반대가 된다는 점을 주의해야 한다.

표 6.1 풀업/풀다운 저항 사용에 따른 GPIO 핀 입력

저항	버튼 누름	버튼 누르지 않음
풀업 저항 사용	`LOW`(GND, 0)	`HIGH`(VCC, 1)
풀다운 저항 사용	`HIGH`(VCC, 1)	`LOW`(GND, 0)

버튼을 사용할 때는 플로팅 상태를 방지하기 위해 풀업/풀다운 저항을 사용해야 하지만, 라즈베리 파이의 GPIO 핀에는 소프트웨어로 제어할 수 있는 풀업 저항과 풀다운 저항이 포함되어 있어 필요에 따라 선택해서 사용할 수 있다. 그림 6.6은 내장 풀업/풀다운 저항을 사용하기 위한 버튼 연결 회로로, 버튼에 연결하는 전원은 그림 6.5에서 외부 풀업/풀다운 저항을 사용할 때와 같다.

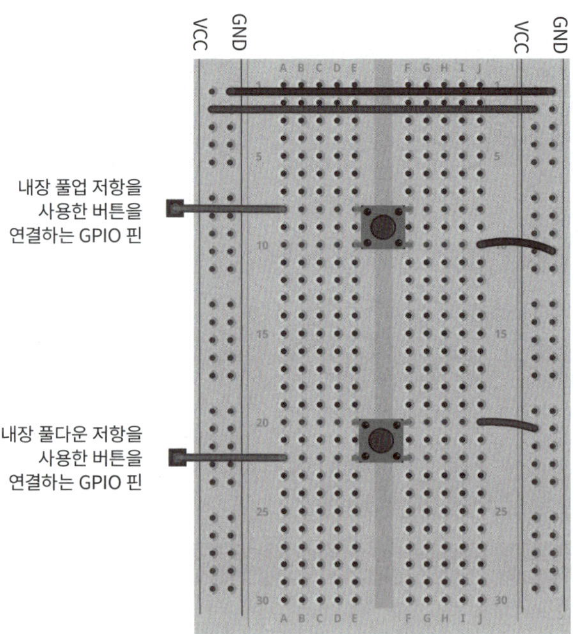

그림 6.6 내장 풀업/풀다운 저항을 사용한 버튼 연결 회로

버튼을 사용하기 위해서는 `gpiozero` 라이브러리의 `Button` 클래스를 사용할 수 있다. `Button` 클래스의 객체를 생성할 때는 버튼과 연결된 GPIO 핀 번호를 지정해야 하며, 풀업/풀다운 저항 사용을 위해 `pull_up` 매개변수를 사용할 수 있다. 디폴트값은 `True`로 내장 풀업 저항을 사용하는 것이다. `pull_up` 매개변수에 `False`를 지정하면 내장 풀다운 저항을 사용하고, `None`을 지정하면 내장 풀업/풀다운 저항을 사용하지 않는다.

풀업/풀다운 저항 사용에 따라 버튼을 눌렀을 때 GPIO 핀에 가해지는 값이 다르지만, `Button` 클래스는 사용하는 저항과 상관없이 버튼을 눌렀을 때 `True`, 누르지 않았을 때 `False`를 반환한다. 그림 6.7과 같이 GPIO 22번 핀에는 내장 풀업 저항을 사용하는 버튼을, GPIO 24번 핀에는 LED를 연결하자.

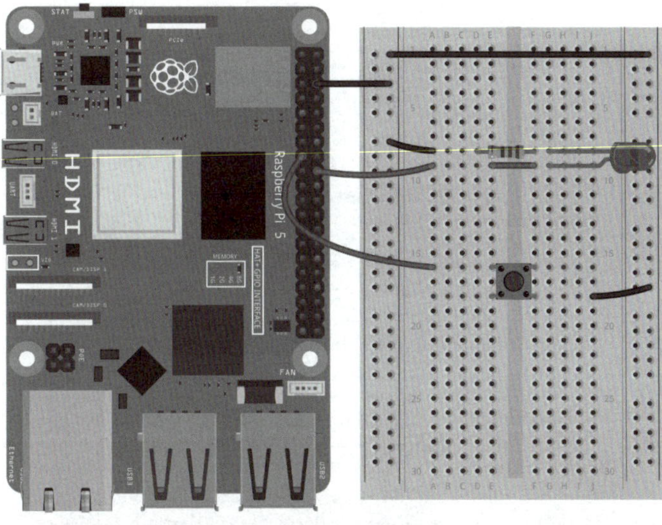

라즈베리파이	주변장치	비고
GPIO 24	LED의 (+)	
GPIO 22	버튼의 1번 핀	내장 풀업 저항 사용
GND	LED의 (-) 버튼의 3번 핀	220Ω 전류 제한 저항 사용

그림 6.7 **LED와 버튼 연결 회로**

코드 6.6은 버튼을 누른 상태에서 LED가 켜지고 누르지 않은 상태에서는 LED가 꺼지도록 하는 예다. LED의 상태는 `LED` 클래스의 `value` 속성으로 알 수 있다면, `Button` 클래스에서 버튼의 상태는 `is_pressed` 속성으로 알 수 있다. 코드 6.6을 실행하고 버튼을 누르면서 LED 상태가 변하는 것을 확인해 보자.

코드 6.6 **버튼 상태를 LED에 나타내기**

```
from gpiozero import Button, LED
from time import sleep

led = LED(24)                             # LED 클래스
button = Button(22)                       # 버튼 클래스

try:
    while True:
        led.value = button.is_pressed     # 버튼 상태를 LED에 표시
except KeyboardInterrupt:
    print("** Program termination by user (Ctrl + C)")
finally:
    led.close()
    button.close()
```

Thonny IDE 셸 실행 결과

```
>>> %button_LED.py
```

코드 6.7은 is_pressed 속성을 통해 버튼의 상태를 알아내고 버튼이 눌렸을 때 버튼을 누른 횟수를 증가시키는 예다. 코드 6.7에서 한 가지 주의할 점은 13번 줄의 sleep 함수다. sleep 함수가 없으면 9번 줄의 while True 루프는 아주 빠르게 반복되어 잠깐 버튼을 눌렀다 떼도 아주 많은 반복이 이루어진다. 루프 내에서는 루프의 반복 횟수만큼 count값을 증가시키고 그 값을 셸로 출력해야 하지만, 루프 반복 횟수가 너무 많으면 증가시킨 count값을 모두 출력하지 못할 수 있고, 따라서 버튼을 뗀 이후에도 셸로 버퍼링된 출력이 계속되는 버튼 입력 버퍼링이 발생할 수 있다. 이처럼 버퍼링으로 발생할 수 있는 직관적이지 않은 출력을 방지하기 위해 사용된 것이 13번 줄의 sleep 함수다. 코드 6.7을 실행하고 버튼을 눌러 count값이 증가하는 것을 확인해 보자.

코드 6.7 버튼 누른 횟수 세기 – 누르고 있으면 count가 계속 증가

```
01  from gpiozero import Button
02  from time import sleep
03
04  button = Button(22)
05
06  count = 0
07
08  try:
09      while True:
10          if button.is_pressed:                 # 눌린 상태라면
11              count = count + 1                 # count값을 증가
12              print(count)
13              sleep(0.05)
14  except KeyboardInterrupt:
15      print("** Program termination by user (Ctrl + C)")
16  finally:
17      button.close()
```

Thonny IDE 셸 실행 결과

```
>>> %count_button_press1.py
1
2
3
4
```

코드 6.7을 실행하고 버튼을 누르면 count값이 증가한다. 하지만 버튼을 계속 누르고 있으면 count값 역시 계속 증가하므로 버튼을 누른 횟수를 세는 용도로는 적합하지 않다. 버튼을 누른 횟수를 세기 위해서는 버튼을 누르는 순간, 즉 버튼의 상태가 바뀌는 순간을 찾아야 한다. 그림 6.7의 회로에서 버튼을 누르는 순간 버튼의 상태는 HIGH에서 LOW로 바뀐다. 풀다운 저항을 사용했다면 버튼을 누르는 순간 입력이 LOW에서 HIGH로 반대로 바뀐다. Button 클래스는 버튼을 누르는 순간을 입력 변화로부터 자동으로 찾아내며, 버튼을 누르는 순간 자동으로 호출되는 콜백 함수를 when_pressed 속성에 지정할 수 있다. 한 가지 주의할 사항은 is_pressed 속성에서 'pressed'는 버튼이 눌린 상태를 뜻하지만 when_pressed 속성에서 'pressed'는 버튼을 누르는 순간을 나타낸다는 것으로, 같은 단어이지만 다른 의미로 사용되고 있다.

상태가 바뀌는 순간을 찾으면 버튼을 누른 횟수를 알아낼 수 있지만, 한 가지 더 고려해야 하는 것이 버튼의 기계적인 특성이다. 버튼 내부에는 스프링이 포함되어 있어 버튼을 누를 때 반동에 의해 버튼의 접점이 순간적으로 붙었다 떨어지기를 반복한다. 따라서 버튼을 누르는 순간 버튼 상태가 순간적으로 여러 번 바뀌게 되고, 버튼의 상태 변화를 바탕으로 버튼을 누르는 시점을 찾아내면 실제 버튼을 한 번 눌렀을 때도 여러 번 누른 것으로 인식될 수 있다. 이러한 현상을 채터링(chattering) 또는 바운싱(bouncing)이라고 한다. 채터링을 없애는 간단한 방법은 첫 번째 상태 변화 이후 짧은 시간 동안의 상태 변화를 무시하는 것으로, Button 클래스의 객체를 생성할 때 bounce_time 매개변수에 첫 번째 상태 변화 이후 변화를 무시할 시간을 초 단위로 지정할 수 있다. 채터링이 발생하는 시간은 버튼에 따라 다르므로 사용하고자 하는 버튼에 맞게 설정해야 한다. 하지만 bounce_time을 설정하더라도 채터링을 완전히 없애지는 못한다. 코드 6.8을 실행하고 버튼을 누르는 순간에만 count값이 증가하는지 확인해 보자.

코드 6.8의 8번 줄에서 global 키워드를 사용한 것은 4번 줄의 전역 변수인 count값을 변경하기 위해서다. 8번 줄에 global 키워드를 사용하지 않으면 7번 줄의 함수 pressed 내부에서 사용하는 count 변수는 지역 변수로 처리된다. 지역 변수는 함수를 벗어나면 삭제되므로 함수를 벗어날 때 지금까지 버튼을 누른 횟수가 초기화된다. 8번 줄에서 global 키워드를 사용함으로써 10번 줄의 count 변수는 4번 줄의 count 변수와 같은 변수가 된다.

코드 6.8 버튼 누른 횟수 세기 – 누르는 순간에만 count가 증가

```
01  from gpiozero import Button
02
03  button = Button(22, bounce_time=0.05)      # 채터링 구간 50ms
```

```python
count = 0

# 버튼을 누르는 순간 호출되는 콜백 함수
def pressed():
    global count

    count = count + 1
    print(count)

button.when_pressed = pressed              # 콜백 함수 설정

try:
    while True:
        pass
except KeyboardInterrupt:
    print("** Program termination by user (Ctrl + C)")
finally:
    button.close()
```

Thonny IDE 셸 실행 결과

```
>>> %count_button_press2.py
1
2
3
4
```

버튼 여러 개의 입력을 처리하는 것은 버튼 1개의 입력을 처리하는 것과 다르지 않다. 다만 여러 개의 LED를 묶어서 관리하기 위해 `LEDBoard` 클래스를 사용할 수 있는 것과 달리, 여러 개의 버튼을 한꺼번에 관리할 수 있는 클래스가 `gpiozero` 라이브러리에는 없다. 여러 개의 버튼을 사용한다면 `Button` 클래스의 객체를 리스트로 묶어 관리하는 것이 해결 방법이 될 수 있다. 그림 6.8과 같이 GPIO 24번 핀에서 GPIO 27번 핀까지 LED를 연결하고 GPIO 22번 핀과 GPIO 23번 핀에는 내장 풀업 저항을 사용하도록 버튼을 연결하자.

라즈베리파이	주변장치	비고
GPIO 24	LED 1의 (+)	
GPIO 25	LED 2의 (+)	
GPIO 26	LED 3의 (+)	
GPIO 27	LED 4의 (+)	
GPIO 22	버튼 1의 1번 핀	내장 풀업 저항 사용
GPIO 23	버튼 2의 1번 핀	내장 풀업 저항 사용
GND	LED 4개의 (-) 버튼 2개의 3번 핀	220Ω 전류 제한 저항 사용

그림 6.8 LED 4개와 버튼 2개의 연결 회로

GPIO 22번 핀에 연결된 버튼을 누르면 켜진 LED 개수가 증가하고, GPIO 23번 핀에 연결된 버튼을 누르면 켜진 LED 개수가 감소하도록 작성한 예가 코드 6.9다. 각 버튼을 눌렀을 때 호출되는 콜백 함수는 각 버튼 객체의 `when_pressed` 속성에 지정했으며, 켜지는 LED 개수를 증가 또는 감소시킨 후 0부터 4 사이의 LED 개수를 유지하기 위해 `min`, `max` 함수를 사용했다. 현재 켜진 LED의 개수에 따라 실제 LED를 켜거나 끄는 함수는 별도로 `controlLED` 함수로 정의했다.

코드 6.9 켜지는 LED 개수의 증가 또는 감소

```
from gpiozero import Button, LED
from signal import pause

LEDs = [LED(24), LED(25), LED(26), LED(27)]
button1 = Button(22, bounce_time=0.05)
button2 = Button(23, bounce_time=0.05)
```

```python

def controlLED(count):
    print('Current LED count', count)
    for i in range(0, count):                # 켜는 LED
        LEDs[i].on()
    for i in range(count, 4):                # 끄는 LED
        LEDs[i].off()

def increaseLED():
    global LEDcount
    LEDcount = min(LEDcount + 1, 4)          # 켜지는 LED 수가 4 이하
    controlLED(LEDcount)

def decreaseLED():
    global LEDcount
    LEDcount = max(LEDcount - 1, 0)          # 켜지는 LED 수가 0 이상
    controlLED(LEDcount)

button1.when_pressed = increaseLED           # 켜지는 LED 수 증가 콜백 함수
button2.when_pressed = decreaseLED           # 켜지는 LED 수 감소 콜백 함수

LEDcount = 0

try:
    while True:
        pass
except KeyboardInterrupt:
    print("** Program termination by user (Ctrl + C)")
finally:
    for led in LEDs:
        led.close()
    button1.close()
    button2.close()
```

Thonny IDE 셸 실행 결과

```
>>> %count_button_press2.py
 Current LED count 1
 Current LED count 2
 Current LED count 3
 Current LED count 4
 Current LED count 4
 Current LED count 3
 Current LED count 2
 Current LED count 1
 Current LED count 0
 Current LED count 0
```

6.3 PWM 신호 출력

디지털 데이터 입출력이 GPIO 핀의 기본적인 기능이지만, 주변 환경에서 얻을 수 있는 데이터는 모두 아날로그 데이터다. 따라서 라즈베리파이와 주변 환경의 상호작용을 위해서는 아날로그 신호와 디지털 데이터 사이의 변환이 필요하지만, 라즈베리파이에는 ADC(Analog Digital Converter)와 DAC(Digital Analog Converter)가 포함되어 있지 않다. 대신 아날로그 신호를 출력하는 것과 비슷한 효과를 얻을 수 있는 PWM(Pulse Width Modulation) 신호 출력 기능을 사용할 수 있다. 아날로그 신호가 진폭을 조절하여 전압을 조절한다면, PWM 신호는 한 주기 내에서 `HIGH`인 구간 비율을 나타내는 듀티 사이클(duty cycle)을 조절하여 전압을 조절한다. PWM 신호는 디지털 신호의 일종으로 LED의 밝기 조절이나 모터의 속도 조절 등에 흔히 사용된다. 그림 6.9는 듀티 사이클에 따른 PWM 신호의 파형을 나타낸 것으로, 듀티 사이클이 증가함에 따라 `HIGH`인 구간이 증가하는 것을 확인할 수 있다.

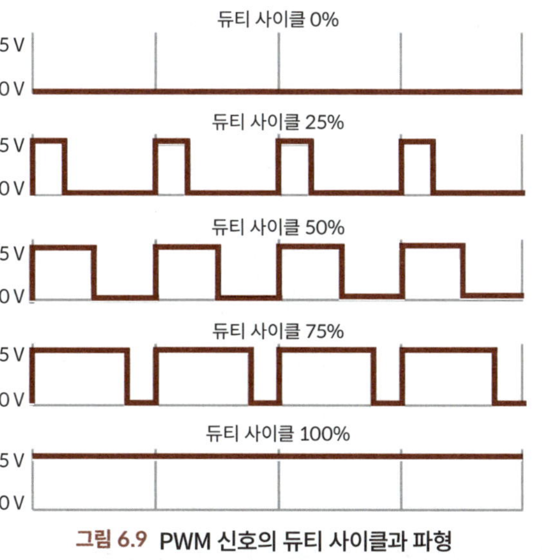

그림 6.9 PWM 신호의 듀티 사이클과 파형

라즈베리파이 5에서는 GPIO 12번 핀과 GPIO 13번 핀을 통해 하드웨어 PWM 신호 출력을 사용할 수 있다. 하드웨어 PWM 신호 출력을 지원하지 않는 GPIO 핀으로는 소프트웨어로 제어하는 PWM 신호 출력을 사용할 수 있다. 하드웨어 PWM 신호 출력은 전용 하드웨어를 사용하여 PWM 신호를 출력하므로 정밀한 PWM 신호 출력이 가능하다. 반면 소프트웨어 PWM 신호 출력은 CPU를 통해 이루어지므로 CPU에 부담이 될 수 있고 정밀한 PWM 신호 출력은 어려울 수 있다.

PWM 신호 출력은 LED의 밝기 조절을 통해 확인할 수 있다. `gpiozero` 라이브러리는 LED의 밝기 조절을 위해 `PWMLED` 클래스를 제공하고 있다. `PWMLED` 클래스의 객체를 생성할 때는 LED가 연결된 GPIO 핀을 지정해야 하며, 이때 `PWMLED` 클래스는 GPIO 핀 번호에 따라 하드웨어 PWM과 소프트웨어 PWM 중에서 자동으로 선택한다.

코드 6.10은 그림 6.2와 같이 GPIO 24번 핀에 연결된 LED의 밝기를 조절하는 코드로 밝아졌다 어두워지기를 반복한다. LED의 밝기는 0에서 1 사이의 값을 `PWMLED` 클래스의 `value` 속성에 지정하여 바꿀 수 있다. 이를 위해 코드 6.10에서는 `numpy` 라이브러리의 `arange` 함수를 사용하여 0부터 1까지 0.01씩 변하는 값을 얻도록 했다. `range` 역시 비슷한 용도로 사용할 수 있지만, `range`는 정숫값만을 사용할 수 있다면 `arange`는 실숫값도 사용할 수 있다는 차이가 있다. `PWMLED` 클래스에서는 PWM 신호의 주파수 역시 바꿀 수 있지만, LED 제어를 위해서는 디폴트값인 100Hz를 사용했다. 코드 6.10을 실행하고 LED의 밝기가 변하는 것을 확인해 보자.

코드 6.10 루프를 사용하여 LED 밝기 제어

```
from gpiozero import PWMLED
from time import sleep
import numpy as np

led = PWMLED(24)

try:
    while True:
        for i in np.arange(0.0, 1.0, 0.01):      # 0부터 1까지 0.01씩 증가
            led.value = i                        # 밝기 변경
            sleep(0.02)
        for i in np.arange(1.0, 0.0, -0.01):     # 1부터 0까지 0.01씩 감소
            led.value = i                        # 밝기 변경
            sleep(0.02)
except KeyboardInterrupt:
    print("** Program termination by user (Ctrl + C)")
finally:
    led.close()
```

Thonny IDE 셸 실행 결과

```
>>> %Run LED_brightness1.py
```

코드 6.10에서는 `PWMLED` 클래스의 `value` 속성에 값을 대입하여 LED 밝기를 변화시켰다면, 코드

6.11은 LED의 밝기가 변하는 주기를 지정하여 밝기 변화가 자동으로 이루어지도록 하는 예다. 이를 위해 코드 6.11에서는 `PWMLED` 클래스의 `pulse` 함수를 사용했다. `pulse` 함수에서 `fade_in_time`은 LED가 완전히 켜질 때까지의 시간을, `fade_out_time`은 LED가 완전히 꺼질 때까지의 시간을 나타낸다. 코드 6.11에서 LED는 완전히 밝아지고 완전히 어두워지는 데 1초의 시간이 필요하므로 밝기가 변하는 주기는 두 시간을 합한 2초가 된다.

코드 6.11 `pulse` **함수로 LED 밝기 제어**

```
from gpiozero import PWMLED

led = PWMLED(24)

try:
    # 점점 밝아졌다(1초) 어두워지기를(1초) 반복하는 스레드 생성
    led.pulse(fade_in_time=1, fade_out_time=1)
    while True:
        pass
except KeyboardInterrupt:
    print("** Program termination by user (Ctrl + C)")
finally:
    led.close()
```

Thonny IDE 셸 실행 결과

```
>>> %Run LED_brightness2.py
```

`LED` 클래스의 `blink` 함수에서 켜진 시간(`on_time`)과 꺼진 시간(`off_time`)을 지정할 수 있었다면(코드 6.3), `PWMLED` 클래스의 `blink` 함수에서는 `pulse` 함수에서 사용한 완전히 켜지는 시간(`fade_in_time`)과 완전히 꺼지는 시간(`fade_out_time`)에 더해 완전히 켜진 시간(`on_time`)과 완전히 꺼진 시간(`off_time`)을 함께 사용할 수 있다. 코드 6.12는 `blink` 함수를 사용하여 LED가 밝아졌다 어두워지기를 반복하도록 하면서 완전히 켜졌을 때와 완전히 꺼졌을 때 일정 시간 현재 상태를 유지하도록 하는 예다. 코드 6.12에서 LED의 밝기가 변하는 주기는 모든 시간을 더한 4초가 된다.

코드 6.12 `blink` **함수로 LED 밝기 제어**

```
from gpiozero import PWMLED

led = PWMLED(24)

try:
```

```
    led.blink(on_time=1, off_time=1, fade_in_time=1, fade_out_time=1)
    while True:
        pass
except KeyboardInterrupt:
    print("** Program termination by user (Ctrl + C)")
finally:
    led.close()
```

Thonny IDE 셸 실행 결과

```
>>> %Run LED_brightness2.py
```

PWMLED 클래스는 LED 밝기 제어를 위한 클래스로, PWMOutputDevice 클래스를 상속하여 만들어졌다. PWMOutputDevice 클래스는 PWM 신호 출력장치를 제어하는 데 사용되는 클래스로, LED 제어에도 사용할 수 있다. 코드 6.10 ~ 코드 6.12에서 PWMLED 클래스를 PWMOutputDevice 클래스로 바꾸면 같은 동작을 확인할 수 있다. 실제로 pulse, blink 등의 함수는 PWMOutputDevice 클래스에서 정의된 함수로, PWMLED 클래스는 PWMOutputDevice 클래스에서 이 함수들을 상속받아 사용하고 있다. LED의 밝기 조절에 사용할 수 있는 PWMOutputDevice 클래스는 DC 모터의 속도 제어, 서보 모터의 회전각 제어 등 PWM 신호 출력이 필요할 때 사용할 수 있다.

그림 6.7과 같이 GPIO 22번 핀에 내장 풀업 저항을 사용하는 버튼을, GPIO 24번 핀에 LED를 연결하자. LED는 꺼진 상태에서 시작하고 버튼을 누를 때마다 LED가 25%씩 밝아지도록 작성한 예가 코드 6.13으로, PWMOutputDevice 클래스를 사용했다. 코드 6.13에서는 밝기 조절 버튼이 하나만 있으므로 LED가 완전히 밝아진 후 다시 버튼을 누르면 LED의 밝기가 0%가 되어 꺼지도록 했다. 코드 6.13을 실행하고 버튼을 누르면서 LED 밝기가 주기적으로 변하는 것을 확인해 보자.

코드 6.13 버튼으로 LED 밝기 제어

```
from gpiozero import PWMOutputDevice, Button

button = Button(22, bounce_time=0.05)          # 버튼 클래스
led = PWMOutputDevice(24)                      # PWM 출력 장치 클래스

brightness = 0.0                               # LED 현재 밝기

# 버튼을 누르는 순간 LED 밝기를 변경하는 콜백 함수
def change_brightness():
    global brightness

```

```
    brightness = (brightness + 0.25) % 1          # 밝기가 주기적으로 변화
    led.value = brightness
    print("Current Brightness : ", brightness)

try:
    button.when_pressed = change_brightness       # 콜백 함수 설정

    while True:
        pass
except KeyboardInterrupt:
    print("** Program termination by user (Ctrl + C)")
finally:
    button.close()
    led.close()
```

Thonny IDE 셸 실행 결과

```
>>> %Run light_control.py
 Current Brightness :  0.25
 Current Brightness :  0.5
 Current Brightness :  0.75
 Current Brightness :  0.0
```

6.4 요약

라즈베리파이의 범용 입출력(GPIO) 핀이 제공하는 기본 기능은 디지털 데이터 입출력 기능이며, 디지털 데이터 입출력을 확인하는 데 사용할 수 있는 간단한 주변장치가 LED와 버튼이다. LED와 버튼은 비트 단위의 데이터를 읽거나 쓰는 용도로만 사용할 수 있지만, 다양한 목적으로 흔히 사용되는 주변장치라는 점과 바이트 단위 데이터를 읽고 쓰기 위한 기본이 되므로 중요하다.

이 장에서 디지털 데이터 입출력을 제어하는 데 사용한 라이브러리는 gpiozero 라이브러리로, LED를 제어하는 데는 LED 클래스를 사용하고 버튼을 제어하는 데는 Button 클래스를 사용했다. LED 클래스는 LED를 켜거나 끄는 함수뿐만이 아니라 주기적으로 LED를 점멸하는 함수도 제공하고 있다. Button 클래스 역시 현재 버튼 상태를 읽어오는 함수를 기본으로 버튼을 누르는 순간을 찾아내는 함수, 버튼의 기계적인 특성에 의한 채터링을 줄이는 함수 등 버튼과 관련된 다양한 함수를 제공하고 있으므로 버튼을 통한 디지털 데이터 입력에 사용할 수 있다.

디지털 데이터 입력을 위한 LED 클래스와 디지털 데이터 출력을 위한 Button 클래스가 GPIO 핀을

사용하는 기본 클래스라면, `PWMLED` 클래스와 `PWMOutputDevice` 클래스는 PWM 신호 출력에 사용할 수 있는 클래스다. 아날로그 신호 입출력을 지원하지 않는 라즈베리파이에서 PWM 신호 출력은 아날로그 신호 출력의 효과를 얻는 데 사용할 수 있어 LED 밝기 조절이나 모터 제어에서 흔히 사용된다. PWM 신호 출력과는 반대로, 아날로그 신호를 출력하는 센서 등을 라즈베리파이에서 사용하기 위해서는 별도의 ADC 칩을 사용해야 하며 이는 별도의 장에서 다룬다. 이 장에서 GPIO 핀의 디지털 데이터 입출력 기능을 살펴봤다면, 다음 장에서는 GPIO 핀의 PWM 신호 출력 기능을 사용하여 모터를 제어하는 방법을 살펴본다.

모터

모터는 전자기 유도 현상을 이용하여 전기 에너지를 운동 에너지로 변환하는 장치로 움직이는 장치를 만드는 데 필수적인 요소다. 라즈베리파이에서도 여러 종류의 모터를 사용할 수 있으며 DC 모터, 스텝 모터, 서보 모터 등이 대표적이다. 이 모터들은 특성과 구동 방식이 각기 다르므로 용도에 맞게 선택해 사용하는 것이 중요하다. 이 장에서는 라즈베리파이와 함께 흔히 사용하는 모터의 구동 원리와 모터를 제어하는 방법에 대해 알아본다.

7.1 모터

모터는 자동차, 로봇 등에서 움직임을 구현하는 데 필수적인 장치 중 하나다. 모터에는 여러 종류가 있으며 라즈베리파이에서는 DC 모터, 스텝 모터, 서보 모터 등이 흔히 사용된다. 모터는 종류에 따라 그 특징이 다르므로 사용하고자 하는 목적에 맞는 모터를 선택하는 것이 중요하다.

- DC(Direct Current) 모터: 가장 간단한 모터로, 제어가 간단하고 다양한 크기와 출력을 제공하여 여러 분야에서 사용되고 있다. 정확한 회전량을 측정하기는 어렵고 정지 시 관성에 의해 정지 위치를 지정하기 어렵다.
- 스텝(step) 모터: 펄스가 주어지면 일정 각도를 회전하고 멈추는 특성을 가진 모터다. 제어하기 쉽고 정확한 위치 제어가 가능하지만, 하나의 펄스에 의해 회전하는 양이 정해져 있어 이산적인 회전만 가능하다.
- 서보(servo) 모터: DC 모터에 귀환 제어 회로를 추가하여 회전 위치나 속도를 제어할 수 있는 모터다. 제어 회로로 인해 가격이 비싸지만, 위치, 속도, 토크 등을 정밀하게 제어할 수 있다.

모터는 전기장의 변화에 따라 자기장의 변화가 발생하고, 자기장의 인력과 척력에 의해 회전이 발생하는 원리를 이용한다. 모터의 회전은 전기장을 변화시켜 자기장 변화를 만들어내는 것에서 시작되고, 전기장의 변화로 자기장을 변환시킬 수 있는 장치 중 하나가 전자석이므로 대부분의 모터는 전자석을 사용한다. 전자석에 의해 자기장의 변화가 발생하면 기존 자기장과의 인력/척력에 의해 회전이 발생하며 기존 자기장을 만드는 데도 영구자석 또는 전자석이 사용된다. 이처럼 모터는 2개의 자석으로 구성되며 각각 고정자와 회전자를 만드는 데 사용된다. 고정자와 회전자를 모두 영구자석으로 만들면 자기장을 변화시킬 수 없고 따라서 회전을 발생시킬 수 없으므로 모터로 사용할 수 없다.

모터 중에서는 회전자를 전자석으로, 고정자를 영구자석으로 구성한 형태가 가장 흔하며 이를 브러시드 모터(brushed motor)라고 한다. 이때 브러시란 회전하는 전자석에 가하는 전원의 극성을 바꿔 자기장의 변화를 만들 수 있도록 해주는 부품을 말한다. 브러시드 모터는 역사가 오래되었지만, 브러시가 접촉에 의해 전원을 공급하므로 마찰에 의해 브러시가 마모되고 열이 발생해 수명이 짧다는 단점이 있다.

고정자를 전자석으로, 회전자를 영구자석으로 만들면 브러시가 필요하지 않으므로 수명이 긴 모터를 만들 수 있고 이를 브러시리스 모터(brushless motor)라고 한다. 브러시리스 모터는 작은 크기로 큰 힘을 낼 수 있어 드론 등에서 많이 사용되지만, 제어가 어렵고 가격이 비싸다는 단점이 있다.

고정자와 회전자를 모두 전자석으로 만든 션트 모터(shunt motor)는 다른 모터보다 큰 힘을 낼 수 있어 기차나 자동차 등에서 사용하지만, 제어가 가장 복잡하다. 이 장에서는 브러시드 모터인 DC 모터와 서보 모터, 브러시리스 모터인 스텝 모터에 대해 알아볼 텐데, 이러한 모터가 라즈베리파이와 함께 흔히 사용되는 모터이기도 하다.

표 7.1 고정자와 회전자 조합에 따른 모터의 종류

	-	브러시드 모터	브러시리스 모터	션트 모터
고정자	영구자석	영구자석	전자석	전자석
회전자	영구자석	전자석	영구자석	전자석
비고	모터로 사용할 수 없음	브러시 마모로 수명이 짧음	브러시가 필요하지 않음	큰 힘을 얻을 수 있음

7.2 DC 모터

DC 모터는 가장 오래된 모터로, 가격이 싸고 종류가 다양해 여러 분야에서 사용된다. 그림 7.1은 브러시드 DC 모터의 구성을 나타낸 것이다.

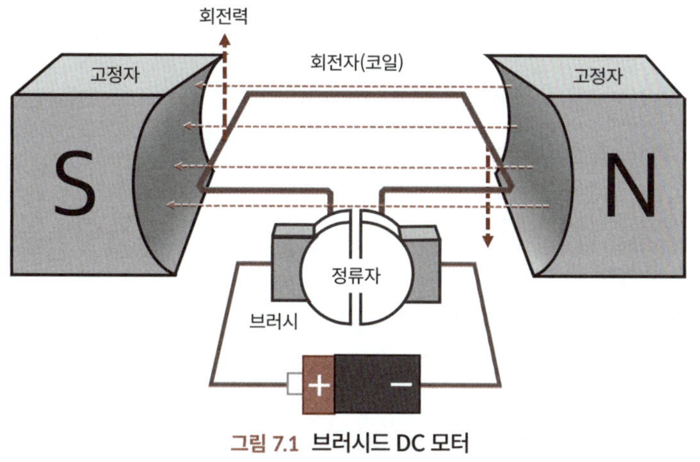

그림 7.1 브러시드 DC 모터

그림 7.1에서 브러시를 통해 움직이는 코일(전자석)에 전원이 가해지면 N극과 S극이 번갈아 만들어지고, 고정자인 영구자석과의 인력과 척력에 의해 회전이 발생한다. 그림 7.1에서 볼 수 있듯이 DC 모터는 2개의 전원 연결선만 있으면 회전을 만들어낼 수 있고, 전원을 연결하는 방향에 따라 정회전과 역회전으로 회전 방향이 바뀐다. 또한 전원 연결을 PWM 신호로 제어하면 회전 속도 역시 제어할 수 있다. 하지만 DC 모터를 제어할 때는 두 가지를 주의해야 한다. 첫 번째는 모터에 충분

한 전력을 공급하기 위해 모터 전용 전원이 필요하다는 점이고, 두 번째는 속도와 방향을 제어하기 위해 H-브리지 회로를 사용해야 한다는 점이다.

GPIO 핀과 GND를 DC 모터에 연결하고 GPIO 핀에 `HIGH`를 출력하면 모터가 회전할 것으로 생각하겠지만, 생각처럼 모터가 동작하지는 않는다. 모터 회전을 위해 필요한 전력이 아주 적어 GPIO 핀으로 공급할 수 있는 전력만으로도 충분하다면 GPIO 핀으로 모터를 직접 제어할 수 있다. 하지만 모터는 GPIO 핀이 공급할 수 있는 전력보다 많은 전력을 사용하는 경우가 대부분이므로 모터 전용 전원을 별도로 구성하고 GPIO 핀은 모터에 전원 공급을 제어하는 스위치 역할로 사용한다. 이때 GPIO 핀으로 PWM 신호를 출력하면 공급되는 전력을 조절하여 회전 속도 역시 조절할 수 있다. 이처럼 GPIO 핀은 모터의 ON/OFF 또는 속도 조절을 위한 신호 전달 목적으로 사용해야지 전력 공급 목적으로 사용해서는 안 된다.

전용 전원과 GPIO 핀을 통한 스위칭으로 모터를 회전시킬 수 있지만, 회전 방향을 바꿀 수 없다는 점은 여전히 문제가 된다. DC 모터 회전은 전원을 연결하는 방향에 따라 결정되므로 모터를 연결한 후에도 전원 연결 방향을 바꾸는 방법이 필요하며, 이를 위해 사용할 수 있는 것이 H-브리지 회로다. H-브리지 회로는 그림 7.2와 같이 4개의 스위치로 생각할 수 있으며 스위치 (S1, S4)를 눌렀을 때와 스위치 (S2, S3)을 눌렀을 때 모터에 가해지는 전압이 서로 반대가 되는 원리를 사용한다.

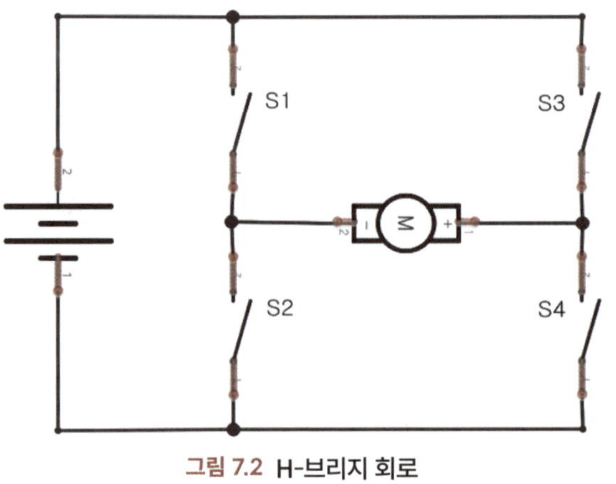

그림 7.2 H-브리지 회로

DC 모터 제어를 위해서는 전용 전원과 H-브리지 회로가 필요하며 이러한 기능을 제공하기 위해 만든 전용 칩을 모터 드라이버(motor driver)라고 한다. 모터 드라이버는 모터에 공급할 수 있는 전력에 따라 여러 종류가 있으므로 사용하고자 하는 모터에 맞는 모터 드라이버를 선택해야 한다.

모터 드라이버에 모터와 전용 전원을 연결하는 커넥터, 모터의 회전 속도와 회전 방향 제어를 위한 GPIO 핀 연결 커넥터 등을 추가하여 만든 것을 모터 드라이버 모듈이라고 한다. 그림 7.3은 2개의 DC 모터를 제어할 수 있는 L298 모터 드라이버를 사용한 모터 드라이버 모듈로, 이 장에서 사용하는 모터 드라이버 모듈이다.

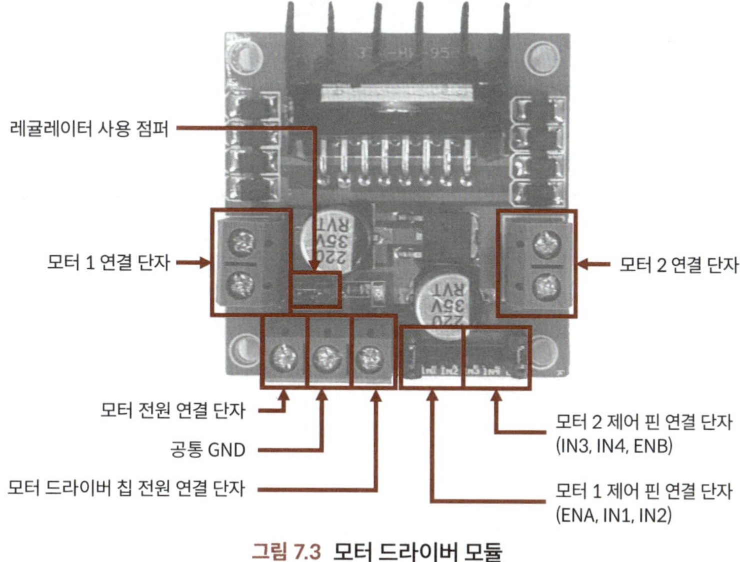

그림 7.3 모터 드라이버 모듈

그림 7.3의 모터 드라이버 모듈은 모터 하나를 제어하는 데 3개의 GPIO 핀을 사용하며, 그중 2개(IN1과 IN2 또는 IN3과 IN4)는 모터의 회전 방향을 제어하는 데 사용한다. 나머지 1개(Enable A 또는 B)는 모터를 제어할 수 있는 상태로 두는 역할을 하며, PWM 신호를 사용하여 속도를 제어하는 데도 사용할 수 있다. 표 7.2는 GPIO 핀의 출력에 따른 모터의 동작을 나타낸 것이다.

표 7.2 GPIO 신호와 모터의 동작

Enable	Input n	Input n+1	설명
LOW	-	-	정지
HIGH	LOW	LOW	정지
HIGH	LOW	HIGH	정회전
HIGH	HIGH	LOW	역회전
HIGH	HIGH	HIGH	정지

그림 7.3의 모터 드라이버 모듈에는 2개의 전원을 연결할 수 있으며, 각각 모터를 위한 전원과 모

터 드라이버를 위한 전원에 해당한다. L298 모터 드라이버는 최대 35V의 모터 전원을 연결할 수 있으므로 사용하고자 하는 모터에 맞는 전원을 연결하면 된다. 모터 드라이버는 5V 전원을 사용하며, 별도의 전원을 연결해도 되지만 모터 전원을 사용해 5V 전원을 만들어 사용할 수도 있다. 5V 전원을 만들어 사용하기 위해서는 모터 드라이버 모듈의 '레귤레이터 사용' 점퍼가 연결된 상태여야 한다. 모터 드라이버 모듈과 모터를 그림 7.4와 같이 연결하자. IN1 핀은 GPIO 16번 핀, IN2 핀은 GPIO 17번 핀에 연결하고 Enable A 핀인 GPIO 18번 핀에 연결한다.

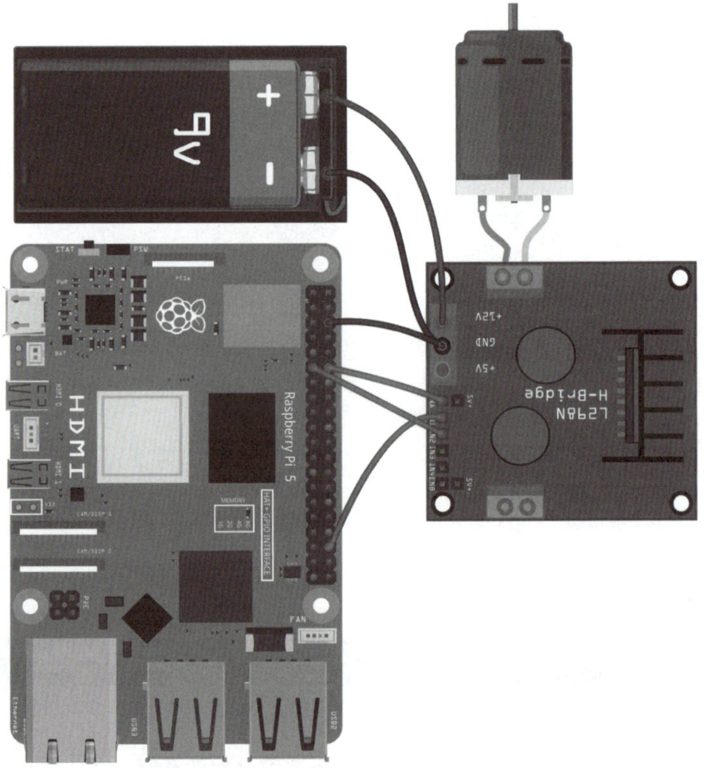

라즈베리파이	주변장치	비고
GPIO 16	모터 드라이버 모듈의 IN1	
GPIO 17	모터 드라이버 모듈의 IN2	
GPIO 18	모터 드라이버 모듈의 Enable A	
GND	모터 드라이버 모듈의 GND 모터 전원의 GND	공통 그라운드 연결

그림 7.4 모터 연결 회로

코드 7.1은 모터 1을 정방향과 역방향으로 회전시키는 예다. 모터 제어를 위해서는 `gpiozero` 라이브러리의 `Motor` 클래스를 사용했다. `Motor` 클래스는 EN1 핀과 EN2 핀을 사용하여 모터를 정방향과 역방향으로 회전시키는 `forward`와 `backward` 함수를 제공한다. `forward`와 `backward` 함수는 매개변수로 `speed`를 가질 수 있으며, 0에서 1 사이의 값을 회전 속도로 지정할 수 있다. 디폴트값은 1로 최대 회전 속도가 지정되어 있다. 모터를 정지시키기 위해서는 `stop` 함수를 사용할 수 있고, 현재 회전 방향과 반대 방향으로 회전시키기 위해서는 `reverse` 함수를 사용할 수 있다. 코드 7.1을 실행하여 모터가 2초 간격으로 회전 방향을 바꾸면서 회전하는 것을 확인해 보자.

코드 7.1 DC 모터 정방향 역방향 회전

```
from gpiozero import Motor
from time import sleep

motor = Motor(16, 17, enable=18)          # (IN1, IN2)

try:
    while True:
        motor.forward()                   # 정회전
        sleep(2)

        motor.backward()                  # 역회전
        sleep(2)
except KeyboardInterrupt:
    print("** Program termination by user (Ctrl + C)")
finally:
    motor.stop()                          # 모터 정지
    motor.close()
```

Thonny IDE 셸 실행 결과

```
>>> %motor_forward_backward.py
```

코드 7.1이 정회전과 역회전으로 회전 방향만 제어했다면, 코드 7.2는 회전 속도까지 제어하는 예다. 회전 속도 제어를 위해 별도의 함수를 제공하지는 않지만, `value` 속성에 −1에서 1 사이의 값을 지정하여 회전 속도를 제어할 수 있다. `value` 속성에 1의 값을 지정하면 정방향으로 최대 속도로 회전하고, −1을 지정하면 역방향으로 최대 속도로 회전하며, 0을 지정하면 모터는 정지한다. 코드 7.2를 실행하고 모터의 회전 방향과 속도가 변하는 것을 확인해 보자. 모터에서 소리는 나지만 회전하지 않는다면 모터에 충분한 전력이 공급되고 있는지 확인해야 한다. 특히 모터 회전 속도를 느리게 설정하면 공급되는 전력 역시 적어지므로 전력 부족으로 모터가 회전하지 않을 수 있다.

코드 7.2 DC 모터 회전 속도 제어

```python
from gpiozero import Motor
from time import sleep
import numpy as np

motor = Motor(16, 17, enable=18)              # (IN1, IN2)

try:
    while True:
        for i in np.arange(0.0, 1.0, 0.01):     # 정회전 속도 증가
            motor.value = i
            sleep(0.02)
        for i in np.arange(1.0, 0.0, -0.01):    # 정회전 속도 감소
            motor.value = i
            sleep(0.02)

        for i in np.arange(0.0, -1.0, -0.01):   # 역회전 속도 증가
            motor.value = i
            sleep(0.1)
        for i in np.arange(-1.0, 0.0, 0.01):    # 역회전 속도 감소
            motor.value = i
            sleep(0.1)
except KeyboardInterrupt:
    print("** Program termination by user (Ctrl + C)")
finally:
    motor.stop()                              # 모터 정지
    motor.close()
```

Thonny IDE 셸 실행 결과

```
>>> %motor_speed_control.py
```

버튼을 사용하여 모터의 회전 방향을 바꾸는 코드를 작성해 보자. 그림 7.5와 같이 버튼을 GPIO 22번 핀에 내장 풀업 저항을 사용하도록 연결하고, 모터는 그림 7.4와 같은 방법으로 GPIO 16, 17, 18번 핀에 연결한다.

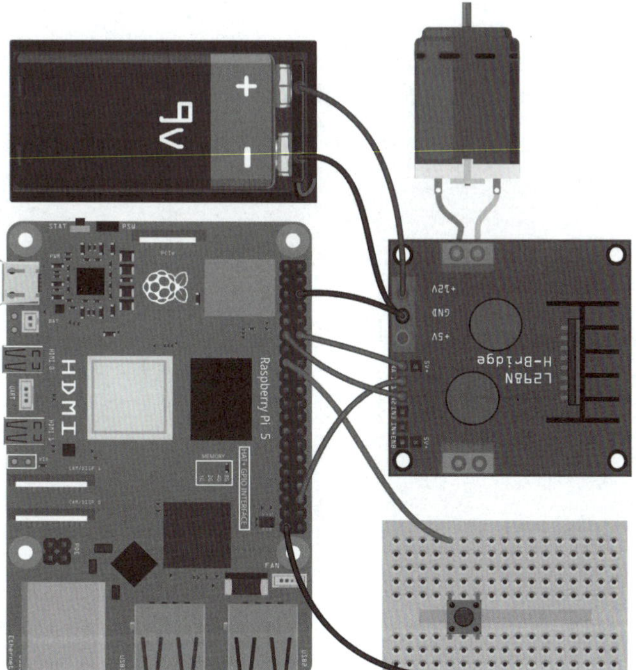

라즈베리파이	주변장치	비고
GPIO 16	모터 드라이버 모듈의 IN1	
GPIO 17	모터 드라이버 모듈의 IN2	
GPIO 18	모터 드라이버 모듈의 Enable A	
GPIO 22	버튼의 1번 핀	내장 풀업 저항 사용
GND	모터 드라이버 모듈의 GND 모터 전원의 GND 버튼의 3번 핀	공통 그라운드 연결

그림 7.5 모터와 버튼 연결 회로

코드 7.3은 모터가 정회전하는 상태에서 시작하여 버튼을 누를 때마다 회전 방향을 바꾸도록 작성한 예다. 버튼을 눌러 입력이 변하는 순간 모터의 회전 방향을 바꾸기 위해서는 `Button` 클래스의 `when_pressed` 속성을 사용했다. `when_pressed` 속성에 콜백 함수를 지정하면 버튼을 누르는 이벤트가 발생했을 때 자동으로 호출된다.

코드 7.3 버튼에 의한 DC 모터의 회전 방향 조절

```
from gpiozero import Motor, Button

motor = Motor(16, 17, enable=18)
button = Button(22, bounce_time=0.05)
```

```

def motor_reverse():                      # 버튼을 눌렀을 때 호출되는 콜백 함수
    motor.reverse()

button.when_pressed = motor_reverse      # 버튼을 눌렀을 때 처리할 콜백 함수 등록
motor.forward()                           # 정회전으로 시작

try:
    while True:
        pass
except KeyboardInterrupt:
    print("** Program termination by user (Ctrl + C)")
finally:
    motor.stop()
    motor.close()
    button.close()
```

Thonny IDE 셸 실행 결과

```
>>> %motor_control_by_button.py
```

7.3 스텝 모터

스텝 모터는 펄스에 의해 일정 각도를 회전하는 모터다. 스텝 모터는 브러시가 없는 브러시리스 모터로 내구성이 높고 정확한 회전 각도 조절이 가능하다는 장점이 있지만, 회전 속도를 제어하기 어렵고 펄스에 의해 이산적인 회전만 가능하다는 단점도 있다. 스텝 모터에서 펄스 하나가 주어질 때 회전하는 양을 분할각(step angle)이라고 한다. 스텝 모터에서 분할각은 모터가 회전할 수 있는 최소의 회전각으로 그보다 작은 각도의 회전은 어렵지만, 모터의 종류와 모터 드라이버 모듈에 따라 분할각 크기는 다양하므로 필요에 따라 선택하여 사용할 수 있다.

스텝 모터는 코일이 감겨 있고 회전하지 않는 고정자인 스테이터(stator)와 회전축에 연결된 회전자인 로터(rotor)로 구성된다. DC 모터와는 반대로 움직이지 않는 스테이터에 전원을 번갈아 가하면 움직이는 로터와의 상호작용에 의해 회전이 발생한다. 스테이터와 로터를 만드는 방법에 따라 회전이 발생하는 원리에 차이가 있으며, 흔히 볼 수 있는 것은 영구자석을 사용하는 영구자석 모터다.

영구자석 모터는 단극(unipolar) 스텝 모터와 양극(bipolar) 스텝 모터로 나눌 수 있으며, 코일에 전원을 가하는 방법에 차이가 있다. 단극 스텝 모터는 스테이터에 해당하는 폴(pole)에 감겨 있는

2개의 코일로 구성되고, 코일에 전류를 가하면 폴이 전자석이 된다. 단극 스텝 모터의 특징은 코일 중앙에 공통 연결선이 존재한다는 것이다. 공통 연결선은 2개 모두 모터 밖으로 빼내는 경우가 대부분이지만, 이 장에서 사용하는 28BYJ-48 단극 모터처럼 모터 내부에서 공통선을 연결하고 하나만 모터 밖으로 빼내기도 한다. 따라서 단극 스텝 모터는 2개 코일의 양쪽 끝에 해당하는 연결선 4개와 1개 또는 2개의 공통 연결선까지 5개 또는 6개의 연결선을 갖고 있다. 그림 7.6은 단극 스텝 모터로 6개의 연결선을 갖고 있다. 영구자석 모터에서 코일의 양쪽 끝은 'A'와 '/A', 'B'와 '/B'로 표시하며, 이는 전류가 흐르는 코일에 의해 전자석으로 변하는 폴을 나타내기 위해서도 사용된다.

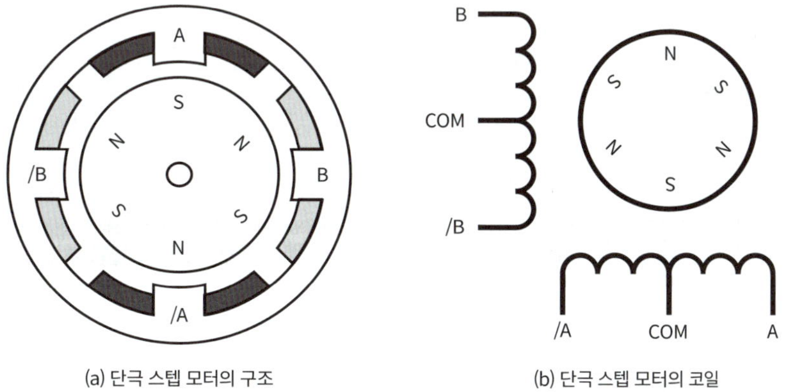

(a) 단극 스텝 모터의 구조 (b) 단극 스텝 모터의 코일

그림 7.6 단극 스텝 모터의 구조

단극 스텝 모터의 회전자는 영구자석으로 만들어진다. 그림 7.6의 단극 스텝 모터에 한 번에 하나의 코일 절반에만 전원을 가하면 코일이 감겨 있는 폴이 전자석이 되고, 폴 가까이 있는 영구자석을 끌어당겨 회전이 발생하며 이를 한 스텝이라고 한다. 표 7.3은 그림 7.6의 단극 모터에 'A → B → /A → /B'의 순서로 전원을 가해 1회전 하는 경우로 12 스텝에 1회전 하므로 분할각은 30도가 된다.

표 7.3 단극 스텝 모터의 1상 여자 방식 구동 – 1회전

스텝	1	2	3	4	5	6	7	8	9	10	11	12
A	(+)	·	·	·	(+)	·	·	·	(+)	·	·	·
B	·	(+)	·	·	·	(+)	·	·	·	(+)	·	·
/A	·	·	(+)	·	·	·	(+)	·	·	·	(+)	·
/B	·	·	·	(+)	·	·	·	(+)	·	·	·	(+)

그림 7.7은 그림 7.6의 단극 스텝 모터에 표 7.3의 순서에 따라 전원을 가했을 때의 모터 회전을 나타낸 것으로, 3개 펄스에 의해 90도 회전하는 과정을 보여준다.

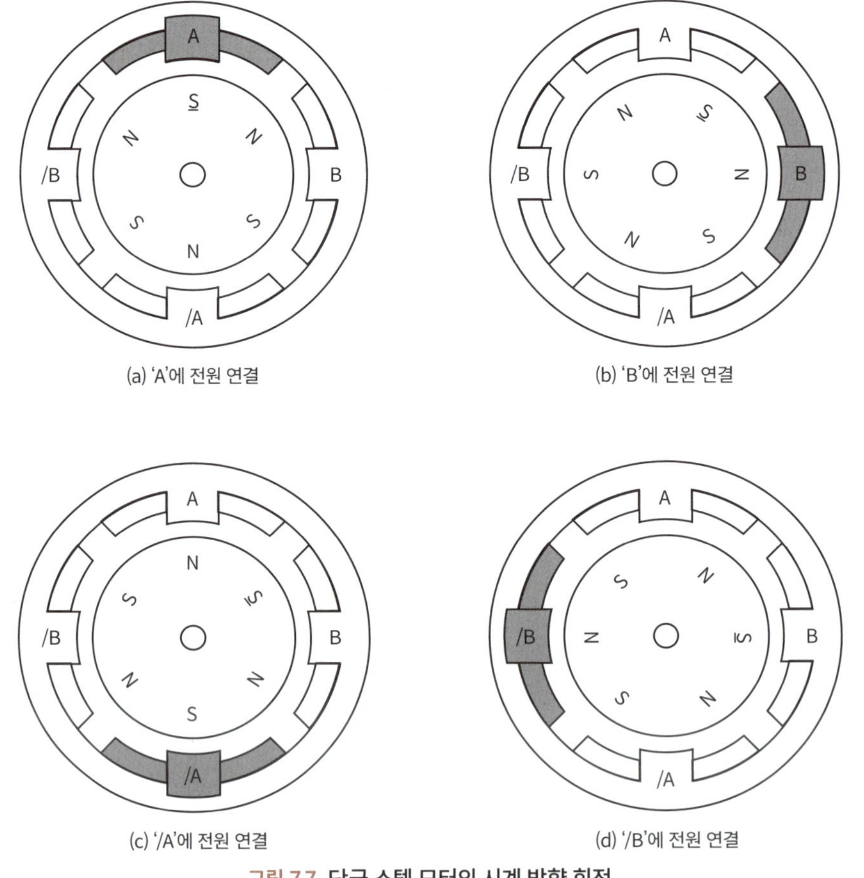

그림 7.7 단극 스텝 모터의 시계 방향 회전

표 7.3과 같이 한 번에 하나의 코일에만 전원을 가하는 방식을 1상 여자 방식이라고 한다.[1] 비슷하게 인접한 2개의 코일에 전원을 가하는 방식을 2상 여자 방식이라고 한다. 2상 여자 방식은 회전력이 크지만, 2개의 코일에 전원을 가해야 하므로 많은 전력이 필요하다. 2상 여자 방식의 분할각은 1상 여자 방식과 같다.

표 7.4 단극 스텝 모터의 2상 여자 방식 구동 – 1회전

스텝	1	2	3	4	5	6	7	8	9	10	11	12
A	(+)	·	·	(+)	(+)	·	·	(+)	(+)	·	·	(+)
B	(+)	(+)	·	·	(+)	(+)	·	·	(+)	(+)	·	·
/A	·	(+)	(+)	·	·	(+)	(+)	·	·	(+)	(+)	·
/B	·	·	(+)	(+)	·	·	(+)	(+)	·	·	(+)	(+)

1 정확하게는 1개 코일의 절반에만 전원을 가한다.

코일 1개와 코일 2개에 전원을 가하는 방법을 번갈아 사용하는 1–2상 여자 방식은 전력 소비가 1상 여자 방식의 1.5배이지만, 1상 여자 방식이나 2상 여자 방식과 비교했을 때 1/2 크기의 분할각을 가지므로 정밀한 제어가 가능하다. 하지만 스텝에 따라 사용하는 코일 수가 달라 회전력이 일정하지 않다는 것은 단점이다. 표 7.5의 1–2상 여자 방식에서 분할각은 15도이며 이를 하프 스텝(half step) 모드라고 한다. 반면 1상 여자 방식이나 2상 여자 방식은 풀 스텝(full step) 모드라고 한다.

표 7.5 단극 스텝 모터의 1-2상 여자 방식 구동 – 1/2회전

스텝	1	2	3	4	5	6	7	8	9	10	11	12
A	(+)	(+)	·	·	·	·	·	(+)	(+)	(+)	·	·
B	·	(+)	(+)	(+)	·	·	·	·	·	(+)	(+)	(+)
/A	·	·	·	(+)	(+)	(+)	·	·	·	·	·	(+)
/B	·	·	·	·	·	(+)	(+)	(+)	·	·	·	·

위에서 설명한 구동 방식은 분할각이 15도 또는 30도로 실용적으로 사용하기에는 분할각이 너무 크다. 실제 스텝 모터에서는 폴의 수를 늘리고 회전자의 자석 배치도 늘려 작은 분할각을 얻는다. 흔히 사용되는 스텝 모터는 1.8도의 분할각을 가지며 200개 펄스를 가했을 때 1회전 한다.

양극 스텝 모터는 공통 연결선이 없다는 점을 제외하면 단극 스텝 모터와 같다. 양극 스텝 모터는 공통 연결선이 없으므로 4개의 연결선을 가지며, 단극 스텝 모터가 코일 절반을 사용하는 것과 달리 코일 전체를 사용하므로 회전력이 크다. 하지만 단극 스텝 모터보다 제어가 복잡하다는 것은 단점이다.

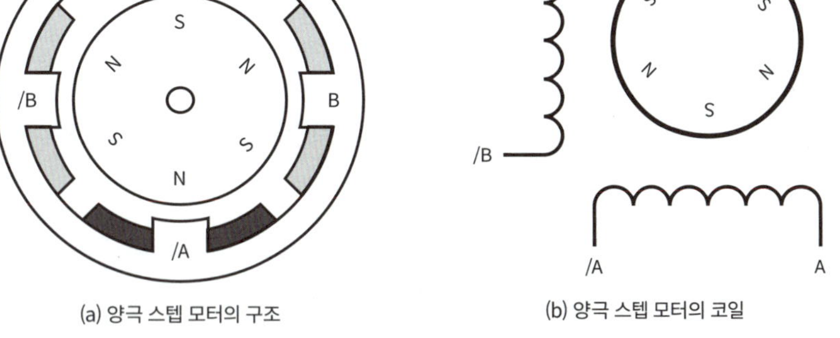

그림 7.8 양극 스텝 모터의 구조

양극 스텝 모터를 구동하는 방법은 기본적으로 단극 스텝 모터를 구동하는 방법과 같다. 표 7.6은 양극 스텝 모터를 1상 여자 방식으로 구동하는 방법을 나타낸 것이다. 표 7.3과 비교하면 항상 2개의 연결선에 서로 다른 극성의 전원을 가한다는 차이가 있다. 또한 단극 스텝 모터의 연결선에 가해지는 전압은 항상 (+)로 극성이 바뀌지 않지만, 양극 스텝 모터의 연결선에 가해지는 전압은 (+)와 (−)로 극성이 바뀐다는 점에서 단극과 양극의 차이가 있다. 2상 여자 방식과 1–2상 여자 방식도 표 7.3과 표 7.6의 차이가 그대로 적용된다.

표 7.6 양극 스텝 모터의 1상 여자 방식 구동 – 1회전

스텝	1	2	3	4	5	6	7	8	9	10	11	12
A	(+)	·	(-)	·	(+)	·	(-)	·	(+)	·	(-)	·
B	·	(+)	·	(-)	·	(+)	·	(-)	·	(+)	·	(-)
/A	(-)	·	(+)	·	(-)	·	(+)	·	(-)	·	(+)	·
/B	·	(-)	·	(+)	·	(-)	·	(+)	·	(-)	·	(+)

그림 7.9는 이 장에서 사용하는 28BYJ–48 스텝 모터로, 5개의 연결선을 갖는 단극 스텝 모터다. 28BYJ–48 스텝 모터는 하프 스텝 모드에서 분할각이 5.625도(= 360°/64스텝)이고 1/64 감속 기어가 포함되어 있으므로 1회전을 위해서는 최대 4,096(= 64스텝 × 64)스텝이 필요하다. 하지만 28BYJ–48 스텝 모터는 정밀도가 낮아 풀 스텝 모드에서 2,048(= 32스텝 × 64)스텝에 1회전 하는 방법을 주로 사용한다.

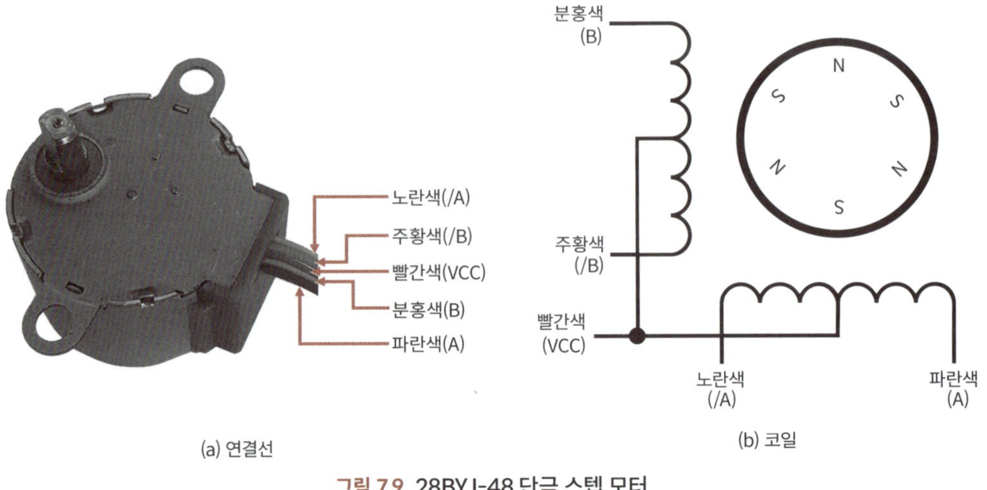

그림 7.9 28BYJ-48 단극 스텝 모터

단극 스텝 모터에서 코일에 가해지는 전압의 극성은 변하지 않으므로 H-브리지 회로는 필요하지 않기 때문에 ULN2003 칩으로 만들어진 전용 모터 드라이버 모듈을 사용한다. ULN2003은 7개의 달링턴(Darlington) 트랜지스터로 구성된 칩으로, 모터 전용 전원을 스위칭하는 역할을 한다. ULN2003은 최대 500mA의 전류를 스위칭할 수 있다.

그림 7.10은 28BYJ-48 스텝 모터 제어를 위한 모터 드라이버 모듈을 나타낸다. 모터 전원 연결 단자에는 5~12V의 전원을 연결할 수 있으며, 28BYJ-48 모터는 5V를 사용하므로 5V 전원을 연결하면 된다.

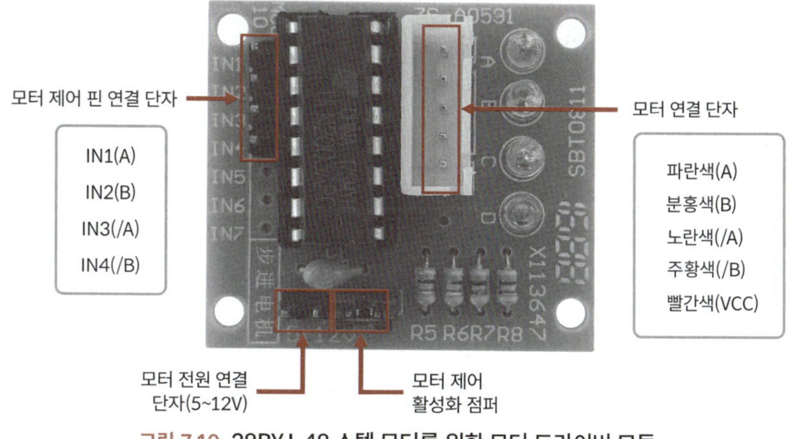

그림 7.10 28BYJ-48 스텝 모터를 위한 모터 드라이버 모듈

그림 7.11과 같이 모터 드라이버 모듈의 IN1~IN4를 GPIO 16~19번 핀에 연결하자.

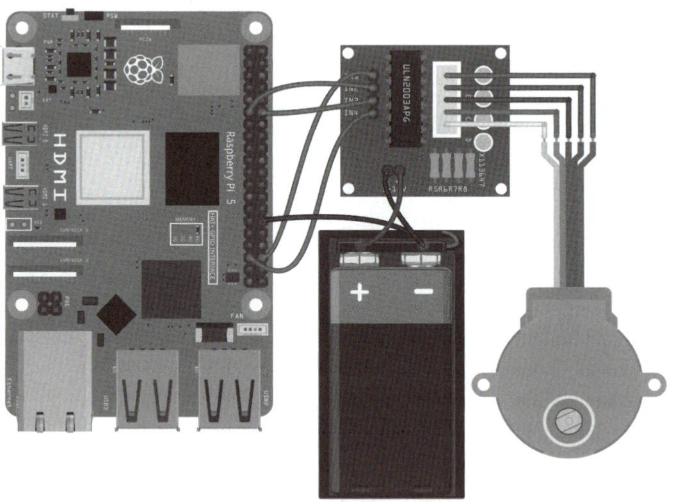

라즈베리파이	주변장치	비고
GPIO 16	모터 드라이버 모듈의 IN1	단극 스텝 모터의 A
GPIO 17	모터 드라이버 모듈의 IN2	단극 스텝 모터의 B
GPIO 18	모터 드라이버 모듈의 IN3	단극 스텝 모터의 /A
GPIO 19	모터 드라이버 모듈의 IN4	단극 스텝 모터의 /B
GND	모터 드라이버 모듈의 GND 모터 전원의 GND	공통 그라운드 연결

그림 7.11 **28BYJ-48 스텝 모터 연결 회로**

코드 7.4는 스텝 모터를 1상 여자 방식에 따라 정방향과 역방향으로 회전시키는 예다. `gpiozero` 라이브러리에서 스텝 모터를 위한 클래스를 제공하지 않으므로 4개의 연결선에 표 7.3의 순서에 따라 펄스를 가해 회전이 발생하도록 했다.

코드 7.4 **스텝 모터 제어 - 블로킹 방식**

```
from gpiozero import OutputDevice
from time import sleep

IN1 = OutputDevice(16)                  # GPIO 핀 설정
IN2 = OutputDevice(17)
IN3 = OutputDevice(18)
IN4 = OutputDevice(19)

step_sequence = [                       # 1상 여자 방식, 풀 스텝 모드
    [1, 0, 0, 0], [0, 1, 0, 0], [0, 0, 1, 0], [0, 0, 0, 1]
]
N = 4                                   # 1상 여자 방식에서 사용하는 펄스 개수

```

```python
def step_motor_forward(steps, delay=0.002):      # 정회전
    index = 0
    for _ in range(steps):
        IN1.value, IN2.value, IN3.value, IN4.value = step_sequence[index]
        index = (index + 1) % N                  # 인덱스 증가 방향
        sleep(delay)

def step_motor_backward(steps, delay=0.002):     # 역회전
    index = 0
    for _ in range(steps):
        IN1.value, IN2.value, IN3.value, IN4.value = step_sequence[index]
        index = (index - 1 + N) % N              # 인덱스 감소 방향
        sleep(delay)

print("Moving forward 1024 steps...")            # 1024스텝 = 1/2회전
step_motor_forward(1024)
sleep(1)

print("Moving backward 1024 steps...")
step_motor_backward(1024)

IN1.close()
IN2.close()
IN3.close()
IN4.close()
```

Thonny IDE 셸 실행 결과

```
>>> %step_motor.py
 Moving forward 1024 steps...
 Moving backward 1024 steps...
>>>
```

코드 7.4로 스텝 모터를 회전시키는 데 문제는 없어 보인다. 하지만 스텝 모터를 회전시키기 위해서는 4개의 연결선에 펄스를 계속 가해야 하며, 펄스를 가하기 위해 코드 7.4는 블로킹 방식으로 동작한다. 스텝 모터 회전과 함께 다른 작업을 함께 진행하려면 스레드를 사용하여 논블로킹 방식으로 모터를 제어해야 한다.

코드 7.5는 스텝 모터를 논블로킹 방식으로 제어할 수 있는 StepperMotor 클래스를 사용해 28BYJ-48 스텝 모터를 제어하는 예다. StepperMotor 클래스에는 표 7.7과 같은 여러 함수가 정의되어 있으며, 실제 모터 회전을 위해 펄스를 가하는 함수는 move_steps 함수다. 지정한 스텝 수만큼 펄스를 가하는 forward와 backward 함수, 지정한 각도만큼 회전시키는 forward_angle과

backward_angle 함수는 모두 move_steps 함수를 별도의 스레드로 만들어 실행하므로 메인 스레드와 별도로 모터를 회전시킬 수 있다.

별도의 스레드를 생성하기 위해서는 threading 라이브러리의 Thread 클래스를 사용했다. Thread 클래스의 객체를 생성할 때 target 매개변수로 함수를 지정하면 지정된 함수는 별도의 스레드로 실행된다. 이때 arg 매개변수를 사용하면 별도의 스레드로 동작하는 함수에 매개변수를 전달할 수 있다. 스레드를 시작하기 위해서는 Thread 클래스 start 함수를 사용하면 된다. 코드 7.5를 실행하여 모터 회전과 콘솔로의 출력이 함께 진행되는 것을 확인해 보자.

표 7.7 StepperMotor 클래스의 멤버 함수

함수	설명
__init__	• 객체 초기화
close	• 리소스 해제
set_step	• 4개 연결선에 펄스를 가해 모터를 한 스텝 회전
move_steps	• 지정한 스텝 수만큼 정방향 또는 역방향으로 모터 회전 • 별도의 스레드로 동작
forward	• 정방향으로 지정한 스텝 수만큼 모터 회전
backward	• 역방향으로 지정한 스텝 수만큼 모터 회전
steps_for_angle	• 주어진 각도만큼 회전하는 데 필요한 스텝 수 계산
forward_angle	• 정방향으로 지정한 각도만큼 모터 회전
backward_angle	• 역방향으로 지정한 각도만큼 모터 회전
stop	• 모터 정지

코드 7.5 스텝 모터 제어 – 논블로킹 방식

```
import threading
from gpiozero import OutputDevice
from time import sleep

class StepperMotor:
    HALF_STEP = 1
    FULL_STEP = 2

    # 객체가 생성될 때 호출되는 함수
    def __init__(self, in1_pin, in2_pin, in3_pin, in4_pin, mode=HALF_STEP):
        # 각 코일에 대한 GPIO 핀 설정
        self.coil_A1 = OutputDevice(in1_pin)      # IN1, A
```

```python
        self.coil_B1 = OutputDevice(in2_pin)      # IN2, B
        self.coil_A2 = OutputDevice(in3_pin)      # IN3, /A
        self.coil_B2 = OutputDevice(in4_pin)      # IN4, /B

        if mode == StepperMotor.HALF_STEP:        # 하프 스텝 펄스
            self.N = 8
            self.step_sequence = [                # (A, B, /A, /B)
                [1, 0, 0, 0], [1, 1, 0, 0], [0, 1, 0, 0], [0, 1, 1, 0],
                [0, 0, 1, 0], [0, 0, 1, 1], [0, 0, 0, 1], [1, 0, 0, 1]
            ]
            self.delay = 0.001
        elif mode == StepperMotor.FULL_STEP:      # 풀 스텝 펄스
            self.N = 4
            self.step_sequence = [                # (A, B, /A, /B)
                [1, 0, 0, 0], [0, 1, 0, 0], [0, 0, 1, 0], [0, 0, 0, 1]
            ]
            self.delay = 0.002

        self.index = 0                            # 현재 펄스 인덱스
        self.running = False                      # 모터 동작 상태

    def close(self):                              # 모터 객체 정리 함수
        self.coil_A1.close()
        self.coil_B1.close()
        self.coil_A2.close()
        self.coil_B2.close()

    def set_step(self, step):
        # 스텝에 맞춰 각 코일의 상태 설정
        self.coil_A1.value, self.coil_B1.value, \
        self.coil_A2.value, self.coil_B2.value = step

    def move_steps(self, steps, increase):
        # 주어진 스텝 수만큼 모터 회전
        self.running = True
        for _ in range(steps):
            if not self.running:
                break                             # 회전 중간에 멈춤 가능
            self.index = (self.index + increase + self.N) % self.N
            self.set_step(self.step_sequence[self.index])
            sleep(self.delay)

        self.stop()                               # 회전이 끝나면 모터를 멈춤

    def forward(self, steps):
        # 모터를 정방향으로 주어진 스텝 수만큼 회전
        print(f"Moving forward {steps} steps")
        threading.Thread(target=self.move_steps, args=(steps, 1)).start()
```

```
    def backward(self, steps):
        # 모터를 역방향으로 주어진 스텝 수만큼 회전
        print(f"Moving backward {steps} steps")
        threading.Thread(target=self.move_steps, args=(steps, -1)).start()

    def steps_for_angle(self, angle):
        # 주어진 각도에 해당하는 스텝 수 계산
        steps_for_360 = 4096 * self.N / 8                # 360도 회전 스텝 수
        steps = int(steps_for_360 * angle / 360)         # 주어진 각도 회전 스텝 수
        return steps

    def forward_angle(self, angle):
        # 모터를 정방향으로 주어진 각도만큼 회전
        print(f"Moving forward {angle} degrees")
        steps = self.steps_for_angle(angle)
        threading.Thread(target=self.move_steps, args=(steps, 1)).start()

    def backward_angle(self, angle):
        # 모터를 역방향으로 주어진 각도만큼 회전
        print(f"Moving backward {angle} degrees")
        steps = self.steps_for_angle(angle)
        threading.Thread(target=self.move_steps, args=(steps, -1)).start()

    def stop(self):                        # 모터 정지
        self.set_step([0, 0, 0, 0])
        self.running = False
        print("Motor stopped")

# (IN1, IN2, IN3, IN4) => (A, B, /A, /B)
motor = StepperMotor(16, 17, 18, 19, StepperMotor.FULL_STEP)

try:
    motor.forward_angle(360)               # 모터를 정방향으로 360도 회전
    while True:
        if not motor.running:
                    break;
        print('*', end='')                 # 모터 회전 중 출력 작업 진행
        sleep(0.2)
     print()

     motor.backward(2048)                  # 모터를 역방향으로 2048스텝 회전
     while True:
         if not motor.running:
                    break;
         print('*', end='')                # 모터 회전 중 출력 작업 진행
         sleep(0.2)
     print()
```

```
except KeyboardInterrupt:
    print("** Program termination by user (Ctrl + C)")
finally:
    motor.running = False
    motor.close()
```

Thonny IDE 셸 실행 결과

```
>>> %Run step_motor_non_blocking.py
 Moving forward 360 degrees
 **********************Motor stopped

 Moving backward 2048 steps
 **********************Motor stopped

>>>
```

7.4 서보 모터

서보 모터는 DC 모터에 오류를 검출하고 이를 보정하는 피드백을 적용할 수 있도록 만든 모터로, 위치나 회전 속도를 제어할 수 있다는 특징이 있다. 서보 모터는 표준 서보 모터와 연속 회전 서보 모터로 나눌 수 있다. 표준 서보 모터는 0~180도 범위에서만 회전할 수 있고 위치를 제어할 수 있다면, 연속 회전 서보 모터는 DC 모터와 마찬가지로 360도 회전할 수 있고 회전 속도를 제어할 수 있다. 서보 모터라고 하면 일반적으로 표준 서보 모터를 가리키며 이 장에서도 표준 서보 모터를 사용한다. 표준 서보 모터는 3개의 연결선을 가지며, 전원을 제외한 나머지 하나의 연결선으로 위치를 제어한다. 3개의 연결선은 색상에 의해 기능이 구별되며 표 7.8의 색상이 흔히 사용된다.

표 7.8 서보 모터의 연결선 색상

연결선	색상
VCC	붉은색
GND	검정색, 갈색
제어 선	노란색, 주황색, 흰색

DC 모터는 VCC와 GND의 구별이 없고 전원을 반대로 연결하면 모터가 반대 방향으로 회전하지만, 서보 모터는 전원에 극성이 있어 전원을 반대로 연결하면 모터가 파손될 수 있으므로 주의해야 한다.

서보 모터의 위치 제어에는 일반적으로 주파수 50Hz, 주기 20ms(= 1/50Hz)의 PWM 신호가 사용된다. 서보 모터가 PWM 신호를 받으면 입력된 PWM 신호에 의한 위치와 현재 위치를 비교하고, 모터를 PWM 신호에 의한 위치로 회전시킨다. 이때 PWM 신호에 의한 모터의 위치는 듀티 사이클(duty cycle)에 의해 결정된다. 일반적으로 듀티 사이클이 5%, 즉 펄스 폭이 1ms일 때 −90도 위치에 해당하고, 듀티 사이클이 10%, 즉 펄스 폭이 2ms일 때 90도 위치에 해당한다. 서보 모터의 종류에 따라 위치에 따른 듀티 사이클에 약간의 차이가 있을 수 있으므로 듀티 사이클에 따른 정확한 위치는 사용하는 서보 모터의 데이터시트를 확인해야 한다.

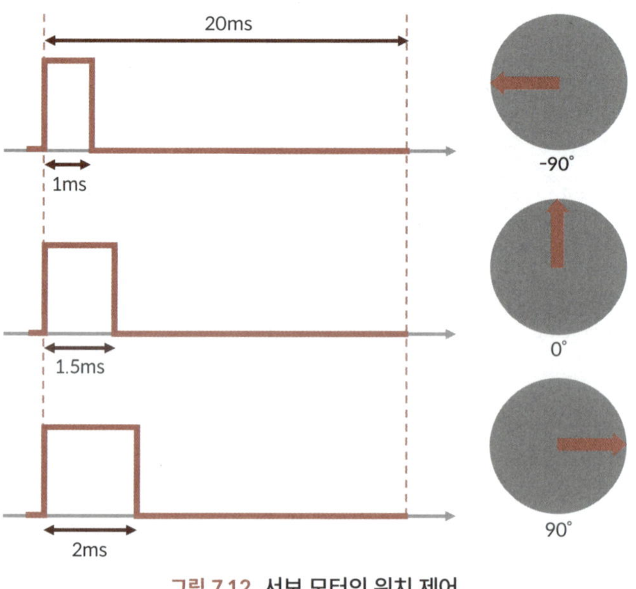

그림 7.12 서보 모터의 위치 제어

DC 모터와 스텝 모터는 모터 전용 전원 연결과 모터 제어를 위해 모터 드라이버 모듈을 사용한다. 서보 모터 역시 모터 전용 전원이 필요하지만, GPIO 핀으로 PWM 신호를 출력하여 위치를 제어하므로 모터 드라이버 모듈을 사용하지 않는 것이 일반적이다.

그림 7.13과 같이 서보 모터의 제어 핀을 GPIO 19번 핀에 연결하자. 이 장에서 사용한 서보 모터는 전력 소비가 작은 마이크로 서보 모터이므로 별도의 전원을 사용하지 않고 라즈베리파이의 5V 출력을 사용했다.

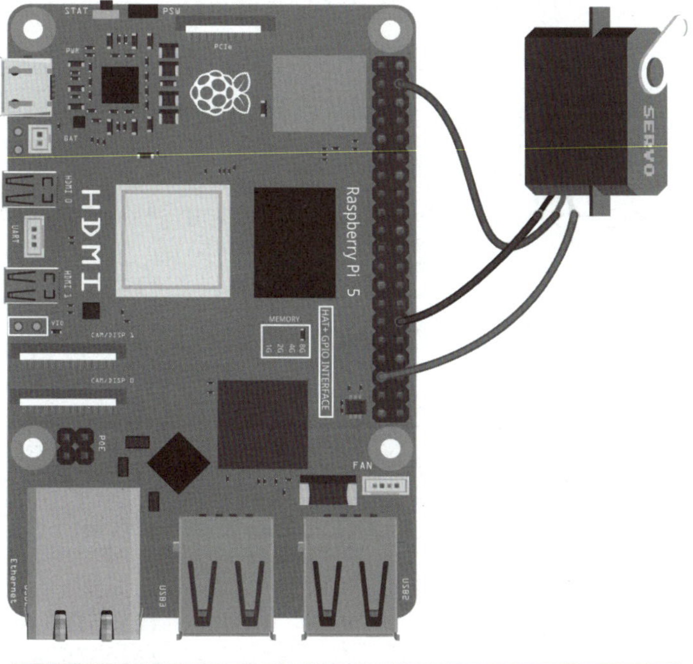

라즈베리파이	주변장치	비고
GPIO 19	서보 모터의 제어 핀	
5V	서보 모터의 VCC	5V 동작 서보 모터 사용
GND	서보 모터의 GND	

그림 7.13 서보 모터 연결 회로

코드 7.6은 `gpiozero` 라이브러리의 `Servo` 클래스를 사용하여 서보 모터를 −90도에서 0도를 거쳐 90도 위치로 이동시키는 예다. `Servo` 클래스 객체를 생성할 때 최소 펄스 폭과 최대 펄스 폭의 디폴트값은 1ms(0.001)와 2ms(0.002)로 그림 7.12와 같지만, 정확한 값은 사용하는 서보 모터에 따라 다를 수 있다. 코드 7.6에서도 최소 펄스 폭 0.7ms, 최대 펄스 폭 2.3ms로 −90도와 90도 위치를 정했다.

코드 7.6 서보 모터 회전각 제어 1

```
from gpiozero import Servo
from time import sleep

# 최소 및 최대 펄스 폭을 지정하여 모터 객체 생성
servo = Servo(19, min_pulse_width=0.0007, max_pulse_width=0.0023)

try:
    while True:
```

```
        print("Max Angle (+1)")
        servo.max()                        # 90도 위치
        sleep(1)

        print("Zero Angle (0)")
        servo.mid()                        # 0도 위치
        sleep(1)

        print("Min Angle (-1)")
        servo.min()                        # -90도 위치
        sleep(1)
except KeyboardInterrupt:
    print("** Program termination by user (Ctrl + C)")
finally:
    servo.close()
```

Thonny IDE 셸 실행 결과

```
>>> %Run servo_motor_function.py
 Max Angle (+1)
 Zero Angle (0)
 Min Angle (-1)
 Max Angle (+1)
 Zero Angle (0)
```

코드 7.6에서는 90도, 0도, −90도 위치를 지정하기 위해 max, mid, min 함수를 사용하고 있다. 이 함수들은 서보 모터를 특정 위치로 회전시키지만, −90도에서 90도 사이의 임의의 위치로 회전시킬 수는 없다. 서보 모터를 임의의 위치로 회전시키기 위해서는 Servo 클래스의 value 속성에 −1과 1 사이의 값을 지정하면 된다. 코드 7.7은 코드 7.6과 같은 동작을 하지만 value 속성에 값을 대입하여 서보 모터의 위치를 지정하는 방법을 사용하고 있다. Servo 클래스의 객체를 지정할 때 최대 펄스 폭과 최소 펄스 폭을 나타내는 값은 코드 7.6에서와 같은 값을 사용했다. 코드 7.7을 실행하고 서보 모터가 180도 범위를 반복해서 움직이는 것을 확인해 보자.

코드 7.7 서보 모터 회전각 제어 2

```
from gpiozero import Servo
from time import sleep

# 최소 및 최대 펄스 폭을 지정하여 모터 객체 생성
servo = Servo(19, min_pulse_width=0.0007, max_pulse_width=0.0023)

try:
```

```
    while True:
        servo.value = 1              # 90도
        sleep(1)

        servo.value = 0              # 0도
        sleep(1)

        servo.value = -1             # -90도
        sleep(1)
except KeyboardInterrupt:
    print("** Program termination by user (Ctrl + C)")
finally:
    servo.close()
```

Thonny IDE 셸 실행 결과

```
>>> %Run servo_motor_value.py
```

7.5 요약

모터는 움직이는 장치를 만드는 데 필수적인 장치로 라즈베리파이에서 흔히 사용하는 모터에는 제어가 간단한 DC 모터, 펄스로 회전량을 제어할 수 있는 스텝 모터, PWM 신호로 회전 위치를 제어할 수 있는 서보 모터 등이 있다. 이러한 모터는 전자기 유도 현상을 이용하여 전기 에너지를 운동 에너지로 바꾼다는 점에서는 같지만, 모터에 따라 특성과 제어 방법이 각기 다르므로 목적에 맞게 선택해서 사용해야 한다.

모터를 제어할 때는 모터 구동에 많은 전력이 필요하다는 점을 기억해야 한다. 데이터 전달을 위해 사용하는 범용 입출력(GPIO) 핀으로는 모터 구동을 위한 충분한 전력을 공급할 수 없다. 따라서 모터를 위한 전용 전원을 라즈베리파이를 위한 전원과 별도로 구성하는 것이 바람직하며, 이는 이 장에서 살펴본 모든 모터에 적용된다. 또한 DC 모터와 스텝 모터는 모터 제어를 위해 특별한 회로가 필요하므로 전용 전원 연결과 함께 제어 회로를 제공하기 위한 모터 드라이버 모듈이 사용된다. 서보 모터는 위치 제어를 위해 GPIO 핀을 사용하므로 모터 드라이버 모듈을 사용하지 않는 경우가 대부분이지만, 전용 전원 연결을 위한 모터 드라이버 모듈을 사용하기도 한다.

이 장에서 살펴본 모터 외에도 최근 사용이 증가하고 있는 모터로 브러시리스 DC(BLDC: Brushless DC) 모터가 있다. BLDC 모터는 스텝 모터와 마찬가지로 브러시가 필요하지 않으므로, 마찰과 소음이 적고 수명이 길다는 장점이 있다. 또한 마찰에 의한 에너지 손실이 없고 전력 효율이 높아 배터

리로 구동되는 장치에 적합하며, 속도와 위치 제어가 가능하다는 것도 장점이다. 하지만 제어가 복잡하고 가격이 비싸다는 것은 단점이라 할 수 있다. BLDC 모터는 드론, 컴퓨터 냉각팬, 산업용 로봇 등 다양한 분야에 적용되고 있고 앞으로 사용이 증가할 것으로 예상되므로 이 장에서 살펴본 모터 대용으로 관심을 가져볼 만하다.

이 장에서는 GPIO 핀의 기본적인 기능을 사용하여 모터를 제어하는 방법을 살펴봤다. 다음 장부터는 GPIO 핀의 기본적인 기능을 바탕으로 바이트 단위의 데이터를 송수신할 수 있는 시리얼 통신에 대해 알아본다. 먼저 대표적인 시리얼 통신인 UART 통신부터 살펴보자.

UART 통신

UART 통신은 대표적인 시리얼 통신의 하나로, 시리얼 통신이라고 하면 UART 통신을 가리킬 만큼 널리 사용되는 통신이다. 라즈베리파이에서도 UART 통신을 사용할 수 있으며, 이를 위해 라즈베리파이 5는 범용 입출력 핀을 통해 사용할 수 있는 UART0 포트와 별도의 커넥터를 통해 사용할 수 있는 UART10 포트를 제공하고 있다. UART10 포트가 시리얼 콘솔을 위해 사용되는 포트라면, UART0 포트는 데이터 송수신을 위해 사용되는 포트로 그 용도에 차이가 있다. 이 장에서는 UART 통신과 라즈베리파이에서 UART 통신을 사용하는 방법에 대해 알아본다.

8.1 UART 통신

UART(Universal Asynchronous Receiver/Transmitter) 통신은 가장 오래된 시리얼 통신 중 하나로, 시리얼 통신이라고 하면 UART 통신을 가리킬 만큼 흔히 사용되는 시리얼 통신이다. UART 통신은 역사가 오래된 만큼 다양한 주변장치가 UART 통신을 사용하고 있다. UART 통신은 하나의 포트에 하나의 장치만 연결할 수 있는 1:1 통신, 데이터 송수신을 위해 2개의 데이터 선을 사용하는 전이중 통신, 별도의 동기화 클록을 사용하지 않는 비동기식 통신이라는 특징이 있다.

UART 통신에서 사용하는 데이터 선은 데이터 송신을 위한 TXD(transmit data 또는 TX)와 데이터 수신을 위한 RXD(receive data 또는 RX) 2개로 이루어져 있으며, 두 장치를 연결할 때는 RXD와 TXD를 서로 교차해서 연결해야 한다. 전원 연결선인 VCC와 GND 역시 연결해야 하지만, 연결된 두 장치가 별도로 전원을 공급받는다면 VCC는 연결하지 않아도 된다. 다만 GND는 두 장치의 전압 기준을 통일하기 위해 반드시 연결해야 한다.

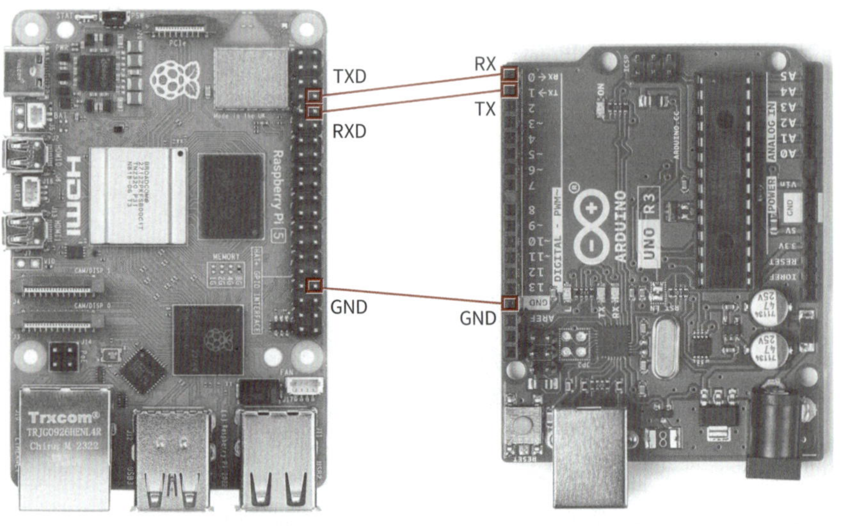

그림 8.1 UART 통신을 위한 교차 연결

UART 통신은 비동기식 통신이므로 데이터 동기화를 위해 별도의 클록을 사용하지 않는다. 동기화 클록 없이 데이터를 동기화하기 위해 UART 통신은 송신과 수신 속도를 같은 값으로 설정한 후 통신을 시작한다. UART 통신에서의 속도는 보율(baud rate)로 나타낸다. 보율은 변조 속도를 나타내는 단위로 흔히 사용되는 BPS(bits per second)와 차이가 있지만, 지금은 거의 같은 의미로 사용하고 있다.

통신 속도만 같은 값으로 설정한다고 해서 통신이 이루어지는 것은 아니다. 송신 측에서 항상 데이터를 보내는 것은 아니므로 수신 측에서는 데이터를 보내기 시작하는 시점과 데이터 보내기를 끝낸 시점을 알 수 있어야 하며, 이를 위해 UART 통신은 `LOW`의 시작 비트(start bit)와 `HIGH`의 정지 비트(stop bit)를 사용한다. 데이터를 전송하지 않을 때 데이터 연결선은 `HIGH` 상태에 있으며, `LOW` 신호에 의해 데이터 전송을 시작하고 8비트의 데이터를 보낸 후 `HIGH` 신호로 데이터 전송을 끝낸다.

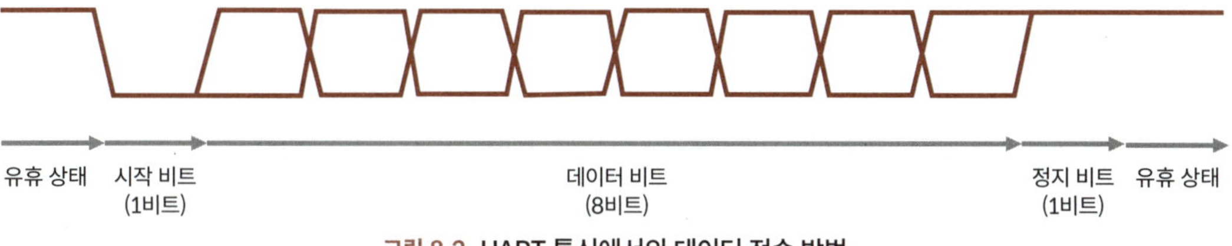

그림 8.2 UART 통신에서의 데이터 전송 방법

8.2 라즈베리파이의 UART10 포트

라즈베리파이 5는 2개의 UART 포트를 제공하고 있다. 그중 하나는 GPIO 14번과 GPIO 15번 핀을 통해 사용할 수 있는 UART0 포트이고, 다른 하나는 별도의 커넥터를 통해 사용할 수 있는 UART10 포트다. UART10 포트는 3핀의 JST SH 1.0mm 커넥터를 사용해서 연결할 수 있다.

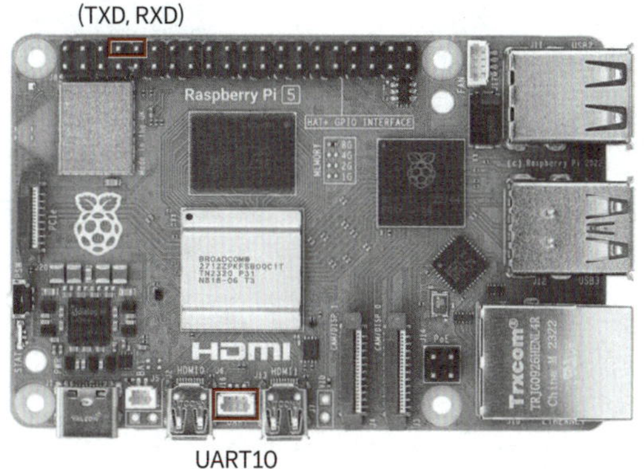

그림 8.3 라즈베리파이 5의 UART 포트

라즈베리파이 OS는 기본적으로 UART10 포트를 시리얼 콘솔로 사용하도록 설정하고, UART0 포트는 사용할 수 없도록 설정하고 있다. UART 포트 설정은 라즈베리파이 OS의 데스크톱에서 '메뉴 → Preferences → Raspberry Pi Configuration' 항목을 선택하여 라즈베리파이 설정 프로그램을 실행한 후 Interfaces 탭을 선택하면 확인할 수 있다. 'Serial Port' 항목이 UART0 포트 관련 설정이라면 'Serial Console' 항목은 UART10 포트 관련 설정이다.

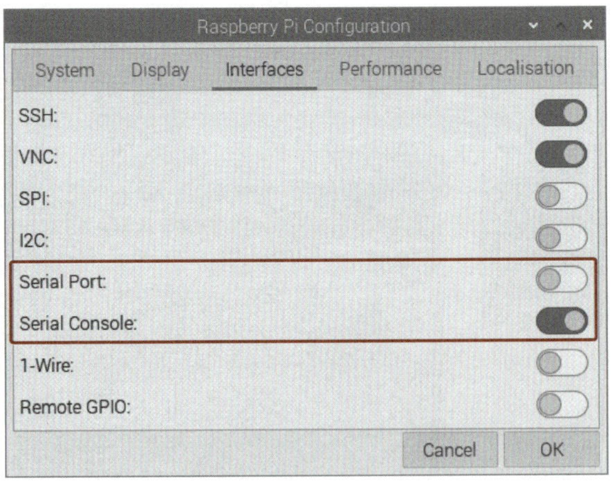

그림 8.4 UART 포트 설정

UART 포트 관련 설정은 `raspi-config` 프로그램을 통해서도 가능하다. 터미널에서 `sudo raspi-config` 명령으로 라즈베리파이 설정 프로그램을 실행하고 '3 Interface Options → I6 Serial Port' 항목을 선택하면 두 가지 질문을 받는다. 첫 번째는 "Would you like a login shell to be accessible over serial?"(시리얼 연결을 통해 로그인 셸에 접근할 수 있도록 하겠습니까?)로 UART10 포트를 통한 시리얼 콘솔의 사용 여부를 설정할 수 있다. 두 번째는 "Would you like the serial port hardware to be enabled?"(시리얼 포트 하드웨어를 활성화하겠습니까?)로 UART0 포트를 통한 시리얼 통신의 사용 여부를 설정할 수 있다.

컴퓨터와 라즈베리파이의 UART10 포트를 USB-UART 변환장치로 연결하면 로그인 셸을 사용할 수 있다. 라즈베리파이에 원격으로 로그인하기 위해서는 무선 또는 유선 네트워크를 사용해야 하지만, 네트워크 연결이 쉽지 않을 때는 UART10 포트를 통한 UART 연결로 라즈베리파이에 직접 연결할 수 있다. UART 연결 역시 간단한 네트워크로 생각할 수 있지만, UART 연결로 데스크톱을 사용할 수는 없다.

USB-UART 변환장치를 UART10 포트에 연결하자. USB-UART 변환장치의 TXD 핀은 UART10 포트의 RXD 핀에, RXD 핀은 UART10 포트의 TXD 핀에 교차해서 연결해야 한다. 또한 라즈베리파이는 3.3V를 사용하고 컴퓨터의 USB는 5V를 사용하므로 USB-UART 변환장치 역시 3.3V를 지원하는 모듈이어야 한다. USB-UART 변환장치를 컴퓨터에 연결했을 때 COM3 포트가 할당된 것으로 가정한다.

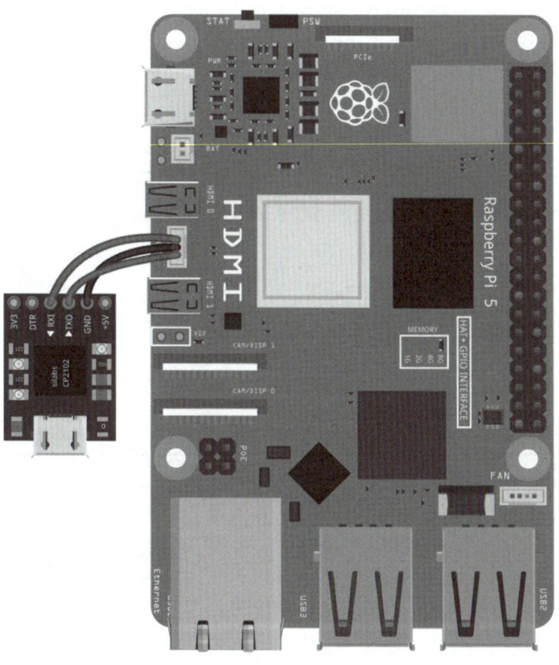

라즈베리파이	주변장치	비고
UART10 포트 TXD	USB-UART 변환장치의 RX	USB-UART 변환장치는 3.3V 전압 레벨 지원
UART10 포트 RXD	USB-UART 변환장치의 TX	
GND	USB-UART 변환장치의 GND	

그림 8.5 UART10 포트에 USB-UART 변환장치 연결 회로

컴퓨터에서 USB–UART 변환장치에 할당된 COM 포트를 통해 송수신되는 데이터를 확인하기 위해서는 터미널 프로그램을 사용해야 한다. 여러 가지 터미널 프로그램을 사용할 수 있지만, 여기서는 무료로 내려받아 사용할 수 있는 PuTTY[1]를 사용한다. PuTTY를 설치한 후 실행하면 다양한 연결 방법(Connection type)을 선택할 수 있으며, UART 통신을 사용하기 위해서는 'Serial'을 선택하면 된다. 'Serial line'은 USB–UART 변환장치에 할당된 COM3 포트를 지정하고, 'Speed'는 USB10 포트의 디폴트값인 115200을 지정한다.

'Open' 버튼을 누르면 라즈베리파이의 UART10 포트와 연결된다. 라즈베리파이를 끈 상태에서 포트를 연결하고 라즈베리파이를 켜면 다음과 같이 부팅 메시지와 함께 로그인 창이 나타나므로 UART10 포트를 통해 로그인하고 CLI(Command Line Interface)를 통해 라즈베리파이를 제어할 수 있다.

1 https://www.putty.org

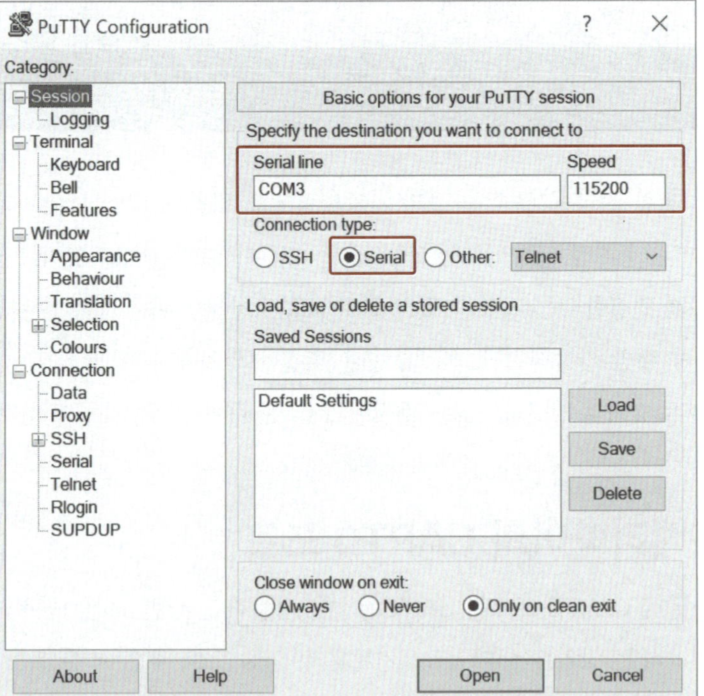

그림 8.6 PuTTY의 UART10 포트 연결 설정

라즈베리파이에서 모든 것은 파일이므로 UART 통신 역시 해당하는 파일에 데이터를 읽고 쓰는 동작으로 이루어진다. 라즈베리파이 5에서 UART10 포트에 연결된 파일은 /dev/ttyAMA10이며 이는 부팅 메시지에서 확인할 수 있다.

```
Debian GNU/Linux comes with ABSOLUTELY NO WARRANTY, to the extent
permitted by applicable law.
Last login: Thu Apr  3 13:38:22 KST 2025 on tty1
hgycap@hgycap-pi:~$
```

UART10 포트를 통한 시리얼 콘솔 연결은 `ssh` 명령으로 원격 로그인하는 것과 기본적으로 같은 환경을 제공한다. 하지만 `ssh` 명령이 IP 주소를 사용하여 연결하는 것이라면, 시리얼 콘솔은 UART 통신을 통해 연결한다는 차이가 있다. 또한 `ssh` 명령을 사용한 연결은 라즈베리파이 OS가 정상적으로 동작할 때만 가능하지만, 시리얼 콘솔 연결은 라즈베리파이 OS가 정상적으로 동작하지 않을 때 라즈베리파이에 연결하여 라즈베리파이 OS를 디버깅하는 것도 가능하다.

8.3 라즈베리파이의 UART0 포트

UART10 포트와 달리 UART0 포트는 UART 통신을 사용하는 주변장치를 연결하는 데 사용한다. UART 통신을 사용하는 장치로는 마이크로컨트롤러, GPS 모듈, 무선 통신 모듈, 센서 등 다양하다. 라즈베리파이 OS에서는 기본적으로 UART0 포트를 사용할 수 없도록 설정되어 있으며 이는 다른 통신 포트도 마찬가지다. 그림 8.4에서 'Serial Port'가 비활성화된 것을 활성화 상태로 바꾸면 GPIO 14번과 GPIO 15번 핀을 통해 UART0 포트를 사용할 수 있다.

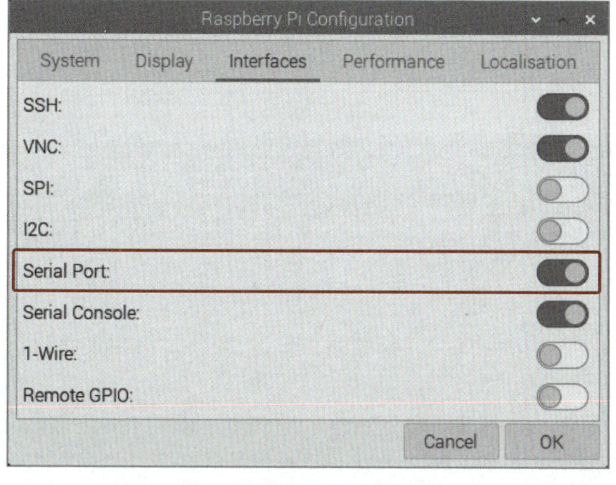

그림 8.7 UART 통신 활성화

UART 통신을 테스트하기 전에 PuTTY의 설정을 수정하자. 줄바꿈을 위해 흔히 사용하는 것이 다음 줄(new line)로 커서를 옮기는 `\n`이다. 하지만 `\n`만으로는 완전한 줄바꿈이 되지 않으며 커서를 첫 번째 칸으로 옮기는 캐리지 리턴 `\r`을 함께 사용해야 한다. 윈도우에서는 `\n`만으로 `\n`과 `\r`의 두 가지 효과를 얻을 수 있지만, 리눅스에서는 두 문자를 구별하는 것이 원칙이다. PuTTY에서도 `\n`과 `\r`을 구별하고 있으며 그 흔적을 설정에서 확인할 수 있다. 설정의 'Terminal' 부분에서 'Implicit CR in every LF', 'Implicit LF in every CR' 항목을 선택해서 `\n`이나 `\r`만 사용했을 때도 두 가지 효과가 발생하도록 하자. LF는 라인 피드(Line Feed)의 약어로, 다음 줄로 커서를 옮기는 `\n`에 해당한다.

한 가지 더 추가할 옵션은 'Local echo' 항목을 'Force on'으로 선택하는 것이다. Local echo는 PuTTY에서 데이터를 입력할 때 화면에 보여주는 옵션으로, 코드 8.1에서는 사용하지 않지만 라즈베리파이로 데이터를 전송할 때 입력한 데이터를 확인하는 데 필요하다.

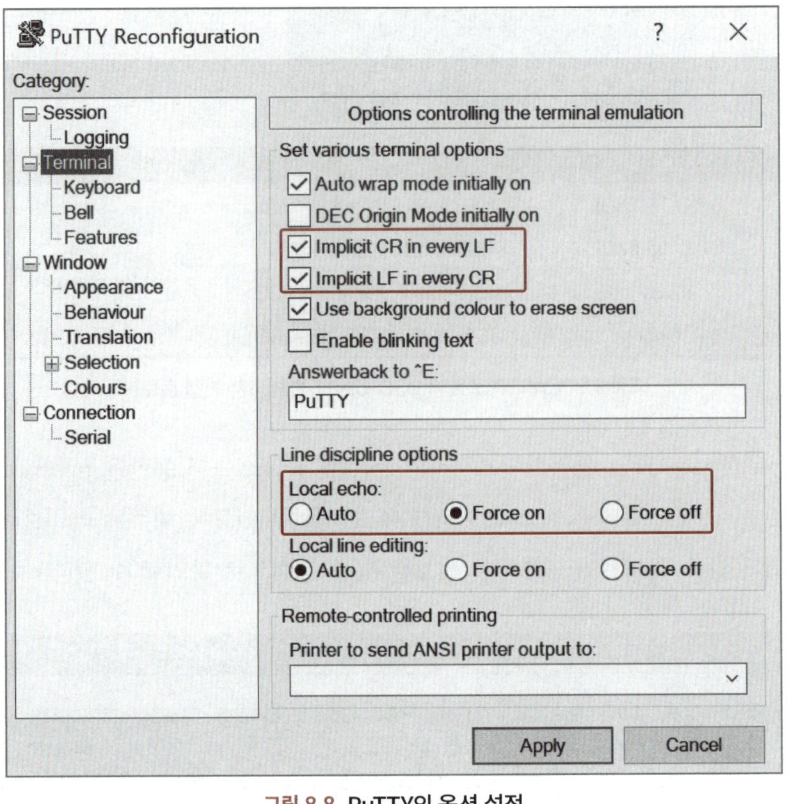

그림 8.8 PuTTY의 옵션 설정

USB–UART 변환장치를 GPIO 14번(TXD)과 15번(RXD) 핀에 연결하자. USB–UART 변환장치의 TXD 핀은 라즈베리파이의 RXD(GPIO 15번) 핀에, 변환장치의 RXD 핀은 라즈베리파이의 TXD(GPIO 14번) 핀에 교차해서 연결한다.

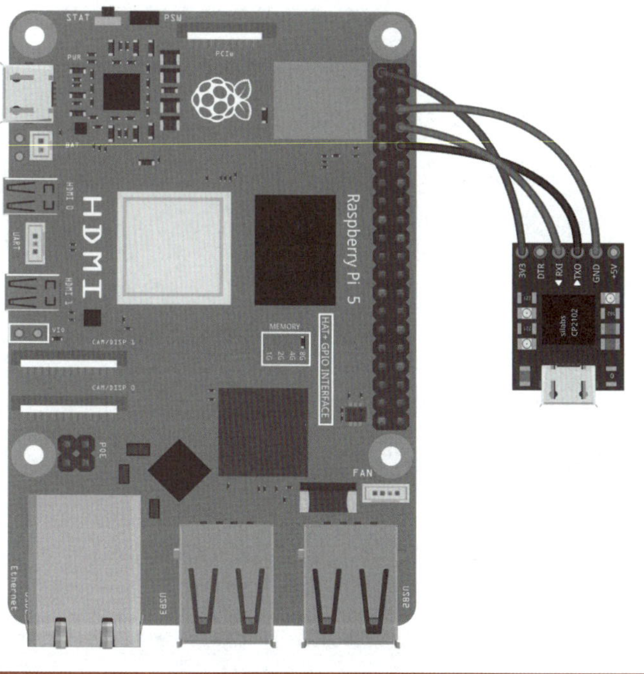

라즈베리파이	주변장치	비고
GPIO 14(TXD)	USB-UART 변환장치의 RX	USB-UART 변환장치는 3.3V 전압 레벨 지원
GPIO 15(RXD)	USB-UART 변환장치의 TX	
3.3V	USB-UART 변환장치의 VCC	
GND	USB-UART 변환장치의 GND	

그림 8.9 UART0 포트에 USB-UART 변환장치 연결 회로

UART 통신을 위해서는 `pyserial` 라이브러리의 `Serial` 클래스를 사용한다. `pyserial` 라이브러리는 시리얼 포트를 통해 연결된 장치와 데이터를 주고받을 수 있도록 해주는 라이브러리로, 파이썬과 함께 설치되어 있다. 라이브러리에 대한 정보는 `pip3` 명령으로 확인할 수 있다.

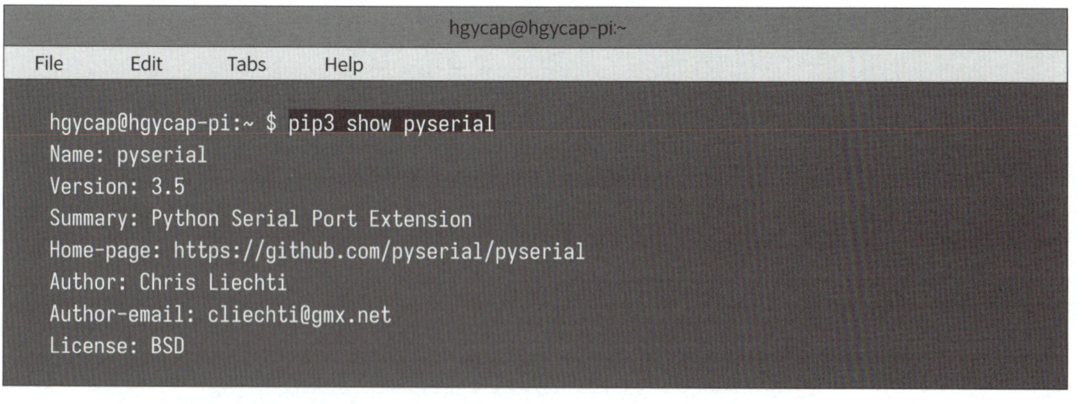


```
hgycap@hgycap-pi:~ $ pip3 show pyserial
Name: pyserial
Version: 3.5
Summary: Python Serial Port Extension
Home-page: https://github.com/pyserial/pyserial
Author: Chris Liechti
Author-email: cliechti@gmx.net
License: BSD
```

```
Location: /usr/lib/python3/dist-packages
Requires:
Required-by:
hgycap@hgycap-pi:~ $
```

Serial 클래스의 객체를 통한 데이터 송수신은 바이트 단위로 이루어진다. 하지만 파이썬은 유니코드(UTF-8)를 기본으로 하므로, 파이썬의 문자열을 UART 통신으로 전송하기 위해서는 유니코드 문자열을 바이트 단위 문자열로 변환해야 한다. 유니코드 문자열을 바이트 단위 문자열로 변환하는 데는 encode 함수를 사용할 수 있으며, 반대로 UART 통신을 통해 수신된 바이트 단위 문자열을 파이썬의 유니코드 문자열로 변환하는 데는 decode 함수를 사용할 수 있다.

Serial 클래스 객체를 생성할 때 지정하는 ttyAMA0은 UART0 포트에 해당하는 파일이다. ttyAMA0 파일은 UART10 포트에 해당하는 ttyAMA10 파일과 마찬가지로 문자 장치 파일이다. 문자 장치 파일은 문자 단위로 데이터를 입출력하는 데 사용되는 파일로, /dev 디렉터리에서 확인할 수 있다.

```
hgycap@hgycap-pi:~
File    Edit    Tabs    Help
hgycap@hgycap-pi:~ $ ls -l /dev/ttyAMA*
crw-rw---- 1 root   dialout 204, 64 Apr  4 15:18 /dev/ttyAMA0
crw------- 1 hgycap tty     204, 74 Apr  4 15:23 /dev/ttyAMA10
hgycap@hgycap-pi:~ $
```

코드 8.1은 라즈베리파이에서 UART 포트를 통해 주기적으로 데이터를 전송하는 예다. 코드 8.1의 13번 줄에서 f"" 포맷은 숫자를 문자열로 변환하기 위해 사용했다. 중괄호 내 count는 변수 이름을, 콜론 이후에는 숫자 표시 형식을 나타낸다. 숫자 표시 형식에서 >는 오른쪽 정렬을 의미하고 5는 숫자를 나타내는 문자열 길이를 의미한다. 코드 8.1을 실행하고 1초에 한 번 1씩 증가하는 카운터값과 함께 "Hello from Raspberry Pi!" 문자열이 UART 통신으로 컴퓨터로 보내져서 PuTTY에 출력되는 것을 확인해 보자. PuTTY에 출력되는 내용은 16번 줄에서 Thonny의 파이썬 셸로도 출력된다.

코드 8.1 데이터 송신

```
import serial
import time

# 시리얼 포트 초기화(포트와 속도 설정)
ser = serial.Serial('/dev/ttyAMA0', baudrate=115200)
message = "Hello from Raspberry Pi!"
count = 1

try:
    while True:
        ser.write(message.encode())                    # 데이터를 인코딩하여 전송
        # 카운터값을 오른쪽으로 정렬된 길이 5의 문자열로 변환하여 전송
        ser.write(f"{count:>5}".encode())
        ser.write("\n".encode())                       # 줄바꿈 문자

        print(f"Sent: {message}{count:>5}")            # 셸에 출력

        time.sleep(1)
        count = count + 1                              # 카운터값 증가
except KeyboardInterrupt:
    print("** Program termination by user (Ctrl + C)")
finally:
    ser.close()
```

Thonny IDE 셸 실행 결과

```
>>> %Run UART_send.py
 Sent: Hello from Raspberry Pi!    1
 Sent: Hello from Raspberry Pi!    2
 Sent: Hello from Raspberry Pi!    3
 Sent: Hello from Raspberry Pi!    4
```

COM3 - PuTTY

```
Hello from Raspberry Pi!    1
Hello from Raspberry Pi!    2
Hello from Raspberry Pi!    3
Hello from Raspberry Pi!    4
```

그림 8.10과 같이 GPIO 24번 핀부터 GPIO 27번 핀까지 4개의 LED를 연결하고 USB-UART 변환 장치를 GPIO 14번 핀과 15번 핀에 연결하자. 시리얼 통신을 통해 0에서 4 사이의 값을 수신하고 해당하는 수만큼 LED를 켜도록 코드를 작성해 보자.

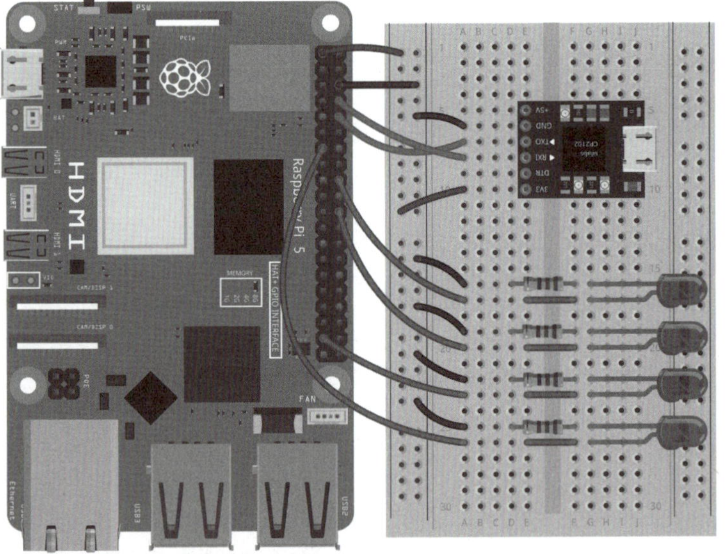

라즈베리파이	주변장치	비고
GPIO 24	LED 1의 (+)	
GPIO 25	LED 2의 (+)	
GPIO 26	LED 3의 (+)	
GPIO 27	LED 4의 (+)	
GPIO 14(TXD)	USB-UART 변환장치의 RX	USB-UART 변환장치는 3.3V 전압 레벨 지원
GPIO 15(RXD)	USB-UART 변환장치의 TX	
3.3V	USB-UART 변환장치의 VCC	
GND	USB-UART 변환장치의 GND LED 4개의 (-)	

그림 8.10 USB-UART 변환장치와 LED 연결 회로

UART 통신으로 수신된 데이터는 수신 버퍼에 저장된다. 따라서 데이터를 읽기 전에 수신 버퍼에 저장된 데이터가 있는지 확인해야 하며, 코드 8.2의 11번 줄에서 사용한 `in_waiting` 속성이 수신 버퍼에 저장된 데이터의 바이트 수를 나타낸다.

코드 8.2는 줄 단위로 데이터를 수신한다. PuTTY는 줄 끝을 `\r`로 표시하므로 줄 단위로 읽기 위해 12번 줄에서 `read_until` 함수를 사용했다. 줄 단위로 데이터를 읽기 위해서는 `readline` 함수가 많이 사용되지만 `readline` 함수는 `\n`으로 줄 끝을 표시한다. `read_until` 함수에서 `b''`는 유니코드 문자열이 아닌 바이트 문자열임을 나타내기 위해 사용했으며, `strip` 함수는 문자열 앞뒤의 공백문자와 개행문자를 제거하기 위해 사용했다. 줄 단위로 읽은 문자열은 `int` 함수로 정수로 변환한 후, 범위 내의 정수이면 해당하는 개수의 LED를 켜고 범위 밖의 정수이면 잘못된 숫자가 입력되었음을 출력한다. 코드 8.2를 실행하고 PuTTY에서 LED의 개수를 입력하여 해당하는 수의 LED가 켜지는 것을 확인해 보자.

코드 8.2 데이터 수신

```
import serial
import time
from gpiozero import LED

# 시리얼 포트 초기화(포트와 속도 설정)
ser = serial.Serial('/dev/ttyAMA0', baudrate=115200)
LEDs = [LED(24), LED(25), LED(26), LED(27)]          # LED 리스트

try:
    while True:
        if ser.in_waiting > 0:                         # 데이터 수신 검사
            received_data = ser.read_until(b'\r').decode('utf-8').strip()
            print(f"Received: {received_data}")

            n = int(received_data)                     # 문자열을 정수로 변환

            if n < 0 or n > 4:                         # 숫자 범위 확인
                print("** Received wrong number of LEDs...")
            else:                                      # 범위 내 숫자 입력
                for i in range(n):
                    LEDs[i].on()
                for i in range(n, 4):
                    LEDs[i].off()
        time.sleep(0.1)
except KeyboardInterrupt:
    print("** Program termination by user (Ctrl + C)")
finally:
    ser.close()
    for led in LEDs:
        led.close()
```

Thonny IDE 셸 실행 결과

```
>>> %Run UART_receive.py
 Received: 1
 Received: 3
 Received: 5
 ** Received wrong number of LEDs...
 Received: 4
```

```
Received: 2
Received: 0
Received: -1
** Received wrong number of LEDs...
```

COM3 - PuTTY

```
1
3
5
4
2
0
-1
```

코드 8.2로 데이터를 수신하고 이를 통해 LED를 제어하는 데 문제는 없지만, 데이터 수신을 위해 계속해서 수신 버퍼를 검사해야 하므로 다른 작업을 함께 진행하기는 어렵다. 코드 8.3은 데이터 수신 및 처리를 별도의 스레드를 사용하여 진행하도록 수정한 것으로, `threading` 라이브러리를 사용했다. 코드 8.3의 29번 줄에서는 `Thread` 클래스를 사용하여 `handle_serial` 함수가 별도의 스레드로 실행되도록 하고 있으며, `handle_serial` 함수 내에서는 `stop_thread` 변수의 값을 통해 별도의 스레드로 실행되는 함수의 종료 여부를 결정한다. `stop_thread` 변수는 전역 변수로 정의되어 있어 스레드 밖에서 값을 변경하면 스레드 내에서 확인할 수 있으므로 스레드로 데이터를 전달하는 간단한 방법으로 사용할 수 있다.

코드 8.3은 코드 8.2와 다르게 숫자가 아닌 문자를 입력했을 때 정수로 변환하는 과정에서 오류를 처리하고 있다. 17번 줄에서 문자열을 정수로 변환할 때 변환에 실패하면 25번 줄에서 잘못된 값이 입력되었음을 출력하고 실행을 계속한다. 즉, 코드 8.2에서는 잘못된 범위의 숫자 입력만 찾아낼 수 있었다면, 코드 8.3에서는 숫자로 변환할 수 없는 문자 입력 역시 찾아낼 수 있다.

코드 8.3 데이터 수신 - 스레드 사용

```
01 import serial
02 import threading
03 from gpiozero import LED
04
05 # 시리얼 포트 초기화(포트와 속도 설정)
06 ser = serial.Serial('/dev/ttyAMA0', baudrate=115200)
07 LEDs = [LED(24), LED(25), LED(26), LED(27)]            # LED 리스트
08 stop_thread = False                                    # 스레드 실행 상태
```

```python

def handle_serial():                           # 시리얼 데이터 처리를 위한 함수
    while not stop_thread:
        if ser.in_waiting > 0:                 # 데이터 수신 검사
            received_data = ser.read_until(b'\r').decode('utf-8').strip()
            print(f"Received: {received_data}")

            try:
                n = int(received_data)         # 문자열을 정수로 변환
                if 0 <= n <= 4:
                    for i in range(n):
                        LEDs[i].on()
                    for i in range(n, 4):
                        LEDs[i].off()
                else:
                    print("** Received wrong number of LEDs...")
            except ValueError:                 # 숫자로 변환할 수 없는 입력
                print("** Invalid input received...")

# 별도의 스레드에서 시리얼 데이터 입력 처리
thread = threading.Thread(target=handle_serial) # 스레드 생성
thread.start()                                 # 스레드 시작

try:
    while True:
        pass
except KeyboardInterrupt:
    print("** Program termination by user (Ctrl + C)")
finally:
    stop_thread = True                         # 스레드 정지
    ser.close()
    for led in LEDs:
        led.close()
```

Thonny IDE 셸 실행 결과

```
>>> %Run UART_receive_thread.py
 Received: 1
 Received: 2
 Received: 3
 Received: 5
 ** Received wrong number of LEDs...
 Received: abc
 ** Invalid input received...
```

COM3 - PuTTY

```
1
2
3
5
abc
```

8.4 요약

시리얼 통신은 바이트 단위의 데이터를 비트 단위 데이터로 나누고 순차적인 비트열로 전송함으로써 적은 수의 데이터 핀으로 많은 데이터를 전송하기 위해 사용한다. 이때 비트열을 전송하는 방법에는 여러 가지가 있을 수 있으며 대표적인 방법이 UART 통신이다. UART 통신은 역사가 오래된 만큼 아직도 많은 장치가 사용하고 있으며, 라즈베리파이와 함께 사용할 수 있는 많은 주변장치 역시 UART 통신을 사용한다.

라즈베리파이 5는 2개의 UART 포트를 제공한다. 하나는 전용 커넥터를 통해 사용할 수 있는 포트로 UART–USB 변환장치를 연결하여 시리얼 콘솔로 사용할 수 있다. 시리얼 콘솔은 원격 로그인을 통해 로그인 셸을 실행하는 것과 비슷하게, UART 통신을 통해 로그인 셸을 실행하고 라즈베리파이를 제어할 수 있도록 해준다.

라즈베리파이 5가 제공하는 다른 UART 포트는 GPIO 핀을 통해 제공되는 포트다. 이 포트에는 UART 통신을 사용하는 주변장치를 연결할 수 있으므로 라즈베리파이를 이용한 시스템 구성에 사용할 수 있다. UART 통신을 사용할 때 주의할 점은 라즈베리파이가 3.3V를 사용하므로 UART 통신을 통한 데이터 송수신 역시 3.3V를 기준으로 이루어져야 한다는 것이다. 5V를 사용하는 주변장치를 직접 연결하면 라즈베리파이가 파손될 수 있으므로 주의해야 한다. UART 통신이 RXD와 TXD의 2개 연결선을 사용하며 두 장치를 연결할 때는 교차해서 연결해야 한다는 점도 주의해야 한다.

UART 통신이 흔히 사용되는 시리얼 통신이기는 하지만 한 포트에 하나의 장치만 연결할 수 있다는 것은 단점이라 할 수 있다. 라즈베리파이 5에서도 주변장치를 연결하는 데 하나의 UART 포트만 사용할 수 있으므로 UART 통신을 사용하는 주변장치를 여러 개 연결해야 한다면 문제가 될 수 있다. 다음 장에서는 하나의 포트에 여러 개의 주변장치를 연결할 수 있는 시리얼 통신 중 하나인 I2C(Inter–Integrated Circuit) 통신, 그리고 I2C 통신과 비슷하면서도 더 간단한 1–와이어 통신에 대해 알아본다.

I2C와 1-와이어 통신

I2C 통신은 적은 양의 데이터를 느린 속도로 전송하기 위해 만들어진 시리얼 통신으로, UART 및 SPI 통신과 함께 라즈베리파이에서 흔히 사용되는 시리얼 통신이다. I2C 통신은 하나의 포트에 여러 개의 주변장치를 연결할 수 있지만, 송수신을 동시에 진행할 수 없는 반이중 통신이므로 속도에 제한이 있다. 하지만 여러 장치를 연결하더라도 사용하는 핀 수가 증가하지 않으므로 연결이 간편하고 확장이 쉬워 흔히 사용된다. 비슷한 목적으로 만들어진 1-와이어 통신은 I2C 통신이 사용하는 2개 연결선보다 적은 1개의 연결선만 사용한다. 1-와이어 통신의 전송 속도는 I2C 통신보다 느리지만, I2C 통신보다 연결이 간단하므로 목적에 맞게 선택하여 사용하면 된다. 이 장에서는 I2C 통신과 1-와이어 통신의 특징을 살펴보고, 이러한 통신을 사용하는 주변장치를 제어하는 방법을 살펴본다.

9.1 I2C 통신

대표적인 시리얼 통신이 UART(Universal Asynchronous Receiver/Transmitter) 통신이지만, 하나의 포트에 하나의 장치만 연결할 수 있는 1:1 통신이라는 점은 UART 통신의 단점으로 꼽힌다. 이러한 단점을 해결할 수 있는 시리얼 통신으로는 I2C(Inter-Integrated Circuit) 통신과 SPI(Serial Peripheral Interface) 통신이 대표적이다. I2C 통신과 SPI 통신은 하나의 포트에 여러 개의 장치를 연결할 수 있는 1:N 통신이라는 점에서 같다. 하지만 I2C 통신이 저속 통신을 위해 만들어졌다면, SPI 통신은 고속 통신을 위해 만들어졌다는 점에서 차이가 있다. 이 외에 I2C 통신은 데이터 송수신을 위해 1개의 데이터 선을 사용하는 반이중 통신, 별도의 동기화 클록을 사용하는 동기식 통신이라는 특징을 가지고 있다.

I2C 통신이 1:N 통신이라는 것은 라즈베리파이의 I2C 포트에 I2C 통신을 사용하는 2개 이상의 장치, 예를 들어 텍스트 LCD와 관성 측정 장치를 동시에 연결할 수 있음을 뜻한다. 이때 라즈베리파이를 마스터(master)라고 하고, 텍스트 LCD와 관성 측정 장치를 슬레이브(slave)[1]라고 한다. 2개의 슬레이브를 하나의 포트에 연결하면 두 슬레이브는 포트를 공유하므로 마스터와 동시에 데이터를 주고받을 수는 없고 특정 순간에는 마스터와 하나의 슬레이브 사이에서만 데이터를 주고받을 수 있다. 이때 어느 슬레이브를 선택할지는 마스터에 의해 결정된다. 마스터에서 특정 슬레이브를 선택할 때는 슬레이브별로 정해진 주소인 I2C 주소를 사용하며 이는 인터넷에서 특정 컴퓨터를 선택하기 위해 IP(Internet Protocol) 주소를 사용하는 것과 비슷하다. 특정 슬레이브가 선택된 후에는 1:1 통신처럼 데이터를 주고받게 되므로 연결은 1:N이 가능하지만 실제 데이터 송수신은 1:1로 이루어진다.

I2C 통신은 데이터 송수신을 위해 1개의 데이터 선을 사용한다. 1개의 데이터 선을 사용하면 송신과 수신을 동시에 진행할 수 없는 것이 당연하다. 따라서 특정 순간에는 송신 또는 수신만 가능하며 이를 반이중 통신이라고 한다. I2C 통신에서 데이터 송수신에 사용되는 연결선을 SDA(Serial Data)라고 한다. SDA는 송신 또는 수신으로 사용될 수 있으며, 그 선택은 여러 슬레이브에서 하나를 선택하는 것과 마찬가지로 마스터의 몫이다.

I2C 통신은 UART 통신과 달리 데이터 동기화를 위해 별도의 연결선을 사용하며 이를 SCL(Serial Clock)이라고 한다. SCL은 데이터를 읽을 수 있는 시점을 알려주기 위한 클록 신호를 보내는 용도

1 슬레이브라는 단어의 부정적인 어감으로 마스터/슬레이브 대신 코디네이터(coordinator)/워커(worker), 매니저(manager)/워커 등 문맥에 따라 다양한 용어로 대체되고 있다(https://developers.google.com/style/word-list#slave).

로 사용된다. 별도의 클록 신호를 사용하면 회로가 간단해지고 오류 발생 가능성도 낮아져 데이터를 빠른 속도로 보낼 수 있다. 물론 연결선의 수가 늘어난다는 것은 단점이 될 수 있다.

이처럼 I2C 통신은 데이터 송수신을 위해 1개(SDA), 동기화 클록을 위해 1개(SCL) 총 2개의 연결선을 사용한다. 여러 개의 슬레이브를 연결했을 때 각 슬레이브는 주소에 의해 구별되므로 슬레이브를 구별하는 데 별도의 연결선이 필요하지 않다. 따라서 I2C 통신에서는 슬레이브의 개수와 무관하게 항상 2개의 연결선을 사용한다.

그림 9.1은 라즈베리파이에 1개의 I2C 슬레이브를 연결한 것이다. 1개의 슬레이브를 연결했을 때는 2개의 연결선을 사용하는 UART 통신과 큰 차이가 없어 보일 수 있지만, 각 연결선이 데이터와 클록 전송을 위해 사용된다는 점에서 2개를 모두 데이터 전송에 사용하는 UART 통신과 차이가 있다.

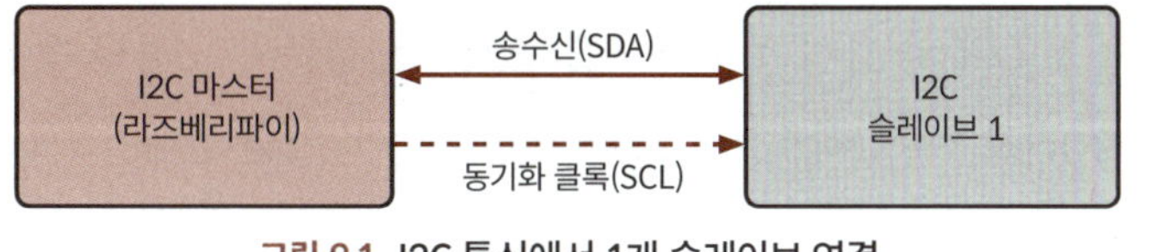

그림 9.1 I2C 통신에서 1개 슬레이브 연결

그림 9.2는 2개의 슬레이브를 연결한 것으로, UART 통신과의 차이를 확인할 수 있다. 모든 슬레이브는 I2C 통신을 위한 연결선을 공유하므로 마스터가 보낸 데이터는 모든 슬레이브가 수신한다. 하지만 통신을 시작하기 전에 I2C 주소를 사용하여 특정 슬레이브를 선택하므로 선택된 슬레이브만 수신한 데이터를 사용하고 나머지 슬레이브는 수신한 데이터를 사용하지 않는다. I2C 주소 역시 데이터 연결선을 통해 전달되는 특별한 데이터에 해당한다.

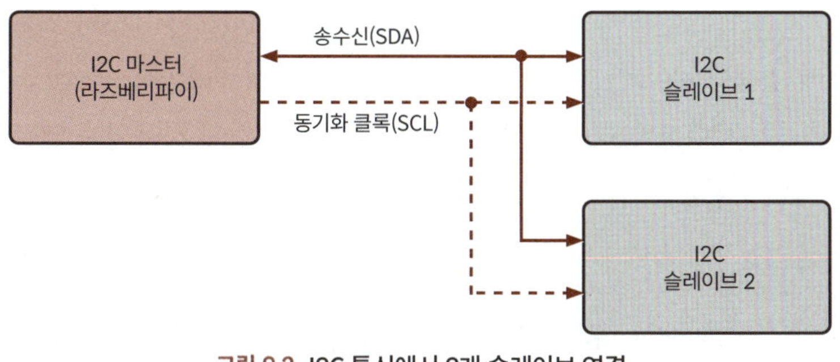

그림 9.2 I2C 통신에서 2개 슬레이브 연결

9.2 라즈베리파이의 I2C 통신

라즈베리파이 5는 2개의 I2C 포트를 GPIO 핀을 통해 제공한다. GPIO 0번과 GPIO 1번 핀으로 제공되는 0번 I2C 포트는 HAT(Hardware Attached on Top)을 통한 EEPROM 제어에 예약된 핀이므로 설정 변경 없이는 사용을 권장하지 않는다. 주변장치 연결에 사용하는 포트는 GPIO 2번과 GPIO 3번 핀으로 제공되는 1번 I2C 포트다.

I2C 포트는 기본적으로 사용할 수 없도록 설정되어 있으므로 먼저 I2C 통신을 활성화해야 한다. '메뉴 → Preferences → Raspberry Pi Configuration' 항목을 선택하여 라즈베리파이 설정 프로그램을 실행하고 Interfaces 탭을 선택한 후 'I2C' 항목을 선택한다.

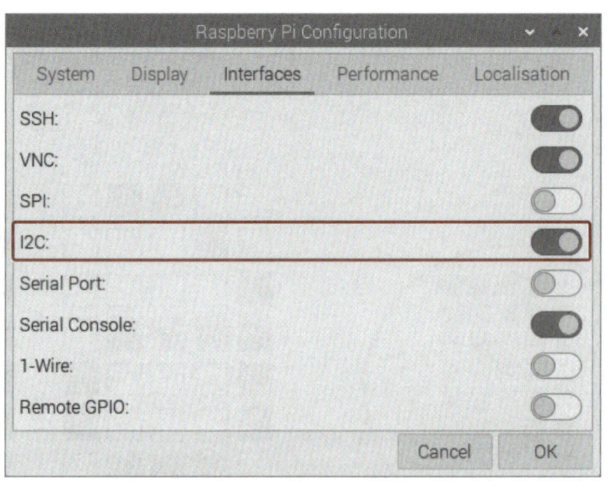

그림 9.3 I2C 통신 활성화

I2C 포트 설정은 `raspi-config` 프로그램을 통해서도 가능하다. 터미널에서 `sudo raspi-config` 명령을 실행하여 라즈베리파이 설정 프로그램을 실행하고 '3 Interface Options → I5 I2C → Yes' 항목을 선택하면 I2C 포트를 활성화할 수 있다.

9.2.1 텍스트 LCD

텍스트 LCD는 액정(liquid crystal)을 사용하여 만든 표시장치의 하나로, 고정된 위치에 문자 단위로 영문자, 숫자, 기호 등을 표시할 수 있다. 텍스트 LCD는 표시할 수 있는 문자의 수에 따라 여러 종류가 있지만 16문자씩 2줄, 총 32문자를 표시할 수 있는 텍스트 LCD가 흔히 사용된다. 이 장에서 사용하는 텍스트 LCD 역시 32문자를 표시할 수 있는 텍스트 LCD다. 그림 9.4는 텍스트 LCD의 문자 표시 영역을 나타낸 것으로, 왼쪽 위가 (0, 0)으로 기준이 된다.

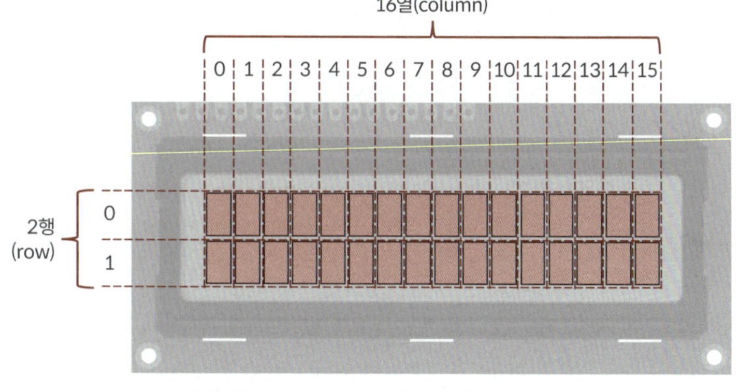

그림 9.4 텍스트 LCD의 문자 표시 영역

그림 9.5는 텍스트 LCD에서 문자가 표시되는 영역을 확대한 것이다. 그림 9.5에서 볼 수 있는 것처럼 텍스트 LCD에서 한 문자는 5×8픽셀로 표시된다. 숫자나 영문자를 표시하는 데 5×8픽셀이 부족하지는 않지만, 한글이나 한자처럼 복잡한 문자는 표시할 수 없다.

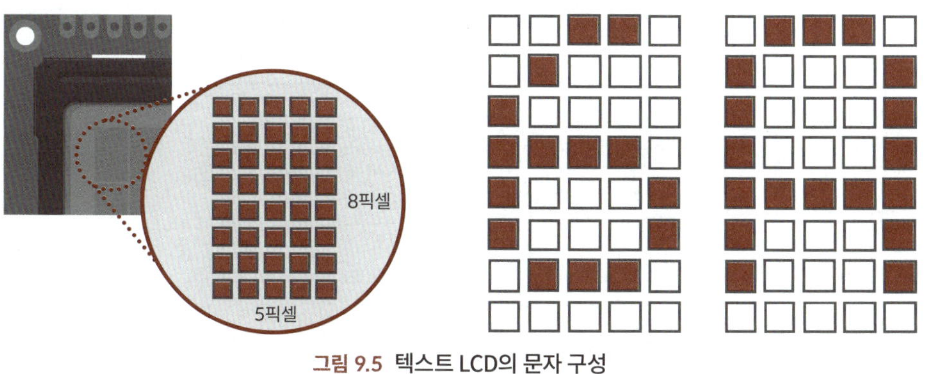

그림 9.5 텍스트 LCD의 문자 구성

텍스트 LCD는 16개의 연결 핀을 갖고 있으며 3개의 제어 신호 핀, 8개의 데이터 신호 핀, 5개의 전원 및 백라이트 제어 핀으로 구성되어 있다. 텍스트 LCD를 연결하는 데는 최소 6개, 최대 11개의 GPIO 핀이 필요하며 이는 GPIO 핀이 제한된 라즈베리파이에는 부담이 될 수 있다. 따라서 필요한 GPIO 핀의 수를 줄이기 위해 UART, I2C 등의 시리얼 통신을 사용하는 모듈이 주로 사용하며, 이 장에서 사용하는 텍스트 LCD에는 I2C 통신 모듈이 포함되어 있다.

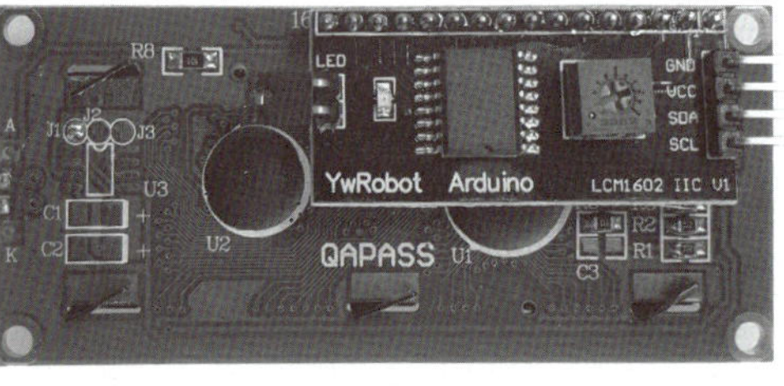

그림 9.6 I2C 통신 모듈이 연결된 텍스트 LCD

I2C 통신을 사용하기 위해서는 데이터를 위한 SDA, 클록을 위한 SCL의 2개 핀만 연결하면 된다. 라즈베리파이는 I2C 통신의 마스터로 GPIO 2(SDA)번 핀과 GPIO 3(SCL)번 핀을 사용하여 I2C 방식 텍스트 LCD를 연결하면 된다. 그림 9.7과 같이 I2C 방식 텍스트 LCD를 라즈베리파이에 연결한다.

라즈베리파이	주변장치	비고
GPIO 2(SDA)	텍스트 LCD의 SDA	
GPIO 3(SCL)	텍스트 LCD의 SCL	
5V	텍스트 LCD의 VCC	텍스트 LCD 동작 전압
GND	텍스트 LCD의 GND	

그림 9.7 I2C 방식 텍스트 LCD 연결 회로

하나의 I2C 포트에는 여러 개의 장치를 연결할 수 있고 이러한 장치는 I2C 주소에 의해 구별된다. 텍스트 LCD의 I2C 주소는 데이터시트를 확인하거나 터미널에서 `i2cdetect` 명령으로 확인할 수 있다. `i2cdetect` 명령을 사용할 때는 I2C 포트 번호를 지정해야 하며, GPIO 2번 핀과 GPIO 3번 핀을 통해 제공되는 I2C 포트는 1번 포트다. `i2cdetect` 명령의 실행 결과는 16진수로 주어지며, 실행 결과에서 텍스트 LCD의 I2C 주소가 0x27임을 알 수 있다. 텍스트 LCD의 I2C 주소는 텍스트 LCD와 함께 사용되는 I2C 변환 모듈에 따라 달라질 수 있다.

```
hgycap@hgycap-pi:~
File    Edit    Tabs    Help

hgycap@hgycap-pi:~ $ i2cdetect -y 1
     0  1  2  3  4  5  6  7  8  9  a  b  c  d  e  f
00:                         -- -- -- -- -- -- -- --
10: -- -- -- -- -- -- -- -- -- -- -- -- -- -- -- --
20: -- -- -- -- -- -- -- 27 -- -- -- -- -- -- -- --
30: -- -- -- -- -- -- -- -- -- -- -- -- -- -- -- --
40: -- -- -- -- -- -- -- -- -- -- -- -- -- -- -- --
50: -- -- -- -- -- -- -- -- -- -- -- -- -- -- -- --
60: -- -- -- -- -- -- -- -- -- -- -- -- -- -- -- --
70: -- -- -- -- -- -- -- --
hgycap@hgycap-pi:~ $
```

I2C 방식 텍스트 LCD를 사용하기 위해서는 먼저 라이브러리를 설치해야 한다. I2C 방식 텍스트 LCD를 위한 라이브러리는 여러 종류가 있지만, 이 장에서는 `liquidcrystal_i2c-linux` 라이브러리를 사용한다. `liquidcrystal_i2c-linux` 라이브러리는 I2C 방식 텍스트 LCD 제어를 위해 LCD 클래스를 정의하고 있다.

`liquidcrystal_i2c-linux` 라이브러리는 SMBus 통신을 위한 `smbus` 라이브러리를 바탕으로 만들어져 있으므로 `smbus` 라이브러리도 함께 설치해야 한다. SMBus 통신은 I2C 통신에 패킷 단위 데이터 전송 기능과 시스템 관리 기능 등을 추가한 것이다. Thonny에서 'Tools → Open system shell...' 메뉴 항목을 선택하여 셸을 실행한 후 `smbus` 라이브러리와 `liquidcrystal_i2c-linux` 라이브러리를 설치한다.

```
hgycap@hgycap-pi:~/Documents
File    Edit    Tabs    Help

hgycap@hgycap-pi:~/Documents $ pip3 install smbus liquidcrystal_i2c-linux
```

I2C 방식 텍스트 LCD 제어를 위해서는 라이브러리를 `import`하고 `LCD` 클래스의 객체를 생성한 후 커서 위치를 지정하여 문자를 출력하는 것이 기본이며 흔히 사용하는 방식이다. `LCD` 클래스에는 기본적인 아스키 문자 출력 외에도 텍스트 LCD 제어를 위한 여러 가지 함수가 정의되어 있으며, 함수 사용 방법에 대한 자세한 내용은 라이브러리 홈페이지[2]를 참고하면 된다. 코드 9.1은 첫 번째 줄에 `Hello`, 두 번째 줄에 `Raspberry Pi 5`를 가운데로 정렬하여 표시하는 예다.

코드 9.1 I2C 방식 텍스트 LCD 제어

```
from liquidcrystal_i2c import LCD

# (버스 번호, I2C 장치 주소, 열 수, 행 수)
lcd = LCD(bus=1, addr=0x27, cols=16, rows=2)

lcd.clear()                              # LCD 지우기
lcd.home()                               # 커서를 (0, 0)으로 옮김

lcd.setCursor(6, 0)                      # (col, row): (0, 0)이 기준
lcd.print("Hello")
lcd.setCursor(1, 1)
lcd.print("Raspberry Pi 5")
```

Thonny IDE 셸 실행 결과

```
>>> %Run I2C_textLCD.py
```

9.2.2 가속도 각속도 센서

I2C 통신은 적은 데이터를 간헐적으로 전송하는 장치에서 주로 사용되며, 텍스트 LCD를 제외하면 센서가 대표적인 예다. 센서 중에서도 가속도 각속도 센서는 스마트폰에 포함된 이후 일상생활에서 흔히 접할 수 있는 센서가 되었다. 가속도는 직선 방향으로 움직이는 물체의 단위 시간당 속도 변화량을, 각속도는 축을 기준으로 회전하는 물체의 단위 시간당 각도 변화량을 의미한다. 속도와 각속도는 움직이는 물체와 관련된 다양한 정보를 얻는 데 기본적으로 사용되는 양으로, 다양한 장치에서 사용하고 있다.

가속도와 각속도를 측정하는 데 사용할 수 있는 대표적인 칩이 MPU-6050이다. MPU-6050은 InvenSense[3]에서 만든 6축 관성 측정 장치(IMU: Inertial Measurement Unit)로, 관성 측정을 위해

2 https://github.com/a13ssandr0/liquidcrystal_i2c-linux

3 https://invensense.tdk.com

가속도와 각속도를 사용한다. IMU는 물체의 자세, 위치 변화 등을 측정하는 데 사용되며, 여기에 지자기 센서까지 추가하면 방향 측정도 가능해져 더욱 정밀한 자세 추정이 가능하다.

MPU-6050은 x, y, z의 3축 방향으로 가속도와 각속도를 측정하므로 6축이라고 이야기한다. MPU-6050의 성능을 개선하고 기능을 추가하여 만든 칩에 MPU-6500, MPU-9250 등이 있다. MPU-9250은 MPU6050이나 MPU6500과 달리 지자기 측정 기능을 추가한 9축 IMU이지만, 기본적인 사용 방법은 MPU-6050과 같다. MPU 시리즈 칩은 크기가 작아 다루기 어려우므로 주변 회로를 추가한 모듈이 흔히 사용되며 이 장에서도 MPU-6050 모듈을 사용한다.

그림 9.8 MPU-6050 모듈

표 9.1은 MPU-6050 모듈의 8핀 기능을 요약한 것으로, I2C 통신을 사용한다. 라즈베리파이에서는 I2C 방식 텍스트 LCD와 마찬가지로 GPIO 2번(SDA) 핀과 GPIO 3번(SCL) 핀을 사용하면 된다.

표 9.1 MPU-6050 모듈의 핀

번호	핀 이름	설명
1	VCC	5V
2	GND	
3	SCL	I2C 시리얼 클록
4	SDA	I2C 시리얼 데이터
5	XDA	보조 I2C 시리얼 데이터
6	XCL	보조 I2C 시리얼 클록
7	AD0	I2C 주소 선택
8	INT	인터럽트 출력

MPU-6050 칩은 0x68의 I2C 주소를 사용하지만, AD0(Address Zero) 핀에 `HIGH`를 연결하면 0x69를 I2C 주소로 사용할 수 있으므로 I2C 주소의 충돌이 발생할 때 사용할 수 있다. MPU-6050은 3.3V를 사용하므로 데이터 선 역시 3.3V 기준 전압을 사용해야 하지만, MPU-6050 모듈에 3.3V 레귤레이터가 포함되어 있으므로 VCC에는 5V 전원을 연결해야 한다. 그림 9.9와 같이 MPU-6050 모듈을 라즈베리파이에 연결하자.

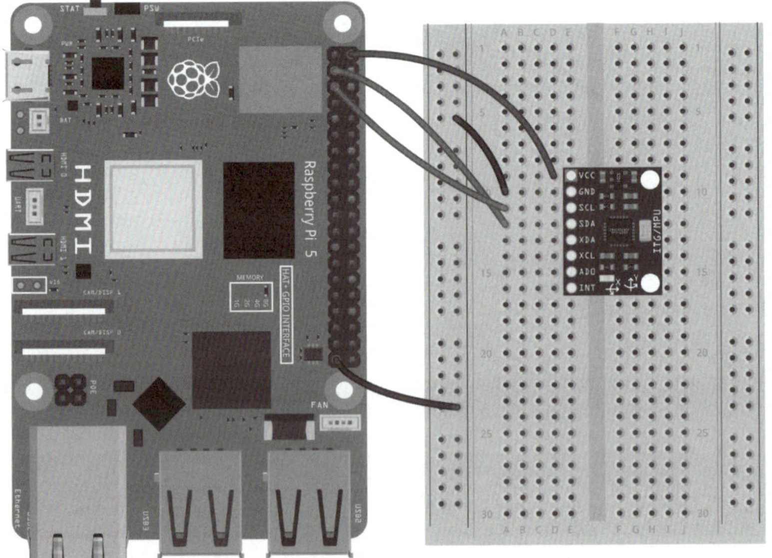

라즈베리파이	주변장치	비고
GPIO 2(SDA)	MPU-6050 모듈의 SDA	
GPIO 3(SCL)	MPU-6050 모듈의 SCL	
5V	MPU-6050 모듈의 VCC	MPU-6050 모듈 동작 전압
GND	MPU-6050 모듈의 GND	

그림 9.9 MPU-6050 모듈 연결 회로

MPU-6050 모듈이 출력하는 가속도와 각속도 값의 축 방향은 그림 9.10과 같다. 속도를 나타내는 세 축의 방향은 오른손 법칙을 따르며, 각 축에서 각속도 값의 방향 역시 속도 축을 기준으로 오른손 법칙을 따른다. 속도에서 오른손 법칙은 오른손의 엄지를 제외한 4개 손가락을 $+x$축에서 $+y$축 방향으로 구부렸을 때 엄지손가락이 가리키는 방향이 $+z$축 방향이 되는 것을 의미한다. 각속도에서 오른손 법칙은 회전축을 따라 엄지손가락을 뻗었을 때 나머지 손가락이 감기는 방향이 각속도가 증가하는 방향임을 의미한다.

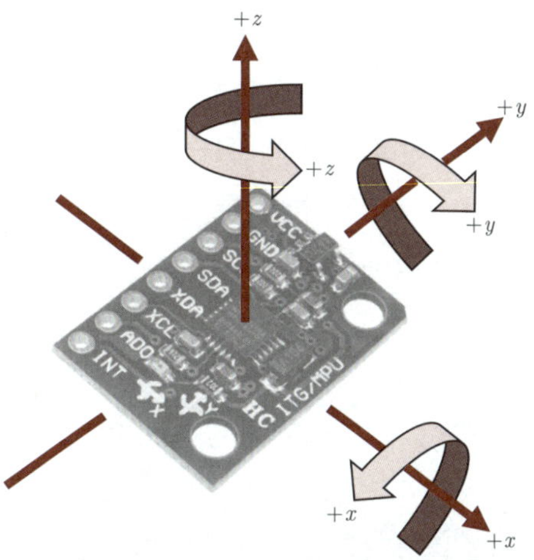

그림 9.10 MPU-6050 모듈의 축 방향

MPU-6050 모듈을 사용하기 위해서는 먼저 라이브러리를 설치해야 한다. MPU-6050 모듈을 위한 라이브러리는 여러 종류가 있지만, 이 장에서는 `mpu6050-raspberrypi` 라이브러리를 사용한다.

```
hgycap@hgycap-pi:~/Documents
File    Edit    Tabs    Help

hgycap@hgycap-pi:~/Documents $ pip3 install mpu6050-raspberrypi
```

MPU-6050 모듈이 사용하는 I2C 주소는 `i2cdetect` 명령으로 확인할 수 있다. 아래 결과에서는 MPU-6050 모듈과 I2C 방식 텍스트 LCD를 함께 연결하고 `i2cdetect` 명령을 실행하여 2개의 I2C 주소를 확인할 수 있다.

```
hgycap@hgycap-pi:~
File    Edit    Tabs    Help

hgycap@hgycap-pi:~ $ i2cdetect -y 1
     0  1  2  3  4  5  6  7  8  9  a  b  c  d  e  f
00:                         -- -- -- -- -- -- -- --
10: -- -- -- -- -- -- -- -- -- -- -- -- -- -- -- --
20: -- -- -- -- -- -- -- 27 -- -- -- -- -- -- -- --
30: -- -- -- -- -- -- -- -- -- -- -- -- -- -- -- --
40: -- -- -- -- -- -- -- -- -- -- -- -- -- -- -- --
50: -- -- -- -- -- -- -- -- -- -- -- -- -- -- -- --
60: -- -- -- -- -- -- -- -- 68 -- -- -- -- -- -- --
70: -- -- -- -- -- -- -- --
hgycap@hgycap-pi:~ $
```

라이브러리를 `import`하고 `mpu6050` 클래스의 객체를 생성한 후 `get_accel_data`, `get_gyro_data`, `get_temp` 함수를 사용하면 가속도, 각속도, 온도 정보를 얻어올 수 있다. 함수에서 반환하는 가속도와 각속도는 각 축을 나타내는 `x`, `y`, `z`를 키로 하는 사전 형식으로 주어진다. 반면 온도는 칩의 내부 온도를 나타내며 실수 형식으로 주어진다. 코드 9.2는 1초에 한 번 가속도, 각속도, 온도 데이터를 읽어 출력하는 예다.

코드 9.2 가속도 각속도 센서에서 센서 값 읽기

```python
from mpu6050 import mpu6050
from time import sleep

sensor = mpu6050(0x68)

try:
    while True:
        accel_data = sensor.get_accel_data()
        gyro_data = sensor.get_gyro_data()
        temp = sensor.get_temp()

        print("Accelerometer data")
        print("x: " + str(accel_data['x']))
        print("y: " + str(accel_data['y']))
        print("z: " + str(accel_data['z']))

        print("Gyroscope data")
        print("x: " + str(gyro_data['x']))
        print("y: " + str(gyro_data['y']))
        print("z: " + str(gyro_data['z']))

        print("Temp: " + str(temp) + " C")
        print()

        sleep(1)
except KeyboardInterrupt:
    print("** Program termination by user (Ctrl + C)")
```

Thonny IDE 셸 실행 결과

```
>>> %Run accel_gyro_temp.py
 Accelerometer data
 x: -5.961562133789062
 y: -5.913678100585937
 z: -5.391742138671875
 Gyroscope data
```

```
x: -4.419847328244275
y: 0.4351145038167939
z: -0.732824427480916
Temp: 28.53 C

Accelerometer data
x: -6.1459156616210935
y: -5.91846650390625
z: -5.432443566894531
Gyroscope data
x: -4.702290076335878
y: 0.46564885496183206
z: -0.46564885496183206
Temp: 28.53 C
```

코드 9.2를 실행하고 MPU-6050 모듈을 움직이면 값이 변하는 것을 확인할 수 있다. 하지만 숫자의 변화만으로 움직임을 유추하기는 쉽지 않다. 가속도와 각속도 값의 변화를 직관적으로 파악할 수 있도록 그래프로 나타내 보자. 파이썬에서 그래프를 그리는 데 사용할 수 있는 대표적인 라이브러리가 `matplotlib` 라이브러리이므로 여기서도 `matplotlib` 라이브러리를 사용한다. 먼저 `matplotlib` 라이브러리를 설치한다.

```
hgycap@hgycap-pi:~/Documents
File    Edit    Tabs    Help

hgycap@hgycap-pi:~/Documents $ pip3 install matplotlib
```

코드 9.3은 6개의 가속도와 각속도 값 중에서 하나(17번 줄에서 20번 줄)를 스크롤되는 그래프로 나타내는 예다. 14번 줄의 `animate` 함수는 주기적으로 호출되어 프레임(frame) 단위로 화면을 갱신함으로써 애니메이션 효과를 얻도록 해준다. 이때 매개변수 `i`는 호출될 때마다 증가하는 프레임 번호를 나타낸다. `animate` 함수를 호출하도록 설정하는 함수가 33번 줄의 `FuncAnimation` 함수로 움직이는 그래프를 나타낼 윈도(`fig`), 주기적으로 호출할 함수(`animate`), 함수를 호출하는 밀리초 단위의 시간 간격(`interval`)을 매개변수로 지정한다. `cache_frame_data`는 프레임 데이터를 캐시에 저장하는 옵션으로, `False`로 설정하면 이전 프레임 데이터를 저장하지 않는다. 프레임 데이터를 캐시에 저장하면 애니메이션을 되감거나 저장할 때 실행 속도를 높일 수 있지만, 메모리 사용량이 많아지므로 코드 9.3에서는 저장하지 않도록 설정했다.

그래프로 그릴 데이터를 저장하기 위해서는 C/C++의 배열과 비슷한 `numpy` 라이브러리의 `ndarray`

를 사용했다. ndarray는 화면에 나타낼 데이터 포인트의 개수를 기준으로 크기를 설정하고, 스크롤로 보이지 않는 데이터는 자동으로 삭제되도록 22번 줄에서 원형 큐와 같은 방법으로 데이터를 저장했다. 배열을 실제 그래프로 나타내는 27번 줄에서는 배열을 두 부분으로 나누고 이어 붙여(concatenate) 가장 최근의 값이 배열의 끝에 오도록 함으로써 그래프가 움직이는 효과를 얻도록 했다.

코드 9.3 가속도 각속도 값 그래프 그리기

```
01 from mpu6050 import mpu6050
02 import numpy as np                                # 배열 연산 라이브러리
03 import matplotlib.pyplot as plt                   # 그래프 그리기 라이브러리
04 import matplotlib.animation as animation          # 그래프 애니메이션 라이브러리
05
06 NUM_SAMPLE = 100
07 fig = plt.figure()                                # 그리기 윈도 생성
08 ax = fig.gca()                                    # 그리기 영역 얻기
09
10 ys = np.zeros((NUM_SAMPLE, 1))                    # 값 저장을 위한 빈 배열 생성
11
12 sensor = mpu6050(0x68)
13
14 def animate(i):                                   # 반복 호출 함수(i: 프레임 번호)
15     global ys                                     # 전역 변수 ys 사용
16
17     # accel_data = sensor.get_accel_data() # 가속도 데이터 사용
18     # y = accel_data['z']
19     gyro_data = sensor.get_gyro_data()            # 각속도 데이터 사용
20     y = gyro_data['x']
21
22     index = i % NUM_SAMPLE                        # 현잿값을 저장할 위치
23     ys[index] = y
24
25     index = (index + 1) % NUM_SAMPLE
26     # 배열을 두 부분으로 나누고 이어 붙여 현잿값이 가장 뒤에 오도록 함
27     plot_data = np.concatenate([ys[index:], ys[:index]])
28
29     ax.clear()                                    # 이전 그래프 지우기
30     ax.plot(plot_data)                            # 그래프 그리기
31
32 # 애니메이션 설정
33 ani = animation.FuncAnimation(fig, animate,
34                               interval=100, cache_frame_data=False)
35
36 try:
37     plt.show()                                    # 애니메이션 보이기
```

```
except:
    plt.close()
```

Thonny IDE 셸 실행 결과

```
>>> %Run accel_gyro_graph.py
```

그림 9.11은 x축 방향의 각속도 변화를 나타낸 것이다. 정지한 상태에서 $+x$ 방향으로 회전하다 정지하면, 각속도는 증가하다 감소하여 0이 되므로 하나의 피크로 나타난다. $-x$ 방향으로 회전할 때도 마찬가지이지만 피크의 방향은 반대가 된다.

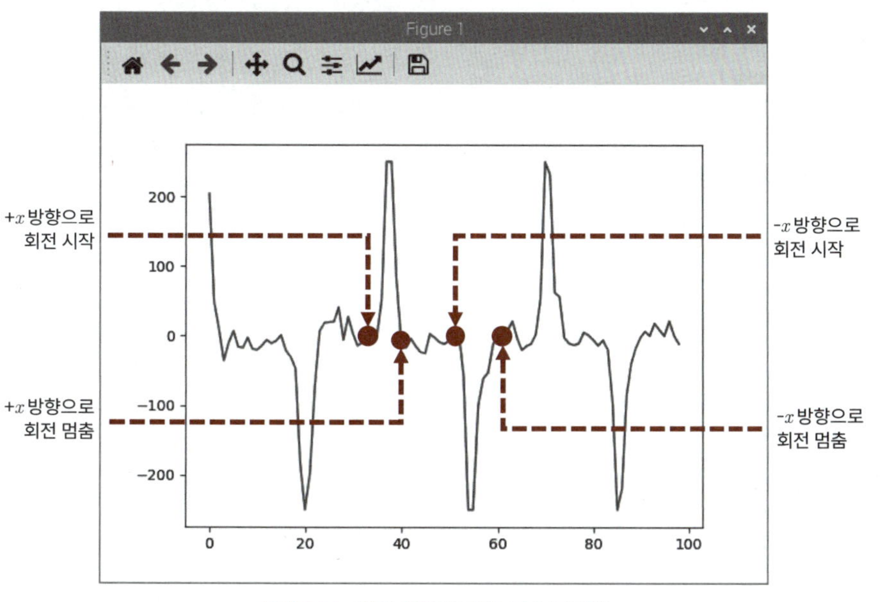

그림 9.11 회전 이동에 의한 각속도 변화

그림 9.12는 z축 방향의 가속도 변화를 나타낸 것이다. 정지한 상태에서 $+z$ 방향으로 움직이다 정지하면, 속도는 증가하다 감소하여 0이 되므로 각속도와 마찬가지로 하나의 피크를 보일 것이다. 반면 가속도는 속도의 미분에 해당하므로 속도가 증가할 때 양의 피크가 나타나고 속도가 감소할 때 음의 피크가 나타나 각속도와 달리 2개의 피크로 나타난다. 그림 9.12에서 움직임이 없을 때도 0이 아닌 가속도 값을 보이는 것은 z축 방향의 가속도는 중력가속도(9.8m/s^2)의 영향을 받기 때문이다. 움직임이 없을 때 x축과 y축 방향의 가속도는 z축과 달리 0m/s^{2}의 값을 갖는다.

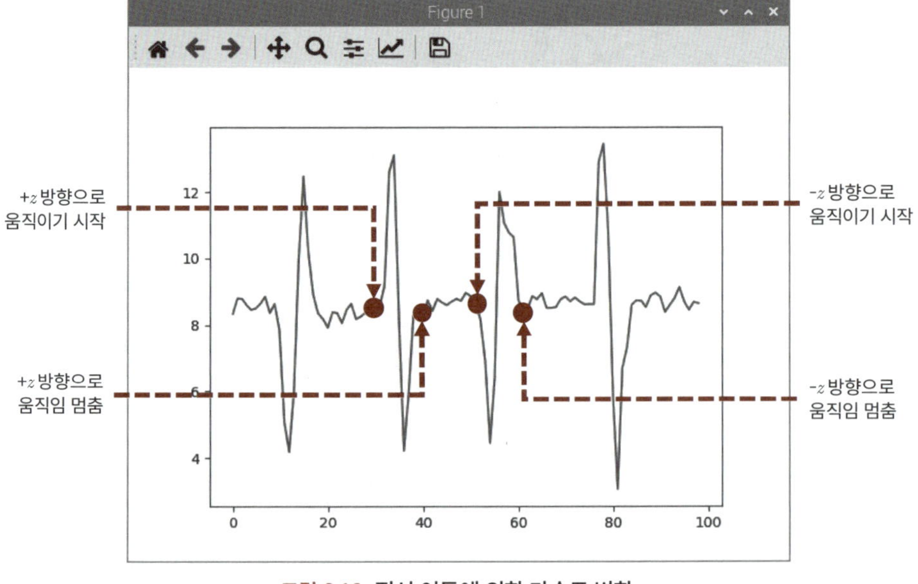

그림 9.12 직선 이동에 의한 가속도 변화

가속도는 움직임뿐만이 아니라 기울어진 정도에도 영향을 받는다. 즉, 가속도 값에서 기울어진 정도를 알아낼 수 있으며 밸런싱 로봇이나 드론 등에서 균형을 잡는 데 흔히 사용된다. 기울어진 정도는 3차원 공간에서 롤(roll), 피치(pitch), 요(yaw)로 정의한다.

- 롤(φ): 진행 방향인 x축을 중심으로 회전한 각도
- 피치(θ): y축을 중심으로 회전한 각도
- 요(ψ): 지면 방향인 z축을 중심으로 회전한 각도

그림 9.13은 롤, 피치, 요를 나타낸 것이다. 그림 9.13을 그림 9.10의 칩 방향과 비교하면 z축이 반대 방향이므로 오른손 법칙을 만족시키기 위해 x축 역시 반대 방향이 된다.

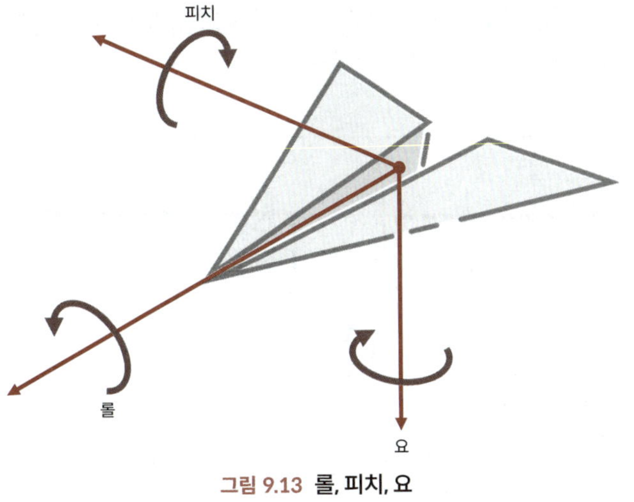

그림 9.13 **롤, 피치, 요**

가속도 값을 사용하여 롤과 피치는 다음과 같이 계산할 수 있다. 식에서 A_X, A_Y, A_Z는 x, y, z축 방향의 가속도를 나타낸다. 롤이나 피치와 달리 요는 지면을 기준으로 회전한 정도를 나타내므로 가속도만으로는 계산할 수 없고 지자기 센서 값이 필요하다. z축 방향 각속도를 적분하면 회전량을 계산할 수 있지만, 기준 위치를 정할 수 없으므로 MPU-6050으로는 상대적인 값만 알아낼 수 있다.

- 롤: $\varphi = \text{atan}\left(\frac{A_Y}{\sqrt{A_X^2 + A_Z^2}}\right)$
- 피치: $\theta = \text{atan}\left(\frac{A_X}{\sqrt{A_Y^2 + A_Z^2}}\right)$

위의 식을 사용하면 가속도를 사용하여 롤과 피치를 구할 수 있다. 하지만 가속도는 기울어진 정도뿐만이 아니라 움직임에도 영향을 받으므로 움직임이 없는 상태에서만 위의 식을 사용할 수 있다. 또한 가속도는 잡음에 민감해 작은 움직임에도 값이 변한다는 단점이 있다. 롤과 피치를 구하는 다른 방법은 각속도를 적분하는 것이다. 하지만 적분은 시간이 지남에 따라 오차가 누적되는 문제점이 있으며 이를 드리프트(drift)라고 한다. 따라서 정확한 롤과 피치 값을 얻기 위해 가속도와 각속도를 함께 사용하는 방법도 흔히 사용된다.

코드 9.4는 MPU-6050 모듈이 x축과 y축 방향으로 기울어진 정도를 그래프로 나타내는 예다. 직선 방향의 움직임 없이 기울어짐만 있다고 가정한 상태에서 가속도만으로 기울어진 정도를 계산했으며, 삼각함수 계산을 위해 `math` 라이브러리를 사용했다.

코드 9.4 롤과 피치

```
from mpu6050 import mpu6050
import numpy as np                               # 배열 연산 라이브러리
import matplotlib.pyplot as plt                  # 그래프 그리기 라이브러리
import matplotlib.animation as animation         # 그래프 애니메이션 라이브러리
import math                                      # 수학 계산용 라이브러리

NUM_SAMPLE = 100
fig = plt.figure()                               # 그리기 윈도 생성
ax = fig.gca()                                   # 그리기 영역 얻기

pitches = np.zeros((NUM_SAMPLE, 1))              # 피치 값 저장 배열 생성
rolls = np.zeros((NUM_SAMPLE, 1))                # 롤 값 저장 배열 생성

sensor = mpu6050(0x68)

def get_roll_pitch():                            # 기울어진 각도 계산
    accel_data = sensor.get_accel_data()         # 3축 가속도 값 얻기

    acc_x = accel_data['x']                      # 각 축의 가속도 값 얻기
    acc_y = accel_data['y']
    acc_z = accel_data['z']

    roll = math.degrees(math.atan2(acc_y, math.sqrt(acc_x ** 2 + acc_z**2)))
    pitch = math.degrees(math.atan2(acc_x, math.sqrt(acc_y**2 + acc_z**2)))

    return roll, pitch

def animate(i):                                  # 반복 호출 함수(i: 프레임 번호)
    global pitches, rolls                        # 전역 변수 pitches, rolls 사용

    roll, pitch = get_roll_pitch()

    index = i % NUM_SAMPLE                       # 현잿값을 저장할 위치
    rolls[index] = roll
    pitches[index] = pitch

    index = (index + 1) % NUM_SAMPLE
    # 배열을 두 부분으로 나누고 이어 붙여 현잿값이 가장 뒤에 오도록 함
    data1 = np.concatenate([pitches[index:], pitches[:index]], 0)
    data2 = np.concatenate([rolls[index:], rolls[:index]], 0)

    ax.clear()                                   # 이전 그래프 지우기
    ax.plot(data1)
    ax.plot(data2, linestyle='dashed')

# 애니메이션 설정
ani = animation.FuncAnimation(fig, animate,
```

```
                                interval=100, cache_frame_data=False)

try:
    plt.show()                          # 그래프 보이기
except:
    plt.close()
```

Thonny IDE 셸 실행 결과

```
>>> %Run roll_pitch_graph.py
```

그림 9.14는 MPU-6050 모듈을 기울이면서 롤과 피치를 그래프로 나타낸 것이다.

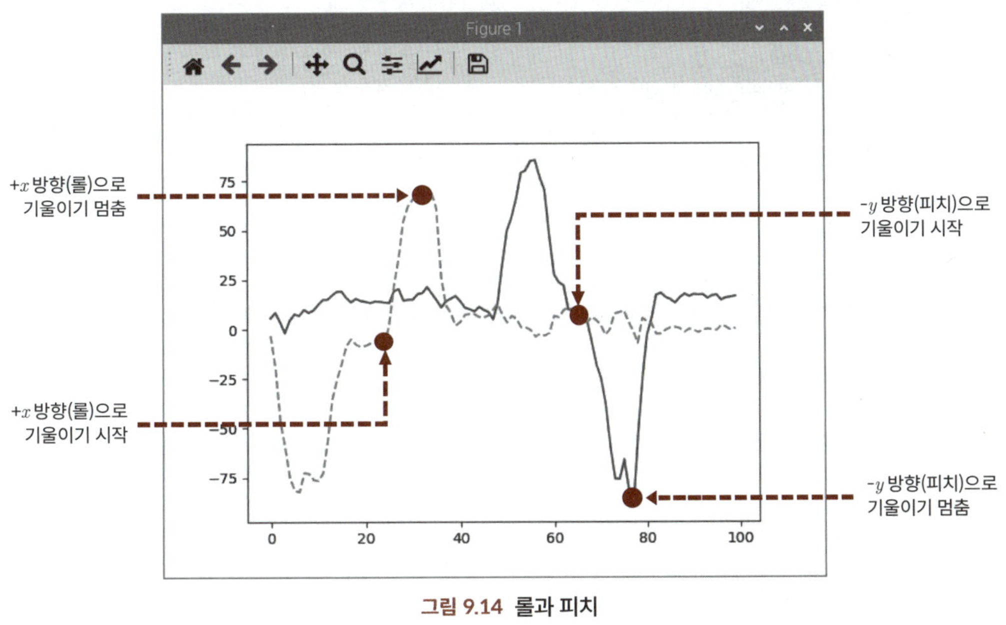

그림 9.14 롤과 피치

9.3 1-와이어 통신

I2C 통신은 1:N 통신, 반이중 통신, 동기식 통신이라는 특징이 있으며 슬레이브의 개수와 무관하게 SCL과 SDA라는 2개의 연결선을 사용한다. I2C 통신과 비슷하면서 I2C 통신보다 적은 1개의 연결선만을 사용하는 통신으로 1-와이어 통신이 있다. 1-와이어 통신은 여러 개의 슬레이브를 하나의 포트에 연결할 수 있는 1:N 통신으로, 주소를 사용하여 슬레이브를 구분하고 송신과 수신을 동시에 할 수 없는 반이중 통신이라는 점에서 I2C 통신과 같다. 다른 점이라면 UART 통신처럼 데

이터 동기화를 위해 별도의 연결선을 사용하지 않는 비동기식 통신이라는 점이다. 따라서 1–와이어 통신은 I2C 통신과 마찬가지로 여러 개의 슬레이브를 연결하더라도 필요한 연결선의 수는 1개로 변하지 않는다.

1–와이어 통신은 연결선의 수가 적어 간단하게 연결하여 사용할 수 있고, 전력 소비가 적어 배터리로 구동하는 장치에 적합하다는 것은 장점이지만, 통신 속도가 느리고 통신 거리가 짧으며 잡음에 민감하다는 것 등은 단점으로 꼽힌다.

1–와이어 통신을 사용하기 위해서는 먼저 1–와이어 통신을 활성화해야 한다. '메뉴 → Preferences → Raspberry Pi Configuration' 항목을 선택하여 라즈베리파이 설정 프로그램을 실행하고 Interfaces 탭에서 '1–Wire' 항목을 선택한다.

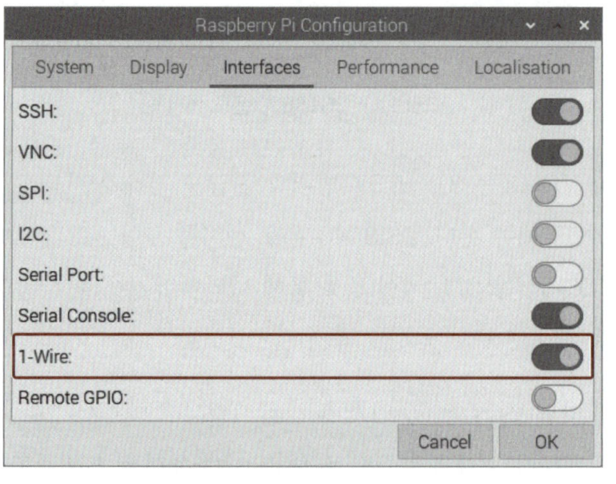

그림 9.15 1-Wire 통신 활성화

1–와이어 포트 설정은 `raspi-config` 프로그램을 통해서도 가능하다. 터미널에서 `sudo raspi-config` 명령을 실행하여 라즈베리파이 설정 프로그램을 실행하고 '3 Interface Options → I7 1–Wire → Yes' 항목을 선택하면 1–와이어 포트를 활성화할 수 있다.

1–와이어 통신을 사용하는 대표적인 장치가 DS18B20 온도 센서다. DS18B20 온도 센서를 생산하는 Analog Devices[4]는 외장 EEPROM인 DS2431, 전자식 키 iButton을 위한 DS1990A 등 다양한 1–와이어 통신 장치를 생산하고 있다.

4 https://www.analog.com

(a) 방수형 DS18B20 온도 센서 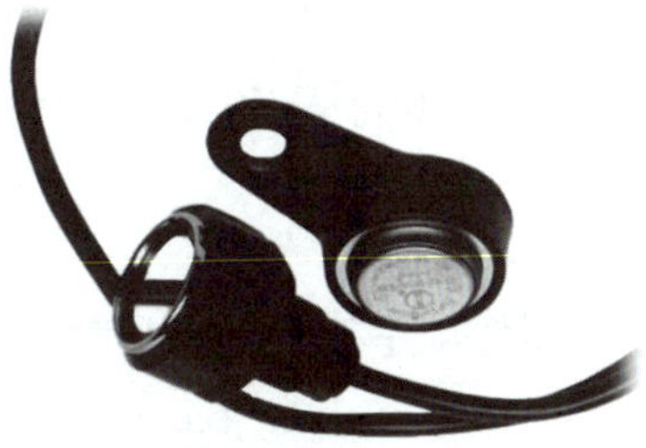 (b) iButton과 리더기

그림 9.16 1-와이어 통신을 사용하는 장치

DS18B20은 여러 형태로 만들어지지만, 트랜지스터와 같은 모양을 가진 센서를 흔히 볼 수 있다.

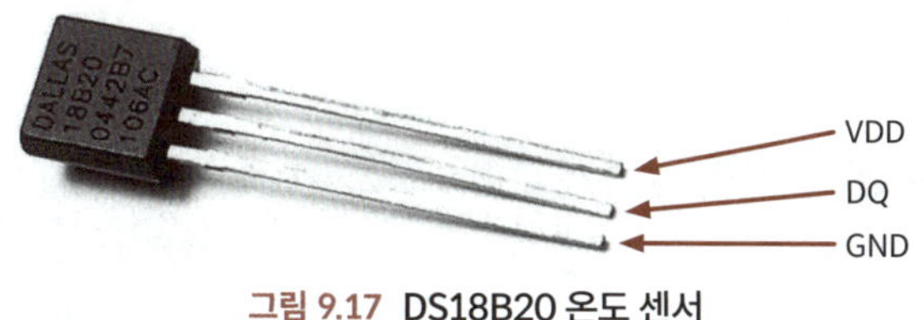

그림 9.17 DS18B20 온도 센서

DS18B20 온도 센서의 VDD에는 3.0~5.5V 범위의 전압을 가해주면 되고 데이터 선인 DQ에는 4.7kΩ의 풀업 저항을 연결해야 한다. DS18B20 온도 센서를 그림 9.18과 같이 GPIO 4번 핀에 연결하자. 라즈베리파이 OS에서는 GPIO 4번 핀을 통해 1-와이어 통신을 사용할 수 있도록 설정되어 있다.

DS18B20 센서를 연결하면 /sys/bus/w1/devices 디렉터리 아래에 28-xxxxxxxxxxxx 디렉터리가 만들어진다. 디렉터리 이름에서 '28'은 DS18B20 센서를 의미하고, 'xxxxxxxxxxxx'는 DS18B20의 주소에 해당하는 값으로 센서에 따라 다른 값을 갖는다. 리눅스에서 모든 것은 파일이므로 DS18B20 센서의 메모리 내용, 즉 온도 정보는 28-xxxxxxxxxxxx 디렉터리 아래 w1_slave 파일로 만들어진다. 따라서 w1_slave 파일을 읽으면 온도를 알아낼 수 있다. 파일 내용은 텍스트 파일 내용을 화면에 출력하는 `cat`(concatenate) 명령으로 확인할 수 있다.

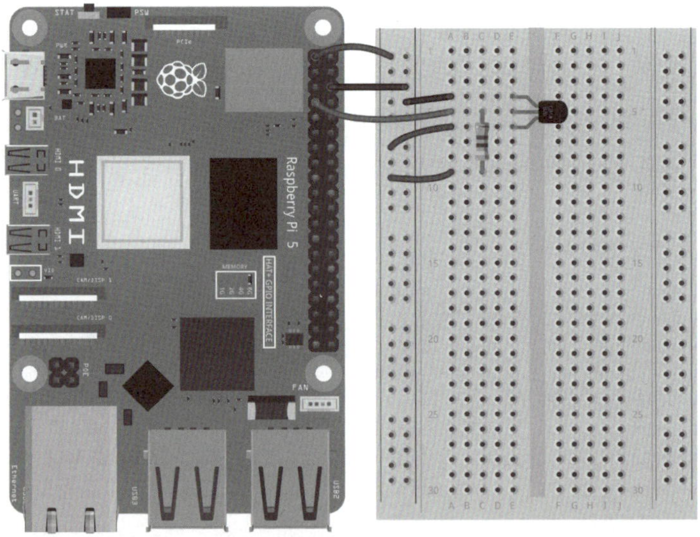

라즈베리파이	주변장치	비고
GPIO 4	DS18B20의 DQ	4.7kΩ 풀업 저항 사용
3.3V	DS18B20의 VDD	
GND	DS18B20의 GND	

그림 9.18 DS18B20 온도 센서 연결 회로

```
hgycap@hgycap-pi:/sys/bus/w1/devices/28-051780847aff
File    Edit    Tabs    Help
hgycap@hgycap-pi:/sys/bus/w1/devices/28-051780847aff $ cat w1_slave
c7 01 4b 46 7f ff 0c 10 fe : crc=fe YES
c7 01 4b 46 7f ff 0c 10 fe t=28437
hgycap@hgycap-pi:/sys/bus/w1/devices/28-051780847aff $
```

출력 결과에서 첫 번째 줄의 끝에 있는 `YES`는 데이터의 CRC 검사에 오류가 없다는 것을, 즉 유효한 데이터라는 것을 나타낸다. 두 번째 줄에서 `t=` 이후 숫자는 온도를 나타내며, 1000으로 나누면 섭씨온도를 얻을 수 있다.

코드 9.5는 DS18B20 온도 센서에서 1초 간격으로 온도를 읽어 출력하는 예다. 정확하게는 온도 정보가 기록된 파일을 읽어 온도를 섭씨온도와 화씨온도로 변환하여 출력한다. `glob` 라이브러리는 파일이나 디렉터리를 검색하는 데 사용할 수 있는 라이브러리로, DS18B20의 메모리 내용을 저장하고 있는 파일을 찾는 데 사용했다. `glob` 라이브러리를 사용하여 파일을 찾을 때는 와일드카드 문자(*, ?)를 사용할 수 있다.

1-와이어 통신 역시 I2C 통신과 마찬가지로 슬레이브를 구별하는 데 주소를 사용하지만, I2C 통신과 달리 코드 9.5에서는 어디에서도 주소를 지정하지 않았다. 이는 라즈베리파이 OS에서 주소에 따라 서로 다른 디렉터리를 자동으로 만들어주기 때문이다. 코드에서는 1-와이어 통신 장치를 위한 주소를 지정할 필요 없이 해당하는 파일의 내용을 읽어 사용하면 된다.

코드 9.5 DS18B20 온도 센서 사용

```
import glob
import time

base_dir = '/sys/bus/w1/devices/'                 # 1-와이어 장치 디렉터리
# DS18B20에 해당하는 파일/디렉터리를 검사하여 리스트로 반환
device_folder = glob.glob(base_dir + '28*')[0]    # 첫 번째 DS18B20 센서
device_file = device_folder + '/w1_slave'         # DS18B20의 메모리 파일

def read_temp_raw():
    f = open(device_file, 'r')
    lines = f.readlines()                         # DS18B20 메모리 읽기
    f.close()
    return lines

def read_temp():
    lines = read_temp_raw()
    if not lines:                                 # 데이터 읽기 오류, 빈 리스트
        return -1, -1
    if lines[0].strip()[-3:] != 'YES':            # YES가 아니면 CRC 오류
        return -2, -2

    equals_pos = lines[1].find('t=')
    if equals_pos != -1:
        temp_string = lines[1][equals_pos+2:]     # 't=' 이후 숫자
        temp_c = float(temp_string) / 1000.0      # 섭씨온도
        temp_f = temp_c * 9.0 / 5.0 + 32.0        # 화씨온도
        return temp_c, temp_f
    else:
        return -3, -3                             # 온도 문자열이 없는 오류

while True:
    print(read_temp())
    time.sleep(1)
```

Thonny IDE 셸 실행 결과

```
>>> %Run read_DS18B20.py
 (-1, -1)
```

```
(23.687, 74.6366)
(23.687, 74.6366)
(24.312, 75.7616)
(25.875, 78.575)
(26.75, 80.15)
(27.187, 80.9366)
```

9.4 요약

UART 통신은 대표적인 시리얼 통신이지만 하나의 포트에 하나의 장치만 연결할 수 있는 1:1 통신으로, 확장성이 낮다는 단점이 있다. 이를 해결하기 위해 흔히 사용되는 것이 I2C 통신과 SPI 통신으로, 1:N 통신이라고 한다. 1:N 통신에서는 여러 개의 장치를 하나의 포트에 연결하고 '1'에 해당하는 마스터가 'N'에 해당하는 슬레이브를 제어하고 전체 통신 과정을 조율한다. N개 슬레이브는 연결선을 공유하고 있으므로 마스터가 동시에 여러 슬레이브와 통신할 수는 없고 슬레이브 사이의 통신도 불가능하지만, UART 통신과 비교했을 때 확장이 쉽다는 장점이 있다.

I2C 통신은 1:N 통신을 지원하면서 반이중 통신, 동기식 통신이라는 특징이 있다. 이는 전이중 통신, 비동기식 통신인 UART 통신과는 다른 방식이다. I2C 통신의 가장 큰 장점은 여러 개의 슬레이브를 연결하더라도 사용하는 연결선의 수가 항상 2개라는 점이다. 모든 슬레이브는 연결선을 공유하며, 마스터가 특정 슬레이브를 선택하는 데 소프트웨어적인 주소를 사용하므로 연결선 추가 없이 슬레이브를 추가할 수 있다. 다만 I2C 통신이 적은 양의 데이터를 가끔 보내는 용도로 설계되었으므로 많은 데이터를 고속으로 전송해야 한다면 다른 시리얼 통신을 사용하는 것이 좋다.

I2C 통신과 비슷하면서 1개의 연결선만을 사용하는 통신으로 1-와이어 통신이 있다. 1-와이어 통신은 I2C 통신의 동기식을 비동기식으로 바꾸어 동기화를 위한 클록 연결선까지 없앤 것이다. 1-와이어 통신은 I2C 통신보다 속도가 느리지만, I2C 통신보다 연결이 쉽고 전력 소비도 적다는 것은 장점이라 할 수 있다.

I2C 통신과 1-와이어 통신이 간편한 연결이라는 장점과 느린 통신 속도라는 단점을 갖고 있다면, 반대로 복잡한 연결이라는 단점과 빠른 속도라는 장점을 갖는 시리얼 통신이 SPI 통신이다. SPI 통신은 I2C 통신이나 1-와이어 통신과는 다른 목적으로 만들어진 통신으로 다음 장에서 살펴본다.

SPI 통신

SPI 통신은 고속의 데이터 전송을 위한 시리얼 통신으로, 데이터 송수신에 2개의 연결선을 사용하는 전이중 통신, 별도의 동기화 클록을 사용하는 동기식 통신이라는 특징이 있다. 1:N 연결에서 특정 슬레이브를 선택하는 데 별도의 연결선을 사용하는 것도 제어를 간단하게 하여 전송 속도를 높이기 위한 것이다. SPI 통신을 사용하는 장치는 다양하지만, 이 장에서는 64개 LED를 잔상 효과를 이용하여 제어할 수 있도록 해주는 MAX7219 칩의 사용 방법을 살펴본다. MAX7219 칩을 사용하면 8자리 7세그먼트 표시장치와 LED 매트릭스를 64개의 GPIO 핀이 아닌 3개의 GPIO 핀만으로 제어할 수 있다. 또한 잔상 효과를 위한 반복 출력 작업도 필요하지 않으므로 간단하게 사용할 수 있다.

10.1 SPI 통신

SPI(Serial Peripheral Interface) 통신은 고속의 주변장치를 연결하기 위한 시리얼 통신으로 많은 데이터 송수신이 필요한 디스플레이, 무선 통신 모듈, 메모리 등에서 흔히 사용된다. SPI 통신은 1:N 통신 방법으로 라즈베리파이가 마스터가 되고 주변장치를 슬레이브로 연결한다는 점은 I2C 통신과 같으며, 데이터 동기화를 위해 별도의 클록 연결선을 사용하는 동기식 통신이라는 점도 I2C 통신과 같다. 하지만 슬레이브 구별을 위해 소프트웨어적인 주소가 아니라 하드웨어적인 연결선을 사용한다는 점에서 I2C 통신과 차이가 있다. 또한 UART 통신과 같이 송수신을 위해 2개의 연결선을 사용하는 전이중 통신이라는 점도 I2C 통신과는 다른 점이다.[1]

그림 10.1은 1개의 슬레이브를 마스터에 연결한 것을 나타낸다. 1개의 슬레이브를 연결하기 위해서는 데이터 송수신을 위해 2개, 동기화 클록을 위해 1개, 슬레이브 선택을 위해 1개, 총 4개의 연결선을 사용한다.

그림 10.1 SPI 통신에서 1개 슬레이브 연결

그림 10.1에서 MOSI는 'Master Out Slave In'의 약어로 마스터에서 슬레이브로 데이터를 전송하는 데 사용되고, MISO는 'Master In Slave Out'의 약어로 슬레이브에서 마스터로 데이터를 전송하는 데 사용된다. SCLK(Serial Clock)는 시리얼 클록으로 데이터 동기화를 위한 클록을 전송하는 데 사용되며, CE는 'Chip Enable'의 약어로 마스터가 데이터를 주고받을 특정 슬레이브를 선택하는 데 사용된다. 선택된 슬레이브의 CE는 `LOW` 상태에 있고, 선택되지 않은 슬레이브의 CE는 `HIGH` 상태에 있다. 그림 10.1에서는 슬레이브가 하나뿐이므로, CE는 데이터를 주고받을 수 있는 상태(`LOW`)나 주고받을 수 없는 상태(`HIGH`)를 나타내는 것으로 이해할 수 있다. CE는 SS(Slave Select), CS(Chip Select) 등으로도 부른다.

1 SPI 통신을 전이중 통신으로 이야기했지만, SPI 통신에서 송신과 수신은 동시에 진행되는 독특한 방식을 사용하고 있다. 따라서 송신과 수신이 독립적으로 진행될 수 있는 UART 통신과는 차이가 있다.

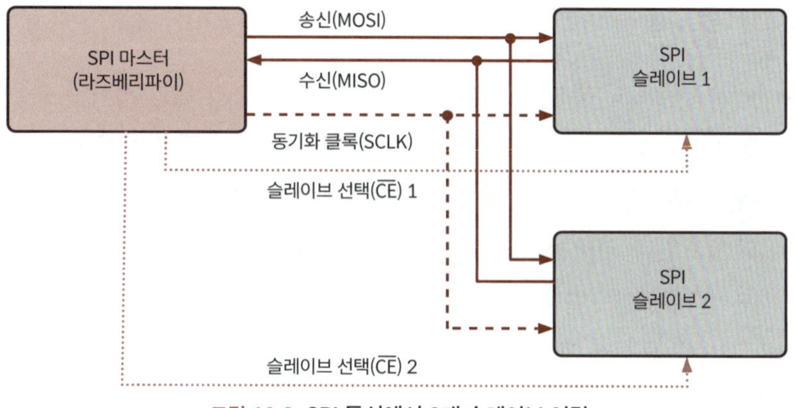

그림 10.2 SPI 통신에서 2개 슬레이브 연결

SPI 통신에서 2개 이상의 슬레이브를 연결하면 I2C 통신이나 1-와이어 통신과 달리 사용하는 연결선의 수가 늘어난다. 모든 슬레이브 장치가 마스터와의 데이터 연결선 및 클록 연결선을 공유하는 것은 I2C 통신이나 1-와이어 통신과 같다. 하지만 N개 슬레이브 중에서 하나를 선택하기 위해 슬레이브별로 전용 연결선을 사용하므로 슬레이브 개수에 따라 슬레이브 선택 연결선이 늘어난다. 특정 슬레이브를 선택하는 방법은 차이가 있지만, 마스터가 보내는 데이터는 모든 슬레이브가 수신하고, 선택된 슬레이브만 데이터를 사용한다는 점은 I2C 통신이나 1-와이어 통신과 같다.

SPI 통신은 지금까지 살펴본 시리얼 통신 중에서 가장 많은 연결선을 사용한다. 이는 SPI 통신이 고속 통신을 위해 만들어졌기 때문이다. 다른 설정이 같다면 반이중 통신보다는 전이중 통신이, 비동기식 통신보다는 동기식 통신이 빠른 데이터 전송에 유리하다. 1:N 연결에서 슬레이브별로 전용 연결선을 사용하는 방식 또한 통신 준비 과정을 간단하게 하여 통신 지연을 줄일 수 있으므로 주소를 사용하는 I2C 통신보다 고속 통신에 적합하다.

10.2 8자리 7세그먼트 표시장치

라즈베리파이 5에서는 GPIO 9번과 GPIO 10번 핀을 데이터 전송에, GPIO 11번 핀을 동기화 클록에, GPIO 7번과 8번 핀을 슬레이브 선택에 사용하는 0번 SPI 포트를 사용할 수 있다. 다른 시리얼 통신과 마찬가지로 SPI 포트는 기본적으로 사용할 수 없도록 설정되어 있으므로 먼저 SPI 포트를 활성화해야 한다. '메뉴 → Preferences → Raspberry Pi Configuration' 항목을 선택하여 라즈베리파이 설정 프로그램을 실행하고 Interfaces 탭에서 'SPI' 항목을 선택한다.

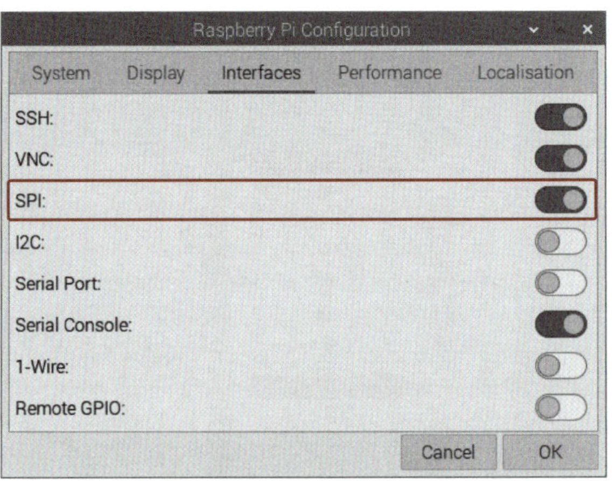

그림 10.3 **SPI 통신 활성화**

SPI 포트 설정은 `raspi-config` 프로그램을 통해서도 가능하다. 터미널에서 `sudo raspi-config` 명령을 실행하여 라즈베리파이 설정 프로그램을 실행하고 '3 Interface Options → I4 SPI → Yes' 항목을 선택하여 SPI 포트를 활성화할 수 있다.

SPI 통신을 사용하는 장치는 여러 가지가 있지만 여기서는 8자리 7세그먼트 표시장치, LED 매트릭스 등 최대 64개의 LED를 제어하는 데 사용할 수 있는 MAX7219 칩을 사용한다. 먼저 7세그먼트 표시장치에 대해 알아보자.

7세그먼트 표시장치는 8개의 LED를 사용하여 1자리의 숫자를 나타내는 출력장치다. 7세그먼트 표시장치에 포함된 8개의 LED는 위치에 따라 a, b, c, d, e, f, g, dp로 이름이 정해져 있으며 이를 세그먼트(segment)라고 한다. 7세그먼트 표시장치는 세그먼트에 전원을 가하는 방식에 따라 공통 양극(common anode) 방식과 공통 음극(common cathode) 방식으로 나눌 수 있다. MAX7219 칩은 공통 음극 방식을 위한 칩으로, 그림 10.4는 공통 음극 방식의 7세그먼트 표시장치를 나타낸다. 공통 양극 방식은 8개 LED의 방향을 바꾸고 3번과 8번의 공통 핀에 GND가 아닌 VCC를 연결하도록 구성되어 있다.

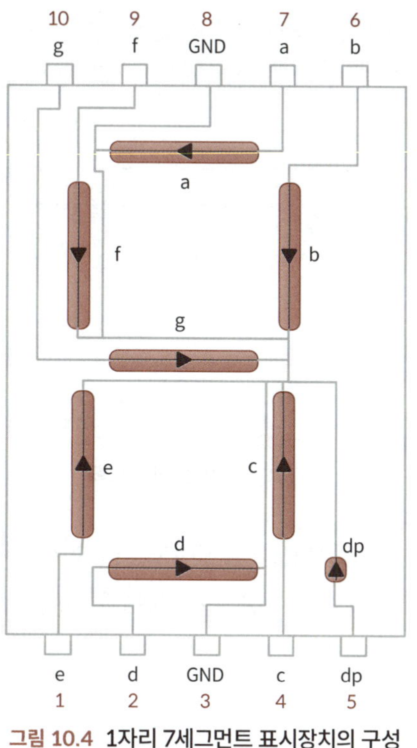

그림 10.4 **1자리 7세그먼트 표시장치의 구성**

그림 10.4와 같은 1자리 7세그먼트 표시장치는 8개의 GPIO 핀을 사용하여 1바이트 데이터로 제어할 수 있다. 자릿수가 4자리로 늘어나면 LED의 수가 32개로 늘어나 32개의 GPIO 핀이 필요하지만, 라즈베리파이에서는 28개의 GPIO 핀만 사용할 수 있으므로 다른 방법을 사용해야 한다. 적은 수의 핀으로 많은 수의 LED를 제어하는 데 사용할 수 있는 방법 중 하나가 잔상 효과를 사용하는 것으로, 8자리 7세그먼트 표시장치나 LED 매트릭스 제어에 사용되는 방법이다. 잔상 효과는 사람의 눈이 빠른 변화에 즉시 반응하지 못해, 이전에 본 이미지가 눈앞에서 사라지더라도 잠시 시야에 남아있는 현상을 말한다.

4자리 7세그먼트 표시장치에 포함된 32개 LED는 한 번에 제어하지 않고 자리에 따라 4개 그룹으로 나누어 제어하는 방법을 사용한다. 한 번에 한 자리만 제어하면 한 번에 한 자리에만 숫자가 표시되는 것이 당연하지만, 빠른 속도로 자리를 옮겨 표시하기를 반복하면 잔상 효과에 의해 사람의 눈은 4자리 숫자가 한 번에 표시되는 것으로 착각하게 된다. 4자리 7세그먼트 표시장치에서 잔상 효과를 얻기 위해서는 제어할 자리를 선택하는 데 필요한 GPIO 핀 4개, 선택한 자리의 8개 LED를 제어하는 데 필요한 GPIO 핀 8개, 총 12개의 GPIO 핀이 필요하다. 비슷하게 8자리 7세그먼트 표시장치는 자리를 선택하는 데 GPIO 핀 8개, 선택한 자리에 숫자를 표시하는 데 GPIO 핀 8개,

총 16개의 GPIO 핀이 필요하다.

잔상 효과를 사용하면 32개 LED를 12개 GPIO 핀으로, 64개 LED를 16개 GPIO 핀으로 제어할 수 있다. 하지만 잔상 효과를 얻기 위해서는 빠른 속도로 자리를 옮기면서 반복해서 출력해야 한다는 문제가 있다. 이는 표시되는 숫자가 바뀌지 않을 때도 마찬가지다. 잔상 효과를 얻기 위해 빠른 속도로 반복해서 데이터를 출력하는 것은 라즈베리파이에 부담이 될 수 있으며, 이를 해결하는 방법 중 하나가 MAX7219 칩을 사용하는 것이다. MAX7219 칩으로 8자리 7세그먼트, 64개 LED를 위한 데이터를 출력하면 MAX7219 칩에서 빠른 속도로 반복해서 출력하는 작업을 담당하므로 라즈베리파이는 반복해서 데이터를 출력하지 않아도 된다. MAX7219 칩으로 데이터를 출력하는 데는 SPI 통신을 사용한다.

핀 이름	번호	MAX7219	번호	핀 이름
DIN	1		24	DOUT
DIGIT 0	2		23	SEG D
DIGIT 4	3		22	SEG DP
GND	4		21	SEG E
DIGIT 6	5		20	SEG C
DIGIT 2	6		19	VCC
DIGIT 3	7		18	ISET
DIGIT 7	8		17	SEG G
GND	9		16	SEG B
DIGIT 5	10		15	SEG F
DIGIT 1	11		14	SEG A
LOAD	12		13	CLK

그림 10.5 MAX7219 칩의 핀 배치

그림 10.5는 MAX7219 칩의 핀 배치를 나타낸 것이다. 자릿수를 나타내는 'DIGIT n(n = 0, ..., 7)'과 세그먼트를 나타내는 'SEG X(X = A, ..., G, DP)'는 8자리 7세그먼트 표시장치를 연결하는 데 사용된다. 나머지 핀은 표 10.1과 같으며 라즈베리파이와 연결하는 핀과 전원 관련 핀으로 구성되어 있다. MAX7219 칩의 DIN, LOAD, CLK 핀은 라즈베리파이의 MOSI, CE, SCLK 핀과 연결하면 된다. 7세그먼트 표시장치에서 라즈베리파이로 데이터를 전송하지는 않으므로 MISO 핀은 사용하지 않는다.

표 10.1 MAX7219 칩의 제어 핀

핀 이름	설명
DIN(Data IN)	시리얼 데이터 입력으로 8자리 7세그먼트 표시장치에 표시할 데이터 입력에 사용한다.
DOUT (Data OUT)	시리얼 데이터 출력으로 여러 개의 MAX7219 칩을 연결할 때 사용한다. 여러 개의 MAX7219 칩을 연결하면 더 많은 자릿수의 7세그먼트 표시장치를 제어할 수 있다.
LOAD($\overline{CE}$)	시리얼 데이터 입력(DIN)을 MAX7219 칩의 내부 레지스터에 저장하는 신호로 사용한다.
CLK(Clock)	시리얼 클록 입력으로 최대 10MHz로 동작한다.
ISET	LED 전류 제한을 위한 저항을 연결한다. 10kΩ 저항을 사용하면 된다.
V+	MAX7219 칩의 동작 전압으로 5V를 연결한다.
GND	

이 장에서는 MAX7219 칩과 4자리 7세그먼트 표시장치 2개를 사용하여 만든 8자리 7세그먼트 표시장치 모듈을 사용한다.

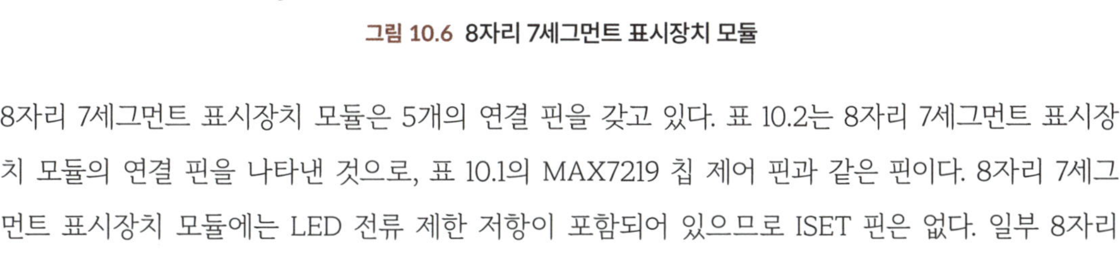

그림 10.6 8자리 7세그먼트 표시장치 모듈

8자리 7세그먼트 표시장치 모듈은 5개의 연결 핀을 갖고 있다. 표 10.2는 8자리 7세그먼트 표시장치 모듈의 연결 핀을 나타낸 것으로, 표 10.1의 MAX7219 칩 제어 핀과 같은 핀이다. 8자리 7세그먼트 표시장치 모듈에는 LED 전류 제한 저항이 포함되어 있으므로 ISET 핀은 없다. 일부 8자리 7세그먼트 표시장치 모듈은 DOUT 핀을 갖고 있어 자릿수를 확장할 수 있지만, 그림 10.6의 모듈에는 포함되어 있지 않다.

표 10.2 8자리 7세그먼트 표시장치 모듈의 연결 핀

핀 이름	설명
VCC	칩 동작 전원으로 5V를 연결한다.
GND	
DIN(Data IN)	시리얼 데이터 입력으로 8자리 7세그먼트 표시장치에 표시할 데이터 전달에 사용한다.
$\overline{CS}$(LOAD)	시리얼 데이터 입력(DIN)을 MAX7219 칩의 내부 레지스터에 저장하는 신호로 사용한다.
CLK(Clock)	시리얼 클록 입력으로 최대 10MHz로 동작한다.

8자리 7세그먼트 표시장치 모듈을 그림 10.7과 같이 라즈베리파이에 연결하자. 라즈베리파이로 데이터를 전송하는 데 사용하는 MISO를 제외한 MOSI, CLK, CS 3개 핀만 연결하면 되고, 슬레이브 선택을 위해서는 GPIO 8번 핀인 CE0(Chip Enable 0) 핀을 사용했다.

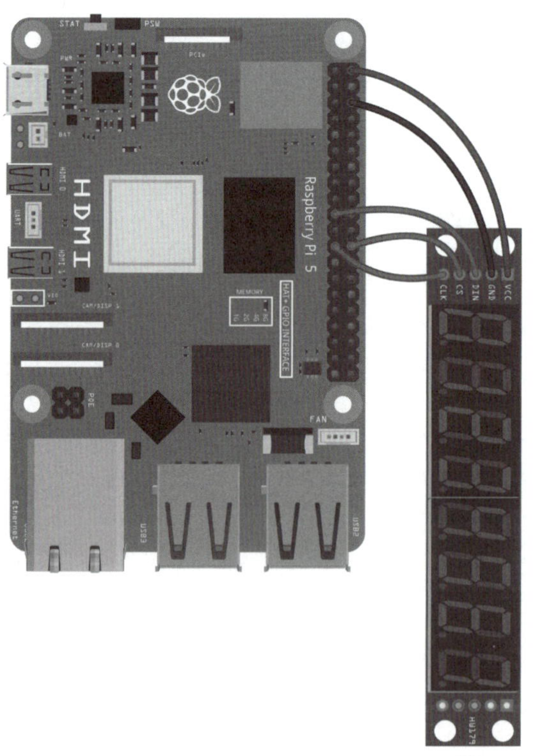

라즈베리파이	주변장치	비고
GPIO 10(MOSI)	7세그먼트 표시장치 모듈의 DIN	
GPIO 11(SCLK)	7세그먼트 표시장치 모듈의 CLK	
GPIO 8(CE0)	7세그먼트 표시장치 모듈의 CS	Slave Select
5V	7세그먼트 표시장치 모듈의 VCC	
GND	7세그먼트 표시장치 모듈의 GND	

그림 10.7 8자리 7세그먼트 표시장치 모듈 연결 회로

MAX7219 칩에 연결된 8자리 7세그먼트 표시장치를 제어하는 데는 `Luma` 라이브러리를 사용할 수 있다. `Luma` 라이브러리는 7세그먼트 표시장치뿐만 아니라 OLED, LCD, LED 매트릭스 등 다양한 디스플레이를 제어하는 데 사용할 수 있는 라이브러리다. 7세그먼트 표시장치를 제어하기 위해서는 `Luma` 라이브러리 중에서도 다양한 디스플레이의 공통된 기능을 지원하는 `luma.core` 라이브러리와 7세그먼트 표시장치를 위한 `luma.led_matrix` 라이브러리를 설치해야 한다. 8자리 7세그먼트 표시장치는 8×8 LED 매트릭스와 제어 방법이 같으며, 설치하는 라이브러리 역시 7세그먼트 라이브러리가 아닌 led_matrix 라이브러리라는 점에 주의해야 한다.

```
hgycap@hgycap-pi:~/Documents
File    Edit    Tabs    Help

hgycap@hgycap-pi:~/Documents $ pip3 install luma.core luma.led_matrix
```

7세그먼트 표시장치 제어를 위해서는 먼저 SPI 통신을 위한 객체를 생성하고 이를 사용하는 max7219 클래스의 객체를 생성한다. 마지막으로, MAX7219 칩에 연결된 7세그먼트 표시장치 객체를 생성하면 된다. spi 클래스 객체를 생성할 때는 SPI 통신 포트와 장치 번호를 지정한다. 이 장에서 사용하는 SPI 포트는 0번 포트이고, CE0 핀을 사용하므로 장치 번호는 0번을 사용하면 된다. gpio=noop() 매개변수는 슬레이브 장치에서 불필요한 GPIO 제어가 발생하지 않도록 해준다. max7219 객체를 생성할 때 cascaded 매개변수는 연결된 MAX7219 칩의 개수를 나타낸다. MAX7219 칩을 직렬로 연결하면 여러 개의 8자리 7세그먼트 표시장치를 사용할 수 있다.

7세그먼트 표시장치에 표시되는 내용은 객체의 text 속성에 문자열로 지정하면 된다. 7세그먼트 표시장치는 숫자 표시에 주로 사용되지만, 영문자 역시 표시할 수 있다. 하지만 세그먼트의 수가 제한되어 있으므로 'M'과 같은 복잡한 영문자는 표시할 수 없으며 서로 다른 영문자가 같은 형태로 표시될 수 있다.

코드 10.1은 HELLO와 GOODBYE를 1초 간격으로 번갈아 2번 표시한 후, 0부터 9999까지 0.1초 간격으로 증가하는 카운터값을 4자리씩 2번 반복해서 표시하는 예다. 코드 10.1을 실행하고 8자리 7세그먼트 표시장치에 출력되는 내용을 확인해 보자.

코드 10.1 8자리 7세그먼트 표시장치 테스트

```
import time
from luma.led_matrix.device import max7219
from luma.core.interface.serial import spi, noop
from luma.core.virtual import sevensegment

def simple_text():
    print('Simple text...')
    for _ in range(2):                          # 2회 반복
        seg.text = 'HELLO'                      # 'HELLO' 표시
        time.sleep(1)                           # 1초 대기
        seg.text = ' GOODBYE'                   # 'GOODBYE' 표시
```

```
        time.sleep(1)                          # 1초 대기

def simple_counter():
    print('Simple number...')
    for n in range(10000):                     # 0~9999 범위 숫자 표시
        str = f"{n:4d}"                        # 4자리 문자열로 변환
        str = str + str                        # 두 번 반복해서 8자리로 변환
        seg.text = str
        time.sleep(0.1)                        # 0.1초 간격으로 증가

serial = spi(port=0, device=0, gpio=noop())    # 0번 SPI 포트
device = max7219(serial, cascaded=1)           # MAX7219 칩
seg = sevensegment(device)                     # 7세그먼트

try:
    simple_text()
    simple_counter()
except:
    pass
finally:
    device.clear()                             # 출력 내용 지우기
```

Thonny IDE 셸 실행 결과

```
>>> %Run seven_segment_test.py
 Simple text...
 Simple number...
>>>
```

7세그먼트 표시장치는 8개의 LED로 문자를 표시하므로 복잡한 문자를 표시하는 데는 한계가 있어 숫자 표시에 주로 사용된다. 8자리 7세그먼트 표시장치가 흔히 사용되는 예 중 하나가 시분초로 표시되는 시간을 나타내는 데 사용하는 것으로, 코드 10.2가 그 예다.

코드 10.2의 18번 줄 `text_scroll` 함수는 주어진 문자열을 왼쪽 또는 오른쪽으로 움직이는 스크롤 기능을 구현한 함수로, 디폴트값은 왼쪽으로 설정되어 있다. 7번 줄의 `clock` 함수는 지정한 시간 동안 시간을 표시하는 함수로, 하이픈의 유무에 따라 '12-34-56' 형식과 '12 34 56' 형식의 두 가지를 번갈아 표시함으로써 시간 진행을 알아볼 수 있도록 했다.

코드 10.2의 동작에 문제는 없어 보이지만 `clock` 함수가 블로킹 함수라는 점은 문제가 될 수 있다. 시간 표시와 함께 다른 작업을 함께 진행하려면 `clock` 함수를 별도의 스레드로 실행하는 방법을 고려할 수 있다.

코드 10.2 8자리 7세그먼트를 이용한 시계

```
import time
from datetime import datetime
from luma.led_matrix.device import max7219
from luma.core.interface.serial import spi, noop
from luma.core.virtual import sevensegment

def clock(seconds):
    interval = 0.5
    for i in range(int(seconds / interval)):
        now = datetime.now()

        if i % 2 == 0:
            seg.text = now.strftime("%H-%M-%S")        # '-' 없는 시간 표시
        else:
            seg.text = now.strftime("%H %M %S")        # '-' 포함 시간 표시
        time.sleep(interval)

def text_scroll(msg, delay=0.2, direction='left'):
    width = seg.device.width                           # 7세그먼트 자릿수
    padding = " " * width                              # 스크롤을 위한 여백
    msg = padding + msg + padding                      # 여백을 포함한 메시지
    length = len(msg)

    if direction == 'left':                            # 왼쪽 스크롤
        for i in range(length - width + 1):
            seg.text = msg[i:i + width]
            time.sleep(delay)
    elif direction == 'right':                         # 오른쪽 스크롤
        for i in range(length - width, -1, -1):
            seg.text = msg[i:i + width]
            time.sleep(delay)

serial = spi(port=0, device=0, gpio=noop())            # 0번 SPI 장치
device = max7219(serial, cascaded=1)                   # MAX7219 칩
seg = sevensegment(device)                             # 7세그먼트

try:
    text_scroll("clock display", direction='left')     # 왼쪽 스크롤
    text_scroll("clock display", direction='right')    # 오른쪽 스크롤
    clock(seconds=10)                                  # 10초 동안 시계 표시
except:
    pass
finally
    device.clear()                                     # 출력 내용 지우기
```

Thonny IDE 셸 실행 결과

```
>>> %Run seven_segment_clock.py
```

10.3 LED 매트릭스

LED 매트릭스는 LED를 행과 열로 배치하여 문자, 기호, 숫자 등을 표시할 수 있도록 만든 출력장치다. LED 매트릭스는 64개의 LED를 8행 8열로 구성하여 사용하는 것이 기본이며 하나의 문자를 표시하는 데 사용된다. LED 매트릭스는 8자리 7세그먼트 표시장치와 사용하는 LED 수는 같지만 모두 하나의 문자를 표시하는 데 사용되므로 7세그먼트 표시장치보다 복잡한 문자를 표시할 수 있다.

8자리 7세그먼트 표시장치에서 잔상 효과를 얻기 위해서는 한 번에 한 자리 숫자에 해당하는 8개 LED를 제어하고 빠른 속도로 자리를 옮겨 출력하기를 반복한다. LED 매트릭스 역시 기본적으로 8자리 7세그먼트 표시장치와 같은 방법을 사용한다. LED 매트릭스에서 잔상 효과를 얻기 위해서는 한 번에 8개의 LED로 이루어진 행/열을 제어하고 빠른 속도로 다음 행/열로 옮겨 출력하기를 반복한다. 그림 10.8은 8행 8열로 구성된 LED 매트릭스를 나타낸 것으로, 행과 열에 해당하는 16개의 핀을 갖고 있다. 이는 8자리 7세그먼트 표시장치에서 자리 선택을 위한 8개와 자리 내의 8개 LED를 제어하기 위한 8개, 총 16개의 핀을 갖는 것과 같다.

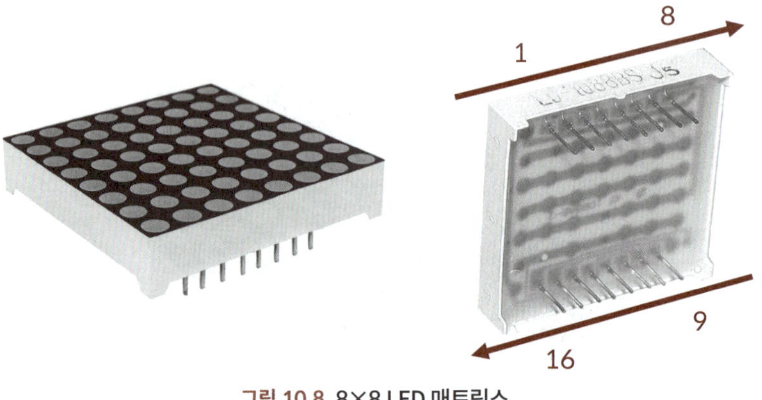

그림 10.8 8×8 LED 매트릭스

LED 매트릭스 역시 MAX7219 칩에 연결하여 사용할 수 있다. 다만 8자리 7세그먼트 표시장치는 자리와 세그먼트 이름으로 구별했다면, LED 매트릭스는 행과 열로 구분한다는 차이가 있다. 그림

10.9는 MAX7219 칩의 핀 배치를 나타낸 것으로, 그림 10.5가 7세그먼트 표시장치에 맞게 핀 이름을 표시했다면 그림 10.9는 LED 매트릭스에 맞게 행과 열로 핀 이름을 표시한 것이다.

핀 이름	핀 번호	MAX7219	핀 번호	핀 이름
DIN	1		24	DOUT
ROW 0	2		23	COL 5
ROW 4	3		22	COL 1
GND	4		21	COL 6
ROW 6	5		20	COL 4
ROW 2	6		19	VCC
ROW 3	7		18	ISET
ROW 7	8		17	COL 8
GND	9		16	COL 3
ROW 5	10		15	COL 7
ROW 1	11		14	COL 2
LOAD	12		13	CLK

그림 10.9 MAX7219 칩의 핀 배치

이 장에서는 MAX7219 칩이 포함된 LED 매트릭스 모듈을 사용한다. 그림 10.10은 LED 매트릭스 모듈의 예로, 그림 10.6의 8자리 7세그먼트 표시장치와 마찬가지로 5개의 핀을 갖고 있으며 핀 이름도 같다. 즉, 8자리 7세그먼트 표시장치 모듈을 연결하는 것과 같은 방법으로 LED 매트릭스 모듈을 연결하여 사용할 수 있다.

그림 10.10 LED 매트릭스 모듈

LED 매트릭스 모듈을 그림 10.11과 같이 라즈베리파이에 연결하자. LED 매트릭스 모듈을 연결하는 데는 8자리 7세그먼트 표시장치를 연결하는 데 사용한 핀과 같은 핀을 사용하면 된다.

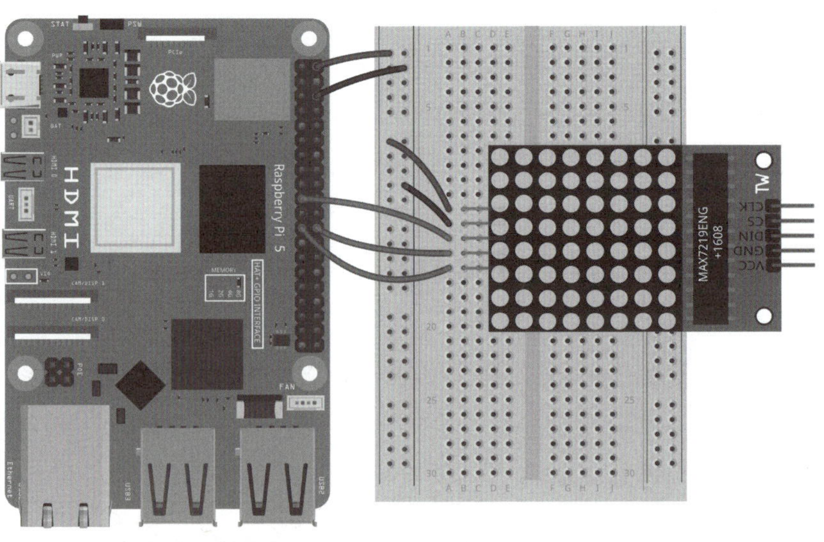

라즈베리파이	주변장치	비고
GPIO 10(MOSI)	LED 매트릭스 모듈의 DIN	
GPIO 11(SCLK)	LED 매트릭스 모듈의 CLK	
GPIO 8(CE0)	LED 매트릭스 모듈의 CS	Slave Select
5V	LED 매트릭스 모듈의 VCC	
GND	LED 매트릭스 모듈의 GND	

그림 10.11 LED 매트릭스 모듈 연결 회로

LED 매트릭스는 8자리 7세그먼트 표시장치와 제어 방법이 기본적으로 같다. 차이점은 64개의 LED 배열이 달라 표시할 수 있는 정보의 양이 다르다는 것이다. 8자리 7세그먼트 표시장치에는 8자리 숫자를 표시할 수 있지만, LED 매트릭스에는 1자리 숫자만 표시할 수 있다. 하지만 LED 매트릭스에서 1자리 숫자를 표시하는 데 64개 LED를 모두 사용하므로, 숫자 이외에 대부분의 아스키 문자도 표시할 수 있다. 다만 8×8의 낮은 해상도 때문에 한글이나 한자처럼 복잡한 문자는 표시하기 어렵다.

7세그먼트 표시장치 제어를 위해 `luma` 라이브러리를 설치했다면 LED 매트릭스 제어를 위해 별도의 라이브러리를 설치할 필요가 없다. LED 매트릭스에 특정한 문자나 도형을 나타내기 위해서는 8×8 형태의 패턴을 정의하고 픽셀 단위로 제어하는 방법이 가장 기본적인 방법이며, 이때 LED 매트릭스는 작은 디스플레이로 생각할 수 있다. LED 매트릭스에 패턴을 나타내는 작업은 `with-as`

구문을 사용하여 작성할 수 있다. with-as 구문은 자원의 초기화와 해제를 자동으로 관리하는 방법으로 흔히 사용되며, LED 매트릭스에서는 그리기 과정을 간단하게 하는 데 사용된다.

코드 10.3은 8×8 형태의 패턴을 정의하고 이를 LED 매트릭스에 출력하는 예다. LED 매트릭스에 문자를 표시하기 위해서는 23번 줄과 같이 canvas 클래스의 객체를 사용할 수 있다. d = canvas(device) 문장에서 d는 canvas 클래스 객체로 도형이나 텍스트를 출력하기 위한 작업 영역을 나타낸다. canvas 객체에 실제로 출력하기 위해서는 __enter__ 함수를 사용해서 ImageDraw 클래스의 객체를 얻은 후, ImageDraw 클래스의 함수를 사용해서 출력을 진행해야 한다. 또한 그리기 작업이 완료된 후에 실제 장치에 출력하기 위해서는 canvas 클래스의 __exit__ 함수를 호출해야 한다. with-as 구문을 사용하면 __enter__ 함수를 사용하지 않아도 ImageDraw 객체를 얻어 그리기 작업을 진행할 수 있으며, __exit__ 함수를 사용하지 않아도 canvas 객체의 내용이 장치에 표시되고, 표시가 끝나면 ImageDraw 객체를 자동으로 정리할 수 있다.

코드 10.3 LED 매트릭스에 리스트 데이터 표시

```
01 from luma.led_matrix.device import max7219
02 from luma.core.interface.serial import spi, noop
03 from luma.core.render import canvas
04 import time
05
06 # SPI 통신 설정 및 장치 초기화
07 serial = spi(port=0, device=0, gpio=noop())             # 0번 SPI 장치
08 device = max7219(serial, width=8, height=8)             # MAX7219 칩
09
10 # 8x8 패턴 정의(1은 LED 켜짐, 0은 LED 꺼짐)
11 pattern = [
12     [0, 1, 1, 1, 1, 1, 1, 0],
13     [1, 0, 0, 0, 0, 0, 0, 1],
14     [1, 0, 1, 1, 1, 1, 0, 1],
15     [1, 0, 1, 0, 0, 1, 0, 1],
16     [1, 0, 1, 1, 1, 1, 0, 1],
17     [1, 0, 0, 0, 0, 0, 0, 1],
18     [0, 1, 1, 1, 1, 1, 1, 0],
19     [0, 0, 0, 0, 0, 0, 0, 0]
20 ]
21
22 def display_pattern(pattern):                           # 패턴 출력 함수
23     with canvas(device) as draw:
24         for y, row in enumerate(pattern):
25             for x, value in enumerate(row):
26                 if value == 1:
27                     draw.point((x, y), fill="white")    # LED 켜짐
```

```
28                 else:
29                     draw.point((x, y), fill="black")      # LED 꺼짐
30
31 try:
32     display_pattern(pattern)                             # 패턴 표시
33     time.sleep(3)
34 except:
35     pass
36 finally:
37     device.clear()                                       # 출력 내용 지우기
```

Thonny IDE 셸 실행 결과

```
>>> %Run led_matrix_with_list.py
```

코드 10.3에서 LED 매트릭스에 문자나 도형을 나타내기 위해 24번과 25번 줄에서 이중 루프를 통해 한 번에 하나의 LED 상태를 설정하고 있다. 표시할 패턴이 정해져 있을 때 이를 한 번에 지정하는 것도 가능하며 이를 위해 사용할 수 있는 라이브러리가 `pillow` 라이브러리다. `pillow` 라이브러리는 `PIL`(Python Imaging Library)에서 파생된 영상 처리 라이브러리로, 표준 라이브러리의 하나로 포함되어 있다. 코드 10.4의 3번 줄에서 볼 수 있는 것처럼 라이브러리를 `import` 할 때는 `PIL`이라는 이름이 여전히 사용되고 있다.

코드 10.4의 23번 줄 `make_image` 함수에서 `pillow` 라이브러리를 사용하여 만든 `Image` 클래스의 객체는 32번 줄에서 `max7219` 클래스의 `display` 함수 매개변수로 사용되어 64개 LED의 상태를 한 번에 지정한다. `Image` 클래스의 객체를 만들 때는 0 또는 255의 값을 갖는 `numpy` 배열을 만들고 이를 그레이스케일 영상으로 만든 후 다시 LED 매트릭스에 표시할 수 있는 흑백 이미지로 변환해서 사용한다. 코드 10.4는 코드 10.3과 같은 결과를 보여주지만, LED 매트릭스에 `pattern`으로 정의한 문자를 지정하는 방법에서 차이가 있다.

코드 10.4 LED 매트릭스에 이미지 데이터 표시

```
01 from luma.led_matrix.device import max7219
02 from luma.core.interface.serial import spi, noop
03 from PIL import Image
04 import numpy as np
05 from time import sleep
06
07 # SPI 통신 설정 및 장치 초기화
08 serial = spi(port=0, device=0, gpio=noop())      # 0번 SPI 장치
```

```
device = max7219(serial, width=8, height=8)      # MAX7219 칩

# 8x8 패턴 정의(1은 LED 켜짐, 0은 LED 꺼짐)
pattern = [
    [0, 1, 1, 1, 1, 1, 1, 0],
    [1, 0, 0, 0, 0, 0, 0, 1],
    [1, 0, 1, 1, 1, 1, 0, 1],
    [1, 0, 1, 0, 0, 1, 0, 1],
    [1, 0, 1, 1, 1, 1, 0, 1],
    [1, 0, 0, 0, 0, 0, 0, 1],
    [0, 1, 1, 1, 1, 1, 1, 0],
    [0, 0, 0, 0, 0, 0, 0, 0]
]

def make_image(pattern):
    # 0 또는 255 값을 갖는 2차원 배열 생성
    pattern_array = np.array(pattern, dtype=np.uint8) * 255
    # 그레이스케일 이미지 생성
    img = Image.fromarray(pattern_array, mode='L')

    return img.convert('1')                      # 0 또는 1 형식 이미지로 변환해서 반환

img = make_image(pattern)                        # 패턴 데이터로 이미지 생성
device.display(img)                              # LED 매트릭스에 표시

try:
    while True:
        pass
except:
    pass
finally:
    device.clear()
```

Thonny IDE 셸 실행 결과

```
>>> %Run led_matrix_with_image.py
```

pillow 라이브러리를 사용하면 라이브러리에 포함된 비트맵 폰트를 사용할 수 있다. 코드 10.5는 0에서 9까지의 숫자와 'A'에서 'Z'까지의 알파벳 대문자를 표시하는 예다. 다만 g, j, p, q, y 등과 같이 꼬리가 긴 알파벳 소문자는 LED 매트릭스에서 꼬리 일부분이 표시되지 않을 수 있다. 코드 10.5의 28번 줄에서 ord 함수는 주어진 문자의 아스키코드 또는 유니코드의 값을 반환하는 함수다.

코드 10.5 LED 매트릭스에 문자 출력

```
01 from luma.led_matrix.device import max7219
02 from luma.core.interface.serial import spi, noop
03 from luma.core.render import canvas
04 from PIL import ImageFont
05 import time
06
07 serial = spi(port=0, device=0, gpio=noop())
08 device = max7219(serial, width=8, height=8, block_orientation=90)
09
10 font = ImageFont.load_default()                   # 디폴트 폰트 사용
11
12 def display_character(ch):                        # 문자 출력 함수
13     with canvas(device) as draw:
14         bbox = font.getbbox(ch)                   # 출력 바운딩 박스 구하기
15         width = bbox[2] - bbox[0]                 # 폭
16         height = bbox[3] - bbox[1]                # 높이
17
18         margin_x = (8 - width) // 2               # 여백
19         margin_y = (8 - height) // 2
20
21         draw.text((margin_x, margin_y), ch, font=font, fill="white")
22
23 try:
24     for i in range(10):                           # 0~9 사이 숫자 출력
25         display_character(str(i))
26         time.sleep(0.5)
27
28     for char in range(ord('A'), ord('Z') + 1):    # 'A'~'Z' 사이 문자 출력
29         display_character(chr(char))
30         time.sleep(0.5)
31 except:
32     pass
33 finally:
34     device.clear()                                # 출력 내용 지우기
```

Thonny IDE 셸 실행 결과

```
>>> %Run led_matrix_character.py
```

코드 10.5의 10번 줄에서 라이브러리의 폰트를 사용했지만, 라즈베리파이 OS에 설치된 시스템 폰트를 사용하는 것도 가능하다. 시스템 폰트는 `ImageFont` 클래스의 `truetype` 함수에 폰트 데이터가 저장된 경로와 폰트 크기를 지정하여 읽어올 수 있다.

```
font = ImageFont.truetype("/usr/share/fonts/truetype/dejavu/DejaVuSansMono.ttf", size=8)
```

`luma` 라이브러리는 LED 매트릭스를 낮은 해상도의 디스플레이로 취급하므로 도형 그리기, 텍스트 스크롤링 등 다양한 기능을 사용할 수 있다. 하지만 LED 매트릭스는 해상도가 너무 낮아 많은 정보를 표시할 수 없으므로 문자 표시 이외의 기능을 사용하는 경우는 많지 않다.

10.4 요약

라즈베리파이에서 별도의 장치를 추가하지 않고 사용할 수 있는 시리얼 통신에는 UART, I2C, 1-와이어, SPI, USB 등 여러 가지가 있다. 이러한 시리얼 통신은 각기 다른 목적으로 만들어졌으며, 특히 SPI는 간단한 구성으로 고속의 데이터 전송을 위해 만들어졌다는 점에서 다른 시리얼 통신과 차이가 있다. 표 10.3은 시리얼 통신의 특징을 비교한 것이다.

표 10.3 시리얼 통신 비교

	UART	I2C	1-Wire	SPI	USB
포트당 연결 장치 수	1	N	N	N	N
데이터 연결선 개수	2	1	1	2	2
송수신 동시에 가능	○	×	×	×	×
동기화 클록 사용	×	○	×	○	×
1개 장치 연결에 필요한 연결선 개수	2	2	1	4	2
2개 장치 연결에 필요한 연결선 개수	4	2	1	5	2

SPI 통신을 사용하는 장치에는 많은 데이터를 송수신하는 디스플레이, 메모리, 무선 통신 모듈, 입출력 확장 장치 등 여러 가지가 있고 실시간 데이터 전송이 필요한 RTC(Real Time Clock), 터치스크린 컨트롤러 등에서도 사용된다. 이 장에서는 64개의 LED를 잔상 효과를 사용하여 제어할 수 있는 MAX7219 칩을 사용하는 방법에 대해 알아봤다.

MAX7219 칩을 사용할 수 있는 장치로는 8자리 7세그먼트 표시장치와 LED 매트릭스가 있다. 이 장치들은 모두 64개 LED로 구성되어 있으므로 64개의 GPIO 핀으로 제어하는 것이 가장 간단하다. 하지만 64개 GPIO 핀을 사용할 수 있는 프로세서는 많지 않으므로 적은 수의 GPIO 핀으로 많은 LED를 제어하는 방법이 사용되며, 대표적인 방법 중 하나가 잔상 효과를 사용하는 것이다. 잔상 효과를 얻기 위해서는 64개가 아닌 16개의 GPIO 핀만 사용하면 되지만, MAX7219 칩을 사용하면 SPI 통신으로 데이터를 전달하기 위한 3개의 GPIO 핀만 사용하면 된다. MAX7219 칩은 잔상 효과를 얻기 위해 데이터를 반복 출력하는 작업도 담당하므로 라즈베리파이는 데이터가 바뀐 경우에만 MAX7219 칩으로 출력하면 된다.

SPI 통신을 사용하는 다른 장치 중에 ADC(Analog Digital Converter) 칩이 있다. 라즈베리파이에는 ADC가 포함되어 있지 않으므로 주변 환경에서 데이터를 얻기 위해서는 별도의 ADC 칩을 사용해야 한다. ADC 칩은 샘플링 속도와 채널 수 등에 따라 많은 데이터를 전송해야 할 수 있으므로 SPI 통신을 사용하기도 한다. 다음 장에서 SPI 통신을 사용하는 ADC 칩의 사용 방법을 알아본다.

아날로그 디지털 변환기

라즈베리파이는 디지털 컴퓨터로 디지털 데이터만 처리할 수 있지만, 주변 환경에서 얻을 수 있는 데이터는 모두 아날로그 데이터다. 따라서 주변 환경에서 얻은 데이터를 라즈베리파이에서 처리하기 위해서는 먼저 아날로그 데이터를 디지털 데이터로 변환해야 한다. 하지만 라즈베리파이에는 ADC가 포함되어 있지 않으므로 별도의 외부 ADC를 사용해야 한다. 이 장에서는 gpiozero 라이브러리에서 지원하는 MCP3208 ADC 칩을 통해 아날로그 데이터를 디지털 데이터로 변환하여 사용하는 방법을 알아본다.

11.1 아날로그 디지털 변환기

지금까지 살펴본 데이터는 모두 디지털 데이터다. GPIO 핀으로 LED를 켜거나 끄는 데이터와 버튼이 연결된 GPIO 핀으로 읽어오는 버튼 상태 데이터는 비트 단위의 디지털 데이터에 해당한다. 바이트 단위의 데이터를 교환하는 데 사용하는 시리얼 통신 역시 비트 단위의 디지털 데이터를 기반으로 하고 있다. 하지만 온도, 습도, 조도 등 주변 환경에서 얻을 수 있는 데이터는 모두 아날로그 데이터다. 라즈베리파이는 디지털 컴퓨터이므로 아날로그 데이터를 직접 처리할 수는 없으므로 먼저 디지털 데이터로 변환해야 하며 이를 위해 필요한 것이 아날로그 디지털 변환기(ADC: Analog Digital Converter)다.

주변 환경에서 데이터를 획득하는 장치를 흔히 센서라고 하며, 센서는 기본적으로 아날로그 데이터를 출력한다. 디지털 데이터를 출력하는 센서도 있지만, 이는 센서 내부에서 아날로그 데이터를 디지털 데이터로 변환한 후 출력하는 것이다. 아날로그 데이터를 출력하는 센서를 라즈베리파이에서 사용하려면 ADC가 필요하지만, 라즈베리파이에는 ADC가 포함되어 있지 않다. 따라서 라즈베리파이에서 아날로그 데이터를 출력하는 센서를 사용하려면 별도의 외부 ADC가 필요하다.

라즈베리파이에 연결해서 사용할 수 있는 ADC에는 여러 종류가 있으며 그 성능에 차이가 있다. ADC의 성능을 비교하는 데 사용할 수 있는 기준은 여러 가지가 있지만, 흔히 이야기하는 것이 해상도(resolution)와 샘플링 속도다. 해상도는 아날로그 데이터를 몇 비트의 디지털 데이터로 변환할 것인지를 결정하며 비트 단위로 나타낸다. 예를 들어 10비트 해상도를 갖는 ADC는 입력 범위의 아날로그 데이터를 10비트로, 즉 2^{10}개의 서로 다른 디지털값 중 하나로 변환한다. 샘플링 속도는 초당 아날로그 데이터를 디지털 데이터로 변환할 수 있는 횟수를 나타낸다. 변화가 빠른 신호를 실시간으로 처리할 필요가 없다면 kHz 단위의 샘플링 속도로 충분하다. 한 가지 더 고려해야 할 점은 채널(channel) 수로, 몇 개의 아날로그 데이터 출력장치를 연결할 수 있는가와 관계가 있다. 여러 개의 아날로그 데이터 출력장치를 사용하려면, 장치 수에 맞는 채널을 가진 ADC를 선택해야 한다. 하지만 채널 수가 많더라도 모든 채널에 연결된 아날로그 데이터를 한꺼번에 디지털 데이터로 변환할 수 있는 것은 아니라는 점도 기억해야 한다. MCP3208 칩을 포함하여 모든 ADC 칩은 한 번에 특정 채널에 연결된 하나의 아날로그 데이터만 디지털 데이터로 변환할 수 있다.

라즈베리파이에서 흔히 사용하는 ADC는 `gpiozero` 라이브러리에서 지원하는 MCP 시리즈 ADC다. MCP 시리즈 ADC 칩은 해상도와 채널 수에 따라 여러 종류가 있으며 이 장에서는 MCP3208 칩을 사용한다. MCP3208 칩은 12비트의 해상도와 8채널을 갖는 ADC로 최대 100kHz의 샘플링 속도를 갖고 있다. MCP3208 칩의 마지막 숫자인 '8'은 채널 수를 나타내며 MCP3201, MCP3202, MCP3204 등 채널 수에 따라 다양한 ADC를 제공하므로 필요에 따라 선택할 수 있다. 그림 11.1은 MCP3208 칩의 핀 배치를 나타낸 것이다.

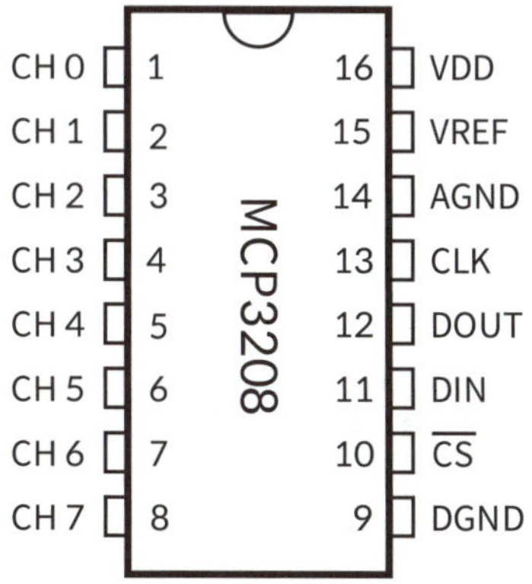

CH 0	1	16	VDD
CH 1	2	15	VREF
CH 2	3	14	AGND
CH 3	4	13	CLK
CH 4	5	12	DOUT
CH 5	6	11	DIN
CH 6	7	10	$\overline{CS}$
CH 7	8	9	DGND

MCP3208

그림 11.1 MCP3208 칩의 핀 배치

표 11.1은 MCP3208 칩의 핀 기능을 나타낸 것이다. 8개의 채널에는 아날로그 데이터를 출력하는 장치를 연결할 수 있으며, 칩의 동작 전압은 2.7V에서 5.5V 사이 전압을 연결하면 된다. MCP3208 칩의 10~13번 핀은 SPI 통신을 위한 핀으로 라즈베리파이의 SPI 포트에 연결하면 되고 각각 GPIO 7번 CE1, GPIO 10번 MOSI, GPIO 9번 MISO, GPIO 11번 SCLK 핀에 연결한다. 10장 'SPI 통신'에서 살펴본 MAX7219 칩 역시 SPI 통신을 사용했다. 하지만 MAX7219 칩을 위한 슬레이브 선택은 라즈베리파이의 GPIO 8번 CE0 핀을 사용했고, MAX7219 칩에서 라즈베리파이로 데이터를 전송하지 않으므로 MISO 핀은 사용하지 않았다는 차이가 있다.

표 11.1 MCP3208 칩의 핀 설명

핀 이름	설명	라즈베리파이 연결
CH 0~7	채널 0~7	
DGND	디지털 그라운드	
$\overline{CS}$	칩 선택(Chip Select 또는 Slave Select)	GPIO 7, CE1
DIN	시리얼 데이터 입력	GPIO 10, MOSI
DOUT	시리얼 데이터 출력	GPIO 9, MISO
CLK	시리얼 클록	GPIO 11, SCLK
AGND	아날로그 그라운드	
VERF	아날로그 디지털 변환의 기준 전압	
VDD	동작 전압, 2.7~5.5V	

MCP3208 칩을 표 11.1을 참고하여 그림 11.2와 같이 라즈베리파이에 연결하자. 아날로그 데이터 출력장치는 MCP3208 칩의 각 채널에 연결하여 사용하고, 칩 전원(VDD)은 3.3V를 사용했다.

라즈베리파이	주변장치	비고
GPIO 9(MISO)	ADC 칩의 MISO	
GPIO 10(MOSI)	ADC 칩의 MOSI	
GPIO 11(SCLK)	ADC 칩의 CLK	
GPIO 8(CE0)	ADC 칩의 CS	Slave Select
3.3V	ADC 칩의 VDD ADC 칩의 VREF	
GND	ADC 칩의 AGND ADC 칩의 DGND	

그림 11.2 MCP3208 칩 연결 회로

11.2 가변저항

아날로그 데이터 입력에 사용할 수 있는 가장 간단한 장치는 가변저항이다. 가변저항은 저항값을 조절할 수 있도록 만들어져 있고, 저항값의 변화에 따라 출력되는 전압이 달라지는 특징을 이용한다.

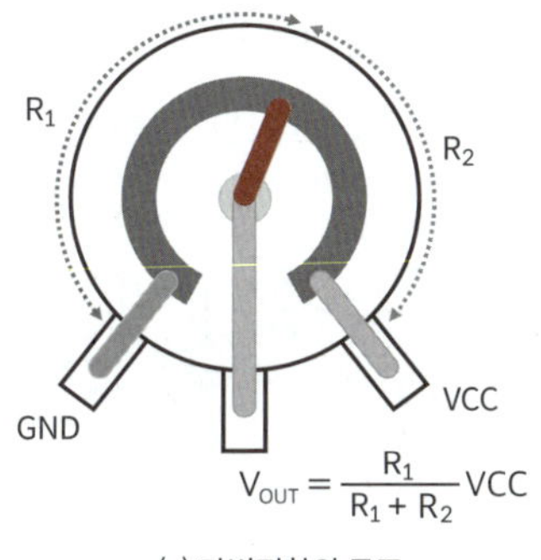

(a) 가변저항의 구조

(b) 가변저항

그림 11.3 가변저항

가변저항은 기본적으로 3개의 단자를 갖는다. 2개의 단자는 전체 저항 범위의 양 끝에 연결되어 있고 나머지 하나는 가변 접점에 연결되어 있다. 노브를 돌리면 가변 접점의 위치가 변하고, 가변 접점의 위치에 따라 GND−V_{OUT}(R_1), V_{OUT}−VCC(R_2) 사이의 저항값이 변하고 이에 따라 V_{OUT}으로 출력되는 전압이 변한다. 2개의 가변저항을 그림 11.4와 같이 MCP3208 칩의 채널 0번과 1번에 연결하자. MCP3208 칩은 그림 11.2와 같이 라즈베리파이에 연결한다.

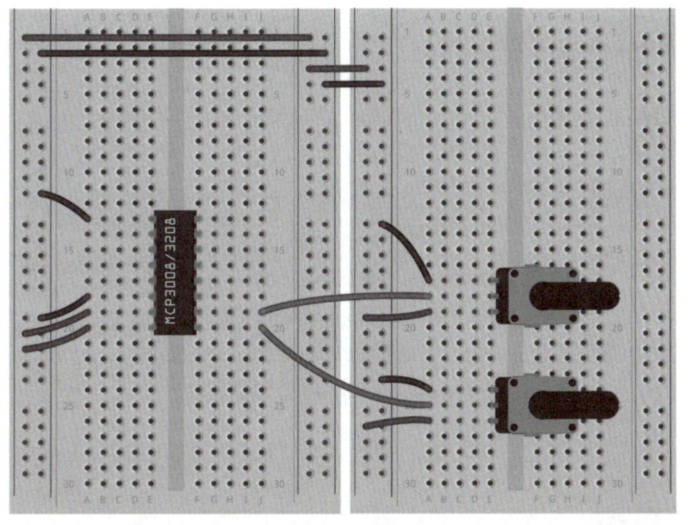

MCP3208	주변장치	비고
MCP3208 칩의 1번 핀	가변저항 1의 2번 핀	0번 채널
MCP3208 칩의 2번 핀	가변저항 2의 2번 핀	1번 채널
MCP3208 칩의 VCC	가변저항 1의 3번 핀 가변저항 2의 3번 핀	3.3V
MCP3208 칩의 GND	가변저항 1의 1번 핀 가변저항 2의 1번 핀	

그림 11.4 가변저항 연결 회로

코드 11.1은 가변저항값을 1초에 한 번 읽어 출력하는 예로, 그림 11.4에서 MCP3208 칩의 0번 채널에 연결한 가변저항을 사용한다. `MCP3208` 클래스에서 입력할 수 있는 최대 전압은 3.3V로 설정되어 있으며, 그림 11.2에서도 MCP3208 칩의 동작 전압과 기준 전압을 3.3V에 연결했다. 4번 줄에서 `device=1`은 라즈베리파이와의 연결에 CE1 핀을 사용했다는 의미다.

`MCP3208` 클래스에서 현재 입력 전압은 `voltage` 속성을 통해 알 수 있으며, 이를 디지털로 변환한 값은 `raw_value` 속성을 통해 알 수 있다. MCP3208 칩은 12비트의 해상도를 가지므로 `raw_value` 속성은 0에서 4095 사이의 값을 갖는다. `raw_value` 값을 0에서 1 사이의 값으로 정규화한 값은 `value` 속성을 통해 알 수 있다. 코드 11.1을 실행하고 노브를 돌리면서 출력되는 값이 변하는 것을 확인해 보자.

코드 11.1 가변저항 1개 읽기

```
01 from gpiozero import MCP3208
02 from time import sleep
03
04 vr = MCP3208(channel=0, device=1)          # 0번 채널, 1번 SPI 장치
05
06 print(f"Resolution  : {vr.bits}")
07 print(f"Max Voltage : {vr.max_voltage}")
08 print()
09
10 try:
11     while True:
12         v1 = vr.value                      # 0~1 사이 ADC값
13         v2 = vr.raw_value                  # 0~4095 사이 ADC값
14         v3 = vr.voltage                    # 0~3.3V 전압
15
16         print(f"{v1:.3f}", end='\t')
17         print(f"{v2}", end='\t')
18         print(f"{v3:.3f}")
19
20         sleep(1)
21 except KeyboardInterrupt:
22     print("** Program termination by user (Ctrl + C)")
23 finally:
24     vr.close()
```

Thonny IDE 셸 실행 결과

```
>>> %Run variable_registor.py
 Resolution  : 12
 Max Voltage : 3.3
```

```
1.000       4085      3.292
0.852       3509      2.828
0.702       2869      2.335
0.625       2559      2.077
0.477       1969      1.573
0.302       1233      0.997
0.070       288       0.232
0.001       4         0.004
```

코드 11.2는 채널 0번과 1번에 연결된 가변저항 2개의 값을 읽어 출력하는 예로, `MCP3208` 클래스의 `value` 속성을 사용했다. `value` 속성값을 읽으면 `MCP3208` 클래스는 SPI 통신을 통해 현재 가변저항의 값을 읽어 반환하므로 현재 가변저항의 값을 얻기 위해 다른 작업이 필요하지 않다. 이는 `raw_value`나 `voltage` 속성을 읽을 때도 마찬가지다. 코드 11.2를 실행하고 2개의 가변저항을 돌리면서 값의 변화를 확인해 보자. 첫 번째 가변저항은 전압을 출력하므로 최대 3.3을, 두 번째 가변저항은 정규화된 값을 출력하므로 최대 1.0을 출력한다.

코드 11.2 가변저항 2개 읽기

```
from gpiozero import MCP3208
from time import sleep

vr1 = MCP3208(channel=0, device=1)          # 0번 채널, 1번 SPI 장치
vr2 = MCP3208(channel=1, device=1)          # 1번 채널, 1번 SPI 장치

try:
    while True:
        v1 = vr1.voltage                    # 0~3.3 사이 전압
        v2 = vr2.value                      # 0~1 사이 정규화된 값

        print(f"{v1:.3f}", end='\t')
        print(f"{v2:.3f}")

        sleep(1)
except KeyboardInterrupt:
    print("** Program termination by user (Ctrl + C)")
finally:
    vr1.close()
    vr2.close()
```

Thonny IDE 셸 실행 결과

```
>>> %Run variable_registor_2.py
 3.300      0.001
 3.297      0.051
 3.057      0.125
 2.420      0.274
 1.693      0.458
 0.825      0.745
 0.593      0.812
 0.004      0.999
 0.004      0.998
```

11.3 아날로그 온도 센서

온도 측정에 사용할 수 있는 센서에는 여러 가지가 있지만, 이 장에서는 아날로그 데이터를 출력하는 TMP36 온도 센서를 사용한다. TMP36과 비슷한 센서에 LM35 온도 센서가 있지만, LM35 온도 센서의 동작 전압이 5V라면 TMP36 온도 센서는 5V는 물론 3.3V에서도 동작한다는 차이가 있다.

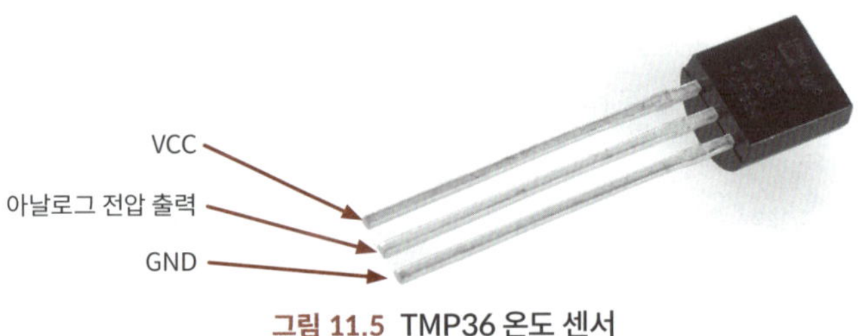

그림 11.5 TMP36 온도 센서

TMP36 온도 센서는 트랜지스터와 같은 모양이며 섭씨온도에 비례하는 전압을 출력한다. 이때 출력 전압은 1°C에 10mV씩 증가하고 0°C에서 0.5V를 출력하므로 출력 전압에서 0.5를 빼고 100을 곱하면 섭씨온도를 얻을 수 있다. 그림 11.6은 TMP36 온도 센서의 온도와 출력 전압 사이 관계를 나타낸 것이다.

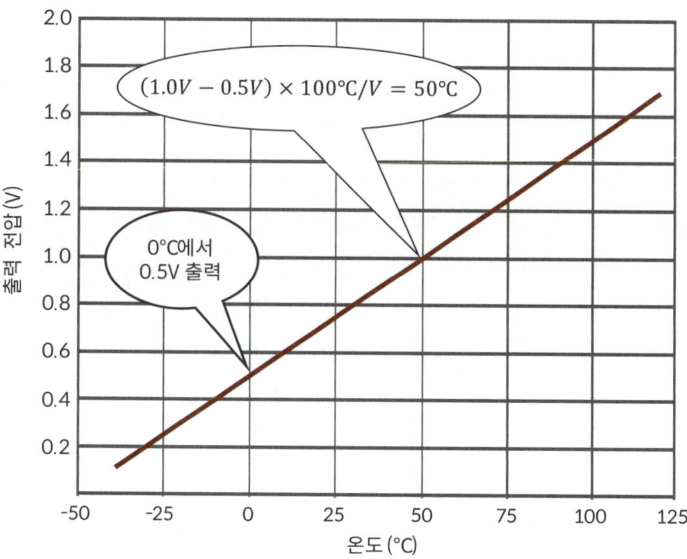

그림 11.6 TMP36 온도 센서의 온도와 출력 전압 사이 관계

TMP36 온도 센서를 그림 11.7과 같이 MCP3208 칩의 2번 채널에 연결하자. MCP3208 칩은 그림 11.2와 같이 라즈베리파이에 연결한다.

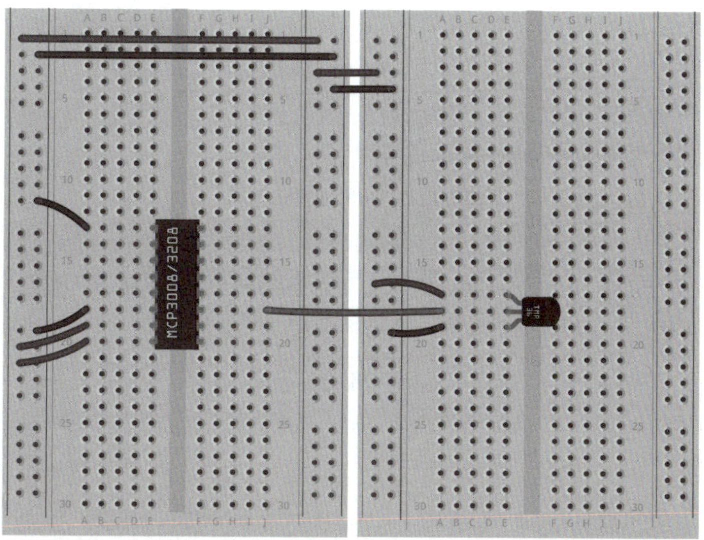

MCP3208	주변장치	비고
MCP3208 칩의 3번 핀	TMP36 온도 센서의 2번 핀	2번 채널
MCP3208 칩의 VCC	TMP36 온도 센서의 1번 핀	3.3V
MCP3208 칩의 GND	TMP36 온도 센서의 3번 핀	

그림 11.7 TMP36 온도 센서 연결 회로

코드 11.3은 TMP36 온도 센서를 1초에 한 번 읽고 온도로 변환하여 출력하는 예다. 13번 줄 `print` 함수에서 `\u00B0`은 온도 표시에 사용되는 기호의 유니코드값이다. 코드 11.3을 실행하고 온도가 출력되는 것을 확인해 보자.

코드 11.3 TMP36 온도 센서

```
01 from gpiozero import MCP3208
02 from time import sleep
03
04 tmp = MCP3208(channel=2, device=1)              # 2번 채널, 1번 SPI 장치
05 V_REF = tmp.max_voltage                         # ADC 기준 전압
06
07 try:
08     while True:
09         raw = tmp.value                         # 0~1 사이 ADC값
10         voltage = raw * V_REF                   # 전압으로 변환
11         temperature = (voltage - 0.5) * 100     # 섭씨온도로 변환
12
13         print(f"{temperature:.3f}\u00B0C")
14
15         sleep(1)
16 except KeyboardInterrupt:
17     print("** Program termination by user (Ctrl + C)")
18 finally:
19     tmp.close()
```

Thonny IDE 셸 실행 결과

```
>>> %Run TMP36.py
 13.293°C
 14.421°C
 15.871°C
 16.193°C
 16.999°C
 17.080°C
 18.208°C
 18.772°C
 17.080°C
 16.677°C
 15.307°C
```

그림 11.7과 같이 MCP3208 칩의 2번 채널에 온도 센서를 연결하고 GPIO 24번 핀에 LED를 연결하자. 온도 센서로 측정한 온도가 설정 온도 이상이면 LED를 0.5초 간격으로 점멸하고, 설정 온도 미만이면 LED를 꺼진 상태에 두는 예가 코드 11.4로, 간단한 고온 경고 시스템으로 사용할 수 있다.

코드 11.4의 8번 줄은 LED를 점멸할 최소 온도를 설정한 것으로, 필요에 따라 실험적으로 결정하면 된다. 17번 줄의 `blink_led` 함수는 별도의 스레드로 실행되는 함수다. 코드 11.4에서 스레드 밖에서 스레드 내로 정보를 전달하기 위해 `Event` 클래스를 사용했다. `Event` 클래스의 객체는 37번 줄의 `set` 함수와 39번 줄의 `clear` 함수로 상태를 설정할 수 있으며, 현재 상태는 `is_set` 함수로 알아낼 수 있다.

스레드 실행은 11번 줄의 `thread_event` 객체에 의해 제어되며, 프로그램이 종료될 때 `clear` 함수를 통해 스레드 종료를 설정하면 `blink_led` 함수의 실행이 종료된다. 코드 11.4를 실행하고 온도 변화에 따라 LED의 점멸 상태가 변하는 것을 확인해 보자.

코드 11.4 TMP36 온도 센서를 이용한 고온 경고 시스템

```
01 from gpiozero import MCP3208, LED
02 from threading import Thread, Event
03 from time import sleep
04
05 tmp = MCP3208(channel=2, device=1)              # 2번 채널, 1번 SPI 장치
06 V_REF = tmp.max_voltage                         # ADC 기준 전압
07 led = LED(24)                                   # LED는 GPIO 24번 핀에 연결
08 THRESHOLD_TEMP = 20.0                           # LED 점멸 임계치
09
10 blink_event = Event()                           # LED 점멸 제어용 이벤트
11 thread_event = Event()                          # 스레드 실행용 이벤트
12
13 def read_temperature():                         # 섭씨온도 변환 함수
14     voltage = tmp.value * V_REF
15     return (voltage - 0.5) * 100
16
17 def blink_led():                                # LED 점멸 스레드 함수
18     while thread_event.is_set():
19         if blink_event.is_set():
20             led.toggle()                        # LED 반전
21             sleep(0.5)
22         else:
23             led.off()
24             sleep(0.1)
25
26 thread_event.set()                              # 스레드 시작 표시
27 # LED 점멸 스레드 시작
28 led_thread = Thread(target=blink_led, daemon=True)
29 led_thread.start()
30
31 try:
```

```python
    while True:
        temp = read_temperature()
        print(f"Temperature: {temp:.2f}\u00B0C")

        if temp >= THRESHOLD_TEMP:
            blink_event.set()                    # 온도가 기준 이상이면 점멸 시작
        else:
            blink_event.clear()                  # 점멸 중지
        sleep(1)
except KeyboardInterrupt:
    print("** Program terminated by user (Ctrl + C)")
finally:
    thread_event.clear()                         # LED 점멸 스레드 중지
    tmp.close()
    led.close()
```

Thonny IDE 셸 실행 결과

```
>>> %Run TMP36_high_temperature.py
 Temperature: 17.89°C
 Temperature: 18.21°C
 Temperature: 19.26°C
 Temperature: 22.16°C
 Temperature: 22.56°C
 Temperature: 23.04°C
 Temperature: 23.04°C
 Temperature: 23.61°C
 Temperature: 20.79°C
 Temperature: 19.66°C
 Temperature: 18.21°C
```

11.4 CdS 조도 센서

빛의 양에 따라 물리적 특성이 변하는 소자에는 포토레지스터, 포토다이오드, 포토트랜지스터 등이 있으며 모두 빛의 양을 측정하는 데 사용된다. 광센서, 조도 센서라고도 불리는 포토레지스터는 빛의 양에 따라 저항값이 변하는 소자로 정밀도가 낮고 응답 속도가 느리다는 등의 단점이 있지만, 가격이 싸고 회로 구성이 간단해 흔히 사용된다. 포토다이오드와 포토트랜지스터는 빛의 양에 따라 생성되는 전류, 즉 광전류의 양이 변하는 특징을 이용하며 포토레지스터보다 정밀한 측정이 필요할 때 사용된다.

가시광선의 양을 측정하는 데 사용할 수 있는 조도 센서 중에서는 카드뮴(Cd)과 황(S)을 결합하여 만든 황화카드뮴 결정에 금속 다리를 연결해서 만드는 CdS 조도 센서가 많이 사용되며 이 장에서도 CdS 조도 센서를 사용한다. CdS 조도 센서는 저항의 한 종류로 극성이 없으므로 연결 방향에 상관없이 사용할 수 있다.

그림 11.8 CdS 조도 센서

조도 센서는 빛의 양에 반비례하는 저항값을 가지므로 어두운 곳에서는 큰 저항값을, 밝은 곳에서는 작은 저항값을 갖는다. 빛의 양에 따른 저항값의 변화는 선형이 아니지만 로그-로그 그래프로 나타내면 선형에 가까운 그래프를 얻을 수 있다. 하지만 정밀도가 낮으므로 정확한 빛의 양을 얻는 데는 한계가 있다.

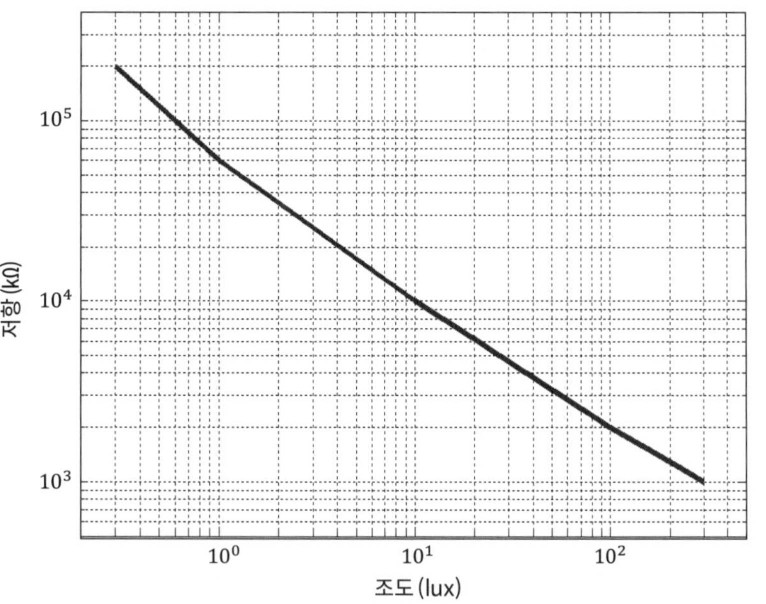

그림 11.9 CdS 조도 센서의 조도와 저항 사이 관계

CdS 조도 센서를 그림 11.10과 같이 MCP3208 칩의 3번 채널에 연결하자. MCP3208 칩은 그림 11.2와 같이 라즈베리파이에 연결한다. CdS 조도 센서는 빛의 양에 따라 가변저항처럼 동작하므로 전압 분배를 통해 빛의 양을 추정해야 하므로 4.7kΩ 저항을 함께 사용했다.

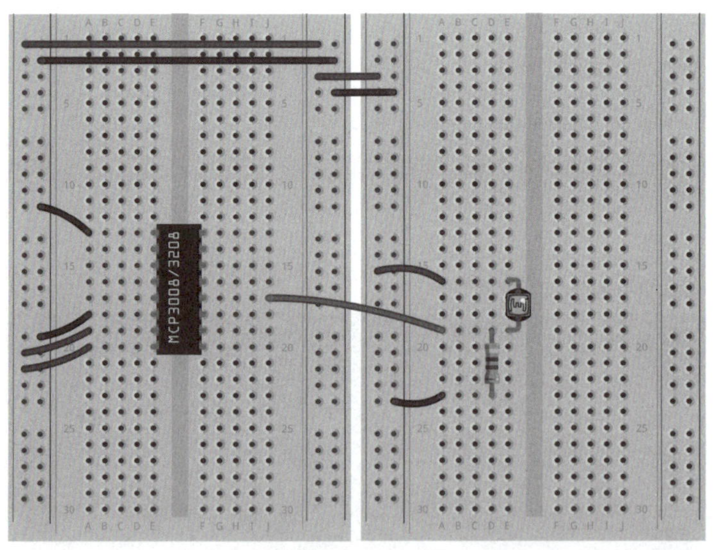

MCP3208	주변장치	비고
MCP3208 칩의 4번 핀	CdS 조도 센서의 2번 핀 전압 분배용 저항의 2번 핀	3번 채널
MCP3208 칩의 VCC	CdS 조도 센서의 1번 핀	3.3V
MCP3208 칩의 GND	전압 분배용 저항의 1번 핀	

그림 11.10 CdS 조도 센서 연결 회로

코드 11.5는 CdS 조도 센서를 1초에 한 번 읽어 출력하는 예다. 그림 11.9를 바탕으로 실제 조도로 변환할 수 있지만, 정밀도가 낮고 전압 분배에 사용하는 저항에 따라 값이 달라지므로 절대적인 값보다는 상대적인 값을 사용하는 경우가 대부분이며, 이때 상대적인 값은 실험적으로 결정해서 사용하면 된다.

코드 11.5 CdS 조도 센서

```
from gpiozero import MCP3208
from time import sleep

cds = MCP3208(channel=3, device=1)        # 3번 채널, 1번 SPI 장치
V_REF = cds.max_voltage                   # ADC 기준 전압

```

```
try:
    while True:
        raw = cds.value                          # 0~1 사이 ADC값
        voltage = raw * V_REF                    # 전압으로 변환

        print(f"{raw:.3f}", end=' ')
        print(f"{voltage:.3f}V")
        sleep(1)
except KeyboardInterrupt:
    print("** Program termination by user (Ctrl + C)")
finally:
    cds.close()
```

Thonny IDE 셸 실행 결과

```
>>> %Run cds.py
 0.531 1.753V
 0.540 1.783V
 0.542 1.788V
 0.279 0.920V
 0.093 0.306V
 0.083 0.275V
 0.547 1.805V
 0.540 1.783V
 0.640 2.111V
 0.682 2.252V
 0.681 2.247V
 0.567 1.871V
 0.571 1.886V
```

그림 11.10과 같이 MCP3208 칩의 3번 채널에 조도 센서를 연결하고 GPIO 24번 핀에 LED를 연결하자. 빛의 양이 설정한 정도 미만이면 24번 핀에 연결된 LED를 켜고, 이상이면 LED를 꺼진 상태로 두는 자동 점등 예가 코드 11.6이다. 코드 11.4에서는 LED를 점멸하기 위해 스레드를 사용했지만, 코드 11.6에서는 LED를 켜거나 끄는 동작만 필요하고 점멸하는 동작은 필요하지 않으므로 별도의 스레드를 사용하지 않았다. 7번 줄의 `THRESHOLD` 임계치는 필요에 따라 실험적으로 설정하면 된다. 코드 11.6을 실행하고 조도 센서에 가해지는 빛의 양을 조절하여 LED가 켜지고 꺼지는 것을 확인해 보자.

코드 11.6 CdS 조도 센서를 이용한 자동 점등 조명

```
01 from gpiozero import MCP3208, LED
02 from time import sleep
```

```python

cds = MCP3208(channel=3, device=1)        # 3번 채널, 1번 SPI 장치
led = LED(24)                             # LED는 GPIO 24번 핀에 연결

THRESHOLD = 0.5                           # LED를 켜는 임계치

try:
    while True:
        light = cds.value                 # 조도: 0~1
        print(f"{light:.3f}")

        if light < THRESHOLD:
            led.on()                      # 어두우면 LED 켬
        else:
            led.off()                     # 밝으면 LED 끔
        sleep(1)
except KeyboardInterrupt:
    print("** Program termination by user (Ctrl + C)")
finally:
    led.off()
    cds.close()
```

Thonny IDE 셸 실행 결과

```
>>> %Run cds_auto_LED.py
 0.604
 0.261
 0.332
 0.195
 0.190
 0.629
 0.641
```

11.5 요약

아날로그와 디지털 데이터를 입출력하는 것은 디지털 컴퓨터의 기본 기능이다. 하지만 주변 환경에서 얻을 수 있는 데이터는 모두 아날로그 데이터이고, 디지털 컴퓨터에서 처리할 수 있는 데이터는 디지털 데이터뿐이다. 따라서 라즈베리파이에서 주변 환경과 상호작용하기 위해서는 아날로그와 디지털 데이터 사이의 변환이 필요하다. 라즈베리파이에는 아날로그 데이터를 디지털 데이터로 변환하는 데 필요한 ADC(Analog Digital Converter)와 그 반대인 DAC(Digital Analog Converter)가 포함되어 있지 않으므로, 필요하다면 별도의 외부 장치를 연결해서 사용해야 한다.

ADC는 흔히 아날로그 데이터를 출력하는 센서와 함께 사용한다. 라즈베리파이에서도 여러 가지 ADC를 사용할 수 있지만, `gpiozero` 라이브러리에서 MCP 시리즈 ADC를 위한 클래스를 제공하고 있으므로 손쉬운 선택이 될 수 있다. 이 장에서는 12비트의 해상도와 8채널을 제공하는 MCP3208 ADC 칩을 사용했다. MCP3208 칩을 라즈베리파이와 SPI 통신으로 연결하면 최대 8개까지의 아날로그 데이터 출력장치를 MCP3208 칩에 연결할 수 있고, 변환된 디지털 데이터를 라즈베리파이에서 읽어 사용할 수 있다.

센서 중에는 디지털 데이터를 출력하는 센서도 있으며, 디지털 데이터를 출력하는 센서는 ADC 없이 GPIO 핀에 직접 연결해서 사용할 수 있다. 디지털 데이터를 출력하는 센서는 센서 내부에 아날로그 데이터를 디지털 데이터로 변환하는 ADC를 포함하고 있거나 처리 결과만 디지털 데이터로 출력하기 때문에 ADC 칩 없이 사용할 수 있다. 센서가 전용 ADC를 포함하고 있으면 표준화된 통신 방법을 사용할 수 있고, 센서 특성에 맞게 아날로그 데이터를 디지털 데이터로 변환할 수 있으며, 디지털 데이터를 전송하므로 잡음에 강하다는 등 여러 가지 장점이 있다. 9장 'I2C와 1-와이어 통신'에서 살펴본 가속도 각속도 센서가 물리량을 디지털 데이터로 변환하여 전송하는 예에 속한다. 다음 장에서는 디지털 데이터를 출력하는 여러 가지 센서에 대해 알아본다.

디지털 데이터 출력 센서

센서란 주변 환경의 물리적 양을 전기 신호로 변환하는 장치로, 흔히 사람의 오감에 비유된다. 센서에서 얻을 수 있는 데이터는 기본적으로 아날로그 데이터지만, 많은 센서가 센서의 특성을 반영한 전용 아날로그 디지털 변환기를 포함하고 있어 디지털 데이터를 출력한다. 디지털 데이터를 출력하는 센서는 아날로그 데이터를 출력하는 센서보다 연결이 간단하고, 데이터 처리 역시 쉬워 사용이 증가하고 있다. 이 장에서는 디지털 데이터를 출력하는 센서를 사용하여 다양한 물리량을 측정하고, 이를 GPIO 핀을 통해 입력받아 사용하는 방법을 알아본다.

12.1 초음파 거리 센서

거리나 길이는 일상생활에서 흔히 접하는 기본적인 물리량 중 하나로, 다양한 방법으로 측정하여 다양한 목적으로 사용할 수 있다. 이 장에서 사용하는 초음파 거리 센서는 한 점까지의 거리만 측정할 수 있고 측정 범위도 짧지만, 가격이 싸고 간단하게 사용할 수 있어 장애물 감지, 거리 측정, 수위 측정, 자동 주차 보조 등 다양한 용도로 사용되고 있다.

초음파 거리 센서는 발신부와 수신부로 구성된다. 압전 소자에 (+)와 (−) 전압을 번갈아 가해주면 압전 소자의 변형으로 진동이 발생하고, 진동으로 초음파가 발생하는 역압전 효과를 이용하여 발신부에서 초음파를 만든다. 수신부는 발신부에서 발생한 초음파가 물체에 반사되어 돌아오는 반사파에 의해 압전 소자가 진동하고, 진동으로 전압이 발생하는 정압전 효과를 이용하여 초음파를 감지한다.

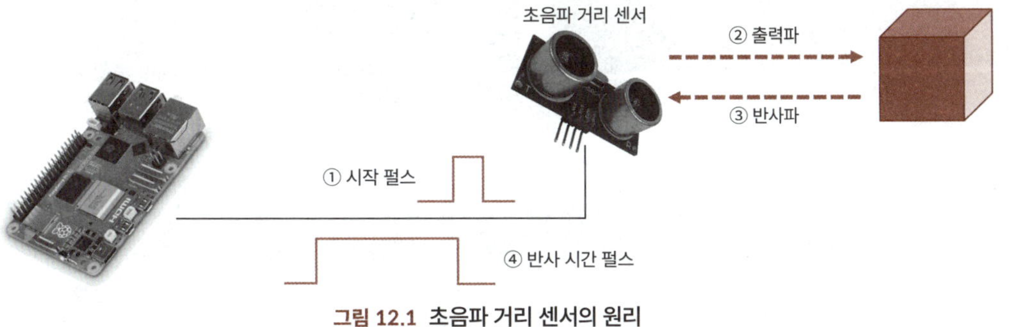

그림 12.1 초음파 거리 센서의 원리

초음파 거리 센서는 발신부에서 초음파를 출력한 시간과 수신부에서 반사파가 감지된 시간을 기초로 거리를 계산한다. 초음파는 지향성과 직진성이 높아 공기 중에서 약 334m/s의 일정한 속도로 진행하므로 이를 바탕으로 거리를 계산할 수 있다.

그림 12.2 HC-SR04 초음파 거리 센서

그림 12.2는 이 장에서 사용하는 HC–SR04 초음파 거리 센서로, 4개의 연결 핀을 갖고 있다. 거리

측정에 사용되는 핀은 트리거(trigger, TRIG) 핀과 에코(echo, ECHO) 핀 2개이고, 나머지는 전원 연결 핀이다. 트리거 핀은 거리 측정을 시작하기 위한 신호를 출력하는 핀으로, 트리거 핀의 펄스에 의해 초음파 출력이 시작된다. 초음파 출력이 끝나면 에코 핀은 `HIGH` 상태로 바뀌고 수신부가 반사파를 감지하면 에코 핀은 `LOW` 상태로 바뀐다. 따라서 에코 핀의 펄스에서 `HIGH`인 구간의 길이와 초음파의 진행 속도를 사용하면 거리를 계산할 수 있다.

초음파 거리 센서를 그림 12.3과 같이 트리거 핀을 GPIO 21번 핀에, 에코 핀을 GPIO 20번 핀에 레벨 변환기를 사용하여 연결하자. 초음파 거리 센서는 5V에서 동작하므로 5V 전원을 연결해야 하며 트리거와 에코 핀 역시 5V 전압 레벨을 사용한다. 트리거 핀에 거리 측정 시작을 위해 3.3V 펄스를 가하는 것은 문제가 없지만, 에코 핀의 5V 출력을 라즈베리파이에 직접 연결하면 라즈베리파이가 파손될 수 있으므로 레벨 변환기가 필요하다. 온라인에서 찾아볼 수 있는 예들은 에코 핀을 직접 라즈베리파이에 연결하고 있으며 동작에 문제가 없을 수 있지만, 이에 따른 라즈베리파이의 파손은 사용자의 책임이다.

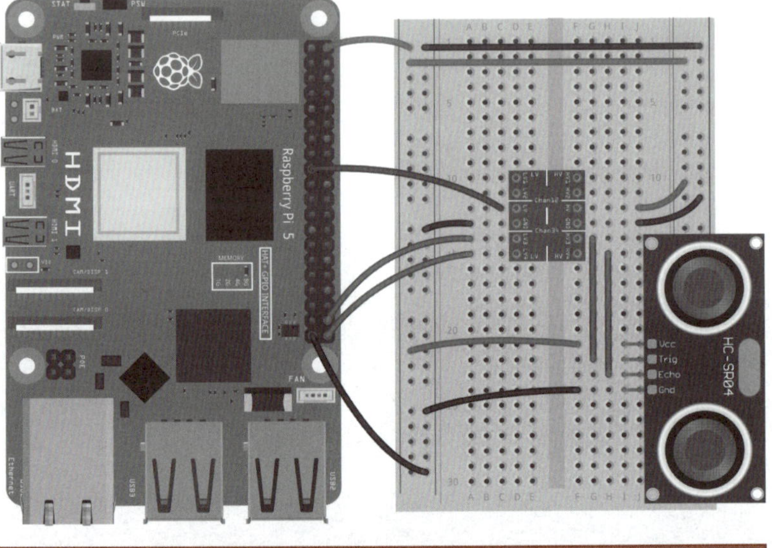

라즈베리파이	주변장치	비고
GPIO 20	HC-SR04의 에코 핀	3.3V-5V 레벨 변환기 사용
GPIO 21	HC-SR04의 트리거 핀	3.3V-5V 레벨 변환기 사용
5V	HC-SR04의 VCC 레벨 변환기의 High Voltage	
3.3V	레벨 변환기의 Low Voltage	
GND	HC-SR04의 GND 레벨 변환기의 GND	

그림 12.3 초음파 거리 센서 연결 회로

HC-SR04 초음파 거리 센서는 gpiozero 라이브러리의 DistanceSensor 클래스를 사용하여 제어할 수 있다. DistanceSensor 클래스의 객체를 생성한 후 객체의 distance 속성을 읽으면 자동으로 거리를 측정하여 반환한다. 반환하는 거리는 여러 번 측정한 후 평균한 거리이며 100을 곱하면 센티미터 단위의 거리를 얻을 수 있다. 코드 12.1을 실행하고 물체를 초음파 거리 센서 앞에서 움직이면서 측정되는 거리를 확인해 보자.

코드 12.1 초음파 거리 센서

```
from gpiozero import DistanceSensor
from time import sleep

try:
    # 트리거 핀: GPIO 21, 에코 핀: GPIO 20
    sensor = DistanceSensor(echo=20, trigger=21)

    while True:
        dis = sensor.distance * 100                 # cm 단위 변환
        print('Distance: {:.2f} cm'.format(dis))    # 거리 출력
        sleep(0.5)                                  # 0.5초 간격
except KeyboardInterrupt:
    print("** Program termination by user (Ctrl + C)")
finally:
    sensor.close()
```

Thonny IDE 셸 실행 결과

```
>>> %Run distance_sensor.py
 Distance: 47.49 cm
 Distance: 42.96 cm
 Distance: 33.61 cm
 Distance: 19.05 cm
 Distance: 16.34 cm
 Distance: 6.87 cm
 Distance: 5.36 cm
 Distance: 3.88 cm
 Distance: 6.72 cm
 Distance: 20.14 cm
```

그림 12.3과 같이 초음파 거리 센서를 연결하고 GPIO 24번 핀에 LED를 연결하자. 측정한 거리가 설정한 거리 미만이면 연결된 LED를 0.5초 간격으로 점멸하여 물체가 가까이에 있음을 경고하고, 설정한 거리 이상이면 LED를 꺼진 상태로 두는 예가 코드 12.2다.

코드 12.2는 LED 점멸을 위해 별도의 스레드를 사용한다. 13번 줄의 `blink_led` 함수가 스레드로 실행되는 함수로, 24번 줄에서 스레드를 생성하여 25번 줄에서 실행을 시작한다. `blink_led` 함수 내부에서는 LED를 점멸하거나 꺼진 상태에 두는 것을 6번 줄에서 생성한 `blink_event`를 통해 판단한다. 7번 줄의 `thread_event`는 스레드 자체의 실행 여부를 판단하기 위해 사용되었다. 코드 12.2를 실행하고 물체와의 거리에 따라 LED가 점멸하는 것을 확인해 보자.

코드 12.2 초음파 거리 센서를 이용한 근접 물체 경고 시스템

```
01 from gpiozero import DistanceSensor, LED
02 from threading import Thread, Event
03 from time import sleep
04
05 THRESHOLD = 20.0                                # LED 점멸 임계치
06 blink_event = Event()                           # LED 점멸 제어용 이벤트
07 thread_event = Event()                          # 스레드 실행용 이벤트
08
09 # 트리거 핀: GPIO 21, 에코 핀: GPIO 20
10 sensor = DistanceSensor(echo=20, trigger=21)
11 led = LED(24)                                   # LED는 GPIO 24번 핀에 연결
12
13 def blink_led():                                # LED 점멸 스레드 함수
14     while thread_event.is_set():
15         if blink_event.is_set():
16             led.toggle()                        # LED 반전
17             sleep(0.5)
18         else:
19             led.off()
20             sleep(0.1)
21
22 thread_event.set()                              # 스레드 시작 표시
23 # LED 점멸 스레드 시작
24 led_thread = Thread(target=blink_led, daemon=True)
25 led_thread.start()
26
27 try:
28     while True:
29         dis = sensor.distance * 100             # cm 단위 변환
30         print('Distance: {:.2f} cm'.format(dis))  # 거리 출력
31
32         if dis < THRESHOLD:
33             blink_event.set()
34         else:
35             blink_event.clear()
36         sleep(1)
37 except KeyboardInterrupt:
```

```
    print('** Measurement stopped by user')
finally:
    thread_event.clear()
    sensor.close()
```

Thonny IDE 셸 실행 결과

```
>>> %Run distance_alarm.py
 Distance: 66.42 cm
 Distance: 23.35 cm
 Distance: 17.80 cm
 Distance: 15.54 cm
 Distance: 12.13 cm
 Distance: 7.98 cm
 Distance: 5.11 cm
 Distance: 15.87 cm
 Distance: 26.33 cm
```

12.2 PIR 센서

온도를 갖는 물체는 복사선을 방출한다. 사람 역시 마찬가지로 피부에서는 체온에 의해 약 10μm 파장의 적외선이 방출된다. 따라서 10μm 파장의 적외선을 찾아내면 사람 또는 사람의 체온과 비슷한 온도를 가진 물체를 찾아낼 수 있다. 이를 좀 더 단순화하여 10μm 파장의 적외선 변화를 검출할 수 있도록 만든 것이 인체 감지 센서라고 불리는 PIR(Passive Infrared) 센서다. PIR 센서는 적외선의 변화를 검출하므로 움직이지 않는 인체는 감지할 수 없고, 온도를 기준으로 하므로 사람의 체온과 비슷한 온도를 갖는 물체도 찾아낸다는 단점이 있다.

적외선은 여러 센서에서 사용하고 있으며 라인트레이서에서 경로 찾기에 사용되는 센서, 적외선 거리 센서 등이 여기에 포함된다. 적외선을 사용하는 센서는 먼저 적외선을 방출하고 반사되어 돌아오는 적외선을 검출하여 사용하는 방식이 흔히 사용된다. 이처럼 먼저 적외선을 방출하는 센서를 능동형 적외선 센서라고 한다. 반면 PIR 센서는 적외선을 방출하지 않고 사물에서 방출하는 적외선을 감지하도록 만들어져 있으므로 수동형 적외선 센서라고 한다.

그림 12.4 PIR 센서 모듈

PIR 센서는 크기가 작고 전력 소비가 적으며 사용법도 쉬워 널리 사용된다. 이 장에서는 그림 12.4와 같이 센서의 입력 신호를 처리한 후 감지 여부를 디지털 데이터로 출력하는 PIR 센서 모듈을 사용한다. PIR 센서 모듈에는 인체를 감지한 후 감지 신호를 내보내는 시간을 결정하는 가변저항, 감지 감도를 통해 감지 거리를 조절하는 가변저항 등이 포함될 수 있다.

PIR 센서 모듈을 그림 12.5와 같이 GPIO 5번 핀에 연결하자. PIR 센서는 5V 전압에서 동작하는 제품이 대부분으로, 인체를 감지했을 때 출력되는 신호 역시 5V 기준 전압을 사용하므로 레벨 변환기를 함께 사용했다. 일부 PIR 센서는 3.3V에서 동작하고 신호 출력 레벨 역시 3.3V를 사용하므로 데이터시트를 확인해야 한다.

라즈베리파이	주변장치	비고
GPIO 5	PIR 센서 모듈의 2번 핀	움직임 감지 여부 3.3V-5V 레벨 변환기 사용
5V	PIR 센서 모듈의 VCC 레벨 변환기의 High Voltage	
3.3V	레벨 변환기의 Low Voltage	
GND	PIR 센서 모듈의 GND 레벨 변환기의 GND	

그림 12.5 PIR 센서 연결 회로

PIR 센서는 `gpiozero` 라이브러리의 `MotionSensor` 클래스를 사용하여 제어할 수 있다. `MotionSensor` 클래스의 객체를 사용하는 간단한 방법은 `wait_for_motion` 함수와 `wait_for_no_motion` 함수를 사용하는 것이다. `wait_for_motion` 함수는 움직임이 감지될 때까지, 즉 PIR 센서 모듈이 `HIGH`를 출력할 때까지 대기하는 함수이며, `wait_for_no_motion` 함수는 움직임이 없어질 때까지, 즉 PIR 센서 모듈이 `LOW`를 출력할 때까지 대기하는 함수다. 코드 12.3을 실행하고 센서 앞에서 손을 움직이면서 움직임이 감지됨에 따라 출력이 변하는 것을 확인해 보자.

코드 12.3 PIR 센서에 의한 인체 감지 – 블로킹 방식

```
from gpiozero import MotionSensor

pir = MotionSensor(5)                   # GPIO 5번 핀에 연결된 PIR 센서 객체 생성
try:
    print("* Ready to detect human body movement...")

    while True:
        pir.wait_for_motion()           # 인체 움직임이 감지될 때까지 대기
        print(" >> Motion detected")

        pir.wait_for_no_motion()        # 인체 움직임이 없을 때까지 대기
        print(" -- Motion stopped")
except KeyboardInterrupt:
    print("** Program termination by user (Ctrl + C)")
finally:
    pir.close()
```

Thonny IDE 셸 실행 결과

```
>>> %Run PIR_sensor_wait.py
 * Ready to detect human body movement...
  >> Motion detected
  -- Motion stopped
  >> Motion detected
  -- Motion stopped
```

코드 12.3으로 신체의 움직임을 감지하는 데 문제는 없지만, `wait_for_motion` 함수와 `wait_for_no_motion` 함수가 블로킹 함수이므로 움직임 감지 이외의 작업을 함께 진행하기는 어렵다. 코드 12.4는 코드 12.3과 같은 동작을 하면서 콜백 함수를 사용하여 논블로킹 방식으로 동작하도록 작성한 예다.

`MotionSensor` 클래스에서 움직임이 감지되었을 때 자동으로 호출되는 콜백 함수는 `when_motion` 속성에 지정하면 되고, 움직임이 없어졌을 때 자동으로 호출되는 콜백 함수는 `when_no_motion` 속성에 지정하면 된다. 19번 줄의 무한 루프 내에서는 PIR 센서의 동작과 별개로 2초에 1씩 증가하는 카운터값을 출력하고 있으며, 이 위치에 PIR 센서와 상관없는 작업을 추가할 수 있다. 코드 12.4의 실행 결과는 코드 12.3의 실행 결과와 기본적으로 같지만, PIR 센서를 위한 스레드가 카운터를 위한 메인 스레드와 별도로 존재한다는 점에서 차이가 있다.

코드 12.4 PIR 센서에 의한 인체 감지 – 논블로킹 방식

```
from gpiozero import MotionSensor
from time import sleep

def motion_function():
    print(" >> Motion detected")

def no_motion_function():
    print(" -- Motion stopped")

pir = MotionSensor(5)                    # GPIO 5번 핀에 연결된 PIR 센서 객체 생성
# 움직임이 감지될 때와 움직임이 없어졌을 때 호출되는 콜백 함수
pir.when_motion = motion_function
pir.when_no_motion = no_motion_function

count = 0                                # 카운터

try:
    print("* Ready to detect human body movement...")
    while True:
        sleep(2)
        count += 1
        print(count)                     # 2초에 1씩 증가하는 카운터값 출력
except KeyboardInterrupt:
    print("** Program termination by user (Ctrl + C)")
finally:
    pir.close()
```

Thonny IDE 셸 실행 결과

```
>>> %Run PIR_sensor_no_wait.py
 * Ready to detect human body movement...
 1
  >> Motion detected
 2
  -- Motion stopped
 3
  >> Motion detected
  -- Motion stopped
 4
 5
```

12.3 터치 센서

라즈베리파이에서 흔히 사용하는 버튼은 푸시 버튼으로, 버튼을 누르면 접점이 연결되고 버튼을 누르지 않으면 버튼 내부의 스프링에 의해 원래의 상태로 되돌아온다. 푸시 버튼은 구조가 간단해서 가격이 싸고, 회로 구성 역시 간단하다는 등의 장점이 있다. 하지만 버튼 내부의 기계적인 요소로 인해 접점의 마모가 발생할 수 있고, 스프링에 의한 채터링이 발생한다는 등의 단점도 있다. 스마트폰의 터치스크린이 일반화되면서 푸시 버튼 대신 사용이 증가하고 있는 센서로 정전 용량 터치 센서(capacitive touch sensor)가 있으며 흔히 터치 센서라고 한다. 터치 센서는 전기가 통하는 물질을 접촉함에 따라 정전 용량(capacitance)이 바뀌는 특성을 이용하여 터치 여부를 알아내며, 인체 역시 전기가 통하므로 인체의 접촉 여부를 알아낼 수 있다. 터치 센서는 기계적인 부품이 없어 내구성이 높고 디자인 자유도를 높일 수 있다는 장점이 있지만, 주변 환경에 따라 인식 정확도에 차이가 있을 수 있고 회로가 복잡하여 가격이 비싸다는 단점도 있다.

그림 12.6은 손가락이 터치 센서에 닿지 않았을 때와 닿았을 때 정전 용량의 변화를 나타낸 것이다. 손가락이 닿으면 X 전극과 손가락 사이에 새로운 정전 용량이 형성되므로 X 전극과 Y 전극 사이의 정전 용량이 감소하며 이를 통해 터치를 감지할 수 있다. 터치 센서는 정전 용량의 변화를 기본으로 하므로 압력을 가하지 않아도 검출이 가능하지만, 손톱으로 누르거나 장갑을 끼고 누르면 전기가 통하지 않으므로 터치 여부를 알아낼 수 없다.

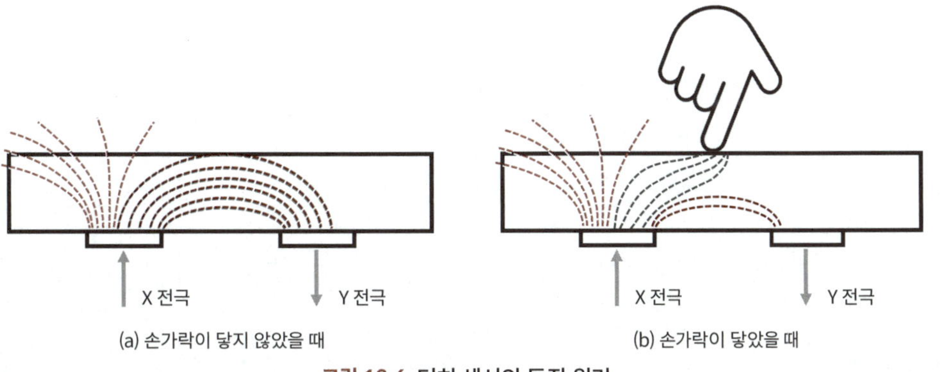

그림 12.6 터치 센서의 동작 원리

그림 12.7은 이 장에서 사용하는 터치 센서 모듈이다. 터치에 따른 정전 용량의 변화를 감지하기 위해 전용 칩이 사용되며, 그림 12.7의 터치 센서 모듈은 TTP223 칩을 사용한다.

그림 12.7 터치 센서 모듈

터치 센서 모듈을 그림 12.8과 같이 GPIO 6번 핀에 연결하자. 터치 센서는 2.0~5.5V에서 동작하므로 그림 12.8에서는 3.3V에 연결했다.

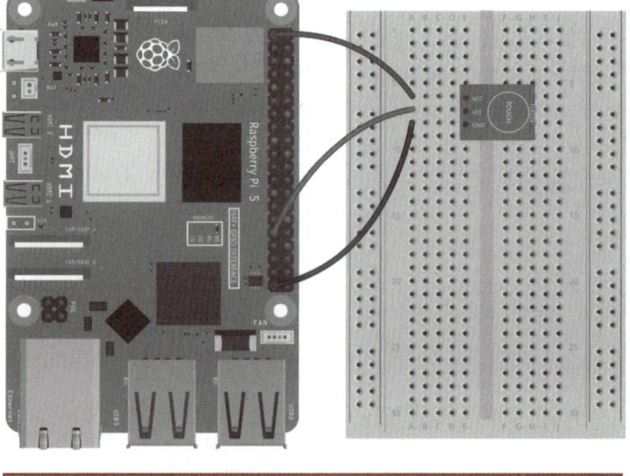

라즈베리파이	주변장치	비고
GPIO 6	터치 센서 모듈의 SIG 핀	데이터 핀
3.3V	터치 센서 모듈의 VCC	
GND	터치 센서 모듈의 GND	

그림 12.8 터치 센서 모듈 연결 회로

터치 센서와 푸시 버튼은 모양과 동작 원리가 서로 다르지만, 사용 목적은 같다. 또한 푸시 버튼을 눌렀는지 여부에 따라 `HIGH` 또는 `LOW`를 출력하는 것처럼 터치 센서의 터치 여부에 따라 `HIGH` 또는 `LOW`를 출력하므로, `gpiozero` 라이브러리의 `Button` 클래스를 사용하여 터치 센서를 제어할 수 있다.

코드 12.5는 터치 센서를 누르는 순간과 떼는 순간을 인식하여 메시지를 출력하는 예다. 누르는 순간과 떼는 순간 자동으로 호출되는 콜백 함수는 `when_pressed` 속성과 `when_released` 속성에 지정하면 된다. 그림 12.7의 터치 센서 모듈은 터치가 발생했을 때 `HIGH`를 출력하므로 `Button` 클래스의 객체를 생성할 때 매개변수 `pull_up`을 `False`로 지정하여 내장 풀다운 저항을 사용하도록 했으며, 접촉하는 순간 발생할 수 있는 채터링을 줄이기 위해 50밀리초의 지연 시간을 설정했다. 코드 12.5를 실행하고 터치 센서의 접촉에 따라 메시지가 출력되는 것을 확인해 보자.

코드 12.5 터치 센서

```
from gpiozero import Button

def touched():
    print("Touched!")

def not_touched():
    print("Not touched!")

touch_sensor = Button(6, pull_up=False, bounce_time=0.05)

# 버튼을 누르거나 뗄 때 호출할 콜백 함수 정의
touch_sensor.when_pressed = touched
touch_sensor.when_released = not_touched

try:
    while True:
        pass
except KeyboardInterrupt:
    print("** Program termination by user (Ctrl + C)")
finally:
    touch_sensor.close()
```

Thonny IDE 셸 실행 결과

```
>>> %Run touch_sensor.py
 Touched!
 Not touched!
 Touched!
 Not touched!
```

푸시 버튼과 마찬가지로 터치 센서에서도 유용하게 사용할 수 있는 것이 길게 누르기다. `Button` 클래스에서는 버튼을 길게 눌렀을 때 자동으로 호출되는 콜백 함수를 `when_held` 속성에 지정할 수 있다. 하지만 길게 누르기는 일정 시간 이상을 누르기만 하고 떼지 않아도 호출되며, 눌렀다 뗄 때까지의 시간과 관계없이, 즉 짧게 눌렀다 뗄 때와 길게 눌렀다 뗄 때 모두 `when_released` 속성에 지정한 함수가 호출된다. 따라서 짧게 누르기와 길게 누르기를 구별하기 위해서는 누르는 순간과 떼는 순간의 시간을 바탕으로 누른 시간을 계산해야 한다.

코드 12.6은 짧게 누르기와 길게 누르기를 구별하여 누르기 시작한 시점과 눌렀다 뗀 시점을 찾아내는 예다. Button 클래스의 객체를 생성할 때 1초 이상 터치가 유지되어야 길게 누르기로 인식되도록 hold_time 매개변수를 1로 지정했지만, 디폴트값이 1초이므로 생략할 수 있다. 코드 12.6을 실행하고 짧게 눌렀을 때와 1초 이상 길게 눌렀을 때 다른 메시지가 출력되는 것을 확인해 보자.

코드 12.6 짧게 누르기와 길게 누르기

```
from gpiozero import Button
from time import time

press_time = 0
hold_threshold = 1                          # 1초 이상이면 long press

touch_sensor = Button(6, pull_up=False, bounce_time=0.05, hold_time=1)

def touched():
    global press_time
    press_time = time()                     # 누른 시각 저장
    print("* Start press...")

def not_touched():
    duration = time() - press_time
    if duration < hold_threshold:
        print("Short press!")
        print("Released after short press.")
    else:
        print("Released after long press.")

def long_press():
    print("Long press!")

touch_sensor.when_pressed = touched
touch_sensor.when_released = not_touched
touch_sensor.when_held = long_press

try:
    while True:
        pass
except KeyboardInterrupt:
    print("** Program terminated by user (Ctrl + C)")
finally:
    touch_sensor.close()
```

Thonny IDE 셸 실행 결과

```
>>> %Run long_short_press.py
 * Start press...
 Short press!
 Released after short press.
 * Start press...
 Long press!
 Released after long press.
```

12.4 DHT11 온습도 센서

DHT11은 온도와 습도를 측정할 수 있는 센서로, DHT는 'Digital Humidity and Temperature'의 약어다. 온도를 측정할 수 있는 센서는 여러 가지가 있지만, DHT11 센서는 5V는 물론 3.3V에서도 동작하고, 온도와 함께 습도도 측정할 수 있으며, 측정 결과를 하나의 GPIO 핀을 통해 디지털값으로 알아낼 수 있다는 등의 장점이 있다. DHT11 센서는 4개의 핀을 갖고 있는데 전원 핀 2개, 데이터 출력 핀 1개, 그리고 사용하지 않는 핀 1개로 구성되어 있다.

1. VCC
2. DATA
3. NC
4. GND

그림 12.9 DHT11 온습도 센서

DHT11 센서는 정수 단위의 섭씨온도와 상대 습도를 반환한다. 상대 습도는 공기 중에 최대로 포함될 수 있는 수증기의 양(포화수증기량)과 비교해서 현재 수증기의 양을 퍼센트로 나타낸 것으로, 온도에 따라 달라지는 값이다.

DHT11 온습도 센서를 그림 12.10과 같이 GPIO 5번 핀에 연결하자. DHT11 센서는 3.0~5.5V의 전원을 연결하여 사용할 수 있으므로 그림 12.10에서는 3.3V에 연결했다. 데이터 핀에는 5kΩ에서 10kΩ 사이의 풀업 저항을 사용해야 하며, 그림 12.10에서는 10kΩ 저항을 사용했다.

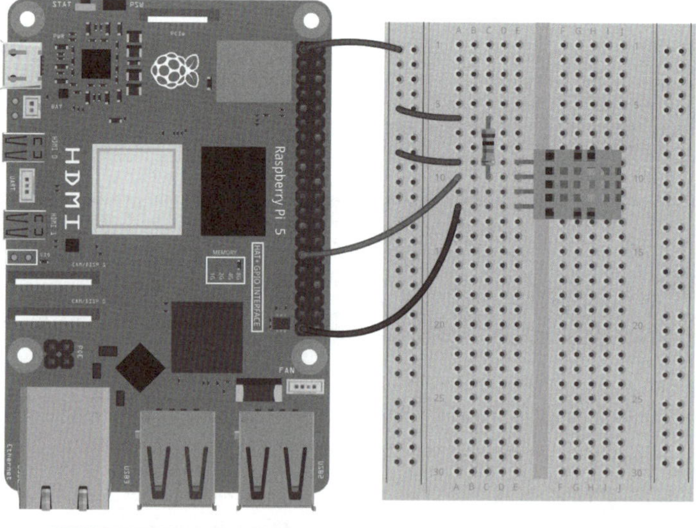

라즈베리파이	주변장치	비고
GPIO 5	DHT11의 데이터 핀	풀업 저항 사용
3.3V	DHT11의 VCC	
GND	DHT11의 GND	

그림 12.10 DHT11 온습도 센서 연결 회로

DHT11 센서는 라즈베리파이 OS의 커널에서 지원하는 센서이므로 별도의 라이브러리 없이도 사용할 수 있다. 다만 특정 GIO 핀에 DHT11 센서를 연결해서 사용할 수 있도록 설정하는 작업은 필요하다. 먼저 라즈베리파이 OS의 설정 파일을 연다.

```
hgycap@hgycap-pi:~
File  Edit  Tabs  Help
hgycap@hgycap-pi:~ $ sudo nano /boot/firmware/config.txt
```

config.txt 파일의 [all] 부분에 아래 내용을 추가한다. dtoverlay는 'device tree overlay'의 약어로, 라즈베리파이 OS에서 지원하는 특정 주변장치를 활성화하거나 설정을 변경하는 데 사용한다.

```
[all]
dtoverlay=dht11,gpiopin=5
```

Ctrl + X 키를 눌러 종료를 선택하고, y를 눌러 수정한 내용을 저장하는 것으로 선택한 후 기존 파일을 수정하도록 엔터 키를 누르면 수정이 완료된다. 라즈베리파이를 리부팅한 후 /sys/bus/

iio/devices 디렉터리 아래에서 iio:devices0 디렉터리를 확인할 수 있다면 DHT11 센서를 사용할 준비가 끝난 것이다.

```
hgycap@hgycap-pi:~
File    Edit    Tabs    Help

hgycap@hgycap-pi:~ $ ls /sys/bus/iio/devices
iio:device0
hgycap@hgycap-pi:~ $
```

/sys/bus/iio/devices/iio:devices0 디렉터리로 이동하면 in_temp_input 파일과 in_humidityrelative_input 파일 2개를 확인할 수 있으며, 해당 파일에 DHT11 센서에서 읽은 온도와 습도 정보가 각각 저장된다.

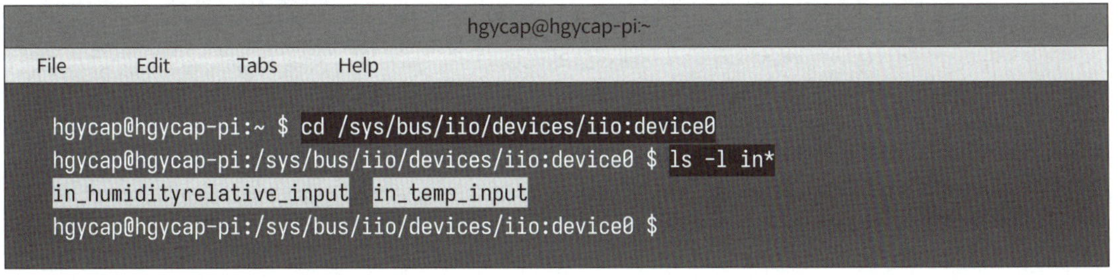

코드 12.7은 DHT11 센서의 온도와 습도를 출력하는 예로, /sys/bus/iio/devices/iio:devices0 디렉터리 아래의 데이터 파일에서 온도와 습도 데이터를 읽어 사용한다. 파일에서 읽은 값을 1000으로 나누면 섭씨온도와 상대 습도를 얻을 수 있다. DHT11 센서는 정숫값만을 제공하므로 25번과 33번 줄에서 정수로 나눈 몫을 구하는 정수 나누기(//)를 사용했다. DHT11 센서를 연속해서 읽을 때는 최소 1초의 시간 간격을 두어야 하지만, 37번 줄에서 2초의 대기 시간을 준 것은 DHT22 센서를 위해서다. DHT22 센서는 DHT11과 같은 방법으로 라즈베리파이에서 사용할 수 있지만, DHT11 센서보다 정밀도가 높아 소수점 이하 값까지 측정할 수 있다. 하지만 연속해서 센서를 읽을 때는 최소 2초의 시간 간격을 두어야 하므로 이를 고려하여 대기 시간을 2초로 설정했다. 코드 12.7을 실행하고 온도와 습도가 출력되는 것을 확인해 보자.

코드 12.7 DHT11 센서에서 온도와 습도 읽기

```
01  import time
02
03  device0 = "/sys/bus/iio/devices/iio:device0"
04
```

```
def readFirstLine(filename):                    # 파일에서 첫 번째 줄 읽기
    try:
        f = open(filename,"rt")
        value =  int(f.readline())
        f.close()

        return True, value
    except ValueError:                          # 정숫값 변환 오류
        f.close()

        return False, -1
    except OSError:                             # 파일 오류
        return False, 0

try:
    while True:
        # 온도 정보 파일에서 온도 읽기
        flag, temperature = readFirstLine(device0 + "/in_temp_input")
        print("temperature:", end="")
        if flag:
            print(temperature // 1000, "\u2103", end="\t")
        else:
            print("N.A.", end="\t")

        # 습도 정보 파일에서 습도 읽기
        flag, humidity = readFirstLine(device0+"/in_humidityrelative_input")
        print("humidity:", end="")
        if flag:
            print(humidity // 1000, "%")
        else:
            print("N.A.")

        time.sleep(2.0)                         # 다시 읽기 위한 대기 시간
except KeyboardInterrupt:
    print("** Program terminated by user (Ctrl + C)")
```

Thonny IDE 셸 실행 결과

```
>>> %Run DHT11.py
 Temperature:25 ℃          Humidity:38 %
 Temperature:25 ℃          Humidity:47 %
 Temperature:25 ℃          Humidity:55 %
 Temperature:25 ℃          Humidity:63 %
 Temperature:26 ℃          Humidity:70 %
 Temperature:26 ℃          Humidity:66 %
 Temperature:26 ℃          Humidity:59 %
 Temperature:27 ℃          Humidity:57 %
```

온도와 상대 습도를 사용해서 계산할 수 있는 값 중의 하나가 불쾌지수(DI: Discomfort Index)다. 불쾌지수란 온도과 상대 습도를 바탕으로 사람이 느끼는 더위나 불쾌감의 정도를 수치화하여 나타낸 것이다. 불쾌감을 느끼는 정도는 개인차가 있고 체감 온도처럼 풍속을 반영하지 않는다는 한계가 있지만, 온도와 상대 습도로 간단하게 계산할 수 있으므로 실내 냉방 기준 설정이나 방송에서 체감 더위를 안내하는 데 많이 사용된다. 불쾌지수는 다음과 같이 계산할 수 있으며 T는 온도를, RH는 상대 습도를 나타낸다.

$$DI = \frac{9}{5}T - 0.55(1 - RH)\left(\frac{9}{5}T - 26\right) + 32$$

12.5 요약

센서는 주변 환경에서 물리량을 측정하고 이를 전기적인 신호로 출력하는 장치로, 출력하는 전기적인 신호는 전압을 나타내는 아날로그값이 대부분이다. 센서가 출력하는 아날로그 신호는 라즈베리파이와 같은 디지털 컴퓨터에서 처리할 수 없으므로 내장 또는 외장 ADC를 사용해 디지털 데이터로 변환해야 한다. 하지만 ADC를 사용하더라도 센서에 따라 출력하는 전압의 범위가 다르고 필요한 ADC 해상도가 다르다는 등의 문제가 있으므로 하나의 ADC에 모든 센서를 연결해 사용하기는 어려운 것이 사실이다. 이런 문제는 센서의 특징을 반영한 전용 ADC를 내장하고 디지털 데이터를 출력하는 디지털 센서를 사용하면 해결할 수 있다. 디지털 센서는 잡음에 강하고, 디지털 컴퓨터와의 인터페이스가 간단하며, 제어 코드 작성이 쉽다는 등의 장점으로 인해 아날로그 센서 대신 많이 사용되고 있다.

이 장에서 살펴본 거리 센서, 인체 감지 센서, 터치 센서, 온습도 센서 등은 모두 디지털 데이터를 출력하는 센서로, 라즈베리파이와 함께 흔히 사용하는 센서들이다. 이 장에서 다룬 센서 외에 자외선 센서, 먼지 센서, 가스 센서, 컬러 센서, 지문 인식 센서 등도 쉽게 찾아볼 수 있는 디지털 센서들이다. 같은 물리량을 측정하는 데 다른 원리를 사용하는 센서도 존재하는 등 센서로 측정할 수 있는 물리량과 측정 방법은 다양하므로 사용 환경과 목적에 맞게 센서를 선택해서 사용하면 된다.

지금까지 GPIO 핀을 사용하여 주변장치를 연결하고 이를 제어하는 방법을 살펴봤다. GPIO 핀 외에도 USB 포트와 MIPI 포트에 주변장치를 연결해 사용할 수 있으며, 특히 USB 포트에는 컴퓨터에서 사용하는 다양한 장치를 연결하여 사용할 수 있다. 다음 장부터는 USB 포트에 오디오 장치, 이미지 장치 등을 연결하고 획득한 데이터에 인공지능 알고리즘을 적용하는 방법을 살펴본다.

PART III

인공지능 알고리즘 사용하기

버저와 스피커

라즈베리파이에는 버저부터 스피커까지 다양한 오디오 출력장치를 연결하여 사용할 수 있다. 버저는 GPIO 핀에 연결하여 간단한 경고음을 재생하는 데 사용할 수 있다면, 스피커는 USB나 블루투스를 이용하여 연결하고 오디오 파일 재생을 포함하여 멀티미디어 시스템을 구성하는 데 사용할 수 있다. 오디오 출력 제어에는 여러 가지 라이브러리가 필요하지만, 필요한 라이브러리 대부분이 파이썬과 함께 기본적으로 설치되므로 쉽게 사용할 수 있다. 이 장에서는 버저를 통해 효과음을 내는 방법과 스피커를 통해 오디오 파일을 재생하는 방법에 대해 알아본다.

13.1 버저

버저는 직류로 구동하는 음향 장치로, 전자 제품에서 간단한 안내음이나 경고음을 내는 데 사용된다. 버저 중에서는 피에조(piezo) 효과를 사용하는 피에조 버저를 흔히 볼 수 있다. 피에조 버저는 압전 소자에 가하는 압력을 변화시키면 전압이 발생하고, 반대로 압전 소자에 가하는 전압을 변화시키면 압전 소자의 물리적 변형에 의해 진동이 발생하는 피에조 효과 또는 압전 효과를 이용한다. 압전 소자에 가하는 전압을 변화시켜 발생하는 진동은 압전 소자에 연결된 막을 진동시키고 막의 진동으로 소리가 만들어진다. 피에조 효과는 초음파 거리 센서에서 초음파를 만드는 데도 사용된다.

피에조 버저는 액티브(active) 버저와 패시브(passive) 버저로 나눌 수 있다. 액티브 버저는 발진회로가 포함되어 있어 전압을 가하는 것만으로 버저음을 낼 수 있다. 하지만 액티브 버저 내부의 발진회로는 고정된 주파수의 단음만 낼 수 있으므로 다양한 효과음을 내기는 어렵다. 액티브 버저는 극성이 있으며 긴 다리가 (+)에 해당한다.

패시브 버저는 발진회로가 포함되어 있지 않으며 PWM 신호를 사용하여 버저음을 낼 수 있다. PWM 신호의 주파수를 바꾸면 음높이가 바뀌므로 액티브 버저보다 다양한 음을 낼 수 있다. 패시브 버저 역시 극성이 있지만, 액티브 버저처럼 다리 길이로 구별하지 않고 윗면의 (+) 표시로 구별한다.

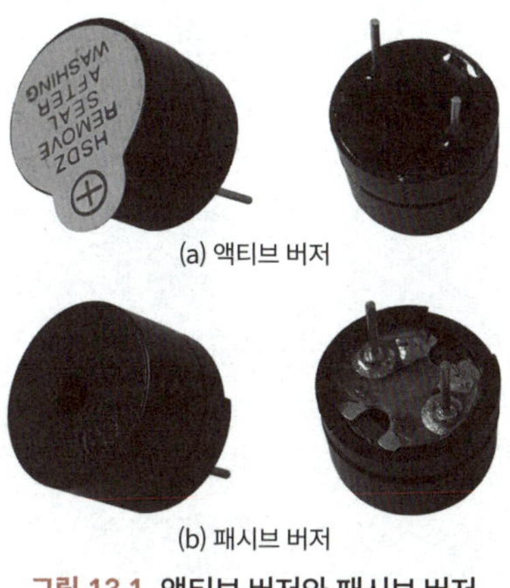

(a) 액티브 버저

(b) 패시브 버저

그림 13.1 액티브 버저와 패시브 버저

액티브 버저를 그림 13.2와 같이 GPIO 12번 핀에 연결하자.

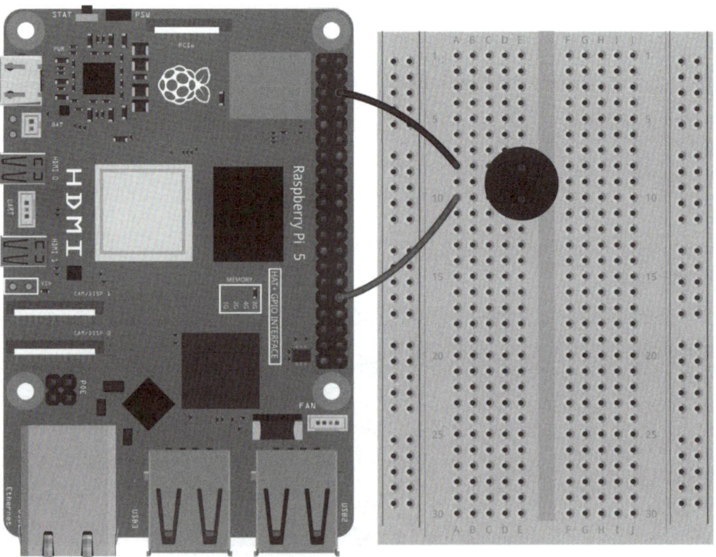

라즈베리파이	주변장치
GPIO 12	버저의 (+)
GND	버저의 (-)

그림 13.2 액티브 버저 연결 회로

액티브 버저는 `gpiozero` 라이브러리의 `Buzzer` 클래스를 사용하여 제어할 수 있다. 버저를 켜거나 끄는 것은 `LED` 클래스와 비슷하게 `on` 함수와 `off` 함수를 사용하면 된다. 코드 13.1은 액티브 버저를 1초 간격으로 켜고 끄기를 반복하는 예로, 시간 간격을 조정하면 제한적이긴 하지만 여러 가지 효과음을 낼 수 있다.

코드 13.1 액티브 버저

```python
from gpiozero import Buzzer
from time import sleep

buzzer = Buzzer(12)                     # GPIO 12번에 버저 연결

try:
    print("Start buzzing...")
    while True:
        buzzer.on()                     # 버저 켜기
        print("=> Buzz ON")
        sleep(1)

        buzzer.off()                    # 버저 끄기
        print("=> Buzz OFF")
```

```python
        sleep(1)
except KeyboardInterrupt:
    print("** Program terminated by user (Ctrl+C)")
finally:
    buzzer.off()
    buzzer.close()
```

Thonny IDE 셸 실행 결과

```
>>> %Run buzzer_active.py
 Start buzzing...
 => Buzz ON
 => Buzz OFF
 => Buzz ON
 => Buzz OFF
 => Buzz ON
```

액티브 버저는 정해진 음만 낼 수 있으므로 ON/OFF 간격을 조정하더라도 다양한 효과음을 내기는 어렵다. 다양한 음을 내기 위해서는 패시브 버저를 사용해야 한다. 그림 13.2에서 액티브 버저를 패시브 버저로 바꾸자. 액티브 버저와 패시브 버저 모두 극성이 있으므로 연결에 주의해야 한다.

패시브 버저는 `gpiozero` 라이브러리의 `TonalBuzzer` 클래스를 사용하여 제어할 수 있다. 패시브 버저에서 음높이를 지정하려면 주파수를 사용해야 하지만, 음높이에 따른 주파수를 기억하는 것은 번거로우므로 `Tone` 클래스에서 정의하고 있는 상수를 사용하면 된다. 코드 13.2는 도레미파솔 음을 반복해서 내는 예다. 특정 음을 내기 위해서는 `TonalBuzzer` 클래스의 `play` 함수를 사용할 수 있으며, 기준이 되는 4옥타브 '도' 음은 C4로 정의되어 있다. 액티브 버저를 정지하는 데 `off` 함수를 사용한다면, 패시브 버저의 음 재생을 정지하는 데는 `stop` 함수를 사용한다는 점도 주의해야 한다.

코드 13.2 패시브 버저

```python
from gpiozero import TonalBuzzer
from gpiozero.tones import Tone
from time import sleep

buzzer = TonalBuzzer(12)                    # GPIO 12번 핀에 버저 연결

melody = [                                  # 멜로디 정의(음, 길이)
    (Tone('C4'), 0.5),                      # C4(도)
    (Tone('D4'), 0.5),                      # D4(레)
```

```
    (Tone('E4'), 0.5),                          # E4(미)
    (Tone('F4'), 0.5),                          # F4(파)
    (Tone('G4'), 0.5),                          # G4(솔)
]

try:
    while True:
        for tone, duration in melody:
            buzzer.play(tone)                   # 음 재생
            sleep(duration)                     # 음 길이
            buzzer.stop()
            sleep(0.1)                          # 음 사이 간격
except KeyboardInterrupt:
    print("** Program terminated by user (Ctrl+C)")
finally:
    buzzer.stop()
    buzzer.close()
```

Thonny IDE 셸 실행 결과

```
>>> %Run buzzer_blocking.py
```

코드 13.3은 코드 13.2의 음 재생을 스레드를 이용하도록 수정한 것이다. 음 재생은 18번 줄의 `play_melody` 함수에서 진행된다. 음 재생 스레드는 29번 줄의 `start` 함수로 시작하고, 시작된 스레드는 38번 줄에서 스레드 종료 이벤트를 설정함으로써 정지한다. 스레드를 시작한 후에 한 음은 `sleep` 함수를 사용하여 0.5초씩 재생되도록 했으므로 38번 줄에서 스레드를 정지하도록 설정한 한 후 39번 줄에서 `is_active` 속성을 통해 실제로 음 재생이 끝날 때까지 기다린 후 버저를 정지하고 리소스를 정리했다. 코드 13.3을 실행하여 멜로디가 재생되는 것을 확인해 보자.

코드 13.3 패시브 버저 – 스레드 사용

```
01 from gpiozero import TonalBuzzer
02 from gpiozero.tones import Tone
03 from time import sleep
04 from threading import Thread, Event
05
06 buzzer = TonalBuzzer(12)                # GPIO 12번 핀에 버저 연결
07
08 melody = [                              # 멜로디 정의(음, 길이)
09     (Tone('C4'), 0.5),
10     (Tone('D4'), 0.5),
11     (Tone('E4'), 0.5),
12     (Tone('F4'), 0.5),
```

```
    (Tone('G4'), 0.5),
]

stop_event = Event()                       # 스레드 종료용 이벤트

def play_melody():                         # 음 재생 함수
    while not stop_event.is_set():
        for tone, duration in melody:
            if stop_event.is_set():
                break
            buzzer.play(tone)
            sleep(duration)
            buzzer.stop()
            sleep(0.05)                    # 음 사이 간격

melody_thread = Thread(target=play_melody, daemon=True)
melody_thread.start()                      # 스레드 시작

try:
    while True:
        sleep(1)
        print('*', end='')                 # 1초에 1번 출력
except KeyboardInterrupt:
    print("** Program terminated by user (Ctrl+C)")
finally:
    stop_event.set()                       # 스레드 종료
    while buzzer.is_active:                # 음 재생이 끝나기를 기다림
        pass
    buzzer.stop()
    buzzer.close()
```

Thonny IDE 셸 실행 결과

```
>>> %Run buzzer_non_blocking.py
 Start to play .....
 Start to play .....
 Start to play .....
 Start to play .....
 Start to play ..** Program termination by user (Ctrl + C)
```

13.2 스피커

라즈베리파이에서 사용할 수 있는 스피커는 여러 종류가 있으며 블루투스 스피커와 USB 스피커가 대표적이다. 라즈베리파이 4까지는 아날로그 방식 오디오 출력을 위한 오디오 잭이 포함되어

있었지만, 라즈베리파이 5에는 오디오 잭이 포함되어 있지 않으므로 아날로그 방식 스피커를 사용하기는 어렵다. 먼저 블루투스 스피커를 연결하는 방법을 알아보자. 블루투스 스피커를 켜고 데스크톱 테스크바 오른쪽에 있는 블루투스 아이콘을 클릭한 후 'Add Device...' 메뉴 항목을 선택한다. 그림 13.3은 아무런 블루투스 오디오 장치도 연결되지 않은 상태다.

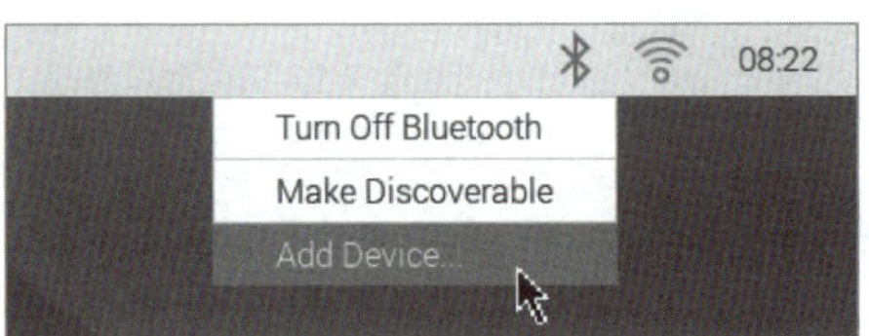

그림 13.3 블루투스 장치 추가 메뉴 항목

그림 13.3에서 블루투스 장치 추가 메뉴 항목(Add Devices...)을 선택하면 블루투스 장치를 검색하는 다이얼로그가 실행되고 연결할 수 있는 블루투스 장치 목록이 표시된다.

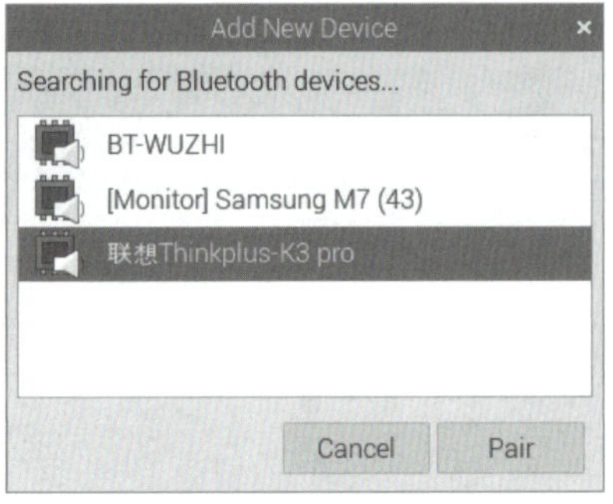

그림 13.4 연결할 수 있는 블루투스 장치 목록

장치 목록에서 블루투스 스피커를 선택하고 'Pair' 버튼을 누르면 라즈베리파이와 블루투스 스피커 사이에 페어링이 이루어진다.

그림 13.5 페어링 완료

블루투스 장치는 연결할 수 있는 기기를 등록하는 페어링 과정과 페어링된 장치와 연결하는 연결 과정의 두 단계를 거쳐야 실제 연결이 이루어진다. 페어링이 완료된 후 블루투스 아이콘을 누르면

그림 13.3과 다르게 페어링된 블루투스 스피커를 확인할 수 있다. 블루투스 스피커에서 'Connect' 메뉴 항목을 선택하면 실제 연결이 이루어진다.

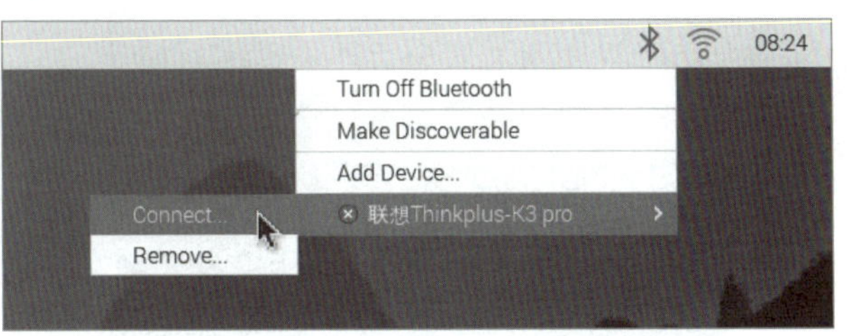

그림 13.6 페어링 완료된 블루투스 장치 연결

블루투스 스피커와의 연결이 완료된 후 스피커 아이콘에 마우스 오른쪽 버튼을 누르면 오디오 출력장치 목록과 함께 현재 사용하는 장치를 확인할 수 있다. 현재 오디오 출력장치는 블루투스 스피커 하나뿐이므로 그림 13.7에서는 하나의 장치만 표시되어 있다.

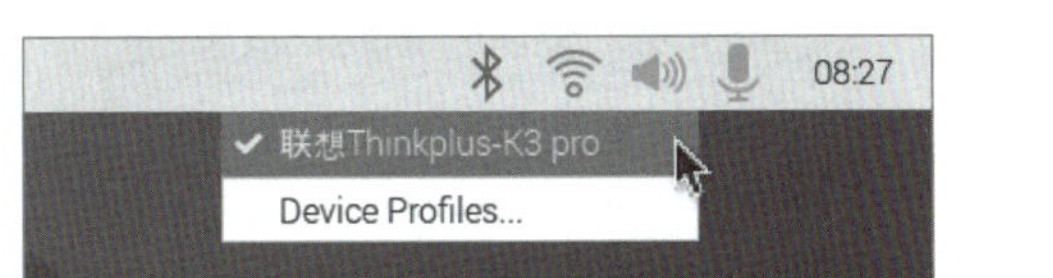

그림 13.7 오디오 출력장치 선택

USB 스피커 역시 라즈베리파이에 연결하여 사용할 수 있다. USB 스피커를 라즈베리파이의 USB 포트에 연결하면 자동으로 인식된다. 오디오 신호 출력을 위해 오디오 잭을 사용하고 전원 공급을 위해 USB 포트를 사용하는 스피커도 USB 스피커라고 이야기하므로 스피커를 선택할 때 주의해야 한다. USB 스피커를 연결한 후 `aplay` 명령을 사용하면 USB 스피커를 확인할 수 있다. 출력되는 장치 목록에서 `card 0`과 `card 1`은 HDMI 포트를 사용하는 오디오 장치를 가리킨다.

```
hgycap@hgycap-pi:~
File    Edit    Tabs    Help

hgycap@hgycap-pi:~ $ aplay -l
**** List of PLAYBACK Hardware Devices ****
card 0: vc4hdmi0 [vc4-hdmi-0], device 0: MAI PCM i2s-hifi-0 [MAI PCM i2s-hifi-0]
  Subdevices: 1/1
  Subdevice #0: subdevice #0
card 1: vc4hdmi1 [vc4-hdmi-1], device 0: MAI PCM i2s-hifi-0 [MAI PCM i2s-hifi-0]
  Subdevices: 1/1
```

```
  Subdevice #0: subdevice #0
card 2: UACDemoV10 [UACDemoV1.0], device 0: USB Audio [USB Audio]
  Subdevices: 1/1
  Subdevice #0: subdevice #0
hgycap@hgycap-pi:~ $
```

USB 스피커가 인식된 후 스피커 아이콘에 마우스 오른쪽 버튼을 누르면 그림 13.7과 다르게 USB 스피커와 블루투스 스피커가 목록에 나타나므로 사용하려는 스피커를 선택해서 사용할 수 있다.

그림 13.8 오디오 출력장치 선택

라즈베리파이 4까지는 포함되어 있었지만, 라즈베리파이 5에서 없어진 것이 아날로그 오디오 잭이다. 스피커는 대표적인 아날로그 장치인 만큼 여전히 많은 스피커가 오디오 잭을 사용하고 있다. 오디오 잭을 사용하는 스피커를 라즈베리파이 5에 연결하기 위해서는 USB 오디오 어댑터가 필요하다. 그림 13.9는 USB 포트에 연결하는 오디오 어댑터의 예로, 오디오 잭을 사용하는 스피커를 라즈베리파이 5에 연결하는 데 사용할 수 있다.

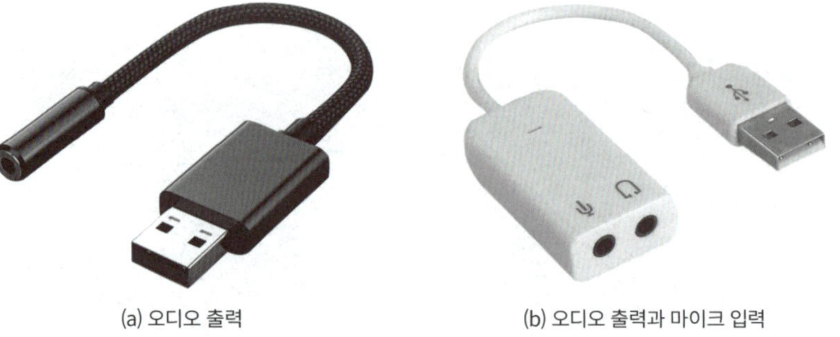

(a) 오디오 출력 (b) 오디오 출력과 마이크 입력

그림 13.9 USB 오디오 어댑터

USB 오디오 어댑터를 사용하여 스피커를 연결하면 USB 스피커를 연결했을 때와 마찬가지로 오디오 출력장치 목록에 나타난다.

```
hgycap@hgycap-pi:~
File    Edit    Tabs    Help

hgycap@hgycap-pi:~ $ aplay -l
**** List of PLAYBACK Hardware Devices ****
card 0: vc4hdmi0 [vc4-hdmi-0], device 0: MAI PCM i2s-hifi-0 [MAI PCM i2s-hifi-0]
  Subdevices: 1/1
  Subdevice #0: subdevice #0
card 1: vc4hdmi1 [vc4-hdmi-1], device 0: MAI PCM i2s-hifi-0 [MAI PCM i2s-hifi-0]
  Subdevices: 1/1
  Subdevice #0: subdevice #0
card 2: UACDemoV10 [UACDemoV1.0], device 0: USB Audio [USB Audio]
  Subdevices: 1/1
  Subdevice #0: subdevice #0
card 3: Device [USB Audio Device], device 0: USB Audio [USB Audio]
  Subdevices: 1/1
  Subdevice #0: subdevice #0
hgycap@hgycap-pi:~ $
```

오디오 파일 재생을 위해 MP3 파일 몇 개를 /home/hgycap/Music 디렉터리에 복사하자. USB 드라이버를 라즈베리파이에 연결하면 자동으로 인식되므로 MP3 파일을 라즈베리파이로 옮기는 데 사용할 수 있다. 파일 매니저에서 MP3 파일을 더블클릭하면 VLC 미디어 플레이어가 실행되고 MP3 파일이 재생된다.

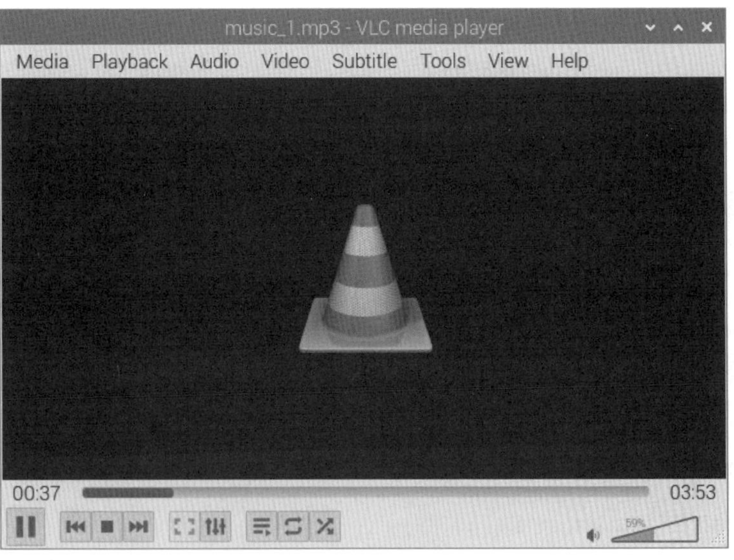

그림 13.10 VLC 미디어 플레이어

VLC 미디어 플레이어를 이용하여 MP3 파일을 재생하는 코드를 작성해 보자. VLC 미디어 플레이어를 이용하기 위해서는 `python-vlc` 라이브러리를 설치해야 한다. Thonny에서 'Tools → Open system shell...' 메뉴 항목을 선택하여 셸을 실행한 후 `pip3` 명령으로 `python-vlc` 라이브러리를 설치한다.

```
hgycap@hgycap-pi:~/Documents
File    Edit    Tabs    Help

hgycap@hgycap-pi:~/Documents $ pip3 install python-vlc
```

코드 13.4는 `python-vlc` 라이브러리를 사용하여 MP3 파일을 재생하는 예다. 5번 줄에서 재생할 파일을 사용하여 `MediaPlayer` 클래스의 객체를 생성한 후, 6번 줄 `play` 함수로 재생을 시작한다. 재생을 시작한 후 실제 재생이 이루어질 때까지 약간의 시간이 필요하므로 9번 줄에서는 `MediaPlayer` 객체의 상태를 검사하여 실제 재생이 이루어지고 있는지 확인했다.

코드 13.4 `python-vlc` 라이브러리를 이용한 MP3 파일 재생

```
01 import vlc
02 import time
03
04 mp3_file = '/home/hgycap/Music/music_1.mp3'          # 재생할 MP3 파일 경로
05 player = vlc.MediaPlayer(mp3_file)                   # 인스턴스 생성
06 player.play()                                        # 재생 시작
07
08 # 재생이 시작될 때까지 대기
09 while player.get_state() != vlc.State.Playing:
10     pass
11
12 try:
13     while player.get_state() == vlc.State.Playing:   # 재생 중
14         pass
15 except KeyboardInterrupt:
16     print("** Program terminated by user (Ctrl + C)")
17 finally:
18     player.stop()
19     player.release()
```

Thonny IDE 셸 실행 결과

```
>>> %Run MP3_VLC.py
```

VLC 미디어 플레이어는 라즈베리파이 OS에 기본으로 설치된 플레이어이지만, 파이썬에서 플레이어의 기능을 사용하기 위해서는 별도로 라이브러리를 설치해야 하며, 특히 재생이 즉시 시작되지 않아 실제 시작을 기다려야 한다는 것은 단점이라 할 수 있다.

MP3 파일을 재생하는 다른 방법은 `pygame` 라이브러리를 사용하는 것이다. `pygame` 라이브러리는 파이썬으로 게임이나 멀티미디어 애플리케이션을 만들 수 있게 해주는 라이브러리로 사운드 재생, 키보드와 마우스 이벤트 처리, 이미지와 비디오 출력 등 멀티미디어를 다루는 데 필요한 다양한 기능을 제공한다. `pygame` 라이브러리 사용 방법은 `python-vlc` 라이브러리와 비슷하지만, 재생을 시작한 후 실제 재생이 시작될 때까지 기다리지 않아도 되고, `pygame` 라이브러리가 파이썬에 기본적으로 포함되어 있으므로 별도의 라이브러리를 설치할 필요가 없다는 점은 장점이라 할 수 있다. 코드 13.5는 `pygame` 라이브러리를 사용하여 코드 13.2와 같은 동작을 하도록 작성한 것이다. `pygame` 라이브러리가 다양한 기능을 제공하므로 라이브러리의 구조가 복잡해 직관적이지 않다는 점은 코드 13.4와 비교했을 때 단점이라 할 수 있다.

코드 13.5 `pygame` **라이브러리를 이용한 MP3 파일 재생**

```
import pygame

pygame.mixer.init()                              # pygame 라이브러리 초기화
# MP3 파일 로드
pygame.mixer.music.load('/home/hgycap/Music/music_1.mp3')

print("* Start to play...")
pygame.mixer.music.play()                        # 재생 시작

try:
    while pygame.mixer.music.get_busy():         # 음악이 재생 중인지 확인
        pass
except KeyboardInterrupt:
    print("** Program terminated by user (Ctrl + C)")
    pygame.mixer.music.stop()                    # 재생 정지
finally:
    pygame.quit()                                # 리소스 정리
```

Thonny IDE 셸 실행 결과

```
>>> %Run simple_MP3_play.py
 * Start to play...
```

코드 13.6은 코드 13.5를 바탕으로 GUI(Graphical User Interface)를 통해 사용할 수 있는 간단한 MP3 플레이어를 구현한 것이다. GUI를 만드는 데는 파이썬에 기본적으로 포함된 `tkinter` 라이브러리를 사용했다. `tkinter` 라이브러리는 사용자 인터페이스 요소인 위젯의 조합으로 사용자 인터페이스를 구성할 수 있도록 해준다. MP3 플레이어를 위해서는 2개의 라벨 위젯과 4개의 버튼 위젯을 사용했으며, 위젯 배치는 `pack` 함수를 사용하여 위에서 아래로 위젯이 배치되도록 했다.

MP3 플레이어의 사용 방법은 간단하다. 먼저 'Load Music' 버튼으로 플레이할 MP3 파일을 선택하고 'Play' 버튼으로 재생을 시작한다. 'Pause/Resume' 버튼은 재생을 일시 정지하고 다시 시작할 때 사용되며 'Stop' 버튼은 재생을 멈추는 데 사용된다. 코드 13.6은 코드를 간단히 하기 위해 'Load Music → Play → Pause/Resume → Stop' 순서로 버튼을 누르는 것으로 가정했으며, 다른 순서로 버튼을 누르는 경우는 고려하지 않았다. 따라서 파일을 선택하지 않고 재생 버튼을 누르는 등 다른 순서로 버튼을 누르면 예외가 발생하거나 실행이 중지될 수 있다.

코드 13.6 MP3 플레이어

```python
import pygame
import tkinter as tk
from tkinter import filedialog

pygame.mixer.init()                                    # pygame 초기화

def load_music():                                      # MP3 파일 로드
    file_path = filedialog.askopenfilename(filetypes=[("MP3 Files", "*.mp3")])
    if file_path:
        pygame.mixer.music.load(file_path)
        song_label.config(text=f"Loaded: {file_path.split('/')[-1]}")

def play_music():                                      # MP3 파일 재생
    pygame.mixer.music.play()
    status_label.config(text="Status: Playing")

def pause_resume_music():                              # 일시 정지 및 재개
    if pygame.mixer.music.get_busy():                  # 음악이 재생 중일 때
        pygame.mixer.music.pause()
        status_label.config(text="Status: Paused")
    else:                                              # 음악이 재생 중이 아닐 때
        pygame.mixer.music.unpause()
        status_label.config(text="Status: Playing")

def stop_music():                                      # 재생 정지
    pygame.mixer.music.stop()
    status_label.config(text="Status: Stopped")
```

```
root = tk.Tk()                              # 메인 윈도
root.title("Simple Music Player")           # 메인 윈도 타이틀

# 재생 파일 및 재생 상태 표시를 위한 라벨
song_label = tk.Label(root, text="No song loaded", width=40)
song_label.pack(pady=10)
status_label = tk.Label(root, text="Status: Stopped", width=40)
status_label.pack(pady=10)

# 파일 읽기, 재생, 일시 정지 및 재개, 정지 기능을 위한 버튼
load_button = tk.Button(root, text="Load Music", command=load_music, width=20)
load_button.pack(pady=5)
play_button = tk.Button(root, text="Play", command=play_music, width=20)
play_button.pack(pady=5)
pause_button = tk.Button(root, text="Pause/Resume", command=pause_resume_music, width=20)
pause_button.pack(pady=5)
stop_button = tk.Button(root, text="Stop", command=stop_music, width=20)
stop_button.pack(pady=5)

root.mainloop()                             # 메인 루프 실행
```

Thonny IDE 셸 실행 결과

```
>>> %Run MP3_player.py
```

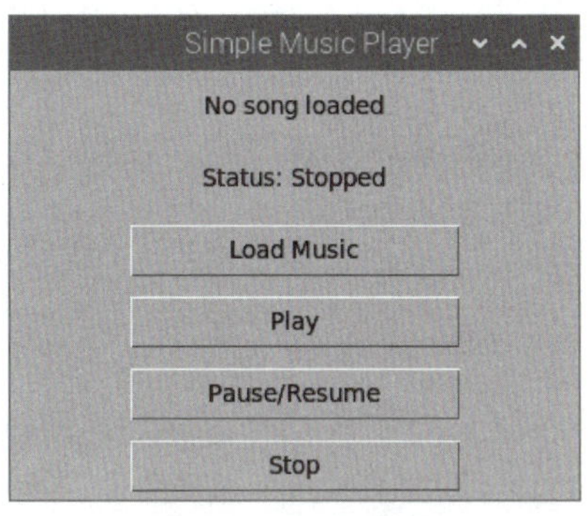

그림 13.11 MP3 플레이어

13.3 요약

라즈베리파이에서는 다양한 방법으로 소리를 만들어낼 수 있다. 가장 간단한 방법은 버저를 사용하는 것으로, 액티브 버저를 이용하여 효과음을 내거나 패시브 버저를 이용하여 간단한 멜로디를

재생할 수 있다. 버저는 GPIO 핀에 연결하여 사용할 수 있으므로 연결이 간단하고 제어가 쉽다는 장점이 있지만, 재생되는 소리의 질이 낮아 경고음이나 간단한 효과음 등을 내는 용도로 사용된다.

오디오 파일 재생에는 스피커를 주로 사용한다. 스피커는 블루투스를 이용한 무선 연결이나 USB를 이용한 유선 연결을 사용할 수 있다. 라즈베리파이 4까지는 오디오 잭을 통해 아날로그 방식 스피커를 사용할 수 있었고, 오디오 잭을 사용하는 스피커는 지금도 흔히 사용된다. 하지만 라즈베리파이 5에는 오디오 잭이 포함되어 있지 않으므로 별도의 USB 오디오 어댑터를 사용해야 한다. 최근 블루투스 스피커가 많이 보급되고 있으며 라즈베리파이에서도 블루투스 스피커 사용을 추천한다. 스피커가 포함된 모니터를 HDMI로 연결하면 HDMI를 통해서도 소리를 재생할 수 있지만, 이 책에서는 모니터를 연결하지 않는 원격 로그인을 기본으로 하므로 HDMI를 통한 소리 재생은 고려하지 않았다.

라즈베리파이는 컴퓨터이므로 간단하게 오디오 파일을 재생할 수 있다. 오디오 파일 재생에는 여러 가지 방법을 사용할 수 있으며, VLC 미디어 플레이어와 같이 라즈베리파이 OS에 포함된 멀티미디어 플레이어의 기능을 사용하는 것이 그중 하나다. 이 외에도 멀티미디어 전용 라이브러리를 사용할 수 있으며 이 장에서 사용한 `pygame` 라이브러리가 그 예다. 이 장에서는 소리 재생을 살펴봤다면, 다음 장에서는 소리와 관련이 있는 다른 주제로 음성 합성과 음성 인식에 대해 알아본다.

음성 합성과 음성 인식

음성 합성과 음성 인식은 사용자와의 자연스러운 상호작용을 위해 널리 활용되는 기술로 스마트 스피커, 음성 비서, 자동 안내 시스템 등 다양한 분야에서 사용되고 있다. 음성 합성과 음성 인식을 위해서는 다양한 라이브러리를 사용할 수 있지만, 크게 온라인 라이브러리와 오프라인 라이브러리로 나눌 수 있다. 온라인 라이브러리는 오프라인 라이브러리보다 성능이 뛰어나지만, 항상 인터넷에 연결되어 있어야 한다는 점은 단점이라 할 수 있다. 이 장에서는 음성 합성과 음성 인식을 위해 사용할 수 있는 온라인 및 오프라인 라이브러리와 그 사용 방법을 알아본다.

14.1 음성 합성

음성 합성은 사물인터넷, 스마트 홈 등 다양한 분야에서 사용자와 직관적인 소통을 가능하게 해주는 기술의 하나로, 텍스트 정보를 사람이 이해할 수 있는 음성으로 변환하는 기술인 TTS(Text-to-Speech)를 말한다. 라즈베리파이에서는 다용한 음성 합성 라이브러리를 이용해 간단하게 TTS 기능을 구현할 수 있으며, 크게 인터넷 연결이 필요한 온라인 라이브러리와 인터넷 연결이 필요하지 않은 오프라인 라이브러리로 나눌 수 있다. 온라인 라이브러리는 오프라인 라이브러리보다 자연스러운 음성을 합성한다는 장점이 있지만, 항상 인터넷에 연결되어 있어야 한다는 제한이 있다. 항상 인터넷에 연결되어 있다는 보장이 없다면 오프라인 라이브러리 사용을 고려해 볼 수 있다. 먼저 대표적인 온라인 라이브러리인 `gTTS`(Google TTS) 라이브러리를 사용해 음성을 합성해 보자.

`gTTS` 라이브러리는 구글에서 제공하는 온라인 TTS 라이브러리로, 한국어를 포함하여 전 세계의 여러 언어를 지원하고 있다. `gTTS` 라이브러리는 변환할 텍스트를 구글 서버로 보내고 변환된 음성 데이터를 MP3 형식의 오디오 스트림으로 수신한다. 수신된 음성 데이터는 파일로 저장하거나 재생에 사용할 수 있어 다양한 애플리케이션에 사용할 수 있다. 먼저 `gTTS` 라이브러리를 설치하자. Thonny에서 'Tools → Open system shell...' 메뉴 항목을 선택하여 셸을 실행한 후 `gTTS` 라이브러리를 설치한다.

```
hgycap@hgycap-pi:~/Documents
File    Edit    Tabs    Help
hgycap@hgycap-pi:~/Documents $ pip3 install gTTS
```

`gTTS` 라이브러리를 설치했으면 터미널에서 `gtts-cli` 명령을 사용하여 텍스트를 음성으로 변환하고 파일로 저장할 수 있다.

```
hgycap@hgycap-pi:~/Documents
File    Edit    Tabs    Help
hgycap@hgycap-pi:~/Documents $ gtts-cli 'This is a test.' --output test.mp3
```

저장된 파일을 더블클릭하면 라즈베리파이 OS에 포함된 VLC 미디어 플레이어가 실행된다. 또는 터미널에서 `cvlc` 명령으로 파일을 재생할 수 있다. 파일을 재생할 때 사용한 `--play-and-exit` 옵션은 파일 재생이 완료된 후 플레이어를 종료하기 위해 사용한 것이다.

```
hgycap@hgycap-pi:~/Documents
File    Edit    Tabs    Help

hgycap@hgycap-pi:~/Documents $ cvlc --play-and-exit test.mp3
```

코드 14.1은 텍스트를 음성으로 변환하여 output.mp3 파일로 저장하고 이를 재생하는 예다. 변환된 음성 파일은 코드 14.1이 저장된 디렉터리에 저장된다. 저장된 파일을 재생하기 위해 코드 14.1에서는 라즈베리파이 OS의 `cvlc` 명령을 사용했으며, 이를 위해 코드 14.1의 14번 줄에서 `os` 라이브러리의 `system` 명령을 사용했다. 코드 14.1을 실행하여 변환된 음성이 출력되는 것을 확인해 보자.

코드 14.1 `gTTS` **라이브러리를 이용한 음성 합성**

```
01  from gtts import gTTS
02  import os
03
04  # TTS로 변환할 텍스트
05  text = "gTTS is a Python library and a command-line tool " \
06         "that interfaces with Google's Text-to-Speech API " \
07         "to convert text into speech."
08
09  tts = gTTS(text=text, lang='en')          # TTS 객체 생성
10
11  tts.save("output.mp3")                    # 음성 파일로 저장
12
13  # 음성 파일 재생, 종료 후 플레이어 종료
14  os.system("cvlc --play-and-exit output.mp3")
```

Thonny IDE 셸 실행 결과

```
>>> %Run simple_gtts_file.py
```

코드 14.1의 9번 줄에서 `gTTS` 클래스 객체를 생성할 때 언어를 영어로 설정했다. `gTTS` 객체를 생성할 때 `lang` 매개변수에 `ko`를 지정하면 한국어도 사용할 수 있다. 다만 한글과 영어가 함께 있는 텍스트를 음성으로 변환할 때 `lang` 매개변수를 영어로 지정하면 한글이, 한글로 지정하면 영어가 어색하게 변환된다는 점은 고려해야 한다.

코드 14.1의 11번 줄에서 변환된 음성을 파일로 저장하고 있지만, 파일로 저장하지 않고 메모리에 저장한 후 오디오 재생 라이브러리와 연결하여 재생할 수도 있다. 코드 14.2는 변환된 음성을 메모리에 저장하고 이를 `pygame` 라이브러리를 사용하여 재생하는 예다. 13번 줄의 `BytesIO` 클래스는

메모리에 저장된 데이터를 파일처럼 다룰 수 있도록 해주므로, 변환된 음성을 `BytesIO` 클래스의 객체로 메모리에 저장하고 18번 줄에서 `pygame` 라이브러리로 읽어 재생하도록 했다.

코드 14.2 gTTS 라이브러리를 이용한 음성 합성 – 메모리 파일 사용

```
01 from gtts import gTTS
02 import pygame
03 import io
04
05 # TTS로 변환할 텍스트
06 text = "gTTS is a Python library and a command-line tool " \
07        "that interfaces with Google's Text-to-Speech API " \
08        "to convert text into speech."
09
10 tts = gTTS(text=text, lang='en')          # TTS 객체 생성
11
12 # 메모리상의 데이터를 파일처럼 다룰 수 있도록 해줌
13 mp3_fp = io.BytesIO()
14 tts.write_to_fp(mp3_fp)                   # 메모리 파일로 씀
15 mp3_fp.seek(0)                            # 파일 시작 위치로 이동
16
17 pygame.mixer.init()                       # pygame 초기화
18 pygame.mixer.music.load(mp3_fp, 'mp3')    # 파일을 mp3 형식으로 읽기
19 pygame.mixer.music.play()                 # 파일 재생
20
21 # 재생이 끝날 때까지 대기
22 while pygame.mixer.music.get_busy():
23     pass
24 except KeyboardInterrupt:
25     print("** Program terminated by user (Ctrl + C)")
26     pygame.mixer.music.stop()
27 finally:
28     pygame.quit()
```

Thonny IDE 셸 실행 결과

```
>>> %Run simple_gtts_memory.py
```

`gTTS` 라이브러리는 온라인 환경에서만 사용할 수 있다는 한계가 있으므로 오프라인 환경에서는 오프라인 라이브러리를 사용해야 한다. 오프라인에서 사용할 수 있는 대표적인 TTS가 eSpeak[1]다. eSpeak는 경량의 오픈소스 음성 합성기로, 여러 언어를 지원하며 라즈베리파이는 물론 윈도우에

1 https://sourceforge.net/projects/espeak

서도 사용할 수 있다. 하지만 한국어를 포함하여 비유럽 언어 합성에서 발음의 정확도는 gTTS 라이브러리보다 훨씬 낮다. eSpeak를 개선한 것이 eSpeak NG(Next Generation)[2]로, 100개 이상의 언어를 지원하고 eSpeak보다 발음의 정확도를 높인 것으로 알려져 있다. gTTS와 비교하면 여전히 변환 품질에 차이가 있지만, 인터넷에 연결되어 있지 않은 상태에서 간단한 메시지 출력이 필요하다면 사용을 고려해 볼 수 있다. eSpeak NG를 사용하기 위해서는 먼저 espeak-ng 패키지를 설치해야 한다. 터미널에서 espeak-ng 패키지를 설치하자.

```
hgycap@hgycap-pi:~
File    Edit    Tabs    Help

hgycap@hgycap-pi:~ $ sudo apt install -y espeak-ng
```

espeak-ng 패키지를 설치한 후에는 터미널에서 espeak-ng 명령을 사용하여 텍스트를 음성으로 출력할 수 있다. espeak-ng 명령은 오프라인의 음성 합성 엔진을 사용하므로 gTTS 라이브러리와 달리 파일로 저장하지 않고 바로 합성된 음성을 들을 수 있다. espeak-ng 명령에서 사용된 -s 옵션은 합성에 사용되는 분당 단어 수를 나타내며 읽기 속도를 지정하는 데 사용할 수 있다. 디폴트 값은 175다.

```
hgycap@hgycap-pi:~
File    Edit    Tabs    Help

hgycap@hgycap-pi:~ $ espeak-ng -s 150 'This is a voice message synthesized by eSpeak.'
hgycap@hgycap-pi:~ $
```

라즈베리파이 OS에 설치한 eSpeak NG 패키지의 음성 합성 엔진을 파이썬에서 사용하기 위해서는 py3-tts 라이브러리를 사용할 수 있다. Thonny에서 'Tools → Open system shell...' 메뉴 항목을 선택하여 셸을 실행한 후 pip3 명령으로 py3-tts 라이브러리를 설치한다.

```
hgycap@hgycap-pi:~/Documents
File    Edit    Tabs    Help

hgycap@hgycap-pi:~/Documents $ pip3 install py3-tts
```

2 https://github.com/espeak-ng/espeak-ng

코드 14.3은 py3-tts 라이브러리로 라즈베리파이 OS에 설치된 eSpeak NG 엔진을 사용하여 음성을 합성하는 예다.

코드 14.3 py3-tts 라이브러리를 이용한 음성 합성

```
01 import pyttsx3
02
03 engine = pyttsx3.init()                # TTS 엔진 초기화
04 engine.setProperty('rate', 150)        # 분당 단어 수
05
06 text = "The py3-tts library is a Python text-to-speech library, " \
07        "that functions completely offline, " \
08        "making it suitable for environments, " \
09        "where internet access may not be available or reliable."
10
11 engine.say(text)                       # 텍스트를 음성으로 변환하고 재생 준비
12 engine.runAndWait()                    # 음성을 재생하고 재생이 끝날 때까지 대기
```

Thonny IDE 셸 실행 결과

```
>>> %Run espeak_blocking.py
```

코드 14.3의 11번 줄에서 say 함수는 텍스트를 음성으로 변환하는 함수이고, 12번 줄의 runAndWait 함수는 합성된 음성을 재생하는 함수로 블로킹 방식으로 동작한다. py3-tts 라이브러리는 음성 합성 기능에 중점을 두고 있으며, 백그라운드에서 음성을 재생하거나 재생 중인 음성을 일시 정지하는 등의 부가 기능은 제공하지 않는다. 또한 음성 합성을 위해 자체적인 이벤트 루프를 사용하고 있어 다른 작업과 함께 진행할 때는 제어에 어려움이 있을 수 있다. 음성 합성과 함께 다른 동작을 함께 진행하고자 한다면 먼저 합성된 음성을 파일로 저장하고, 저장된 파일을 파일 재생 라이브러리를 사용하여 제어하는 것을 추천한다.

코드 14.4는 음성을 WAV 형식의 파일로 저장하고 저장된 파일을 pygame 라이브러리로 재생하는 예다. 13번 줄의 runAndWait 함수는 파일로 저장하는 작업만 수행하고 재생은 진행하지 않는다는 점에서 코드 14.3과 차이가 있다.

코드 14.4 py3-tts 라이브러리를 이용한 백그라운드 음성 재생

```
01 import pyttsx3
02 import pygame
03
04 engine = pyttsx3.init()                        # TTS 엔진 초기화
```

```
engine.setProperty('rate', 150)              # 분당 단어 수

text = "The py3-tts library is a Python text-to-speech library " \
       "that functions completely offline, " \
       "making it suitable for environments, " \
       "where internet access may not be available or reliable."

engine.save_to_file(text, 'output.wav')      # 저장 파일 지정
engine.runAndWait()                          # 저장 작업 실행
print("Saved to 'output.wav' file...")

pygame.mixer.init()                          # pygame 라이브러리 초기화
pygame.mixer.music.load('output.wav')        # 파일 읽기
pygame.mixer.music.play()                    # 재생 시작

try:
    while pygame.mixer.music.get_busy():     # 음악이 재생 중인지 확인
        pass
except KeyboardInterrupt:
    print("** Program terminated by user (Ctrl + C)")
finally:
    pygame.mixer.music.stop()                # 재생 정지
    pygame.quit()                            # 리소스 정리
```

Thonny IDE 셸 실행 결과

```
>>> %Run espeak_non_blocking.py
 Saved to 'output.wav' file...
```

오프라인 TTS 라이브러리의 출력을 온라인 TTS 라이브러리의 출력과 비교하면 합성된 음성의 품질에 차이가 있다. 온라인 TTS 라이브러리는 합성된 음성이 자연스러울 뿐만 아니라 다양한 언어를 지원하며 최신 모델을 코드 수정 없이 사용할 수 있다는 등의 장점이 있다. 하지만 인터넷 연결이 필수라는 점 그리고 음성 데이터 전송에 따른 지연과 개인정보 및 보안 문제가 발생할 수 있다는 점도 생각해야 한다.

14.2 음성 인식

마이크는 사용자의 음성이나 주변 소리를 수집하는 데 사용할 수 있는 장치로, 특히 음성 인식 기술과 함께 사람과 컴퓨터 사이의 직관적인 상호작용을 가능하게 하는 도구로 스마트 기기, 음성 비서, 회의 시스템 등 다양한 분야에서 사용되고 있다.

라즈베리파이에 마이크를 연결하는 방법은 여러 가지가 있지만, 오디오 잭이 없는 라즈베리파이 5에서는 USB 마이크를 사용하는 것이 가장 간단하다. USB 마이크는 라즈베리파이 OS에서 자동으로 인식되므로 별도의 설치가 필요하지 않다. 오디오 잭을 사용하는 마이크 역시 오디오 잭을 사용하는 스피커와 마찬가지로 USB 오디오 어댑터를 사용하여 라즈베리파이 5에 연결할 수 있다.

(a) USB 마이크 (b) 3.5mm 오디오 잭 마이크

그림 14.1 마이크

그림 14.1의 USB 마이크를 라즈베리파이에 연결하면 자동으로 인식되며, 테스크바에 있는 마이크 아이콘에서 마우스 오른쪽 버튼을 눌러 확인할 수 있다.

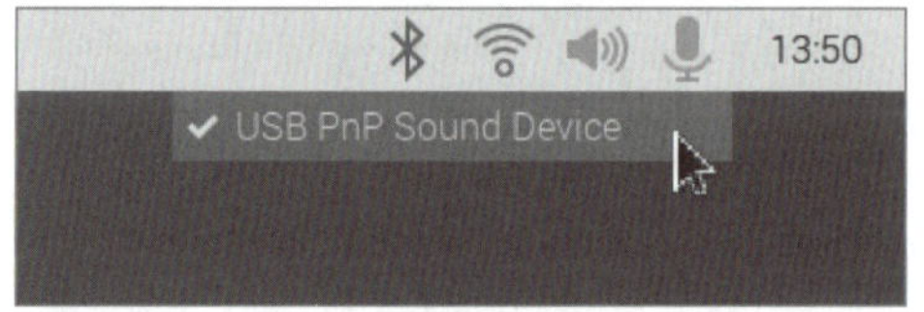

그림 14.2 USB 마이크 연결 확인

연결된 마이크는 터미널에서 `arecord` 명령으로도 확인할 수 있다.

```
hgycap@hgycap-pi:~
File    Edit    Tabs    Help

hgycap@hgycap-pi:~ $ arecord -l
**** List of CAPTURE Hardware Devices ****
card 3: Device [USB Audio Device], device 0: USB Audio [USB Audio]
  Subdevices: 1/1
  Subdevice #0: subdevice #0
hgycap@hgycap-pi:~ $
```

마이크 입력을 처리하기 위해 여기서는 pyaudio 라이브러리를 사용한다. pyaudio 라이브러리는 라즈베리파이 OS의 pyaudio 패키지를 사용하므로 먼저 터미널에서 python3-pyaudio 패키지를 설치해야 한다.

```
hgycap@hgycap-pi:~
File    Edit    Tabs    Help

hgycap@hgycap-pi:~ $ sudo apt install -y python3-pyaudio
```

python3-pyaudio 패키지를 설치하면 파이썬을 위한 pyaudio 라이브러리가 함께 설치되므로 별도로 파이썬 라이브러리를 설치할 필요는 없다. 코드 14.5는 5초 동안 마이크를 통해 입력되는 음성을 WAV 형식 파일로 저장하는 예다. 저장된 파일을 더블클릭하면 VLC 미디어 플레이어를 사용하여 재생되므로 녹음한 내용을 확인할 수 있다.

코드 14.5 음성 녹음

```python
import pyaudio
import wave, time

# 녹음 설정
FORMAT = pyaudio.paInt16                # 16비트 오디오 포맷
CHANNELS = 1                            # 모노
RATE = 44100                            # 샘플링 주파수(44.1kHz)
CHUNK = 1024                            # 버퍼 크기
RECORD_SECONDS = 5                      # 녹음 시간(초)
OUTPUT_FILENAME = "output.wav"          # 저장할 파일 이름

audio = pyaudio.PyAudio()               # PyAudio 객체 생성

# 녹음 스트림 열기
stream = audio.open(format=FORMAT,
                    channels=CHANNELS,
                    rate=RATE,
                    input=True,         # 입력 스트림으로 표시
                    frames_per_buffer=CHUNK)

print("* Recording starts in 1 second...")
time.sleep(1)
print("* Recording starts...")

frames = []

# CHUNK 크기만큼 데이터를 읽어 리스트에 추가
```

```
for i in range(0, int(RATE / CHUNK * RECORD_SECONDS)):
    data = stream.read(CHUNK)
    frames.append(data)
print("* Recording is complete...")

# 스트림 정리
stream.stop_stream()
stream.close()
audio.terminate()

# 녹음 데이터를 WAV 파일로 저장
wf = wave.open(OUTPUT_FILENAME, "wb")
wf.setnchannels(CHANNELS)
wf.setsampwidth(audio.get_sample_size(FORMAT))
wf.setframerate(RATE)
wf.writeframes(b"".join(frames))
wf.close()

print(f"* Saved as {OUTPUT_FILENAME} file...")
```

Thonny IDE 셸 실행 결과

```
>>> %Run voice_recording.py
 * Recording starts in 1 second...
 * Recording starts...
 * Recording is complete...
 * Saved as output.wav file...
>>>
```

코드 14.5를 이용하면 간단한 녹음기를 만들 수 있다. 여기에 음성 인식 기능을 추가하면 자연스러운 인터페이스로 다양한 애플리케이션에서 사용할 수 있다. 음성 인식을 위해서는 `SpeechRecognition` 라이브러리를 사용할 수 있다. `SpeechRecognition` 라이브러리는 온라인 및 오프라인 음성 인식 엔진을 연결하여 사용할 수 있게 해주는 래퍼(wrapper) 라이브러리로, 음성 인식 기능을 제공하지는 않는다. `SpeechRecognition` 라이브러리를 사용하기 위해서는 먼저 라이브러리를 설치해야 한다. Thonny에서 'Tools → Open system shell...' 메뉴 항목을 선택하여 셸을 실행한 후 `SpeechRecognition` 라이브러리를 설치한다.

```
hgycap@hgycap-pi:~/Documents
File    Edit    Tabs    Help

hgycap@hgycap-pi:~/Documents $ pip3 install SpeechRecognition
```

음성 인식을 위해 먼저 구글의 음성 인식 API를 사용해 보자. 구글의 음성 인식 API는 구글의 `gTTS` 라이브러리와 마찬가지로 인터넷에 연결된 상태에서만 사용할 수 있는 온라인 라이브러리다. 구글의 음성 인식 API에서는 음성을 FLAC(Free Loseless Audio Codec) 형식으로 압축해서 전송하므로 `flac` 패키지 역시 설치해야 한다.

```
hgycap@hgycap-pi:~
File    Edit    Tabs    Help

hgycap@hgycap-pi:~ $ sudo apt install flac
```

코드 14.6은 음성을 인식하고 이를 텍스트로 변환하여 출력하는 예다. 10번 줄의 음성 인식기 객체는 음성 입력을 대기하다가 입력이 끝나면 음성 데이터를 반환한다. 반환된 데이터 인식은 14번 줄의 `recognize_google` 함수에서 이루어지며 구글의 음성 인식 API를 사용한다. 구글 음성 인식 API는 웹 브라우저에서의 사용을 목적으로 만들어진 API로, 단어나 짧은 문장을 인식할 수 있는 제한적인 기능만 제공하므로 간단한 음성 명령 등의 애플리케이션에 적합하다. 인식하는 언어는 영어가 기본이지만 `language` 매개변수를 `ko-KR`로 지정하면 한국어 역시 인식할 수 있다. 코드 14.6의 14번 줄에서 인식할 언어를 `language='ko-KR'`로 한국어로 지정했지만, 영어 역시 인식된다. 하지만 `language='en-US'`로 지정하거나 언어 지정을 생략하면 한국어는 인식할 수 없다.

`recognize_google` 함수를 사용하기 위해서는 음성 인식 기능을 사용하기 위한 API 키(key)를 지정해야 한다. API 키를 지정하지 않으면 개인적인 테스트 목적으로 사용할 수 있는 키가 자동으로 지정된다. 하지만 자동으로 지정되는 키는 구글에서 임의로 사용을 정지시킬 수 있다. 계정을 만들고 키를 발급받을 수도 있지만 사용량이 제한되어 있으므로 추천하지 않는다.

`recognize_google` 함수와 비슷한 함수에 구글의 클라우드 스피치 API(Cloud Speech API)를 사용하는 `recognize_google_cloud` 함수가 있다. 클라우드 스피치 API는 음성 인식 API보다 긴 문장을 인식할 수 있고 여러 가지 부가 기능을 제공하므로 본격적인 음성 인식 기능이 필요한 애플리케이션에서 사용을 고려할 수 있다. 하지만 클라우드 스피치 API는 유료이며 구글의 클라우드 플랫폼에 가입해야 사용할 수 있다.

코드 14.6 음성 인식 테스트

```
import speech_recognition as sr

recognizer = sr.Recognizer()                    # 음성 인식기 객체 생성

try:
    while True:
        with sr.Microphone() as source:         # 마이크 사용
            print("* Pleae say something:")
            # 음성 입력을 대기하고 입력된 음성 데이터 반환
            audio = recognizer.listen(source)
        try:
            # 구글 음성 인식 API를 사용하여 음성을 텍스트로 변환
            # ko-KR: 한국어, en-US: 미국 영어, 디폴트값
            text = recognizer.recognize_google(audio, language='ko-KR')
            print(" => You said: " + text)
        except sr.UnknownValueError:            # 음성 인식 실패 오류
            print(" => Sorry, I could not understand what you said.")
        except sr.RequestError as e:            # API 요청 중 오류
            print(f" => Google Speech Recognition service error : {e}")
except KeyboardInterrupt:
    print("** Program terminated by user (Ctrl+C)")
```

Thonny IDE 셸 실행 결과

```
>>> %Run speech_recognition_test.py
 * Pleae say something:
  => You said: 음성 인식 테스트
 * Pleae say something:
  => You said: 구글 음성 인식 API
 * Pleae say something:
  => You said: speech recognition API
 * Pleae say something:
```

그림 14.3과 같이 GPIO 24번 핀에 LED를 연결하고 음성 명령을 통해 LED를 제어하는 코드를 작성해 보자.

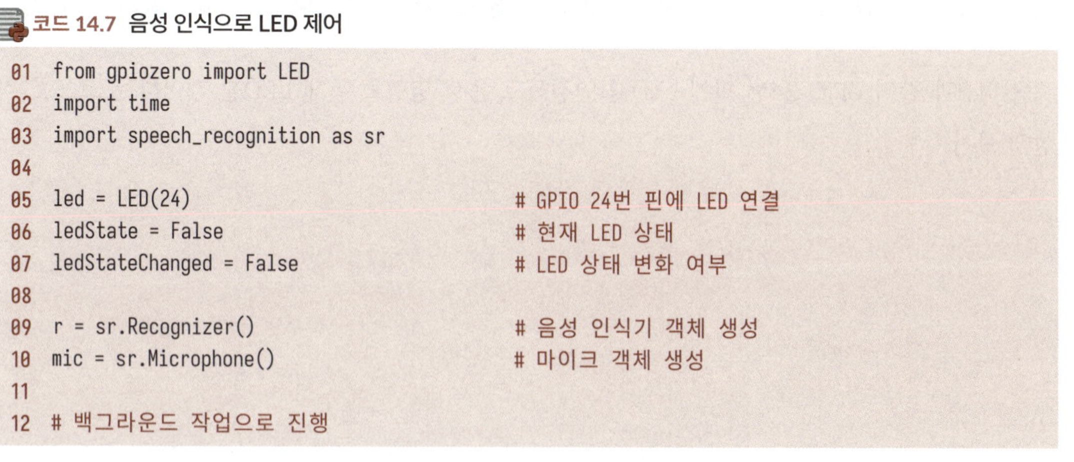

라즈베리파이	주변장치	비고
GPIO 24	LED의 (+)	
GND	LED의 (-)	220Ω 전류 제한 저항 사용

그림 14.3 LED 연결 회로

코드 14.7은 입력한 음성을 인식하여 'LED'와 'on'이 포함되어 있으면 LED를 켜고, 'LED'와 'off'가 포함되어 있으면 LED를 끄는 예다. 코드 14.6은 메인 스레드에서 음성 인식이 이루어졌지만, 코드 14.7에서는 36번 줄에서 `listen_in_background` 함수를 사용하여 별도의 스레드에서 음성 인식이 이루어지도록 했다. `listen_in_background` 함수는 함수를 반환하며, 반환된 함수는 46번 줄에서 음성 인식 스레드를 종료할 때 사용된다. 스레드를 종료하기 위해서는 반환된 함수의 `wait_for_stop` 매개변수에 `False`를 지정하면 된다.

코드 14.7 음성 인식으로 LED 제어

```
01  from gpiozero import LED
02  import time
03  import speech_recognition as sr
04
05  led = LED(24)                        # GPIO 24번 핀에 LED 연결
06  ledState = False                     # 현재 LED 상태
07  ledStateChanged = False              # LED 상태 변화 여부
08
09  r = sr.Recognizer()                  # 음성 인식기 객체 생성
10  mic = sr.Microphone()                # 마이크 객체 생성
11
12  # 백그라운드 작업으로 진행
```

```python
def speechRecognitionCallback(recognizer, audio):
    try:
        global ledState, ledStateChanged
        text = recognizer.recognize_google(audio)
        print(" => You said: " + text)

        if 'LED' in text:                          # 음성에 'LED' 포함
            if 'on' in text:                       # 음성에 'on' 포함
                if ledState == False:              # LED 이전 상태가 꺼진 상태일 때
                    ledState = True                # LED 상태 바꾸기
                    ledStateChanged = True         # LED 상태가 바뀐 것을 표시
                    print(' * LED turned ON...')
            if 'off' in text:                      # 음성에 'off' 포함
                if ledState == True:
                    ledState = False
                    ledStateChanged = True
                    print(' * LED turned OFF...')
    except sr.UnknownValueError:
        print(" => Sorry, I could not understand what you said.")
    except sr.RequestError as e:
        print(f" => Google Speech Recognition service error : {e}")

# 백그라운드에서 음성 인식 시작, 음성 인식을 정지할 때 사용할 함수를 반환
stop_listening = r.listen_in_background(mic, speechRecognitionCallback)

try:
    while True:
        if ledStateChanged:
            ledStateChanged = False
            led.value = ledState
except:
    print("** Program termination by user (Ctrl + C)")
finally:
    stop_listening(wait_for_stop=False)
    led.value = False
    led.close()
```

Thonny IDE 셸 실행 결과

```
>>> %Run speech_control.py
 => Sorry, I could not understand what you said.
 => You said: LED on
 * LED turned ON...
 => You said: turn on LED
 => You said: turn off LED
 * LED turned OFF...
 => You said: on LED
```

```
* LED turned ON...
=> You said: off LED
* LED turned OFF...
```

구글의 음성 인식 API는 구글의 `gTTS` 라이브러리와 마찬가지로 인터넷에 연결된 상태에서만 사용할 수 있다는 한계가 있다. 오프라인 환경에서 사용할 수 있는 음성 인식 엔진 역시 여러 종류가 있으며 그중 하나가 CMU 스핑크스(sphinx)다. CMU 스핑크스는 카네기 멜런 대학교(Carnegie Mellon University)에서 개발한 오픈소스 음성 인식 엔진으로, 다양한 음성 인식 도구와 라이브러리를 제공하고 있으며 파이썬을 위한 라이브러리 역시 제공하고 있다. CMU 스핑크스는 오프라인으로 사용할 수 있어 인터넷 연결을 보장할 수 없을 때 유용하며, 리소스가 제한된 환경에서 동작하는 모델도 지원하므로 라즈베리파이에서 사용하기에 적합하다. 인식할 수 있는 언어는 기본적으로 영어를 지원하며 한국어를 인식하기 위해서는 한국어 모델을 별도로 설치해야 한다. 라즈베리파이에서 스핑크스를 사용하기 위해서는 먼저 `PocketSphinx` 라이브러리를 설치해야 한다. `PocketSphinx` 라이브러리는 리소스가 제한된 시스템에서 사용할 수 있도록 CMU 스핑크스를 경량화하여 만든 라이브러리다. Thonny에서 'Tools → Open system shell...' 메뉴 항목을 선택하여 셸을 실행한 후 라이브러리를 설치한다.

```
hgycap@hgycap-pi:~/Documents
File    Edit    Tabs    Help
hgycap@hgycap-pi:~/Documents $ pip3 install pocketsphinx
```

스핑크스 엔진을 사용하기 위해서는 코드 14.6과 코드 14.7에서 `recognize_google` 함수를 `recognize_sphinx` 함수로 교체하기만 하면 된다. `SpeechRecognition` 라이브러리는 다양한 음성 인식 라이브러리를 일관된 인터페이스를 통해 사용할 수 있게 해주는 래퍼 라이브러리이고, 실제 음성 인식은 구글 음성 인식 API나 스핑크스 엔진을 통해 이루어진다. 따라서 `SpeechRecognition` 라이브러리를 사용하고 있다면 실제 음성 인식을 위한 함수를 교체하는 것만으로 다양한 음성 인식 API나 엔진을 사용할 수 있다. 코드 14.8의 13번 줄은 코드 14.6의 14번 줄을 스핑크스 엔진을 사용하도록 수정한 것이다.

코드 14.8 음성 인식 테스트 - 스핑크스

```
01  import speech_recognition as sr
02
```

```python
recognizer = sr.Recognizer()                    # 음성 인식기 객체 생성

try:
    while True:
        with sr.Microphone() as source:         # 마이크 사용
            print("* Pleae say something:")
            # 음성 입력을 대기하고 입력된 음성 데이터 반환
            audio = recognizer.listen(source)
        try:
            # 구글 음성 인식 API를 사용하여 음성을 텍스트로 변환
            text = recognizer.recognize_sphinx(audio, language='en-US')
            print(" => You said: " + text)
        except sr.UnknownValueError:            # 음성 인식 실패 오류
            print(" => Sorry, I could not understand what you said.")
        except sr.RequestError as e:            # API 요청 중 오류
            print(f" => Sphinx Speech Recognition service error : {e}")
except KeyboardInterrupt:
    print("** Program terminated by user (Ctrl+C)")
```

Thonny IDE 셸 실행 결과

```
>>> %Run speech_recognition_sphinx.py
 * Pleae say something:
  => You said: 음성 인식 테스트
 * Pleae say something:
  => You said: 구글 음성 인식 API
 * Pleae say something:
  => You said: speech recognition API
 * Pleae say something:
```

스핑크스 엔진으로 교체한 후 인식 결과를 비교해 보면 구글의 음성 인식 API보다 낮은 인식률을 확인할 수 있다. 이는 경량화된 오프라인 모델을 제한된 리소스를 사용하여 구동한다는 한계 때문이다. SpeechRecognition 라이브러리는 스핑크스 엔진뿐만 아니라 마이크로소프트의 Azure Speech, IBM의 Speech to Text, OpenAI의 Whisper 등 다양한 엔진을 지원하므로 필요에 따라 선택해 사용하면 된다.

14.3 요약

음성 합성이란 컴퓨터가 텍스트를 읽어주는 기술로 흔히 TTS(Text-to-Speech)라고 불린다. 음성 합성은 내비게이션, 스마트 스피커, 자동 응답 시스템 등 다양한 분야에서 활용되고 있으며 사

용자와의 자연스러운 상호작용을 통해 시스템에 대한 접근성을 높일 수 있는 기술로 주목받고 있다. 음성 합성을 위해 사용할 수 있는 라이브러리 중에는 무료로 사용할 수 있는 라이브러리도 다수 존재하며, 라즈베리파이에서도 대부분의 라이브러리를 사용할 수 있다. 대표적인 음성 합성 라이브러리에는 구글이 제공하는 온라인 라이브러리인 `gTTS` 라이브러리와 오프라인 라이브러리인 eSpeak 라이브러리가 있다. `gTTS` 라이브러리는 인터넷에 연결되어 있을 때만 사용할 수 있다는 한계가 있지만, 변환된 음성의 품질이 다른 라이브러리보다 뛰어나고 사용 방법이 간단하므로 흔히 사용된다. 인터넷 연결을 보장할 수 없다면 eSpeak와 같은 오프라인 라이브러리를 사용할 수 있지만, 합성된 음성의 품질이 온라인 라이브러리보다 낮다는 한계가 있다.

음성 인식은 음성 합성과는 반대로 음성을 텍스트로 변환하는 기술로, TTS와 비교해서 STT (Speech-to-Text)라고도 부른다. 음성 인식은 음성 합성보다 복잡한 기술을 필요로 하지만, 음성 합성처럼 무료로 사용할 수 있는 여러 가지 온라인 및 오프라인 라이브러리가 공개되어 있다.

음성 합성과 음성 인식을 함께 사용하면 라즈베리파이에서도 간단한 대화가 가능한 시스템을 구성할 수 있다. 다만 라이브러리에 따라 성능에 차이가 있고, 라즈베리파이의 성능이 높아졌다고는 하지만 사양이 낮은 컴퓨터인 것이 사실이므로 자연스러운 대화는 어려울 수 있다. 따라서 라즈베리파이에서는 간단한 음성 명령과 그에 대한 피드백을 제공하는 데 음성 합성과 음성 인식이 주로 사용된다.

이번 장에서 스피커와 마이크를 사용하여 음성을 합성하거나 음성을 인식하는 방법에 대해 알아봤다면, 다음 장에서는 카메라를 사용하여 영상을 획득하고 획득한 영상을 분석하는 방법에 대해 알아본다.

카메라와 영상 인식

라즈베리파이에는 MIPI 포트나 USB 포트를 통해 카메라를 연결할 수 있고, 연결된 카메라는 자동으로 인식되므로 별도의 설치 없이 사용할 수 있다. 카메라 연결에 사용되는 포트에 따라 필요한 라이브러리가 다르지만, OpenCV 라이브러리를 사용하면 카메라가 사용하는 포트와 상관없이 영상 관련 애플리케이션을 쉽게 만들 수 있다. 이 장에서는 라즈베리파이에 카메라를 연결하고 영상을 획득하는 방법, 획득한 영상에서 대상을 인식하는 여러 가지 알고리즘을 적용하여 영상 처리 시스템을 구성하는 방법을 알아본다.

15.1 카메라

라즈베리파이 5는 2개의 MIPI(Mobile Industry Processor Interface) 포트를 제공한다. 라즈베리파이 4도 2개의 MIPI 포트를 제공하지만, 카메라를 위한 포트(MIPI CSI(Camera Serial Interface))와 디스플레이를 위한 포트(MIPI DSI(Display Serial Interface))를 별도로 제공하므로 카메라는 카메라 포트에 디스플레이는 디스플레이 포트에 연결해야 한다. 반면 라즈베리파이 5의 MIPI 포트에는 카메라와 디스플레이를 모두 연결할 수 있으므로 2개의 카메라, 2개의 디스플레이 또는 카메라와 디스플레이를 1개씩 연결하여 사용할 수 있다.

MIPI 포트가 통합되면서 라즈베리파이 쪽 포트의 핀 수가 바뀌었다. 라즈베리파이 4의 MIPI 포트가 1mm 피치의 15핀 커넥터를 사용했다면, 라즈베리파이 5의 MIPI 포트는 카메라와 디스플레이 연결을 모두 지원할 수 있도록 0.5mm 피치의 22핀 커넥터를 사용한다. 통합된 커넥터는 더 많은 핀을 제공하지만, 핀 간격이 줄어 라즈베리파이 5는 라즈베리파이 4보다 작은 커넥터를 사용하고 있다.

라즈베리파이의 MIPI 커넥터가 바뀌면서 라즈베리파이 4까지 사용하던 MIPI 케이블은 라즈베리파이 5에서 사용할 수 없다. 또한 라즈베리파이 5에서 카메라와 디스플레이가 같은 커넥터를 사용하지만, 사용하는 핀이 다르므로 서로 다른 MIPI 케이블을 사용해야 한다. 이를 위해 카메라를 위한 MIPI 케이블과 디스플레이를 위한 MIPI 케이블이 별도로 판매되고 있으므로 장치에 맞는 케이블을 구입해야 한다.

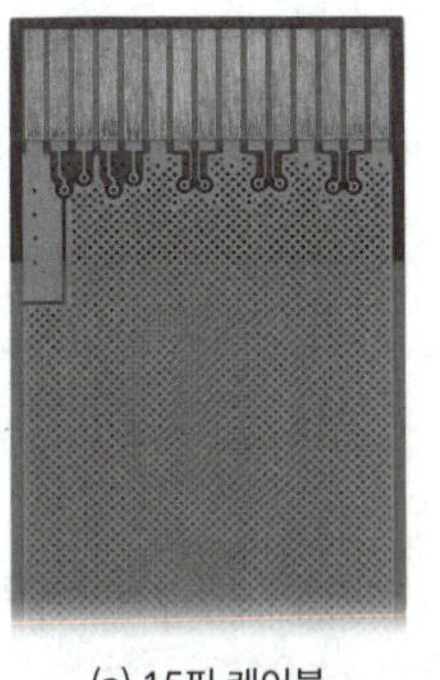
(a) 15핀 케이블

(b) 22핀 케이블

그림 15.1 MIPI 케이블

MIPI 커넥터의 핀 수가 증가함에 따라 라즈베리파이 5에서는 라즈베리파이 4보다 2배 많은 4개의 데이터 레인을 제공하고 있으며, 이에 따라 대역폭 역시 약 2배로 증가했다. 대역폭의 증가는 고해상도와 프레임 레이트가 높은 카메라 사용을 가능하게 해주고, 2개의 카메라를 연결했을 때도 안정적으로 동작하므로 영상 기반 인공지능 애플리케이션에서 고속 처리에 유리하다는 장점이 있다.

라즈베리파이를 끈 상태에서 MIPI 포트에 카메라를 연결하고 라즈베리파이를 켜면 카메라가 자동으로 인식된다. MIPI 카메라를 제어하는 데는 `Picamera2` 패키지를 사용하며, 라즈베리파이 OS에 기본적으로 포함되어 있다.

카메라의 인식 여부는 터미널에서 `libcamera-hello` 명령으로 확인할 수 있다. 아래 실행 결과는 0번 MIPI 포트에 라즈베리파이 카메라 모듈 3을, 1번 MIPI 포트에 라즈베리파이 카메라 모듈 2를 연결한 후 `libcamera-hello` 명령을 실행한 것이다.

```
hgycap@hgycap-pi:~
File    Edit    Tabs    Help

hgycap@hgycap-pi:~ $ libcamera-hello --list-cameras
Available cameras
-----------------
0 : imx708 [4608x2592 10-bit RGGB] (/base/axi/pcie@120000/rp1/i2c@88000/imx708@1a)
    Modes: 'SRGGB10_CSI2P' : 1536x864 [120.13 fps - (768, 432)/3072x1728 crop]
                             2304x1296 [56.03 fps - (0, 0)/4608x2592 crop]
                             4608x2592 [14.35 fps - (0, 0)/4608x2592 crop]
1 : imx219 [3280x2464 10-bit RGGB] (/base/axi/pcie@120000/rp1/i2c@80000/imx219@10)
    Modes: 'SRGGB10_CSI2P' : 640x480 [206.65 fps - (1000, 752)/1280x960 crop]
                             1640x1232 [41.85 fps - (0, 0)/3280x2464 crop]
                             1920x1080 [47.57 fps - (680, 692)/1920x1080 crop]
                             3280x2464 [21.19 fps - (0, 0)/3280x2464 crop]
           'SRGGB8' : 640x480 [206.65 fps - (1000, 752)/1280x960 crop]
                      1640x1232 [83.70 fps - (0, 0)/3280x2464 crop]
                      1920x1080 [47.57 fps - (680, 692)/1920x1080 crop]
                      3280x2464 [21.19 fps - (0, 0)/3280x2464 crop]
hgycap@hgycap-pi:~ $
```

카메라 모듈 3은 최대 11.9M 픽셀의 정지 영상을 얻을 수 있어 최대 8M 픽셀의 정지 영상을 얻을 수 있었던 카메라 모듈 2보다 해상도가 높다. 그림 15.2는 라즈베리파이 카메라 모듈을 나타낸 것이다. 모양과 크기뿐만이 아니라 카메라 모듈에서 15핀의 커넥터를 사용하는 것 역시 같으므로 쉽게 교체하여 사용할 수 있다.

(a) 카메라 모듈 2

(b) 카메라 모듈 3

그림 15.2 라즈베리파이 공식 카메라 모듈

`Picamera2` 패키지가 설치되어 있으면 `libcamera-hello` 명령으로 카메라 영상을 미리 확인할 수 있다. 프리뷰 화면은 5초 후에 자동으로 종료되므로 필요하다면 `-t` 옵션으로 지속 시간을 지정해야 한다. 이때 지속 시간은 밀리초 단위를 사용한다. 2개의 카메라가 연결되어 있다면 `--camera` 옵션으로 카메라 번호 역시 지정할 수 있다.

```
hgycap@hgycap-pi:~
File    Edit    Tabs    Help

hgycap@hgycap-pi:~ $ libcamera-hello -t 10000 --camera 1
```

파이썬으로 카메라를 제어하는 데는 `picamera2` 라이브러리를 사용하며 역시 기본으로 설치되어 있다. `Picamera2` 패키지의 설치 여부는 터미널에서 `dpkg` 명령으로 확인할 수 있다면, `picamera2` 라이브러리의 설치 여부는 터미널에서 `pip3` 명령으로 확인할 수 있다.

```
hgycap@hgycap-pi:~
File    Edit    Tabs    Help

hgycap@hgycap-pi:~ $ dpkg -l | grep picamera2
ii  python3-picamera2                    0.3.25-1                          all
Libcamera based python library
hgycap@hgycap-pi:~ $ pip3 show picamera2
Name: picamera2
Version: 0.3.25
Summary: The libcamera-based Python interface to Raspberry Pi cameras, based on the
original Picamera library
Home-page: https://github.com/RaspberryPi/picamera2
Author: Raspberry Pi & Raspberry Pi Foundation
Author-email: picamera2@raspberrypi.com
License: BSD 2-Clause License
```

```
Location: /usr/lib/python3/dist-packages
Requires:
Required-by:
hgycap@hgycap-pi:~ $
```

코드 15.1은 MIPI 커넥터에 연결된 카메라의 프리뷰 화면을 보여주고 2초 후에 카메라 영상을 JPG 형식으로 저장하는 예다. 캡처 영상은 코드 15.1과 같은 디렉터리에 저장된다.

코드 15.1 MIPI 카메라 미리보기

```
from picamera2 import Picamera2, Preview
import time

# 카메라에 대한 장치 번호를 환경에 맞게 변경해야 할 수 있음
picam2 = Picamera2(camera_num=0)                    # 카메라 객체 생성

# 프리뷰 윈도 시작
picam2.start_preview(Preview.QTGL, width=640, height=480)
picam2.start()                                      # 카메라 시작

time.sleep(2)
picam2.capture_file("test.jpg")                     # 파일로 캡처 화면 저장

time.sleep(2)
picam2.stop_preview()                               # 프리뷰 윈도 종료
```

Thonny IDE 셸 실행 결과

```
>>> %Run camera_preview.py
```

그림 15.3 MIPI 카메라와 picamera2 라이브러리를 이용한 프리뷰

코드 15.1에서 프리뷰 윈도는 Qt GUI 툴킷을 사용하여 구현되고 GLES 가속장치를 사용한다. GLES(OpenGL for Embedded Systems)는 임베디드 시스템을 위한 3D 그래픽 API로, 모바일 기기와 임베디드 시스템 등 리소스가 제한된 환경에서 사용할 수 있도록 OpenGL의 기능을 간소화하고 최적화한 것이다. GLES는 안드로이드, iOS, 라즈베리파이 등 다양한 플랫폼에서 사용할 수 있으며 임베디드 시스템을 위한 표준 그래픽 API로 자리 잡고 있다. 라즈베리파이에서도 GLES 사용을 추천하고 있다.

2개의 카메라가 연결되어 있다면 5번 줄에서 `Picamera2` 클래스의 객체를 생성할 때 카메라 번호를 `camera_num=0`과 같이 선택할 수 있다. 파라미터를 지정하지 않으면 0번 카메라, 즉 MIPI 0번 포트에 연결된 카메라가 선택된다. 1개의 카메라만 연결했다면 연결한 MIPI 포트와 무관하게 항상 0번 카메라로 인식된다. 카메라 번호는 `libcamera-hello --list-cameras` 명령의 결과에서 확인할 수 있다.

MIPI 카메라와 함께 라즈베리파이에서 흔히 사용하는 카메라가 USB 카메라다. USB 카메라를 USB 포트에 연결하면 자동으로 인식되며 터미널에서 `lsusb` 명령으로 연결 상태를 확인할 수 있다.

```
hgycap@hgycap-pi:~
File    Edit    Tabs    Help

hgycap@hgycap-pi:~ $ lsusb
Bus 004 Device 001: ID 1d6b:0003 Linux Foundation 3.0 root hub
Bus 003 Device 002: ID 1bcf:2281 Sunplus Innovation Technology Inc. SPCA2281 Web Camera
Bus 003 Device 001: ID 1d6b:0002 Linux Foundation 2.0 root hub
Bus 002 Device 001: ID 1d6b:0003 Linux Foundation 3.0 root hub
Bus 001 Device 001: ID 1d6b:0002 Linux Foundation 2.0 root hub
hgycap@hgycap-pi:~ $
```

`lsusb` 명령이 USB 장치만 보여준다면 `v4l2-ctl` 명령은 MIPI 카메라, USB 카메라 등 비디오 관련 장치를 모두 보여준다. V4L2(Video 4 Linux 2)는 리눅스 커널에 포함된 멀티미디어 프레임워크로, 다양한 비디오 장치를 제어하고 데이터를 처리하는 데 사용된다. V4L2 장치는 /dev/video* 형태의 장치 파일로 나타난다. 다음은 MIPI 0 포트에 라즈베리파이 카메라 모듈 3을 연결하고 USB 포트에 USB 카메라를 연결한 후 `v4l2-ctl` 명령으로 연결된 장치를 확인한 결과다.

```
hgycap@hgycap-pi:~
File    Edit    Tabs    Help

hgycap@hgycap-pi:~ $ v4l2-ctl --list-devices
pispbe (platform:1000880000.pisp_be):
        /dev/video20
        /dev/video21
        /dev/video22
        /dev/video23
        /dev/video24
        /dev/video25
        /dev/video26
        /dev/video27
        /dev/video28
        /dev/video29
        /dev/video30
        /dev/video31
        /dev/video32
        /dev/video33
        /dev/video34
        /dev/video35
        /dev/media0
        /dev/media2

rp1-cfe (platform:1f00110000.csi):
        /dev/video0
        /dev/video1
        /dev/video2
        /dev/video3
        /dev/video4
        /dev/video5
        /dev/video6
        /dev/video7
        /dev/media3

rpi-hevc-dec (platform:rpi-hevc-dec):
        /dev/video19
        /dev/media1

XWF-1080P: XWF-1080P (usb-xhci-hcd.1-1):
        /dev/video8
        /dev/video9
        /dev/media4
```

`v4l2-ctl` 명령의 실행 결과에서는 4개의 비디오 관련 장치를 확인할 수 있다. 첫 번째 항목인 `pisp`(Pi's Image Signal Processor)는 V4L2 프레임워크의 일부분으로 영상 처리 작업의 백엔드를 담당한다. 두 번째 `rp1-cfe`에서 `rp1`은 라즈베리파이 5의 입출력 제어 칩을, `cfe`는 카메라 프론트 엔드(Camera Front End)를 나타낸다. RP1 칩은 GPIO를 포함하여 MIPI 카메라, MIPI 디스플레이, 이더넷 등의 입출력을 라즈베리파이의 SoC와 연결하는 역할을 한다. 즉, `rp1-cfe`는 MIPI 카메라에 해당한다.

세 번째 `rpi-hevc-dec`는 HEVC(High Efficiency Video Code) 디코더(decoder)를 가리키며, 마지막 장치가 USB 카메라에 해당한다. USB 카메라에는 2개의 /dev/video* 파일과 1개의 /dev/media* 파일이 연결되어 있다. 실제 영상 데이터를 얻기 위해서는 연관된 장치 파일 중에서 번호가 작은 /dev/video* 파일을 사용하면 된다. 다른 파일은 영상 전송 이외의 제어 목적으로 사용되는 파일인 경우가 대부분이다. 연결되는 장치 파일의 수는 카메라 종류에 따라 다를 수 있으며, MIPI 카메라에는 8개의 /dev/video* 파일이 연결된 것을 확인할 수 있다. USB 카메라에는 /dev/media* 파일 역시 연결되어 있다. /dev/video* 파일이 V4L2 프레임워크에서 비디오 입출력을 지원하는 파일이라면, /dev/media* 파일은 미디어 컨트롤러 프레임워크에서 여러 하드웨어 사이의 연결과 설정을 관리하는 데 사용되는 파일이다.

라즈베리파이에서 `picamera2` 라이브러리가 기본적인 카메라 제어에 사용될 수 있지만, `picamera2` 라이브러리는 라즈베리파이 카메라에 최적화되어 있다. USB 카메라를 사용하는 경우라면 `picamera2` 라이브러리 대신 OpenCV(Open Source Computer Vision) 라이브러리를 사용할 수 있다. OpenCV 라이브러리는 글자 그대로 컴퓨터 비전을 위한 오픈소스 라이브러리로, 영상 처리와 컴퓨터 비전에서 사용되는 다양한 알고리즘을 제공한다. 또한 라즈베리파이를 포함하여 다양한 플랫폼을 지원하고, 파이썬을 포함하여 다양한 프로그래밍 언어를 지원하므로 범용성과 호환성이 높아 대표적인 영상 처리 및 컴퓨터 비전 라이브러리 중 하나로 자리 잡고 있다.

OpenCV 라이브러리는 다양한 알고리즘과 함께 카메라 제어 기능 역시 제공하고 있다. OpenCV 라이브러리에서 사용할 수 있는 카메라에는 MIPI 카메라를 비롯하여 USB 카메라, IP 카메라 등이 포함된다. OpenCV 라이브러리의 또 다른 장점은 TensorFlow, PyTorch 등 여러 인공지능 프레임워크와 쉽게 통합할 수 있다는 점으로 인공지능 알고리즘을 적용함으로써 영상 인식, 객체 탐지, 모션 분석 등의 애플리케이션을 간단하게 만들 수 있다. 따라서 카메라와 영상을 사용하는 애플리케이션을 위해서는 카메라의 종류와 관계없이 OpenCV 라이브러리 사용을 추천한다. 라즈베리파이에 OpenCV 패키지는 기본적으로 포함되어 있지만 파이썬을 위한 라이브러리는 포함되어 있지 않으므로, Thonny에서 'Tools → Open system shell...' 메뉴 항목을 선택하여 셸을 실행한 후 pip3 명령으로 opencv-python 라이브러리를 설치해야 한다.

```
hgycap@hgycap-pi:~
File    Edit    Tabs    Help
hgycap@hgycap-pi:~/Documents $ pip3 install opencv-python
```

코드 15.1이 picamera2 라이브러리를 사용하여 MIPI 카메라를 제어하는 예라면, 코드 15.2는 OpenCV 라이브러리를 사용하여 USB 카메라를 제어하는 예다. USB 카메라는 해당 /dev/video* 파일을 통해 프레임 단위로 영상을 읽을 수 있어 프레임 단위로 영상 처리나 영상 인식 알고리즘을 적용할 수 있다.

코드 15.2의 4번 줄 VideoCatpure 함수에서 USB 카메라 지정을 위해 /dev/video8 파일을 사용했으며 이는 v4l2-ctl 명령으로 확인한 파일의 번호와 같다. 4번 줄 VideoCatpure 함수에서 카메라 지정을 위해 파일 경로를 지정했지만, VideoCapture(8)과 같이 장치 파일의 번호를 지정해도 같은 결과를 얻을 수 있다. 코드 15.2가 실행 중일 때 q를 누르면 프로그램이 종료되며, 이를 위해 21번 줄에서 키 입력을 대기하는 waitKey 함수를 사용했다.

코드 15.2 OpenCV 라이브러리를 이용한 USB 카메라 미리보기

```
01 import cv2
02
03 # 카메라에 대한 장치 파일을 환경에 맞게 변경해야 할 수 있음
04 camera = cv2.VideoCapture('/dev/video8')
05
06 camera.set(cv2.CAP_PROP_FRAME_WIDTH, 640)      # 해상도 설정
07 camera.set(cv2.CAP_PROP_FRAME_HEIGHT, 480)
08
09 if not camera.isOpened():
10     print('* Cannot open camera...')
11     exit()                                     # 프로그램 종료
12
13 while True:
14     ret, frame = camera.read()
15     if not ret:
16         print('* Frame read error...')         # 프레임 읽기 오류
17         break
18     else:
```

```
19          cv2.imshow("Camera Stream", frame)     # 영상 보기 윈도
20
21      if cv2.waitKey(1) & 0xFF == ord('q'):      # q 키를 눌러 종료
22          break
23
24  camera.release()                               # 카메라 중지
25  cv2.destroyAllWindows()                        # 창 닫기
```

Thonny IDE 셸 실행 결과

```
>>> %Run USB_camera_preview.py
```

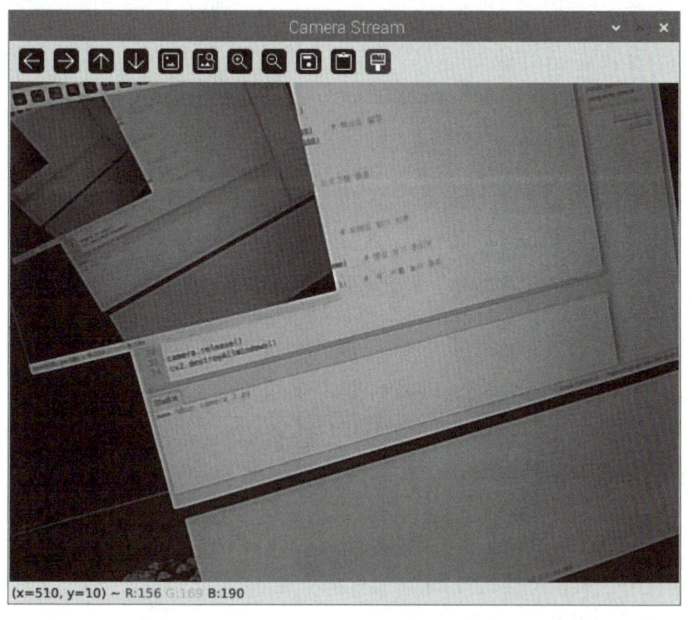

그림 15.4 USB 카메라와 OpenCV 라이브러리를 이용한 프리뷰

OpenCV 라이브러리를 이용하여 MIPI 카메라 영상을 확인하는 방법은 USB 카메라와는 차이가 있다. USB 카메라는 대부분 표준 드라이버로 구동되지만, MIPI 카메라는 전용 드라이버가 필요하다. `v4l2-ctl` 명령으로 목록을 확인했을 때 MIPI 카메라 역시 /dev/video* 파일로 연결되어 있으므로 코드 15.2의 4번 줄에서 장치 파일 이름만 변경하면 동작할 것으로 예상할 수 있지만, 여러 가지 이유로 동작하지 않을 수 있다. MIPI 카메라는 `picamera2` 라이브러리로 구동할 수 있으므로 OpenCV 라이브러리를 함께 사용하면 코드 15.2와는 다르지만 프레임 단위로 영상을 얻을 수 있다.

코드 15.3은 MIPI 카메라에서 프레임 단위로 영상을 읽어 출력하는 예다. 실행 결과는 코드 15.2

와 같지만, 다른 포트에 연결된 카메라를 다른 라이브러리를 사용하여 제어한다는 점에 주의해야 한다. 코드 15.1과도 실행 결과는 같아 보이지만, 코드 15.1에서는 프레임 단위로 영상을 읽어오는 코드가 명시적으로 나타나 있지 않으므로 영상의 프레임에 특정 알고리즘을 적용하기는 어렵다. picamera2 라이브러리를 사용해서도 프레임 단위로 영상을 얻어올 수 있지만, 여기서는 OpenCV 라이브러리와 USB 카메라를 기본으로 사용한다.

코드 15.3 OpenCV와 picamera2를 이용한 MIPI 카메라 미리보기

```
from picamera2 import Picamera2
import cv2

# 카메라에 대한 장치 번호를 환경에 맞게 변경해야 할 수 있음
picam2 = Picamera2(camera_num=0)              # 카메라 개체 생성
# 해상도 설정
video_config = picam2.create_video_configuration(main={'size': (640,480)})
picam2.configure(video_config)

try:
    picam2.start()                            # 카메라 시작
except Exception as e:
    print('* Cannot open camera...')
    exit()

while True:
    frame = picam2.capture_array()            # 영상 읽기

    if frame is not None:
        cv2.imshow("Camera Stream", frame)
    else:
        print('* Frame read error...')
        break

    if cv2.waitKey(1) & 0xFF == ord('q'):     # q를 눌러 종료
        break

picam2.stop()                                 # 카메라 중지
cv2.destroyAllWindows()                       # 창 닫기
```

Thonny IDE 셸 실행 결과

```
>>> %Run MIPI_camera_preview.py
```

15.2 QR 코드 스캐너

라즈베리파이는 작은 크기와 높은 성능으로 다양한 분야에서 사용되고 있으며 영상 처리와 관련된 분야 역시 그중 하나다. 영상 처리를 위해 사용되는 대표적인 라이브러리는 OpenCV 라이브러리로, 라즈베리파이에서 카메라 애플리케이션을 개발하는 데 필수적인 도구로 자리 잡고 있다. OpenCV 라이브러리는 영상 처리를 비롯하여 영상 분석, 객체 인식, 인공지능 등 다양한 응용에 사용될 수 있으며, 라즈베리파이의 제한적인 리소스를 효율적으로 활용할 수 있도록 최적화되어 있다.

라즈베리파이와 OpenCV 라이브러리를 사용한 카메라 애플리케이션은 다양한 예를 쉽게 찾아볼 수 있다. 여기서는 OpenCV 라이브러리에서 제공하는 알고리즘을 중심으로 영상을 분석하고 영상 내 객체를 인식하는 몇 가지 예를 살펴본다. 사용하는 알고리즘에 대한 자세한 내용은 이 책의 범위를 벗어나므로, 여기서는 라이브러리에서 제공하는 클래스의 사용 방법과 그 결과를 중심으로 살펴볼 것이다. 다만 알고리즘에 따라서는 카메라와 카메라를 통해 획득한 영상의 특성에 맞게 일부 파라미터 조정이 필요할 수 있다. 먼저 QR(Quick Response) 코드 스캐너를 만들어보자.

QR 코드는 정보를 빠르게 읽어낼 수 있도록 만들어진 2차원 바코드로, 흑백의 작은 사각형으로 구성된 정사각형 형태를 기본으로 한다. QR 코드는 인식이 빠르고, 인식률이 높으며, 다양한 데이터를 저장할 수 있다는 등의 장점으로 인해 재고 및 운송 관리를 비롯하여 전자 명함, 링크 공유, 출석 확인, 전자 결제 등 다양한 분야에서 사용되고 있다. QR 코드는 주변에서 흔히 찾아볼 수 있으며 온라인 QR 코드 생성 사이트[1]에서도 간단하게 만들어 사용할 수 있다.

코드 15.4는 OpenCV 라이브러리의 QR 코드 인식기를 사용하여 작성한 QR 코드 스캐너다. 5번 줄에서 `QRCodeDetector` 클래스 객체를 생성하고, QR 코드 인식은 13번 줄 `detectAndDecode` 함수에서 이루어진다. `detectAndDecode` 함수는 현재 프레임에서 하나의 QR 코드만 찾아내고 내용을 인식한다. 프레임에 포함된 여러 개의 QR 코드를 모두 인식하기 위해서는 `detectAndDecodeMulti` 함수를 사용해야 한다. `detectAndDecode` 함수에서 반환되는 `data`에는 QR 코드의 내용이, `bbox`에는 QR 코드를 둘러싸는 바운딩 박스(bounding box)의 좌표가 저장된다. 바운딩 박스는 하나 이상일 수 있지만 `detectAndDecode` 함수는 하나의 QR 코드만 인식하므로 첫 번째 바운딩 박스에 해당하는 `bbox[0]`만 사용한다. 22번 줄의 `line` 함수와 27번 줄의 `putText` 함수는 현재 프레임에 직선을 그리고 텍스트를 출력하는 함수다.

1 https://qr.io

코드 15.4 QR 코드 스캐너

```
import cv2

# 카메라에 대한 장치 번호를 환경에 맞게 변경해야 할 수 있음
cam = cv2.VideoCapture(8)                         # 카메라
qr_detector = cv2.QRCodeDetector()                # QR 코드 인식기

while True:
    ret, frame = cam.read()                       # 프레임 읽기
    if not ret:                                   # 프레임 읽기 오류 발생
        break

    # data: QR 코드 내용, bbox: QR 코드 바운딩 박스
    data, bbox, _ = qr_detector.detectAndDecode(frame)
    if bbox is not None and data:                 # QR 코드 인식 성공
        # QR 코드 영역 그리기
        bbox = bbox.astype(int)
        n = len(bbox[0])                          # 바운딩 박스의 점 개수
        for i in range(n):
            pt1 = tuple(bbox[0][i])
            pt2 = tuple(bbox[0][(i + 1) % n])
            # (프레임, 시작점, 끝점, 색상, 두께)
            cv2.line(frame, pt1, pt2, (0, 0, 255), 2)

        # 인식된 데이터 화면에 출력
        print("QR Data:", data)                   # 셸에 QR 코드 내용 출력
        # (프레임, 텍스트, 위치, 폰트, 폰트 크기, 색상, 두께)
        cv2.putText(frame, data, (40, 40),
                    cv2.FONT_HERSHEY_SIMPLEX, 0.7, (0, 0, 255), 2)

    cv2.imshow("QR Scanner", frame)               # 프레임 표시
    if cv2.waitKey(1) & 0xFF == ord('q'):         # q를 누르면 종료
        break

cam.release()                                     # 카메라 종료
cv2.destroyAllWindows()                           # 윈도우 닫기
```

Thonny IDE 셸 실행 결과

```
>>> %Run QR_detection.py
 QR Data: http://en.m.wikipedia.org
 QR Data: http://en.m.wikipedia.org
 QR Data: http://en.m.wikipedia.org
```

그림 15.5는 코드 15.4의 실행 결과로, QR 코드를 생성하는 홈페이지에서 임의의 텍스트를 입력한

QR 코드를 인식한 것이다. QR 코드 생성 홈페이지에서는 일반 텍스트 데이터뿐만 아니라 다양한 형식의 데이터가 포함된 QR 코드를 만들 수 있다.

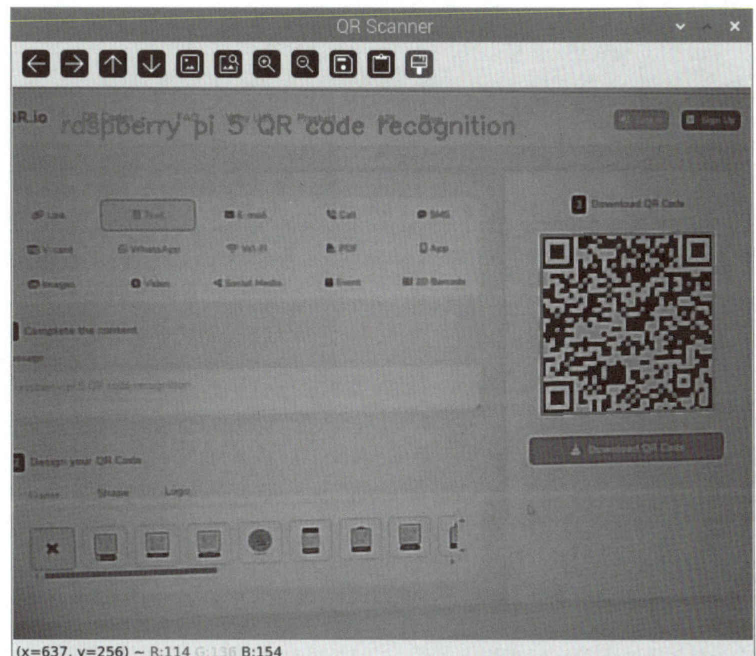

그림 15.5 코드 15.4 실행 결과

15.3 얼굴 검출

얼굴 인식은 사람의 얼굴을 인식하여 개인을 식별하거나 인증하는 생체 인식 기술의 일환으로, 카메라를 통해 비접촉식으로 인식을 진행할 수 있어 자연스럽고 편의성이 높은 방법으로 흔히 사용된다. 여기서는 얼굴 인식의 전 단계로 얼굴 영역을 찾아내는 얼굴 검출에 대해 알아본다.

얼굴 검출을 위해서는 여러 가지 알고리즘을 사용할 수 있지만, OpenCV 라이브러리에서는 하르 캐스케이드(Haar Cascade) 분류기를 사용할 수 있다. 하르는 헝가리의 수학자인 알프레드 하르(Alfred Haar)가 만든 명암 기반의 특징을 사용해서 붙여진 이름이다. 캐스케이드는 계단식의 흐름을 의미하며 여러 단계의 분류기가 순차적으로 배치되어 있음을 뜻한다. 캐스케이드 구조는 먼저 얼굴이 없는 영역을 초기에 빠르게 걸러내고, 얼굴이 있을 가능성이 높은 영역만 처리하도록 함으로써 빠르고 효율적인 검출을 가능하게 해준다.

코드 15.5는 OpenCV 라이브러리의 캐스케이드 분류기를 사용하여 얼굴을 검출하고 표시하는 예다. 6번 줄에서 `CascadeClassifier` 객체를 생성하고 17번 줄에서 `detectMultiScale` 함수로 얼굴을 검출한다. 6번 줄에서 분류기 객체를 생성할 때는 미리 학습된 얼굴 모델 데이터를 읽어온다. 파일 이름에서 알 수 있듯이 하르 캐스케이드 분류기는 정면 얼굴 검출에서 높은 성능을 보이는 것으로 알려져 있다. 17번 줄에서 얼굴을 검출하면 얼굴 영역을 나타내는 바운딩 박스를 결과로 반환한다.

하르 캐스케이드 분류기를 사용할 때는 파라미터의 미세조정이 필요할 수 있으며, 17번 줄에서 캐스케이드 분류기 객체를 생성할 때 `scaleFactor`와 `minNeighbors`를 지정하고 있다. 캐스케이드 분류기는 다양한 크기의 얼굴을 찾아내기 위해 이미지를 축소하면서 얼굴 검출을 시도한다. `scaleFactor`는 이미지를 축소하는 비율로 디폴트값인 1.1에서는 90% 정도로 이미지를 줄이며, 1.3에서는 77% 정도로 이미지를 줄인다. OpenCV 라이브러리에서는 1.05~1.3 정도의 값을 추천하고 있으며, 값이 작을수록 얼굴 검출에 성공할 확률은 높지만 연산량이 많아 추출 속도는 느리다.

`minNeighbors`는 얼굴 후보로 검출한 영역이 몇 개 이상 겹쳤을 때 최종 얼굴 영역으로 판단할 것인지를 나타낸다. OpenCV 라이브러리에서는 3~6 정도의 값을 추천하고 있으며, 값이 작을수록 더 많은 최종 얼굴 영역을 결과로 낸다. 최종 얼굴 영역의 수가 많을수록 실제 얼굴 영역을 찾아낼 확률은 높아지지만, 얼굴이 없는 영역을 얼굴 영역으로 인식할 확률도 함께 높아진다.

코드 15.5 얼굴 검출

```
01 import cv2
02
03 # 카메라에 대한 장치 번호를 환경에 맞게 변경해야 할 수 있음
04 cam = cv2.VideoCapture(0)                    # 카메라
05 # 얼굴 검출을 위한 하르 캐스케이드 분류기
06 face_cascade = cv2.CascadeClassifier(cv2.data.haarcascades +
07                                       "haarcascade_frontalface_default.xml")
08
09 while True:
10     ret, frame = cam.read()                  # 프레임 읽기
11     if not ret:                              # 프레임 읽기 오류 발생
12         break
13
14     # (Blue, Green, Red)로 표시되는 컬러 영상을 그레이스케일 영상으로 변환
15     gray = cv2.cvtColor(frame, cv2.COLOR_BGR2GRAY)
16     # 얼굴 영역 검출(프레임, 축소 비율, 중첩 정도)
17     faces = face_cascade.detectMultiScale(gray, scaleFactor=1.3, minNeighbors=5)
18
```

```
    for (x, y, w, h) in faces:                # 얼굴 영역 표시
        # (프레임, 시작점, 사각형 크기, 색상, 두께)
        cv2.rectangle(frame, (x,y), (x+w, y+h), (255,0,0), 2)

    cv2.imshow("Face Detection", frame)

    if cv2.waitKey(1) & 0xFF == ord('q'):
        break

cam.release()
cv2.destroyAllWindows()
```

Thonny IDE 셸 실행 결과

```
>>> %Run face_detection.py
```

그림 15.6은 코드 15.5의 실행 결과로, 여러 얼굴 이미지에 대해 얼굴을 검출한 것이다. OpenCV 라이브러리에서 제공하고 있는 정면 얼굴을 학습시킨 모델을 사용했으므로 그림 15.6의 오른쪽 아래에서처럼 정면을 바라보지 않는 얼굴은 검출에 실패하고 있다. 인식률을 높이기 위해서는 파라미터를 조정하는 것도 방법이 될 수 있지만 모델 자체가 정면 얼굴을 대상으로 학습된 것이므로 한계가 있다. 다른 형태의 얼굴을 찾아내기 위해서는 분류기 객체를 생성할 때 하르 캐스케이드 분류기에서 제공하는 모델이 아니라 목적에 맞게 학습된 다른 모델을 사용해야 한다.

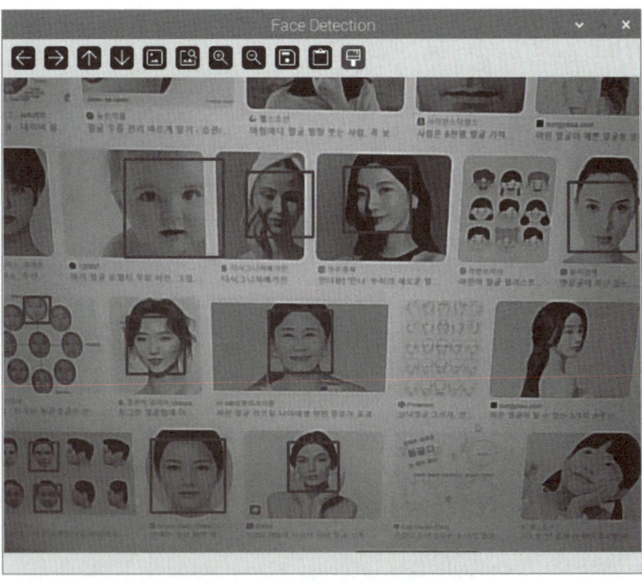

그림 15.6 코드 15.5의 실행 결과

15.4 사람 검출

사람 검출은 사람의 존재 여부와 위치를 자동으로 찾아내는 것을 말한다. 얼굴 검출은 얼굴의 특징을 분석하여 개인을 식별하는 것을 최종 목적으로 할 때가 많지만, 사람 검출을 통해 개인을 식별하기란 쉽지 않다. 따라서 사람 검출은 사람의 움직임을 추적하는 트래킹(tracking)이나 스마트 빌딩의 출입 관리, 유동 인구 분석, 군중 밀집도 측정 등에서 많이 사용된다.

사람 검출을 위해서는 여러 가지 알고리즘을 사용할 수 있으며, 여기서는 HOG(Histogram of Oriented Gradients) 특징 추출기와 SVM(Support Vector Machine) 분류기를 사용한다. HOG는 경계선(gradient)의 방향(oriented)에 따른 분포(histogram)를 특징으로 사용하므로 물체의 윤곽이나 형태 등을 잘 반영하는 것으로 알려져 있다. 따라서 HOG는 경계선을 바탕으로 사람이나 차량 등을 검출하는 데 흔히 사용된다. 반면 얼굴 검출에 사용한 하르 특징은 밝기 차이를 기반으로 하고 있으므로 얼굴에서의 눈코입과 같이 밝기 대비가 뚜렷한 영역 검출에서 좋은 성능을 보여준다.

HOG가 사람을 나타내는 특징을 찾는 방법이라면, 찾아진 특징을 바탕으로 실제 사람인지를 판별하는 데는 SVM 분류기를 사용한다. HOG는 영상에서의 경계선 정보를 많은 수의 특징으로 찾아내므로, 특징의 수가 많을 때도 안정적인 이진 분류가 가능한 SVM이 함께 사용되는 것은 자연스러운 조합이라고 할 수 있다.

코드 15.6은 OpenCV 라이브러리의 HOG 특징 추출기와 SVM 분류기를 사용하여 사람을 검출하고 표시하는 예다. 5번 줄에서 `HOGDescriptor` 객체를 생성하고 7번 줄에서 `setSVMDetector` 함수로 SVM 분류기를 HOG 특징 추출기와 연결한다. 이때 `HogDescriptor_getDefaultPeopleDetector` 함수로 사람 검출을 위해 미리 학습된 모델을 가져온다. 실제 사람 검출은 18번 줄의 `detectMultiScale` 함수에서 이루어지며, 사람 영역을 나타내는 바운딩 박스와 신뢰도를 결과로 반환한다.

하르 캐스케이스 분류기와 마찬가지로 HOG 특징 추출기와 SVM 분류기를 사용할 때도 파라미터의 미세조정이 필요할 수 있다. 18번 줄에서 사람을 검출할 때 `winStride`와 `scale` 파라미터를 지정하고 있다. HOG 특징 추출기는 이미지 내에서 객체를 찾기 위해 일정한 영역을 대상으로 경계선을 분석하며, 이때 분석 대상이 되는 영역을 윈도(window)라고 한다. `winStide` 파라미터는 이미지에서 윈도를 얼마만큼 이동시키면서 특징을 분석할 것인지를 결정한다. 이동 정도가 작으면 더 많은 위치에서 분석이 이루어지므로 검출의 정확도는 높일 수 있지만, 연산량 증가로 처리 속도는 느려진다.

HOG 특징 추출기와 SVM 분류기 역시 하르 캐스케이스 분류기와 마찬가지로 다양한 크기의 사람을 찾아내기 위해 이미지를 축소하면서 사람 검출을 시도한다. `scale` 파라미터는 하르 캐스케이스 분류기에서의 `scaleFactor` 파라미터와 같은 역할을 한다.

코드 15.6 사람 검출

```
import cv2

# 카메라에 대한 장치 번호를 환경에 맞게 변경해야 할 수 있음
cap = cv2.VideoCapture(0)                          # 카메라
hog = cv2.HOGDescriptor()                          # HOG 특징 추출기
# 사람 검출을 위한 HOG + SVM 분류기
hog.setSVMDetector(cv2.HOGDescriptor_getDefaultPeopleDetector())

while True:
    ret, frame = cap.read()                        # 프레임 읽기
    if not ret:                                    # 프레임 읽기 오류 발생
        break

    # 이미지 크기를 줄여 속도 향상
    frame = cv2.resize(frame, (640, 480))

    # (프레임, 탐색 윈도 이동 정도, 축소 비율)
    boxes, weights = hog.detectMultiScale(frame, winStride=(8, 8), scale=1.05)

    for (x, y, w, h) in boxes:                     # 사람 영역 표시
        cv2.rectangle(frame, (x, y), (x + w, y + h), (0, 255, 0), 2)

    cv2.imshow("HOG Person Detection", frame)

    if cv2.waitKey(1) & 0xFF == ord('q'):
        break

cap.release()
cv2.destroyAllWindows()
```

Thonny IDE 셸 실행 결과

```
>>> %Run human_detection.py
```

그림 15.7은 코드 15.6의 실행 결과다. 그림 15.7의 결과에서 주의할 점은 왼쪽에 사람을 외곽선만으로 그려놓은 부분에서도 사람이 검출된다는 점이다. 이는 HOG 특징 추출기가 사용하는 특징이 외곽선을 바탕으로 하기 때문이다. 그림 15.7에서 또 한 가지 눈여겨볼 점은 한 사람을 두 번 이상

서로 다른 영역으로 찾아낼 때가 있다는 점이다. 이 역시 HOG 특징 추출기가 외곽선을 바탕으로 하기 때문으로, 배경이 복잡할수록 중복된 검출 현상이 더 많이 나타날 수 있다. 검출률을 높이기 위해서는 하르 캐스케이드 분류기와 마찬가지로 파라미터를 조정하거나 SVM을 위해 다른 모델을 사용하는 것이 방법이 될 수 있다.

그림 15.7 코드 15.6의 실행 결과

15.5 특징점 추출

얼굴 검출에 사용할 수 있는 또 다른 라이브러리 중 하나가 구글에서 오픈소스로 제공하고 있는 미디어 파이프(MediaPipe)다.[2] 미디어 파이프는 최근 인공지능 분야에서 널리 사용되고 있는 신경망을 기반으로 하고 있다. 미디어 파이프는 얼굴 검출을 포함하는 객체 감지, 인체의 자세 추정 등에 사용할 수 있는 다양한 모델을 제공하고 있으며, 이러한 모델을 솔루션(solution)이라고 부른다.

미디어 파이프는 모듈화된 구조와 높은 이식성이라는 특징을 지니고 있다. 모듈화된 구조는 미디어 파이프에서 사용하는 그래프 기반의 파이프라인 처리에 의한 것으로, 입력 데이터를 순차적으로 처리하고 중간 결과를 재활용하거나 다른 결과와 결합하여 사용할 수 있다. 미디어 파이프의

2 https://chuoling.github.io/mediapipe

높은 이식성은 다양한 플랫폼에서 다양한 언어로 솔루션을 사용할 수 있도록 해준다. 미디어 파이프는 안드로이드, iOS, 윈도우, 웹, 라즈베리파이 OS 등 다양한 플랫폼에서 사용할 수 있으며, 파이썬을 포함하여 C++, 자바스크립트 등 다양한 언어를 지원한다.

미디어 파이프를 사용하기 위해서는 먼저 라이브러리를 설치해야 한다. Thonny에서 'Tools → Open system shell...' 메뉴 항목을 선택하여 셸을 실행한 후 `mediapipe` 라이브러리를 설치한다.

```
hgycap@hgycap-pi:~/Documents
File    Edit    Tabs    Help
hgycap@hgycap-pi:~/Documents $ pip3 install mediapipe
```

코드 15.7은 미디어 파이프 라이브러리의 얼굴 특징점 추출 솔루션을 사용하여 랜드마크(landmark)라고 부르는 468개의 얼굴 특징점을 찾고 이를 메시로 표시하는 예다. 4번 줄에서 얼굴 특징점 추출 솔루션 객체를 생성한 후, 5번 줄에서 찾아낼 얼굴의 최대 개수(`max_num_faces`)와 얼굴을 인식한 것으로 간주할 최소 신뢰도(`min_detection_confidence`)를 지정하여 `FaceMesh` 객체를 생성한다. 2개 이상의 얼굴에 대해 특징점을 추출하는 것도 가능하지만, 연산량을 고려하여 코드 15.7에서는 1개의 얼굴만 찾아내도록 했다. 6번 줄은 찾아낸 특징점을 이용하여 메시를 그리는 데 사용되는 객체다.

얼굴의 특징점 추출은 18번 줄에서 `process` 함수를 통해 이루어지며, 추출에 성공하면 특징점의 3차원 좌표 리스트를 얻을 수 있다. 21번 줄에서 `face_landmarks`는 468개 점에 대한 3차원 좌표를 리스트 형태로 저장한 것으로, 특징점 번호(`idx`)에 따른 특징점의 3차원 좌표는 `face_landmarks.landmark[idx].x`, `face_landmarks.landmark[idx].y`, `face_landmarks.landmark[idx].z`와 같이 알아낼 수 있다. 이때 좌표는 0에서 1 사이의 값으로 정규화되어 있으므로 영상의 크기를 반영해야 영상에서의 실제 좌표를 알아낼 수 있다.

코드 15.7 얼굴 특징점 추출

```
01 import cv2
02 import mediapipe as mp
03
04 mp_face_mesh = mp.solutions.face_mesh
05 face_mesh = mp_face_mesh.FaceMesh(max_num_faces=1, min_detection_confidence=0.5)
06 mp_drawing = mp.solutions.drawing_utils
07
```

```python
# 카메라에 대한 장치 번호를 환경에 맞게 변경해야 할 수 있음
cap = cv2.VideoCapture(0)                           # 카메라

while True:
    ret, frame = cap.read()                         # 프레임 읽기
    if not ret:                                     # 프레임 읽기 오류 발생
        break

    rgb = cv2.cvtColor(frame, cv2.COLOR_BGR2RGB)    # RGB 형식으로 변환

    results = face_mesh.process(rgb)                # 얼굴 특징점 추출

    if results.multi_face_landmarks:                # 추출 성공
        for face_landmarks in results.multi_face_landmarks:
            mp_drawing.draw_landmarks(              # 메시 그리기
                frame,
                face_landmarks,
                mp_face_mesh.FACEMESH_TESSELATION,  # 페이스 메시 그리기
                landmark_drawing_spec=None,
                connection_drawing_spec=mp_drawing.DrawingSpec(
                    color=(0, 255, 0), thickness=1, circle_radius=1)
            )

    cv2.imshow('Face Mesh', frame)

    if cv2.waitKey(1) & 0xFF == ord('q'):
        break

cap.release()
cv2.destroyAllWindows()
```

Thonny IDE 셸 실행 결과

```
>>> %Run face_landmark.py
```

그림 15.8은 코드 15.7의 실행 결과로, 먼저 얼굴 영역을 찾고 영역 내에서 얼굴 특징을 분석하여 특징점 목록을 얻은 후 이를 바탕으로 페이스 메시를 그려 넣은 것이다.

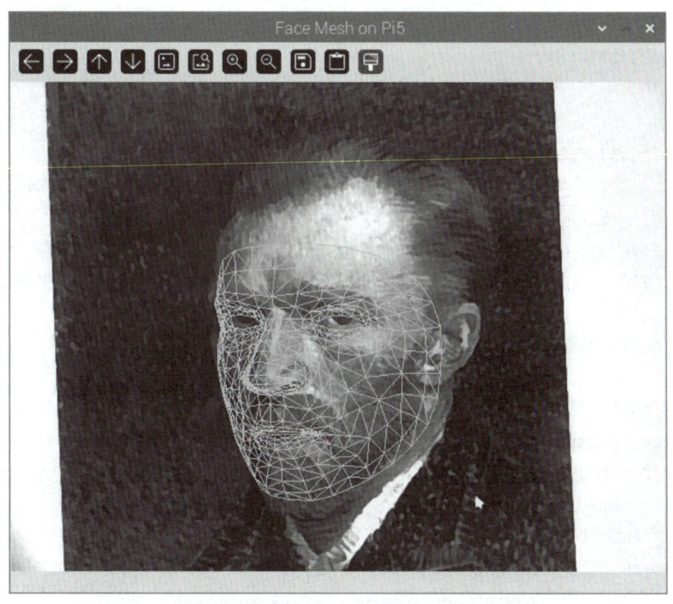

그림 15.8 코드 15.7의 실행 결과

코드 15.8은 미디어 파이프 라이브러리의 손 특징점 추출 솔루션을 사용하여 손의 21개 특징점을 추출하고 이를 표시하는 예다. 손의 21개 랜드마크는 손의 각 관절에 해당한다. 코드 15.8이 코드 15.7과 다른 점은 4번 줄에서 얼굴을 위한 `face_mesh` 솔루션의 `FaceMesh` 클래스가 아닌 손을 위한 `hands` 솔루션의 `Hands` 클래스를 사용했다는 점 정도다. 5번 줄에서 찾아낼 손의 최대 개수(`max_num_hands`)를 2개로 설정하고 손을 인식한 것으로 간주할 최소 신뢰도(`min_detection_confidence`)를 0.5로 설정한 것은 코드 15.7에서 얼굴의 특징점을 추출할 때와 마찬가지다.

코드 15.8 손 특징점 추출

```
01 import cv2
02 import mediapipe as mp
03
04 mp_hands = mp.solutions.hands
05 hands = mp_hands.Hands(max_num_hands=2, min_detection_confidence=0.5)
06 mp_drawing = mp.solutions.drawing_utils
07
08 # 카메라에 대한 장치 번호를 환경에 맞게 변경해야 할 수 있음
09 cap = cv2.VideoCapture(8)                # 카메라
10
11 while True:
12     ret, frame = cap.read()              # 프레임 읽기
13     if not ret:                          # 프레임 읽기 오류 발생
14         break
15
```

```python
    rgb = cv2.cvtColor(frame, cv2.COLOR_BGR2RGB)       # RGB 형식으로 변환

    results = hands.process(rgb)                       # 손 특징점 추출

    if results.multi_hand_landmarks:                   # 추출 성공
        for hand_landmarks in results.multi_hand_landmarks:
            mp_drawing.draw_landmarks(
                frame,
                hand_landmarks,
                mp_hands.HAND_CONNECTIONS,             # 손가락 그리기
                landmark_drawing_spec=mp_drawing.DrawingSpec(
                                color=(0, 255, 255), thickness=2, circle_radius=2),
                connection_drawing_spec=mp_drawing.DrawingSpec(
                                color=(0, 0, 255), thickness=2)
            )

    cv2.imshow('Hand Detection', frame)

    if cv2.waitKey(1) & 0xFF == ord('q'):
        break

cap.release()
cv2.destroyAllWindows()
```

Thonny IDE 셸 실행 결과

```
>>> %Run hand_landmark.py
```

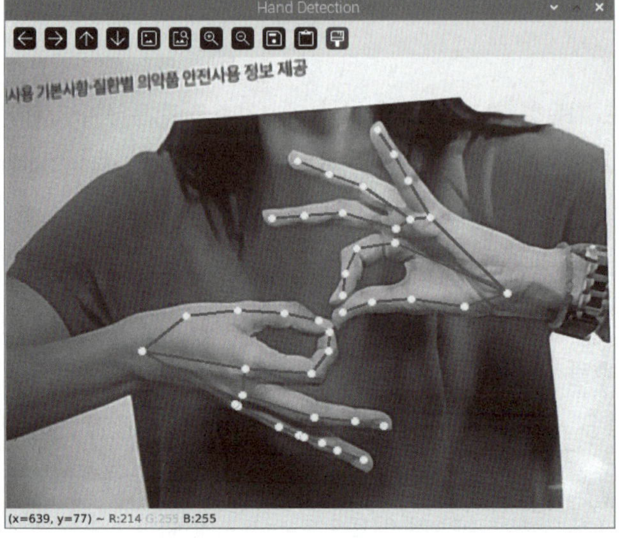

그림 15.9 코드 15.8의 실행 결과

그림 15.8과 그림 15.9의 실행 결과에서 알 수 있듯이, 미디어 파이프는 높은 인식률을 보여줄 뿐만 아니라 다른 알고리즘과 달리 파라미터의 미세조정이 거의 필요하지 않아 쉽게 사용할 수 있다는 장점이 있다. 여기서는 미디어 파이프에서 제공하는 얼굴과 손의 특징점 추출 솔루션을 사용했지만, 인체 분석과 관련된 솔루션은 얼굴 검출 및 인식, 제스처 인식, 수화 인식, 운동 분석 등의 애플리케이션에서 유용하게 쓸 수 있다.

15.6 요약

라즈베리파이에서 주로 사용하는 카메라로는 MIPI 카메라와 USB 카메라가 있다. 라즈베리파이에서 MIPI 카메라를 사용하는 이유는 크기가 작고 라즈베리파이에서 공식적으로 지원하기 때문이다. 또한 MIPI 인터페이스는 전용 RP1 칩을 통해 직접 SoC에 연결되어 있어 CPU의 부담이 적고 고속 전송이 가능해 고해상도나 고프레임 영상을 처리해야 할 때는 USB 카메라보다 나은 선택이 될 수 있다. 라즈베리파이의 공식 카메라는 아니지만 다양한 종류의 MIPI 방식 카메라를 찾아볼 수 있고, 다양한 전용 렌즈를 사용할 수 있다는 점 역시 MIPI 카메라의 장점이라 할 수 있다.

USB 카메라의 장점은 가격이 싸고 쉽게 찾아볼 수 있다는 점이다. USB 카메라가 PnP 기능을 지원하며, 카메라를 연결할 때 라즈베리파이를 끄지 않아도 된다는 점도 사용상의 장점이라 할 수 있다. 하지만 MIPI 카메라와 비교했을 때 대역폭이 좁고 전송 속도가 느리며 지연 시간이 길다는 점 등은 영상 처리 애플리케이션에서 단점이 될 수 있다. 이 책에서는 사용 편이성이 높은 USB 카메라를 주로 사용했지만, 카메라의 초기화 방법만 일부 수정하면 이 장의 예제 코드를 MIPI 카메라에서도 사용할 수 있다.

이 장에서는 카메라로 획득한 영상에 영상 처리 알고리즘을 적용하여 간단한 영상 처리 시스템을 구성하는 방법을 살펴봤다. 적용한 알고리즘은 대부분 OpenCV 라이브러리에서 제공하는 것들로, 해당 함수 호출만으로 간단하게 사용할 수 있다. OpenCV 라이브러리가 최신 알고리즘을 제공하지는 않지만, 대부분의 영상 처리 시스템에서 사용할 정도로 대표적인 영상 처리 라이브러리로 꼽히고 있다. 이 장에서 사용한 알고리즘 중 OpenCV 라이브러리에서 제공하지 않는 알고리즘은 얼굴과 손의 특징점을 추출하는 신경망 기반 알고리즘으로, 미디어 파이프를 설치하여 사용했다. 신경망 기반의 알고리즘은 사용 목적에 맞게 미세조정을 거쳐야 하지만, 미디어 파이프에서 제공하는 모델은 성능이 우수하기도 하거니와 얼굴이나 손의 특징점 추출에서 약간의 오차가 발생하더라도 결과의 품질에 크게 영향을 미치지 않으므로 미세조정 없이 간편하게 사용할 수 있다.

신경망을 기반으로 실시간 객체 탐지에 사용되는 대표적인 알고리즘 중 하나가 YOLO(You Only Look Once) 알고리즘이다. YOLO 알고리즘의 장점은 서로 다른 80여 개의 객체를 빠른 속도로 찾아낼 수 있다는 것이다. 하지만 YOLO 라이브러리는 설치가 복잡하고, 여러 종류의 객체를 검출할 때 정확도 향상이 쉽지 않으며, 버전에 따라 여러 가지 모델이 존재하므로 모델의 선택과 적용이 어렵다는 문제점이 있다. 연산 능력이 낮은 라즈베리파이에서 여러 객체를 한꺼번에 찾아내는 것은 쉽지 않지만, 얼굴이나 사람 등 하나의 객체로만 대상을 좁힌다면 이 장에서 사용한 알고리즘의 좋은 대안이 될 수 있다.

앞의 몇 개 장에서 멀티미디어 데이터에 인공지능 알고리즘을 적용하는 방법을 살펴봤다면, 다음 장부터는 인터넷을 기반으로 동작하는 시스템을 구성하는 방법을 살펴본다. 인터넷 기반 시스템에서는 지금까지 살펴본 다양한 주변장치 활용 방법을 적용할 수 있으며, 특히 사물인터넷을 위한 지능형 기기 개발의 시작으로 부족하지 않을 것이다. 먼저 인터넷에서 가장 많이 사용되는 HTTP 기반의 애플리케이션부터 살펴보자.

MEMO

PART IV

인터넷 활용하기

HTTP 클라이언트

HTTP는 인터넷에서 가장 많이 사용되는 프로토콜 중 하나로, 브라우저와 웹 서버 사이에서 데이터를 주고받는 데 주로 사용된다. 하지만 브라우저는 HTTP를 사용하는 HTTP 클라이언트의 하나일 뿐이다. HTTP 클라이언트는 웹 페이지를 포함하여 다양한 데이터를 주고받는 데 사용될 수 있으며 사용 범위는 넓어지고 있다. 이 장에서는 HTTP 클라이언트를 통해 HTTP 서버에서 다양한 종류의 데이터를 수신하고, 이를 활용하는 방법에 대해 알아본다.

16.1 웹 클라이언트

인터넷이 보급되고 웹 기반 인터페이스가 일반화되면서 인터넷을 통해 사용할 수 있는 대부분의 서비스가 브라우저를 통해 사용할 수 있게 되었고, 이에 따라 브라우저의 중요성 역시 증가하고 있다. 브라우저는 주로 HTTP(Hypertext Transfer Protocol)를 사용하며, 웹 페이지를 포함하여 다양한 데이터를 시각적으로 보여주는 것이 목적이다. 이때 HTML(Hypertext Markup Language)은 웹 페이지에서 페이지를 표시하는 방법을 지시하는 언어에 해당한다. 하지만 브라우저는 HTTP를 사용하는 HTTP 클라이언트의 한 종류이며 이 외에도 다양한 HTTP 클라이언트가 존재한다. 예를 들어, 사물인터넷 플랫폼에서 데이터를 주고받는 데 사용되는 프로그램 역시 HTTP를 사용하는 HTTP 클라이언트의 한 종류다. HTTP 클라이언트는 HTTP 서버에 접속하여 데이터를 얻어오며, 이는 클라이언트가 서버에 데이터를 요청하는 'HTTP 요청(request)'과 서버가 클라이언트에서 요청한 데이터를 전송하는 'HTTP 응답(response)'으로 이루어진다. 이 장에서는 HTTP 클라이언트가 HTTP 요청과 HTTP 응답으로 서버와 데이터를 주고받는 방법을 살펴볼 것이며, 먼저 웹 페이지를 읽어오는 방법부터 살펴보자.

인터넷을 사용하는 전통적이면서 간단한 방법은 웹 페이지를 읽어오는 것이다. 웹 페이지를 읽어오기 위해 여기서는 `requests` 라이브러리를 사용할 수 있다. `requests` 라이브러리는 HTTP 요청을 보내고 HTTP 응답을 받을 수 있도록 해주는 고수준의 라이브러리로, 저수준의 복잡한 네트워크 관련 지식 없이도 서버와의 통신을 구현할 수 있도록 해준다. `requests` 라이브러리는 웹 크롤러, 자동 로그인, 파일 다운로더, 사물인터넷 기기 원격 제어 등 웹과 관련된 다양한 애플리케이션에서 사용되고 있으며, 파이썬과 함께 설치되는 표준 라이브러리 중 하나다. 라이브러리 설치 여부와 정보는 `pip3` 명령으로 확인할 수 있다.

```
hgycap@hgycap-pi:~
File    Edit    Tabs    Help

hgycap@hgycap-pi:~ $ pip3 show requests
```

HTTP를 사용하여 데이터를 읽어오는 것은 단순히 웹 페이지를 읽어오는 것보다 복잡하며 사용 환경에 따라 다양한 방식으로 서버에서 데이터를 읽어오거나 서버로 데이터를 전송할 수 있다. `requests` 라이브러리는 HTTP에서 제공하는 대부분의 요청 방법(request method)을 사용할 수 있으며 같은 이름의 함수를 제공하고 있다. 요청 방법 중에서는 GET과 POST가 가장 많이 사용되며 브라우저를 포함한 HTTP 클라이언트에서 주로 사용하는 방법이기도 하다. HTTP의 요청에서 요청의 대상을 리소스(resource)라고 표현하며 웹 페이지를 포함하여 일반 텍스트, 이미지, 파일 등이 리소스의 예에 해당한다.

- GET: 가장 많이 사용되는 요청 방법으로 웹 페이지 요청, 이미지 요청, 검색어 입력을 통한 결과 요청 등 서버에 리소스를 요청할 때 사용한다. 요청 경로에 `key=value` 형식의 인자를 추가하여 서버에 데이터를 전달할 수 있으며, 입력한 검색어를 전달하는 것이 대표적인 예다.
- POST: 로그인 정보, 폼 데이터 등에 대한 사용자 입력을 서버로 전송할 때 사용한다. GET 요청에서 요청 경로에 `key=value` 형식의 인자를 추가하는 것과 달리, POST 요청에서 서버로 전달할 데이터는 요청 본문(body)에 포함되므로 GET 요청보다 보안성이 높고 대용량 데이터 전송에 적합하다.
- PUT: 사용자 정보 갱신, 게시글의 수정 등과 같이 기존 리소스 전체를 대체할 때 사용한다. POST 요청과 마찬가지로 대체할 데이터는 본문에 포함된다.
- DELETE: 서버에서 특정 리소스를 삭제할 때 사용한다.
- PATCH: PUT 요청과 비슷하지만, 리소스 전체가 아니라 일부만 변경할 때 사용한다.
- HEAD: GET 요청과 비슷하지만, 본문 없이 헤더 정보만 요청할 때 사용한다. 리소스의 변경 여부 확인, 서버의 빠른 동작 확인 등을 위해 사용한다.
- OPTIONS: 지정한 리소스가 지원하는 요청 방법을 알아내기 위해 사용한다.

코드 16.1은 `requests` 라이브러리의 `get` 함수를 사용하여 웹 페이지를 요청하고 그 응답을 출력하는 예다. 응답에서 먼저 확인해야 할 것은 응답 상태 코드다. 응답 상태 코드는 서버가 클라이언트의 요청을 처리한 결과를 알려주는 100에서 599까지의 숫자로, 표 16.1과 같이 5개의 그룹으로 나눌 수 있다.

표 16.1 HTTP 응답 상태 코드 그룹

응답 상태 코드	응답 그룹	설명
100~199	정보	요청을 성공적으로 수신했으며 요청을 계속 처리할 준비가 되었음을 알려준다.
200~299	성공	요청이 성공적으로 처리되었음을 알려준다.
300~399	리다이렉션	요청을 완료하기 위해서는 클라이언트에서 다른 요청 경로로 추가적인 요청이 필요함을 알려준다.
400~499	클라이언트 오류	요청 형식의 오류, 요청 권한 없음 등 클라이언트의 문제로 요청 처리에 실패했음을 알려준다.
500~599	서버 오류	요청을 처리하는 과정에서 서버의 문제로 요청 처리에 실패했음을 알려준다.

표 16.2는 응답 상태 코드 중에서 흔히 처리하는 코드로, 요청이 성공적으로 처리되었음을 나타내는 200번과 잘못된 리소스를 요청한 404번이 대표적이다.

표 16.2 대표적인 HTTP 응답 상태 코드

코드	의미	설명
200	OK	요청이 성공적으로 처리되었음
201	Created	POST 요청으로 새로운 리소스 생성에 성공했음
301	Moved Permanently	요청한 리소스가 영구적으로 이동하여 새로운 요청 경로를 사용해야 함
302	Found	요청한 리소스의 요청 경로가 일시적으로 변경되었음
304	Not Modified	리소스가 변경되지 않아 캐시를 사용할 수 있음
400	Bad Request	클라이언트의 잘못된 요청으로 서버에서 요청을 처리할 수 없음
401	Unauthorized	인증 정보가 제공되지 않아 클라이언트의 요청을 처리할 수 없음
403	Forbidden	클라이언트가 요청한 리소스에 접근할 권한을 갖고 있지 않음
404	Not Found	지정한 요청 경로에서 리소스를 찾을 수 없음
500	Internal Server Error	서버의 요청 처리 과정에서 오류가 발생했음

`get` 함수를 사용한 요청의 결과는 `Response` 클래스의 객체로 주어진다. 응답 상태 코드는 `Response` 클래스의 객체에서 `status_code` 속성으로 알 수 있고, 문자열로 표현되는 설명은 `reason` 속성으로 알 수 있다.

요청 처리에 성공했으면 서버가 보낸 데이터는 `headers`와 `content` 속성을 통해 확인할 수 있다. `headers` 속성은 헤더 정보를 사전 형식으로 나타내며, `content` 속성은 헤더를 제외한 본문(body)을 바이트 형식의 데이터로 나타낸다. `content` 속성에 저장된 바이트 형식의 데이터를 인코딩 방법에 따라 디코딩한 것이 `text` 속성이다.

코드 16.1 HTTP 요청 및 응답

```
import requests

url = 'https://naver.com'                    # 웹 페이지의 URL

response = requests.get(url)                 # GET을 사용한 요청

if response.status_code == 200:              # 응답 수신 성공
    print("=== Page Contents ===")
    print(response.text)                     # 응답 내용 출력
else:                                        # 오류 발생 시 오류 코드 출력
    print(f"Request Failure : {response.status_code}")
```

Thonny IDE 셸 실행 결과

```
>>> %Run request_get.py
 === Page Contents ===
 <!doctype html> <html lang="ko" class="fzoom"> <head> <meta charset="utf-8"> <meta name="
Referrer" content="origin"> <meta http-equiv="X-UA-Compatible" content="IE=edge"> <meta
name="viewport" content="width=1190"> <title>NAVER</title> <meta name="apple-mobile-web-
app-title" content="NAVER"/> <meta name="robots" content="index,nofollow"/> <meta name="
description" content="네이버 메인에서 다양한 정보와 유용한 컨텐츠를 만나 보세요"/> <meta
property="og:title" content="네이버">
 ...
>>>
```

코드 16.1의 실행 결과에서 볼 수 있는 것처럼 GET 요청으로 얻은 웹 페이지 데이터는 HTML 태그를 사용하여 웹 페이지가 나타나는 방식을 지정하고 있고, 브라우저는 HTTP 응답으로 얻은 데이터를 사용하여 HTML 형식에 맞게 출력한다. 일반적인 웹 페이지는 실제 브라우저에 나타나는 내용보다 나타나는 방식을 결정하는 태그가 더 많은 부분을 차지한다. 하지만 이 장에서는 내용을 찾아내는 것이 주목적이며, 태그는 필요한 내용을 찾아내는 데 사용한다. 태그는 여는 태그와 닫는 태그 쌍으로 이루어지며, 내용이 의미하는 바를 나타내는 설명으로 생각할 수 있다.

16.2 웹 페이지 분석

HTTP의 GET 요청을 사용하면 공공기관이나 포털 사이트 등에서 제공하는 정보를 웹 페이지 형태로 얻을 수 있다. 웹 페이지에 포함된 정보를 찾아내기 위해서는 태그를 사용하여 웹 페이지를 분석해야 한다. 웹 페이지는 페이지 레이아웃을 위해 태그를 사용하지만, 일부 웹 페이지의 경우에는 정보 전달을 위해 레이아웃을 위한 태그 사용을 최소화하기도 한다. 먼저 HTML 태그를 사용하는 환율 정보 페이지를 얻어와 환율 정보를 찾아내는 방법부터 살펴보자.

환율 정보는 여러 사이트에서 제공하고 있으며 여기서는 네이버가 제공하는 환율 정보 페이지를 사용한다. 브라우저로 네이버의 환율 정보 페이지에 접속하면 국가별 환율 정보를 확인할 수 있다.

```
https://finance.naver.com/marketindex/exchangeList.naver
```

네이버페이 증권

finance.naver.com/marketindex/exchangeList.naver

통화명	매매기준율	현찰		송금		미화환산율
		사실 때	파실 때	보내실 때	받으실 때	
미국 USD	1,438.80	1,463.97	1,413.63	1,452.90	1,424.70	1.000
유럽연합 EUR	1,634.69	1,667.22	1,602.16	1,651.03	1,618.35	1.136
일본 JPY (100엔)	1,000.90	1,018.41	983.39	1,010.70	991.10	0.696
중국 CNY	197.42	207.29	187.55	199.39	195.45	0.137
홍콩 HKD	185.48	189.13	181.83	187.33	183.63	0.129
대만 TWD	44.20	49.99	39.78	N/A	N/A	0.031
영국 GBP	1,915.76	1,953.50	1,878.02	1,934.91	1,896.61	1.332
오만 OMR	3,736.85	3,998.42	3,475.28	N/A	N/A	2.597

그림 16.1 네이버 환율 정보 페이지

get 함수로 얻은 환율 정보 페이지에도 레이아웃을 위한 HTML 태그가 포함되어 있으며 표 형식으로 환율 정보를 나타낸다. 특정 국가의 환율 정보는 다음과 같이 테이블의 한 행(table row)을 나타내는 <tr> 태그와 테이블의 데이터(table data)를 나타내는 <td> 태그를 사용하여 표시한다.

```
<tr>
<td class="tit"><a href="/marketindex/exchangeDetail.naver?marketindexCd=FX_USDKRW" target=
"_parent" onclick="parent.clickcr(this, 'exl.exlist', 'FX_USDKRW', '1', event);">
    미국 USD
</a></td>
<td class="sale">1,438.80</td>
<td>
    1,463.97
</td>
<td>
    1,413.63
</td>
<td>
    1,452.90
</td>
<td>
    1,424.70
</td>
<td>1.000</td>
</tr>
```

환율 정보는 그림 16.1에서 볼 수 있는 것처럼 7개 항목으로 이루어져 있지만, 흔히 사용되는 것은 '통화명'과 '매매기준율' 두 가지다. 따라서 두 가지 항목의 데이터를 포함하고 있는 <td> 태그를 찾고 태그 사이의 데이터를 분리해야 한다.

'통화명'은 <td class="tit"> 태그로 시작되므로 먼저 <td class="tit">를 찾고 그에 대응하는 닫는 태그인 </td> 태그를 찾으면 테이블 데이터를 얻을 수 있다. 하지만 HTML 태그는 계층적으로 구성되므로 <td class="tit"> 태그 내에 다른 태그가 포함될 수 있으며, '통화명'에 해당하는 테이블 데이터에도 다른 페이지로의 링크를 나타내는 <a> 태그가 포함되어 있다. 태그를 삭제하고 정보만을 찾아내기 위해서는 정규표현식 처리를 위한 re(regular expression) 라이브러리를 사용할 수 있다. re 라이브러리는 파이썬의 내장 라이브러리이므로 pip3 명령으로 정보를 확인할 수 없다.

```
hgycap@hgycap-pi:~
File    Edit    Tabs    Help

hgycap@hgycap-pi:~ $ pip3 show re
WARNING: Package(s) not found: re
hgycap@hgycap-pi:~ $
```

태그를 삭제하기 위해서는 <로 시작해서 >로 끝나는 문자열을 모두 삭제하면 된다. <로 시작해서 >로 끝나는 가변 길이 문자열을 나타내는 정규표현식은 <[^>]*>과 같이 나타낼 수 있다. 정규표현식에서 첫 번째 문자인 <와 마지막 문자인 >는 시작과 끝이 <와 >라는 것을 나타낸다. [^>]는 >를 제외한 모든 문자가 대상이 된다는 것을 나타내며, *는 조건에 맞는 문자가 0개 이상 반복된다는 것을 의미한다.

코드 16.2는 환율 정보를 나타내는 페이지의 HTML 태그를 분석하여 목록에서 미리 지정한 국가의 매매기준율 정보를 출력하는 예다. 5번 줄의 정규표현식을 쓸 때 앞에 있는 r은 'raw string'의 의미로, 이스케이프 문자와 같은 특수한 용도로 사용되는 문자를 무시하고 문자열을 그대로 해석하기 위해 사용했다. 코드 16.2를 실행하고 해당 국가의 기준 환율이 출력되는 것을 확인해 보자.

코드 16.2 환율 정보 추출 – HTML 태그 분석

```
01 import requests
02 import re                                # 정규표현식을 위한 라이브러리
03
04 def extract_text(str):
05     text = re.sub(r'<[^>]*>', '', str)   # 태그 모두 제거
06     return text.strip()                  # 좌우의 공백문자 제거
07
08 # 네이버 환율 페이지 URL
09 url = "https://finance.naver.com/marketindex/exchangeList.naver"
```

```python
# 표시할 국가 목록
names = ["미국 USD", "스위스 CHF", "유럽연합 EUR", "중국 CNY"]

res = requests.get(url)                          # HTTP 응답 얻기
html = res.text                                  # 본문

pos_start = 0                                    # 시작 태그 위치
pos_end = 0                                      # 종료 태그 위치

while True:
    # 통화명 시작 태그 검색
    pos_start = html.find('<td class="tit">', pos_start)
    if pos_start == -1:                          # 발견되지 않으면 종료
        break
    pos_end = pos_start                          # 종료 태그 검색 시작 위치 갱신

    pos_end = html.find('</td>', pos_end)        # 통화명 종료 태그 검색
    if pos_end == -1:                            # 발견되지 않으면 종료
        break

    # 태그 내 태그 데이터를 포함한 문자열 추출
    name_with_tag = html[pos_start:(pos_end+5)]
    name = extract_text(name_with_tag)           # 태그 모두 제거
    pos_start = pos_end                          # 시작 태그 검색 시작 위치 갱신

    # 매매기준율 시작 태그 검색
    pos_start = html.find('<td class="sale">', pos_start)
    if pos_start == -1:
        break
    pos_end = pos_start

    pos_end = html.find('</td>', pos_end)        # 매매기준율 종료 태그 검색
    if pos_end == -1:
        break

    rate_with_tag = html[pos_start:(pos_end+5)]
    rate = extract_text(rate_with_tag)
    pos_start = pos_end

    if name in names:                            # 표시할 국가 목록에 포함
        print(f"{name}  =>  {rate}")
```

Thonny IDE 셸 실행 결과

```
>>> %Run parse_html.py
 미국 USD  =>  1,440.00
 유럽연합 EUR  =>  1,636.70
```

```
 중국 CNY  =>  197.35
 스위스 CHF  =>  1,739.97
>>>
```

코드 16.2는 HTML 태그를 직접 분석해서 필요한 정보를 찾아내고 있으므로 HTML의 구조가 바뀌면 코드를 다시 작성해야 한다. 더 큰 문제는 태그를 분석하는 과정이 복잡하고 직관적이지 않다는 점이다. HTML 태그를 분석하는 라이브러리를 사용하면 간단하게 HTML 문서에서 필요한 정보를 찾아낼 수 있다. HTML 문서의 태그를 분석하는 라이브러리는 여러 가지가 공개되어 있으며, 그중 하나인 `BeautifulSoup` 라이브러리는 기본적으로 설치되어 있는 라이브러리다.

```
hgycap@hgycap-pi:~/Documents
File    Edit    Tabs    Help

hgycap@hgycap-pi:~/Documents $ pip3 show beautifulsoup4
```

코드 16.3은 `BeautifulSoup` 라이브러리를 사용하여 태그를 분석하고 원하는 정보를 찾아 출력하는 예다. 16번 줄에서는 찾아내고자 하는 태그를 순서대로 지정하여 테이블을 행 단위로 분리한다. 이때 `table.tbl_exchange > tbody > tr`은 태그가 `table` → `tbody`(table body) → `tr`(table row) 순서로 계층적으로 나타난다는 의미다. 즉, 테이블을 나타내는 `<table>` 태그 아래에 테이블 본문을 나타내는 `<tbody>` 태그가 나타나고 다시 그 아래에 테이블의 한 행을 나타내는 `<tr>` 태그가 나타난다. 행 단위의 분리 결과는 `<tr>`로 시작해서 `</tr>`로 끝나는 테이블의 한 행 정보가 포함된다. 행 단위 분리를 위해 3개의 태그를 지정하지 않고 `<tr>` 태그 하나만 지정해도 되지만, 테이블 헤더에도 `table` → `thead` → `tr` 순서로 태그가 나타나므로 본문에 포함된 테이블 행만 찾아내기 위해 3개의 태그를 지정했다. `<table>` 태그의 `tbl_exchange`는 테이블의 `class` 속성이 `class="tbl_exchange"`로 지정되어 있으므로 찾아내고자 하는 테이블을 구체적으로 지정하기 위해 사용한 것이다. `class` 속성은 생략할 수 있지만, `class` 속성을 지정하지 않으면 찾아내는 테이블의 수가 증가할 수 있다.

19번과 20번 줄의 `select_one` 함수는 테이블의 한 행에서 `<td>` 태그 내에 포함된 데이터를 찾아내는 함수로, `<td>` 태그로 시작해서 `</td>` 태그로 끝나는 테이블의 한 셀 정보를 찾아낸다. 16번 줄의 `select` 함수가 조건을 만족시키는 요소를 모두 찾아 리스트 형식으로 반환한다면, `select_one` 함수는 조건을 만족시키는 첫 번째 요소만 반환한다는 차이가 있다. 통화명은 `<td>` 태그 내에 `<a>` 태그가 포함되어 있으므로 2개의 태그를 지정했고, `<td>` 태그에서 `td class="tit"`

와 같이 `class` 속성이 `tit`로 지정되어 있으므로 함께 지정했다. 이때 `<td>` 태그와 `<a>` 태그 사이에 '`>`'는 생략했으며 16번 줄에서도 '`>`'는 생략할 수 있다. 매매기준율은 `<td>` 태그만 있고 `<td class="sale">`과 같이 `class` 속성이 `sale`로 지정되어 있으므로 하나의 태그만 지정했다.

19번 줄에서 통화명을 나타내는 `name_tag`는 `<a>` 태그로 시작해서 `</a>` 태그로 끝나는 데이터를 갖는다면, 20번 줄에서 매매기준율을 나타내는 `rate_tag`는 `<td>` 태그로 시작해서 `</td>` 태그로 끝나는 데이터를 갖는다. 이는 19번 줄에서는 `<td>` 태그 이후에 `<a>` 태그까지 지정했다면, 20번 줄에서는 `<td>` 태그만 지정했기 때문이다. 23번과 24번 줄에서 `get_text` 함수는 태그 부분을 제외한 데이터만 반환하는 함수로, `strip=True`는 공백문자를 제거하기 위해 사용했다.

코드 16.3 환율 정보 추출 – BeautifulSoup 라이브러리

```
01 import requests
02 from bs4 import BeautifulSoup                 # HTML 태그 분석 라이브러리
03
04 # 네이버 환율 페이지 URL
05 url = "https://finance.naver.com/marketindex/exchangeList.naver"
06 # 표시할 국가 목록
07 names = ["미국 USD", "스위스 CHF", "유럽연합 EUR", "중국 CNY"]
08
09 res = requests.get(url)                       # HTTP 응답 얻기
10 html = res.text                               # 본문
11
12 # BeautifulSoup 라이브러리로 HTML 태그 분석
13 soup = BeautifulSoup(html, 'html.parser')
14
15 # 모든 통화 정보를 찾아서 처리: 테이블을 행 단위로 분석
16 rows = soup.select('table.tbl_exchange > tbody > tr')
17
18 for row in rows:
19     name_tag = row.select_one('td.tit a')   # 통화명
20     rate_tag = row.select_one('td.sale')    # 매매기준율
21
22     if name_tag and rate_tag:
23         name = name_tag.get_text(strip=True)
24         rate = rate_tag.get_text(strip=True)
25
26         if name in names:
27             print(f"{name}  =>  {rate}")
```

Thonny IDE 셸 실행 결과

```
>>> %Run parse_beautifulsoup.py
 미국 USD  =>  1,440.00
 유럽연합 EUR  =>  1,636.70
 중국 CNY  =>  197.35
 스위스 CHF  =>  1,739.97
>>>
```

코드 16.3의 실행 결과는 코드 16.2와 같지만, 문자열을 검색하는 과정을 `BeautifulSoup` 라이브러리에서 대신 해주므로 간단하게 코드를 작성할 수 있다. 하지만 HTTP 응답으로 얻어오는 HTML의 구조를 알고 있어야 하는 것은 코드 16.2에서와 마찬가지다.

16.3 기상청 API 허브

HTTP 응답을 통해 웹 페이지 데이터를 얻고 이를 분석하면 필요한 정보를 얻어올 수 있다. 하지만 서버에서 보내는 데이터 대부분은 정보를 나타내는 방식과 관련된 레이아웃 데이터로 우리가 원하는 정보는 아니다. 코드 16.3에서 분석에 사용한 `<td>` 태그나 `<a>` 태그는 환율 정보와는 무관한 태그다. 필요하지 않은 데이터라면 무시하면 되지만, 필요한 정보를 찾아내는 과정이 복잡해진다는 것은 단점이 아닐 수 없다. 이러한 단점을 해결하기 위해 일부 HTTP 서버에서는 웹 API를 통해 필요한 정보만을 구조화해서 제공하고 있다. API는 'Application Programming Interface'의 약어로, 프로그램 사이에서 데이터를 교환할 수 있도록 정해놓은 약속을 말한다. 즉, 어떤 기능을 사용하고 싶다면 그에 맞는 규칙을 사용하면 되고 이를 웹으로 확장하여 특정 리소스를 얻기 위해 특정한 요청 경로와 형식을 사용하도록 한 것이 웹 API로 오픈 API라고도 한다. 일반적인 웹 페이지에는 웹 페이지의 양식을 지정하기 위한 많은 내용이 추가되어 있지만, 웹 API를 통해 제공되는 데이터에는 레이아웃과 관련된 데이터 없이 실제 필요한 정보만 포함되어 있어 크기가 작을 뿐만 아니라, 정보를 제공하는 형식을 엄밀하게 정의할 수 있어 데이터를 찾아내고 해석하는 것이 간단하다.

웹 API를 통해 데이터를 제공하는 사이트는 여러 곳이 있다. 먼저 기상청의 날씨 정보를 웹 API를 통해 얻어오는 방법을 살펴보자. 기상청의 날씨 정보는 기상청 API 허브를 통해 얻을 수 있다.

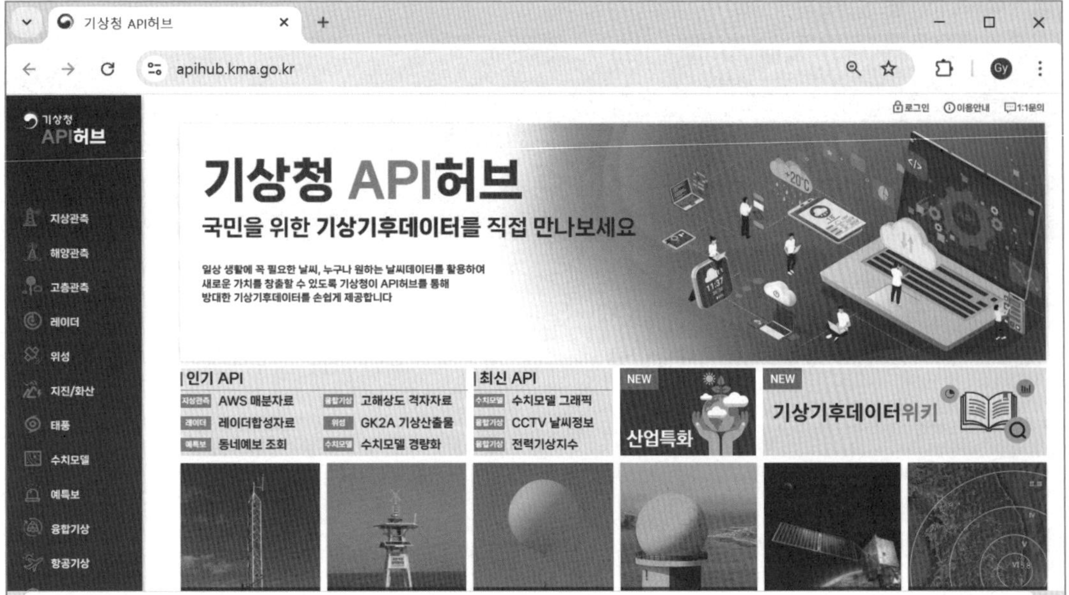

그림 16.2 기상청 API 허브[1]

기상청 API 허브를 이용하려면 회원가입이 필요하므로 먼저 회원가입을 한 후 로그인한다.

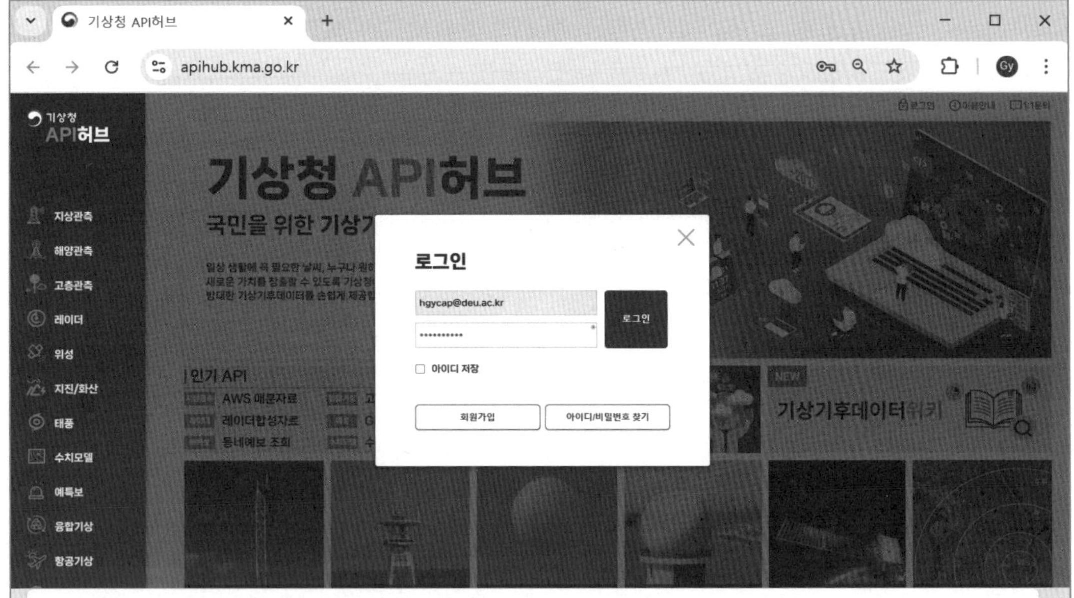

그림 16.3 기상청 API 허브 로그인

1 https://apihub.kma.go.kr

웹 API를 사용하기 위해서는 API 사용을 위한 인증키가 필요하며, 대부분의 서버에서는 사용자가 직접 인증키를 생성할 수 있다. 반면 기상청 API 허브는 회원가입과 함께 자동으로 인증키를 발급해 주므로 별도의 인증키 생성 과정 없이 바로 사용할 수 있다. 자동으로 발급된 인증키는 '마이페이지'에서 확인할 수 있다.

기상청 API 허브에 로그인한 후 왼쪽 메뉴에서 '지상관측'을 선택하면 사용할 수 있는 웹 API 목록이 오른쪽에 탭으로 표시된다. 여기서는 '종관기상관측'을 사용한다. 종관기상관측은 대기 상태를 파악하기 위해 모든 관측소에서 같은 시각에 실시하는 지상관측을 말한다.

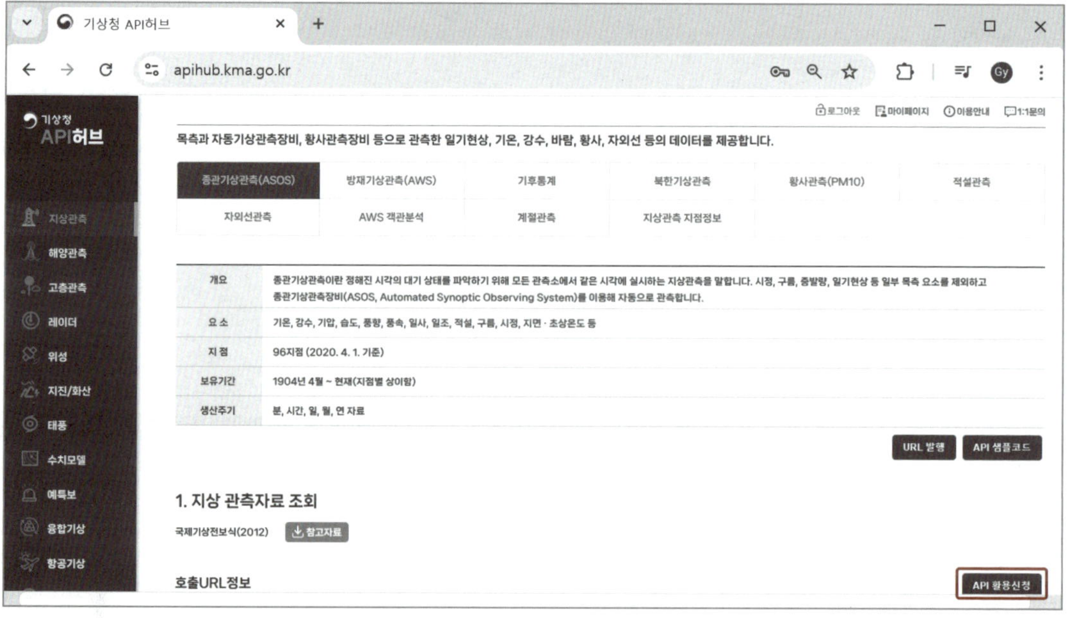

그림 16.4 지상관측 - 종관기상관측

첫 번째 '지상 관측자료 조회'를 사용해 보자. 지상 관측자료를 웹 API를 통해 얻어오려면 먼저 그림 16.4의 오른쪽 아래에 있는 'API 활용 신청' 버튼을 눌러 해당 API를 사용할 수 있는 권한을 얻어야 한다. 인증키는 계정을 만들면 자동으로 생성되지만, 기상청 API 허브의 API를 사용하기 위해서는 사용하려는 API마다 권한을 별도로 얻어야 한다. 그림 16.5는 마이페이지 내용을 보인 것으로, 자동으로 발급된 인증키, 활용을 신청한 API 목록, 지금까지 사용한 호출 횟수 등을 확인할 수 있다.

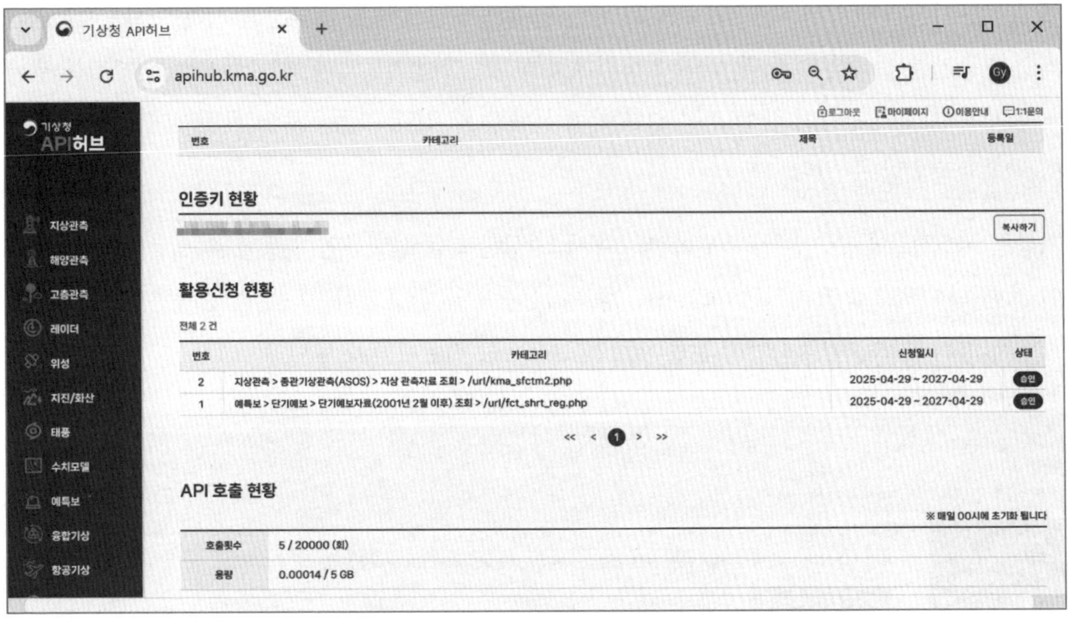

그림 16.5 발급된 인증키와 API 활용 신청 확인

지상 관측자료를 조회하기 위해서는 아래 주소를 사용할 수 있으며 '지상관측' 메뉴와 종관기상관측 탭을 선택한 후 첫 번째 호출 URL 정보에서도 확인할 수 있다.

```
https://apihub.kma.go.kr/api/typ01/url/kma_sfctm2.php
```

하지만 단순히 위의 주소를 브라우저에 입력하는 것만으로는 원하는 정보를 얻어올 수 없으며 다음과 같은 오류 정보만 나타난다.

```
{
  "result" : {
    "status" : 401,
    "message" : "유효한 인증키가 아닙니다."
  }
}
```

날씨 데이터를 얻기 위해서는 날짜와 시간 정보, 장소, 인증키 등을 인자로 추가해야 하며 추가 정보는 표 16.3과 같다. 측정 시간은 가장 최근 정보를 요청한다면 생략할 수 있고, 도움말 역시 날씨 정보와 무관한 내용이므로 생략할 수 있다. 하지만 측정 지점 번호, 즉 측정 위치와 인증키는 반드시 지정해야 한다.

표 16.3 지상 관측자료 조회를 위한 인자

인자명	의미	설명
`tm`	측정 시간	시간을 지정하지 않으면 가장 최근의 정보를 반환한다.
`stn`	측정 지점 번호	측정 지점을 콜론으로 구분하여 여러 개 지정할 수 있으며, 0이거나 생략하면 전체 지점정보를 반환한다.
`help`	도움말 추가	1이면 반환되는 필드에 대한 도움말을 추가하며, 0이거나 생략하면 도움말을 추가하지 않는다.
`authKey`	인증키	사용자별로 발급된 인증키를 지정한다.

지점 번호는 기상청에서 사용하는 격자 형태의 위치를 말한다. '지상관측' 메뉴에서 지상관측 지점정보 탭을 선택하면 지점정보를 조회하는 데 사용할 수 있는 API 목록을 확인할 수 있다. 지점정보를 알아내기 위해서도 별도로 'API 활용 신청'을 해야 한다.

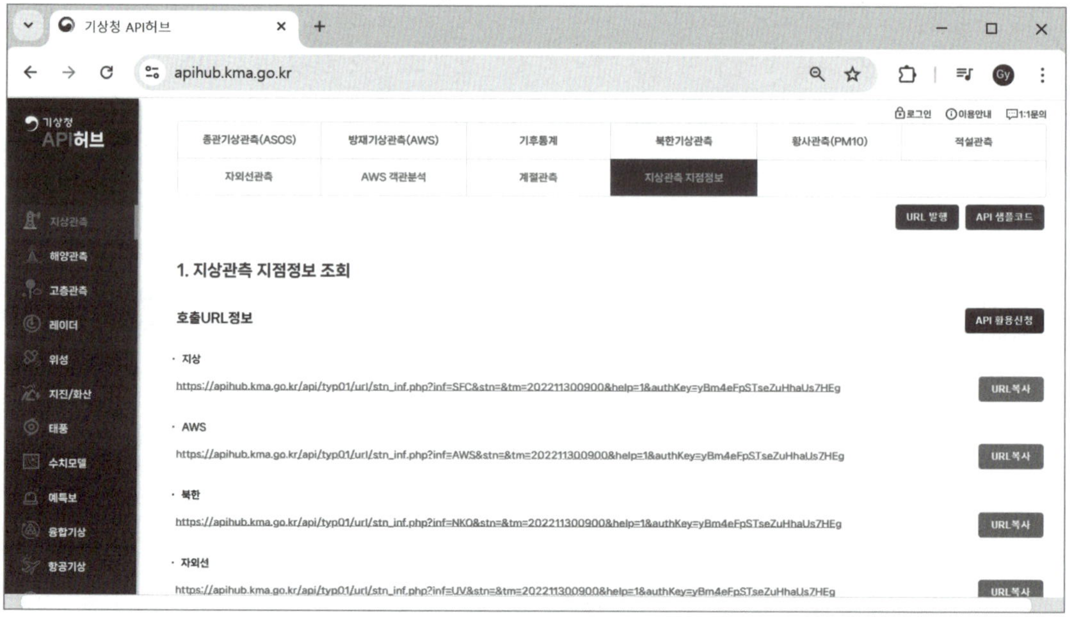

그림 16.6 지상관측 지점정보

'API 활용 신청'이 끝나면 '지상관측' 메뉴와 지상관측 지점정보 탭을 선택한 후 첫 번째 '지상' 부분의 URL 링크를 클릭하면 지점정보 목록을 확인할 수 있다. 다만 기상청 API 허브에 로그인 상태에서 클릭해야 API를 사용하기 위한 인증키가 자동으로 인자에 추가되어 지점정보가 표시된다. 로그인 상태가 아니라면 주소에 인증키를 수동으로 추가해야 한다.

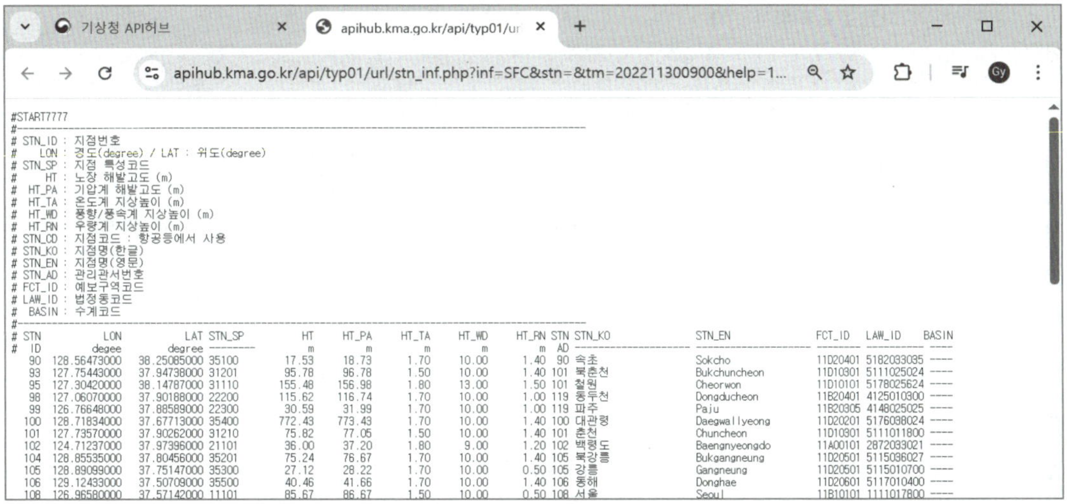

그림 16.7 관측 지점 목록

지점 목록에서 날씨 정보 요청에 사용할 것은 지점 번호인 STN으로 첫 번째 열에 나타난다. 원하는 도시 이름을 검색하여 도시 이름에 해당하는 STN 번호를 사용하면 된다. 지점 번호를 확인했으면 지점 번호와 인증키를 사용해 다음과 같이 브라우저 주소창에 입력하면 해당 도시의 가장 최근 날씨 정보가 출력되는 것을 확인할 수 있다.

```
https://apihub.kma.go.kr/api/typ01/url/kma_sfctm2.php?stn=253&authKey=YOUR_KEY_HERE
```

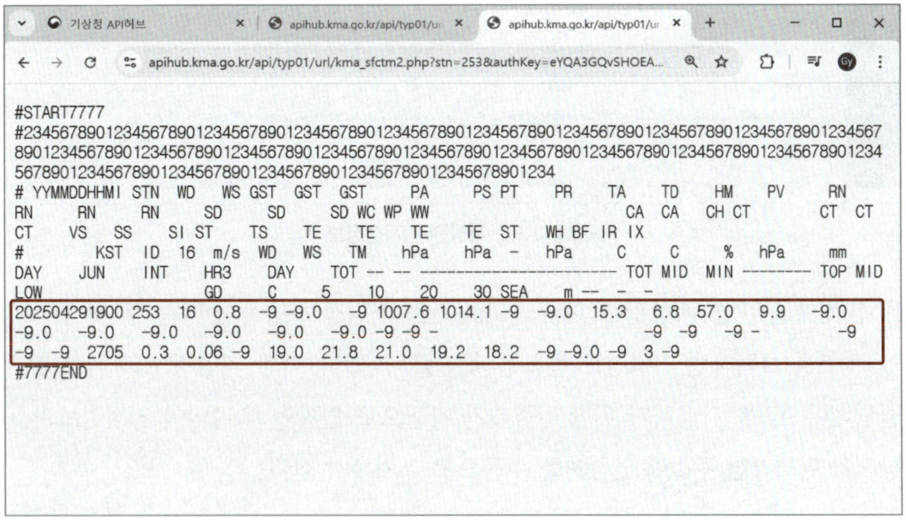

그림 16.8 브라우저를 통한 도시별 날씨 정보 조회

그림 16.8에서 출력된 내용은 자동 줄바꿈으로 여러 줄에 표시되어 있지만 실제로는 '#'으로 시작되는 부가 정보 부분과 사각형으로 표시된 실제 정보 부분이 한 줄로 이루어져 있다. 실제 정보에서 각 항목에 해당하는 정보는 고정된 너비로 표시되므로 줄 단위 데이터에서 위치를 계산하여 각 항목에 해당하는 정보를 찾아내야 한다. 각 항목이 표시하는 내용은 그림 16.8에는 표시되어 있지 않지만, 주소를 입력할 때 `help=1`을 인자로 추가하면 각 항목에 대한 설명을 확인할 수 있다.

코드 16.4는 지정한 도시의 날씨 정보를 웹 API로 알아내고, 고정 너비 열을 고려하여 관측 시간, 관측 위치, 기온, 습도를 추출하여 출력하는 예다. 웹 API 역시 HTTP의 GET 요청을 사용한다. 다만 반환되는 정보가 페이지를 표시하는 데 중점을 둔 것이 아니라 정보를 전달하는 데 중점을 두고 있다는 점에서 일반적인 웹 페이지와 차이가 있다. 페이지를 표시하는 데 중점을 두지 않았다는 것은, 그림 16.7이나 그림 16.8에 표시된 내용이 읽고 이해하기 쉽지 않다는 점에서도 알 수 있다. 대신 수신하는 데이터의 크기가 작고, 데이터가 정해진 형식을 사용하고 있으므로 프로그램을 통해 자동으로 분석하는 데 유리하다는 장점도 있다.

코드 16.4를 실행하면 지정한 지점(253)에 대해 가장 최근에 측정한 온도와 습도 정보가 출력된다. 코드 16.4에서는 데이터를 분석하는 방법의 예를 보이기 위한 것으로 두 가지 정보만 찾아내었지만, 그림 16.8에서 볼 수 있는 것처럼 다양한 정보가 포함되어 있으므로 필요에 따라 항목을 선택하여 사용하면 된다. 다만 모든 정보가 고정 폭을 사용하고 있으므로 해당 항목의 시작과 끝은 직접 찾아내야 한다.

코드 16.4 날씨 정보 – 기상청 API 허브

```
import requests

API_KEY = "■■■■■■■■■■■■■■■"                     # 발급된 개인 인증키로 교체
API_URL = "https://apihub.kma.go.kr/api/typ01/url/kma_sfctm2.php"
params = {                                      # 웹 API의 인자
    "stn": 253,                                 # 지역 정보
    "authKey": API_KEY                          # 인증키
}

res = requests.get(API_URL, params=params)

if res.status_code == 200:                      # 응답 수신 성공
    lines = res.text.splitlines()               # 행 단위로 분리

    for line in lines:
        if not line.startswith('#'):            # '#'으로 시작하지 않는 줄만 처리
```

```
        # 고정 너비를 고려하여 각 열의 정보 분리
        date = line[0:12].strip()
        location = line[13:16].strip()
        temp = line[63:68].strip()
        humid = line[75:80].strip()

        print(f"Date        : {date}")
        print(f"Location    : {location}")
        print(f"Temperature : {temp}")
        print(f"Humidity    : {humid}")
else:
    print(f'* Response Error : {res.status_code}')
```

Thonny IDE 셸 실행 결과

```
>>> %Run weather_open_api.py
 Date        : 202504291900
 Location    : 253
 Temperature : 15.3
 Humidity    : 57.0
>>>
```

16.4 오늘의 날씨 - OpenWeather

기상청의 API 허브를 통해 날씨 정보를 얻을 수 있지만, 기상청 API 허브는 텍스트 형식으로 데이터를 전송하므로 오류를 검사하기가 어렵고 데이터가 구조화되지 않아 정보를 추출하는 것이 번거롭다는 단점이 있다. 몇몇 사이트에서는 날씨 정보를 구조화된 형식으로 제공하고 있으며 OpenWeather 사이트가 그중 하나다. OpenWeather 사이트에서는 우리나라를 포함한 전 세계 날씨 정보를 제공하고 있다. 유료 서비스를 사용하면 다양한 날씨 관련 정보를 얻을 수 있지만, 현재 날씨와 같은 간단한 날씨 정보를 얻기 위해서라면 무료 서비스로 충분하다.

OpenWeather 사이트의 웹 API를 사용하기 위해서는 먼저 회원가입이 필요하다. OpenWeather 사이트에 가입한 후 내 정보에서 인증키를 확인하자. 회원가입을 하면 1개의 인증키가 주어진다. 기상청 API 허브와 달리 여러 개의 인증키를 만들 수 있지만, 사용자별로 전체 사용량이 제한되므로 여러 개의 인증키를 사용하는 것이 사용량 면에서는 장점이 없다. 하지만 인증키는 개별적으로 사용 여부를 결정할 수 있으므로 사용 목적에 따라 각기 다른 인증키를 사용함으로써 서비스를 구분할 수 있다는 장점은 있다.

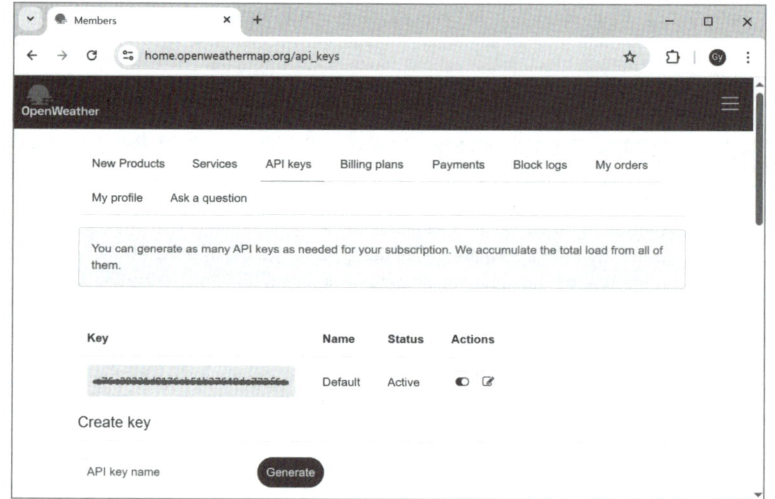

그림 16.9 OpenWeather 사이트의 키 정보

인증키를 사용하면 기상청 API 허브와 같은 방법으로 특정 도시의 날씨를 확인할 수 있다. 위치를 지정하는 방법은 위도와 경도를 사용하는 것이 기본이다. OpenWeather 사이트에서는 특정 도시에 해당하는 위도와 경도를 얻는 데 사용할 수 있는 API도 제공하고 있으며, 여러 지도 정보 제공 사이트에서도 위도와 경도를 알아낼 수 있다. 위도와 경도를 얻는 방법 중 하나는 구글 지도[2]를 사용하는 것이다. 구글 지도에서 날씨 정보를 얻을 위치를 찾은 후 마우스 오른쪽 버튼을 눌러 '이 위치 공유' 메뉴 항목을 선택하면 공유 방법과 함께 위도와 경도를 확인할 수 있다.

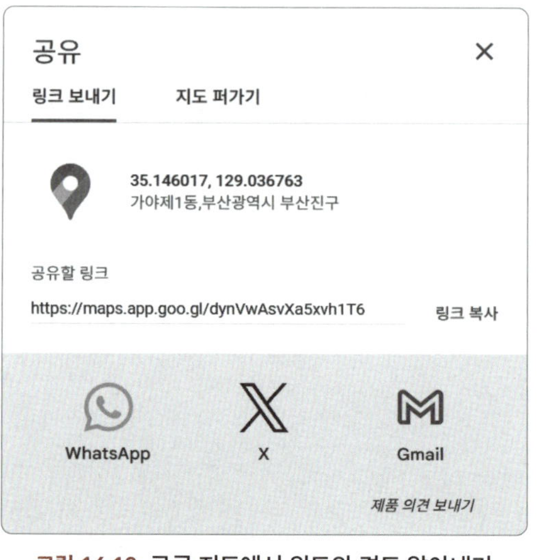

그림 16.10 구글 지도에서 위도와 경도 알아내기

2 https://www.google.com/maps

위도와 경도를 확인한 후 다음과 같이 브라우저 주소창에 입력하면 가장 최근의 날씨 정보가 출력된다.

```
https://api.openweathermap.org/data/2.5/weather?lat=35.1445&lon=129.0366&appid=YOUR_KEY_HERE
```

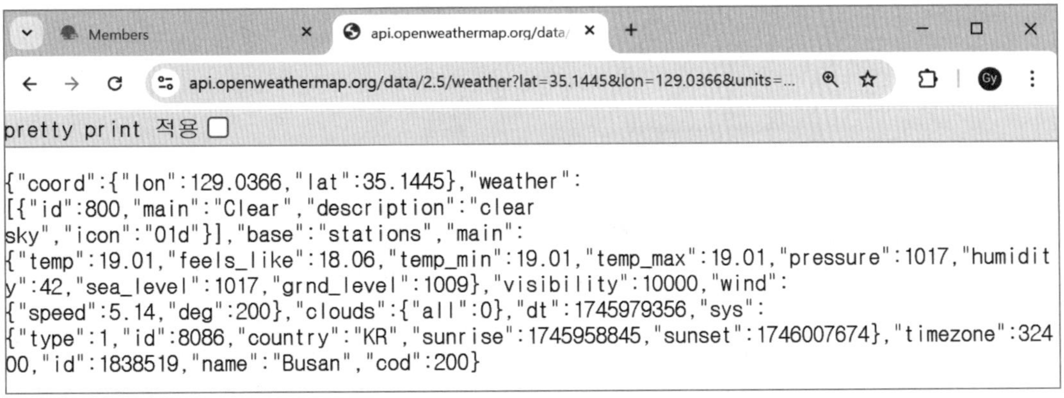

Members
api.openweathermap.org/data/
api.openweathermap.org/data/2.5/weather?lat=35.1445&lon=129.0366&units=...
pretty print 적용

{"coord":{"lon":129.0366,"lat":35.1445},"weather":[{"id":800,"main":"Clear","description":"clear sky","icon":"01d"}],"base":"stations","main":{"temp":19.01,"feels_like":18.06,"temp_min":19.01,"temp_max":19.01,"pressure":1017,"humidity":42,"sea_level":1017,"grnd_level":1009},"visibility":10000,"wind":{"speed":5.14,"deg":200},"clouds":{"all":0},"dt":1745979356,"sys":{"type":1,"id":8086,"country":"KR","sunrise":1745958845,"sunset":1746007674},"timezone":32400,"id":1838519,"name":"Busan","cod":200}

그림 16.11 OpenWeather 사이트에서의 날씨 검색 결과

OpenWeather 사이트에서 제공하는 날씨 정보는 기상청 API 허브에서 제공하는 날씨 정보와 달리 구조화된 형식을 사용하며, JSON(JavaScript Object Notation) 형식이 기본이다. JSON은 데이터를 저장하거나 전송할 때 사용되는 데이터 형식으로, 이름에서 알 수 있듯이 자바스크립트의 객체 표기법을 기반으로 하고 있어 웹과 호환성이 높고, 간단한 구조를 사용하므로 표현이 간단하고 빠른 처리가 가능하다는 장점이 있다.

OpenWeather 사이트에서 반환하는 전체 데이터는 표 16.4와 같다. 표 16.4에서는 흔히 사용되는 일부 필드에 대한 의미만 추가했으며 자세한 내용은 OpenWeather 사이트[3]에서 확인할 수 있다. 표 16.4에서 볼 수 있는 것처럼 JSON 형식은 정보를 콜론으로 분리된 이름(key)과 값(value) 쌍으로 나타내고 이를 중괄호 또는 대괄호로 묶어서 표시한다.

3 https://openweathermap.org/current

표 16.4 JSON 형식 날씨 정보

JSON 형식의 날씨 데이터	의미
`{`	
`    "coord": {`	
`        "lon": 129.0366,`	경도
`        "lat": 35.1445`	위도
`    },`	
`    "weather": [`	
`        {`	
`            "id": 800,`	
`            "main": "Clear",`	날씨
`            "description": "clear sky",`	설명
`            "icon": "01d"`	
`        }`	
`    ],`	
`    "base": "stations",`	
`    "main": {`	
`        "temp": 19.01,`	기온
`        "feels_like": 18.06,`	체감 온도
`        "temp_min": 19.01,`	
`        "temp_max": 19.01,`	
`        "pressure": 1017,`	대기압
`        "humidity": 42,`	습도
`        "sea_level": 1017,`	
`        "grnd_level": 1009`	
`    },`	
`    "visibility": 10000,`	
`    "wind": {`	
`        "speed": 5.14,`	풍속
`        "deg": 200`	풍향
`    },`	
`    "clouds": {`	
`        "all": 0`	
`    },`	
`    "dt": 1745979356,`	시간
`    "sys": {`	
`        "type": 1,`	
`        "id": 8086,`	
`        "country": "KR",`	국가
`        "sunrise": 1745958845,`	일출 시간
`        "sunset": 1746007674`	일몰 시간
`    },`	
`    "timezone": 32400,`	
`    "id": 1838519,`	도시 ID
`    "name": "Busan",`	도시 이름
`    "cod": 200`	
`}`	

코드 16.5는 OpenWeather 사이트에서 지정한 위치의 날씨 정보를 받아 출력하는 예로, `units=metric` 인자는 섭씨온도를 얻기 위해 추가한 것이다. OpenWeather 사이트에서 온도는 켈빈 온도를 기본으로 한다. JSON 형식의 데이터 해석을 위해서는 `requests` 라이브러리의 `json` 함수를 사용했다. JSON 형식 데이터를 15번 줄에서 `json` 함수로 변환하면 각 필드의 이름과 값을 사용한 사전을 얻을 수 있다. JSON 형식은 계층적으로 데이터를 표시하므로 각 필드는 중첩된 사전으로 표시되고 다차원 배열처럼 인덱싱할 수 있다. 이때 중괄호로 표시되는 데이터는 필드 이름을 인덱스로, 대괄호로 표시되는 데이터는 숫자를 인덱스로 사용한다.

코드 16.5 JSON 형식 날씨 정보 – OpenWeather 사이트

```
01 import requests
02
03 API_KEY = "■■■■■■■■■■■■■■■■■"
04 API_URL = "https://api.openweathermap.org/data/2.5/weather"
05 params = {                                        # 웹 API의 인자
06     "lat": 35.1445,
07     "lon": 129.0366,
08     "appid": API_KEY,
09     "units": "metric"                             # 섭씨온도
10 }
11
12 res = requests.get(API_URL, params=params)
13
14 if res.status_code == 200:                        # 응답 수신 성공
15     data = res.json()                             # JSON 형식 변환
16
17     print(f"Location    : {data['name']}")
18     print(f"Weather     : {data['weather'][0]['main']}")
19     print(f"Temperature : {data['main']['temp']}")
20     print(f"Humidity    : {data['main']['humidity']}")
21 else:
22     print(f'* Response Error : {res.status_code}')
```

Thonny IDE 셸 실행 결과

```
>>> %Run open_weather_json.py
 Location    : Busan
 Weather     : Clear
 Temperature : 291.16
 Humidity    : 48
>>>
```

OpenWeather 사이트에서 제공하는 날씨 데이터는 JSON 형식을 기본으로 하지만, XML (Extensible Markup Language) 형식으로도 날씨 정보를 얻을 수 있다. XML은 데이터를 구조화하여 저장하거나 전송하기 위해 만들어진 언어로, 사람이 읽을 수 있고 기계가 분석하기 쉬운 계층적 구조를 가지며, HTML 역시 XML을 기반으로 만들어진 것이다. XML과 HTML은 태그를 사용한다는 점에서는 같지만, HTML이 '데이터를 어떻게 보여줄지'에 관심을 둔다면 XML은 '데이터로 무엇을 포함할지'에 관심을 둔다는 점에서 목적이 서로 다른 언어라고 할 수 있다.

XML을 JSON과 비교하면 구조가 복잡하고 태그로 인해 데이터가 커서 가독성과 처리 속도가 떨어진다는 단점은 있지만, 복잡한 내용을 표현하기가 쉽고 데이터의 구조를 검증하는 방법을 제공한다는 점은 장점이라고 할 수 있다. OpenWeather 사이트에서 XML 형식의 날씨 정보를 얻기 위해서는 요청 경로에 `mode=xml`을 인자로 추가하면 된다. XML 형식으로 제공되는 전체 데이터는 표 16.5와 같다.

표 16.5 XML 형식 날씨 정보

XML 형식의 날씨 데이터


```
<current>
    <script/>
    <city id="1838519" name="Busan">
        <coord lon="129.0366" lat="35.1445"/>
        <country>KR</country>
        <timezone>32400</timezone>
        <sun rise="2025-04-29T20:34:05" set="2025-04-30T10:07:54"/>
    </city>
    <temperature value="19.01" min="19.01" max="19.01" unit="celsius"/>
    <feels_like value="18.06" unit="celsius"/>
    <humidity value="42" unit="%"/>
    <pressure value="1017" unit="hPa"/>
    <wind>
        <speed value="5.14" unit="m/s" name="Gentle Breeze"/>
        <gusts/>
        <direction value="200" code="SSW" name="South-southwest"/>
    </wind>
    <clouds value="0" name="clear sky"/>
    <visibility value="10000"/>
    <precipitation mode="no"/>
    <weather number="800" value="clear sky" icon="01d"/>
    <lastupdate value="2025-04-30T02:16:12"/>
</current>
```

표 16.5에서 알 수 있듯이 XML 형식은 HTML과 같이 시작 태그와 종료 태그를 사용하여 데이터를 나타낸다. 이때 데이터를 나타내는 방법은 태그 내에 속성으로 나타내는 방법과 태그 사이에 나타내는 방법의 두 가지가 있다. XML 태그 역시 계층적으로 구성되므로 하위 계층의 데이터를 알아내기 위해서는 최상위 계층에서부터 순서대로 접근해야 한다.

표 16.5의 XML 데이터를 표 16.4의 JSON 데이터와 비교해 보면 필드의 이름과 계층 구조에 차이가 있음을 알 수 있다. 예를 들어 도시의 이름이 표 16.4에서는 최상위 `name` 필드로 나타난다면, 표 16.5에서는 최상위 `city` 태그의 `name` 속성으로 나타나므로 계층 구조에 차이가 있다. 또한 일출과 일몰 시간이 표 16.4에서는 최상위 `sys` 필드 내의 `sunrise`와 `sunset` 필드로 나타난다면, 표 16.5에서는 최상위 `city` 태그 아래 `sun` 태그의 `rise`와 `set` 속성으로 나타나므로 계층 구조와 이름에 모두 차이가 있다. 이러한 차이 역시 JSON에서는 한 가지 방법으로만 데이터를 나타낼 수 있다면 XML에서는 두 가지 방법으로 나타낼 수 있기 때문이다.

```
<city name="Busan">                       태그의 속성으로 표현
<country>KR</country>                     태그 사이의 데이터로 표현
```

코드 16.6은 OpenWeather 사이트에서 XML 형식으로 날씨 정보를 받아 출력하는 예다. XML 형식 데이터 분석을 위해서는 표준 라이브러리인 `xml.etree.ElementTree`를 사용했다. 17번 줄에서 OpenWeather 사이트에서 보낸 XML 형식 데이터를 트리 형태로 구성하며, 구성된 트리는 최상위 `root`에 해당하는 `<current>` 태그 아래에 계층적으로 만들어진다.

19번 줄부터 23번 줄까지 각 요소를 찾아낸다. 트리에서 태그를 찾기 위해서는 `find` 함수를 사용한다. 반면 태그 내에 속성으로 표시된 데이터는 `attrib` 속성으로(20번에서 23번 줄), 태그 사이에 표시된 데이터는 `text` 속성으로(19번 줄) 찾아낸다. 19번 줄에서 `<country>` 태그는 `<city>` 태그 아래에 위치하므로 `find` 함수가 두 번 사용되었다는 점도 주의해야 한다.

코드 16.6 XML 형식 날씨 정보 – OpenWeather 사이트

```
01  import requests
02  import xml.etree.ElementTree as ET
03
04  API_KEY = "■■■■■■■■■■■■■■■■"
05  API_URL = "https://api.openweathermap.org/data/2.5/weather"
06  params = {
07      "lat": 35.1445,
```

```python
    "lon": 129.0366,
    "appid": API_KEY,
    "units": "metric",                    # 섭씨온도
    "mode": "xml"                         # XML 형식
}

res = requests.get(API_URL, params=params)

if res.status_code == 200:                # 응답 수신 성공
    root = ET.fromstring(res.text)        # XML 문자열을 트리로 구성

    country = root.find("city").find("country").text
    city = root.find("city").attrib["name"]
    weather = root.find("weather").attrib["value"]
    temperature = root.find("temperature").attrib["value"]
    humidity = root.find("humidity").attrib["value"]

    print(f"Country     : {country}")
    print(f"Location    : {city}")
    print(f"Weather     : {weather}")
    print(f"Temperature : {temperature}")
    print(f"Humidity    : {humidity}")
else:
    print(f"* Response Error: {res.status_code}")
```

Thonny IDE 셸 실행 결과

```
>>> %Run open_weather_xml.py
 Country     : KR
 Location    : Busan
 Weather     : clear sky
 Temperature : 19.01
 Humidity    : 45
>>>
```

16.5 요약

인터넷 관련 애플리케이션에서 사용하는 프로토콜은 여러 종류가 있지만, 가장 많이 사용되는 것은 브라우저와 웹 서버 사이에서 웹 페이지를 주고받는 데 주로 사용하는 HTTP다. 하지만 HTTP가 웹 페이지만을 위한 프로토콜은 아니다. 브라우저에서 서버로 요청(request)을 보내고 응답(response)을 받는 방법은 웹 페이지를 포함하여 다양한 데이터를 주고받는 데 사용될 수 있으며, 이를 통해 다양한 서비스를 제공할 수 있다.

이 장에서는 HTTP 클라이언트를 사용하여 웹 페이지를 포함한 다양한 리소스를 받아 활용하는 방법을 살펴봤다. 리소스는 웹 페이지를 브라우저에 표시하기 위한 HTML 형식이 가장 흔하지만, 데이터 전달을 목적으로 하는 다른 형식일 수도 있다. 데이터 전달을 목적으로 하는 형식으로는 JSON, XML 등이 흔히 사용되며, 일부 웹 서버에서는 웹 API를 통해 JSON이나 XML 형식의 리소스를 제공하고 있다.

이 장에서 사용한 리소스는 웹 페이지를 포함하여 웹 페이지 형식으로 데이터를 제공하는 네이버의 환율 정보, 웹 API를 통해 구조화 및 비구조화된 데이터를 제공하는 날씨 정보 등이다. 이러한 리소스는 형식에 따라 다른 방식으로 분석해서 사용해야 하며, 분석을 위해서는 형식에 맞는 라이브러리를 사용해야 한다.

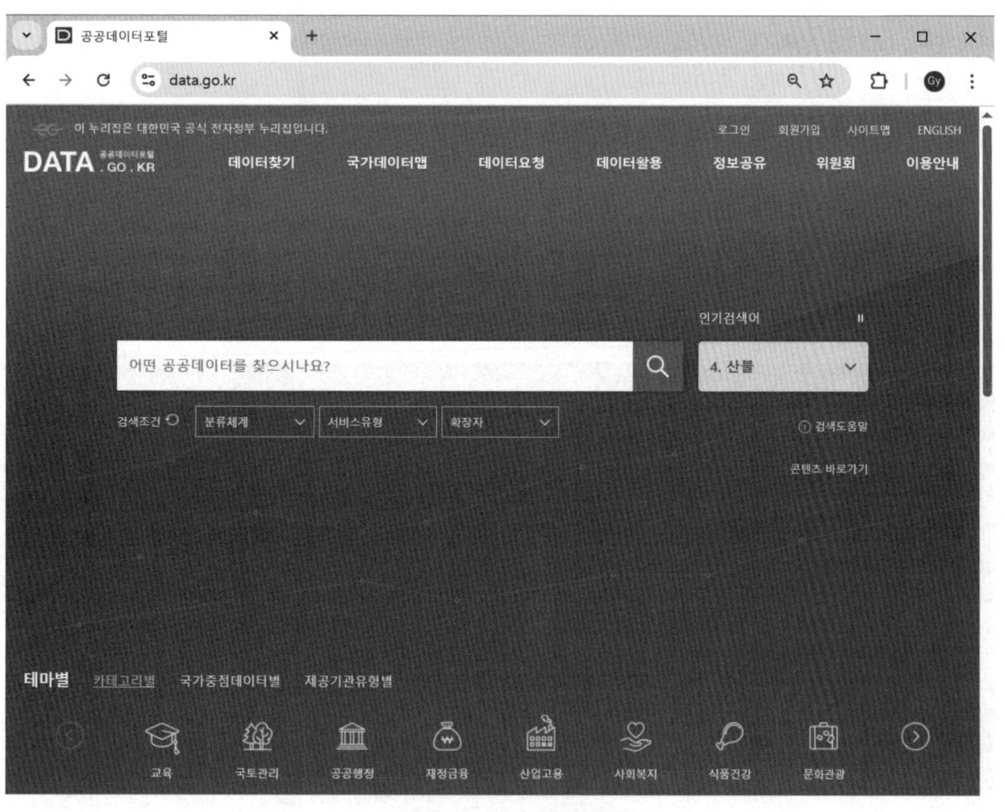

그림 16.12 공공데이터포털

이 장에서 다루지는 않았지만, 다양한 공공데이터를 얻을 수 있는 곳이 공공데이터포털[4]이다. 공공데이터포털은 정부가 운영하는 국가 공공데이터 제공 플랫폼으로 중앙행정기관, 지방자치단체,

4 https://www.data.go.kr

공공기관 등에서 수집하여 보유하고 있는 다양한 데이터를 누구나 무료로 이용할 수 있도록 제공하고 있다. 공공데이터포털은 웹 API를 통해 사용할 수 있으며 사용 방법은 이 장에서 살펴본 것과 기본적으로 같다. 공공데이터포털에서 제공하는 정보는 날씨 정보를 포함하여 대중교통 정보, 공공자전거 정보, 부동산 실거래 정보, 교통상황 정보, 병원과 약국 정보, 문화재 및 관광지 정보 등 다양하므로 필요한 데이터가 있다면 방문해 보기를 추천한다.

이 장에서는 라즈베리파이가 HTTP 클라이언트로 동작하여 다양한 정보를 수집하고 활용하는 방법을 살펴봤다. 다음 장에서도 HTTP를 사용하지만, 라즈베리파이가 서버로 사용되는 경우, 즉 가정이나 사무실의 정보를 라즈베리파이가 원격으로 제공하고 이를 활용하는 방법을 살펴본다.

원격 모니터링과 원격 제어

홈 오토메이션이란 집 안의 다양한 기기를 자동으로 제어하거나 상태를 확인하는 기술로, 이 과정에서 기기 상태를 원격으로 확인하는 원격 모니터링과 외부에서 가정 내 기기를 제어하는 원격 제어가 핵심적인 역할을 한다. 원격 모니터링과 원격 제어를 위해서는 웹 서버를 기반으로 하는 방법, 클라우드 서버를 기반으로 하는 방법 등을 사용할 수 있다. 이 장에서는 라즈베리파이에 설치된 웹 서버를 사용하여 웹 방식으로 라즈베리파이에 연결된 장치의 상태를 알아내는 원격 모니터링과 장치의 상태를 제어하는 원격 제어 방법에 대해 알아본다.

17.1 플라스크 웹 서버

가정이나 사무실에 라즈베리파이를 설치하고 밖에서 온도를 확인하는 원격 모니터링이나, 밖에서 가정이나 사무실의 가전제품을 제어하는 원격 제어는 홈 오토메이션(home automation)을 위해 흔히 사용하는 기술이다. 원격 모니터링이나 원격 제어를 위해서는 여러 가지 방법을 사용할 수 있고 그중 하나가 웹을 기반으로 하는 것이다. 웹 기반 기술을 사용하기 위해서는 라즈베리파이에 웹 서버가 설치되어 있어야 하며, 라즈베리파이 OS에는 플라스크 웹 서버가 포함되어 있으므로 간단하게 홈 오토메이션을 위한 웹 서비스를 구현할 수 있다. 플라스크 웹 서버 외에도 라즈베리파이에서 사용할 수 있는 웹 서버에는 여러 가지가 있지만, 이 장에서는 일반적인 웹 페이지 서비스를 위해 웹 서버를 사용하는 것이 아니라 원격 모니터링과 원격 제어를 위해 사용할 것이므로 파이썬과 연동이 쉬운 플라스크(Flask)[1]를 사용한다.

플라스크는 파이썬을 기반으로 하는 경량의 웹 프레임워크로, 간단하면서도 확장 가능한 웹 애플리케이션을 빠르게 개발할 수 있도록 해준다. 마이크로 프레임워크라는 이름으로도 불리는 것에서 알 수 있듯이, 플라스크는 핵심 기능만을 제공하고 필요에 따라 기능을 추가해서 사용한다. 플라스크가 대규모 서비스에는 적합하지 않을 수 있지만, 파이썬과 연동하는 소규모의 개인용 프로젝트라면 플라스크가 좋은 시작점이 될 수 있다. 플라스크 사용을 위한 파이썬 라이브러리는 기본적으로 설치되어 있다.

```
hgycap@hgycap-pi:~/Documents
File    Edit    Tabs    Help
hgycap@hgycap-pi:~/Documents $ pip3 show flask
```

코드 17.1은 플라스크 웹 서버를 통해 간단한 환영 메시지를 서비스하는 예다. 3번 줄에서는 플라스크 웹 서버 객체를 생성하고, 서버는 9번 줄에서 실행한다. 서버를 실행할 때는 서버의 주소와 포트를 지정할 수 있다. 서버 주소를 9번 줄에서와 같이 0.0.0.0으로 지정하면 127.0.0.1에 해당하는 localhost와 라즈베리파이에서 인터넷 연결에 사용하는 주소(여기서는 192.168.0.16을 사용하는 것으로 가정한다)를 사용하여 서버에 접속할 수 있다. 라즈베리파이에서 브라우저를 실행하고 주소창에 '127.0.0.1' 또는 'localhost'를 입력하거나, 같은 네트워크에 연결된 컴퓨터에서 브라우저를 열고 주소창에 라즈베리파이의 IP 주소인 192.168.0.16을 입력하면 'Hello from Raspberry Pi!' 페이지

1 https://flask.palletsprojects.com

를 확인할 수 있다. 브라우저에 표시되는 내용은 7번 줄에서 반환하는 HTML 형식의 웹 페이지다. 이때 포트 번호인 ':5000'을 추가하는 것도 잊지 말아야 한다.

서버를 실행할 때는 포트 번호 역시 지정해야 하며 플라스크 웹 서버에서는 기본적으로 5000번을 사용하도록 설정되어 있다. 이는 HTTP가 80번 포트, HTTPS가 443번 포트를 사용하는 것과 충돌을 피하기 위한 목적으로 선택된 것이다. 포트 번호는 변경이 가능하지만 1023번 이하의 포트는 루트 권한 없이는 사용할 수 없으므로 1024번 이상의 번호를 사용해야 한다. 하지만 1024번 이상의 포트 중에서도 다른 서비스에서 이미 사용하고 있거나 방화벽에 의해 차단됐다는 등의 이유로 서비스가 안 될 수 있으므로 확인 후 사용해야 한다.

5번 줄의 `route` 함수는 접속 경로에 따라 실행할 함수를 연결하는 데 사용된다. 5번 줄에서는 루트 페이지('/')를 지정하고 있으므로 주소와 포트를 입력했을 때 6번 줄에서 정의된 `home` 함수가 실행된다. 6번 줄의 `home` 함수가 반환하는 내용은 접속한 브라우저로 전달되어 브라우저 화면에 나타난다. 코드를 실행하고 브라우저로 라즈베리파이에 연결하여 플라스크 웹 서버의 환영 메시지를 확인해 보자.

코드 17.1 플라스크 웹 서버

```
01 from flask import Flask
02
03 app = Flask(__name__)                     # 서버 객체 생성
04
05 @app.route('/')                           # 루트 페이지 서비스
06 def home():
07     return "<h1>Hello from Raspberry Pi!</h1>"
08
09 app.run(host='0.0.0.0', port=5000)        # 서버 실행
```

Thonny IDE 셸 실행 결과

```
>>> %Run hello_from_flask.py
```

그림 17.1 플라스크 서버에 의한 환영 메시지

17.2 원격 모니터링

코드 17.1은 환영 메시지만을 출력하지만, 라즈베리파이가 설치된 장소의 온도와 습도를 측정하여 제공함으로써 원격 모니터링을 가능하게 할 수 있다. DHT11 온습도 센서를 그림 17.2와 같이 GPIO 5번 핀에 연결하자. DHT11 온습도 센서에 대한 자세한 내용은 12장 '디지털 데이터 출력 센서'를 참고하면 된다.

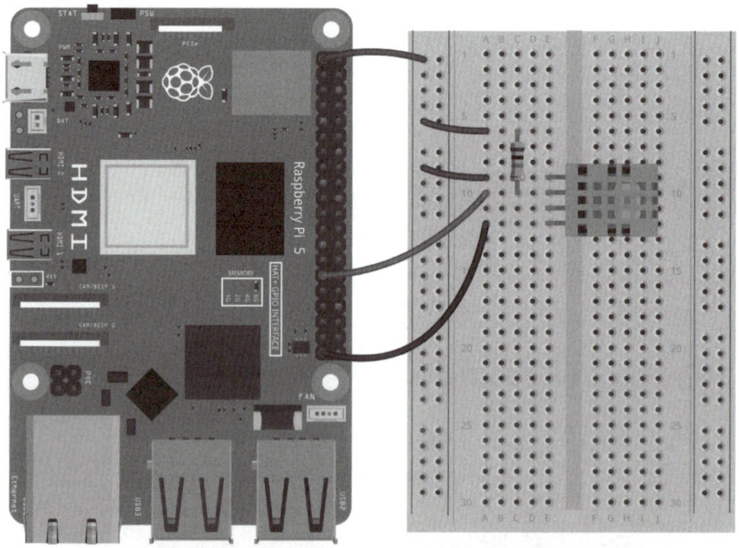

라즈베리파이	주변장치	비고
GPIO 5	DHT11의 데이터 핀	풀업 저항 사용
3.3V	DHT11의 VCC	
GND	DHT11의 GND	

그림 17.2 DHT11 온습도 센서 연결 회로

코드 17.2는 요청이 있을 때 현재 온도와 습도를 측정하고 이를 HTML 형식으로 반환하는 예로, 웹 브라우저에 표시되는 내용은 29번 줄에서 41번 줄까지의 HTML 형식 웹 페이지다. 32번 줄에서 HTML 헤더의 `meta` 태그로 `refresh`를 2초로 설정한 이유는 브라우저에서 서버에 접속한 이후 접속을 끊지 않으면 서버에 2초 간격으로 데이터를 다시 요청하기 위해서다. `refresh`를 설정하지 않아도 브라우저에서 다시 접속하거나 새로 고침 버튼을 누르면 온습도 정보는 갱신된다. 코드를 실행하고 브라우저로 라즈베리파이에 연결하여 온도와 습도가 2초마다 바뀌는 것을 확인해 보자.

코드 17.2 원격 모니터링

```
from flask import Flask

device0 = "/sys/bus/iio/devices/iio:device0"

def readFirstLine(filename):                    # 파일에서 첫 번째 줄 읽기
    try:
        f = open(filename,"rt")
        value =  int(f.readline())
        f.close()
        return True, value
    except ValueError:                          # 정숫값 변환 오류
        f.close()
        return False, -1
    except OSError:                             # 파일 오류
        return False, 0

app = Flask(__name__)

@app.route('/')
def home():
    flag1, temperature = readFirstLine(device0 + "/in_temp_input")
    if flag1:                                   # 온도 읽기 성공
        temperature = temperature // 1000
    flag2, humidity = readFirstLine(device0+"/in_humidityrelative_input")
    if flag2:                                   # 습도 읽기 성공
        humidity = humidity // 1000
    if flag1 and flag2:
        # 온습도 데이터를 성공적으로 읽었을 때 HTML 형식의 정보 반환
        return f'''
                <html>
                <head>
                    <meta http-equiv="refresh" content="2">
                    <title>DHT11 Sensor</title>
                </head>
                <body>
                    <h1>* DHT11 Sensor Information</h1>
                    <p>Temperature : {temperature}°C<br>
                    Humidity : {humidity}%</p>
                </body>
                </html>
        '''
    else:
        return '<h1>* Sensor Read ERROR...</h1>'

app.run(host='0.0.0.0', port=5000)
```

Thonny IDE 셸 실행 결과

```
>>> %Run remote_monitoring.py
```

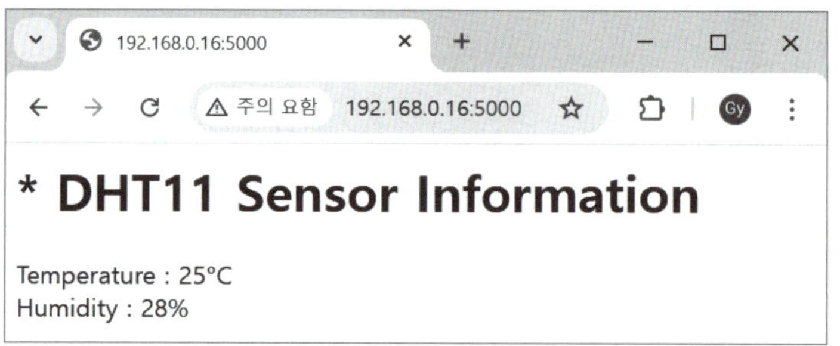

그림 17.3 코드 17.2 실행 결과 – DHT11 센서 온습도 정보

17.3 원격 제어

앞 절에서 브라우저가 서버에 접속할 때는 웹 서버의 주소만을 사용한다. 정확하게는 웹 서버의 루트 페이지에 접속한다. 접속 경로를 다르게 하면 접속 경로에 따라 서버에 다른 정보를 요청할 수 있고, 이를 이용하여 원격으로 기기를 제어하는 데 사용할 수 있다. 예를 들어 서버의 루트 주소(/)에 접속하면 사용 안내 페이지를 전송하고, 기기를 켜는 경로(/on)나 기기를 끄는 경로(/off)로 접속하면 접속한 경로에 따라 해당하는 제어 기능을 수행하는 것이다. 여기서는 릴레이를 사용하여 접속 경로에 따라 LED를 켜거나 끄는 코드를 작성해 본다. LED를 켜거나 끄는 데 릴레이가 필요하지는 않지만, 릴레이에 220V의 가전제품을 연결하면 LED를 켜거나 끄는 것과 같은 방법으로 가전제품을 켜거나 끌 수 있으므로 홈 오토메이션을 구현하는 데 흔히 사용된다.

릴레이는 스위치의 일종이다. 하지만 일반적인 스위치는 손으로 조작한다면, 릴레이는 전기 신호로 조작한다는 점에서 차이가 있다. 주변에서 흔히 볼 수 있는 릴레이는 전기기계식 릴레이로 코일에 전류를 흘렸을 때 철심이 자석으로 변하여 암(arm)을 움직이고 이에 따라 접점을 제어하는 구조로 되어 있다. 전기기계식 릴레이는 구조가 간단하고 쉽게 고전력을 제어할 수 있다는 장점이 있지만, 기계식이어서 마모와 소음이 발생하고 응답 속도가 느리다는 단점도 있다.

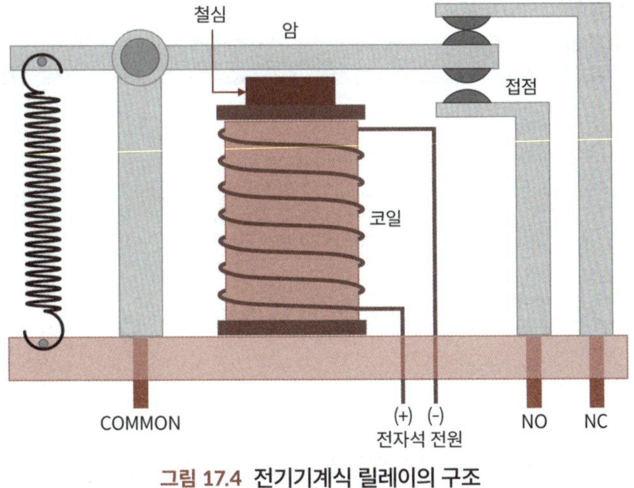

그림 17.4 전기기계식 릴레이의 구조

그림 17.4는 전기기계식 릴레이의 구조와 동작 원리를 나타낸 것이다. NO는 'Normal Open'의 약어로 릴레이가 동작하지 않을 때 열린 상태에 있는 스위치를 나타내고, NC는 'Normal Close'의 약어로 릴레이가 동작하지 않을 때 닫힌 상태에 있는 스위치를 나타낸다. 릴레이의 전자석에 전원을 가하면 철심이 전자석이 되어 암을 당기고 이에 따라 스위치가 열리거나 닫히게 된다.

그림 17.5 전기기계식 릴레이 모듈

그림 17.5는 이 장에서 사용하는 전기기계식 릴레이 모듈로, 제어 선인 DATA를 통해 코일에 가해지는 전원을 제어하면 COMMON–NO 또는 COMMON–NC 사이에 연결이 설정된다. 릴레이를 그림 17.6과 같이 GPIO 13번 핀에 연결하자. 그림 17.5의 릴레이는 5V 전원을 사용하므로 5V에 연결했지만, DATA에는 GPIO 핀을 직접 연결하여 3.3V로 제어하도록 했다. LED의 (–)와 전원의 GND를 연결하는 선은 2개로 나누어 각각 릴레이의 COMMON과 NO에 연결하여 릴레이가 동작하지 않을 때는 LED가 꺼진 상태에 있도록 했다.

그림 17.6의 회로에서 주의할 점은 라즈베리파이와 LED를 위한 전원이 전기적으로 완전히 분리되

어 있다는 점이다. 라즈베리파이에 주변장치를 연결할 때는 기준 전압을 맞추기 위해 GND를 서로 연결해야 하지만, 그림 17.6의 회로에서는 라즈베리파이의 GND와 배터리의 GND가 연결되어 있지 않다. 즉, 전기적으로 분리되어 있다. 릴레이는 전기적으로 분리된 회로의 전기를 연결하거나 차단하는 데 사용하는 스위치일 뿐이다.

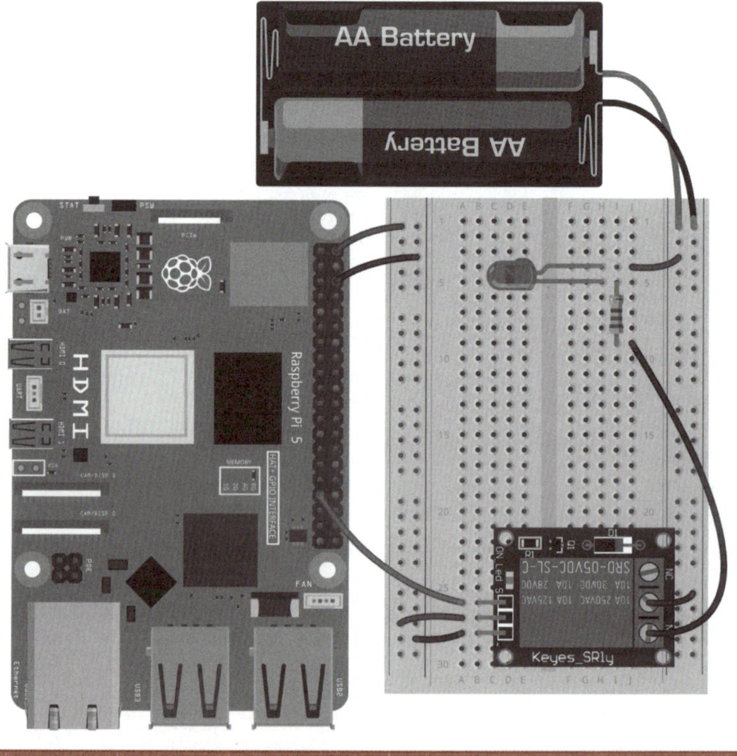

라즈베리파이	주변장치	비고
GPIO 13	릴레이의 데이터 핀	
5V	릴레이의 VCC	
GND	릴레이의 GND	
-	릴레이의 공통 핀(COMMON)	외부 전원 GND 연결
-	릴레이의 NO	전류 제한 저항을 거쳐 LED의 (-)로 연결

그림 17.6 릴레이 연결 회로

릴레이의 DATA 핀으로 `HIGH`를 출력하면 릴레이가 동작하고 COMMON과 NO가 연결되어 LED가 켜지고, `LOW`를 출력하면 릴레이가 동작하지 않아 COMMON과 NC가 연결되어 LED가 꺼진다. 즉, 릴레이 제어는 `HIGH` 또는 `LOW`를 출력하는 것으로 충분하며 이는 LED를 켜거나 끄는 것과 같다. 그림 17.6에서는 DC 3V를 사용하는 LED를 제어했지만, 가정용 전원인 AC 220V 역시 같은 방법으로 제어할 수 있다. AC 220V의 가전제품을 연결할 때는 콘센트에 연결하는 2개의 전선 중에서 하나를 잘라 잘린 2개의 전선을 그림 17.6과 같이 릴레이에 연결하면 된다. 단, AC 220V 가전제품을 제어하기 위해서는 릴레이가 AC 전원을 제어할 수 있는지 확인해야 한다.

코드 17.3은 1초 간격으로 릴레이를 켜고 끄기를 반복하는 예다. `LED` 클래스를 사용해도 `HIGH` 또는 `LOW`값을 출력할 수 있지만, 일반적인 디지털 데이터 출력을 위해서는 `DigitalOutputDevice` 클래스를 사용할 수 있다. `DigitalOutputDevice` 클래스 객체를 사용하여 `HIGH` 또는 `LOW`값을 출력할 때는 `LED` 클래스와 마찬가지로 `on` 또는 `off` 함수를 사용하면 된다.

코드 17.3 릴레이

```
from gpiozero import DigitalOutputDevice
from time import sleep

# GPIO 13번 핀에 연결된 릴레이 제어를 위한 객체 생성
relay = DigitalOutputDevice(13)

try:
    while True:
        relay.on()                        # 릴레이 켜기
        sleep(1)
        relay.off()                       # 릴레이 끄기
        sleep(1)
except KeyboardInterrupt:
    print("** Program termination by user (Ctrl + C)")
finally:
    relay.close()
```

Thonny IDE 셸 실행 결과

```
>>> %Run relay.py
```

그림 17.6과 같이 릴레이를 통해 연결된 LED를 접속 경로에 따라 제어하는 예가 코드 17.4다. 코드 17.4에는 접속 경로에 따라 3개의 `route` 함수가 정의되어 있다는 점이 지금까지와 다른 점이다. 루트 페이지에 접속했을 때 10번 줄에서 14번 줄까지의 HTML 문서를 HTTP 응답으로 전송한다면, /on 페이지에 접속하면 20번 줄에서 25번 줄까지의 HTML 문서를, /off 페이지에 접속하면 31번 줄에서 36번 줄까지의 HTML 문서를 각각 전송한다. 코드 17.4를 실행하고 브라우저로 라즈베리 파이의 접속 경로를 바꾸어 접속해서 릴레이의 동작과 LED의 상태를 확인해 보자.

코드 17.4 접속 경로에 따른 원격 제어

```
from flask import Flask
from gpiozero import DigitalOutputDevice

relay = DigitalOutputDevice(13)                    # 릴레이 제어 객체

app = Flask(__name__)

@app.route('/')                                    # 루트 페이지
def home():
    return f'''
              <h1>* Usage</h1>
              <p>http:192.168.0.16:5000/on : LED on<br>
              http:192.168.0.16:5000/off : LED off</p>
    '''

@app.route('/on')                                  # LED on 페이지
def LED_on():
    relay.on()                                     # 릴레이 켜기

    return f'''
              <h1>* LED on page</h1>
              <p>LED is now on.<p>
              <p>http:192.168.0.16:5000/on<br>
              http:192.168.0.16:5000/off</p>
    '''

@app.route('/off')                                 # LED off 페이지
def LED_off():
    relay.off()                                    # 릴레이 끄기

    return f'''
              <h1>* LED on page</h1>
              <p>LED is now off.<p>
              <p>http:192.168.0.16:5000/on<br>
              http:192.168.0.16:5000/off</p>
    '''

app.run(host='0.0.0.0', port=5000)

relay.off()
relay.close()
```

Thonny IDE 셸 실행 결과

```
>>> %Run remote_control_URL.py
```

코드 17.4는 세 가지 접속 경로에 따라 LED의 상태를 바꾸는 것과 함께 다른 페이지를 전송하므로 브라우저에서도 서로 다른 내용이 표시된다. 그림 17.7은 접속 경로에 따라 브라우저에 표시 내용을 나타낸 것이다.

(a) 루트 페이지 – 192.168.0.16:5000

192.168.0.16:5000/on

주의 요함 192.168.0.16:5000/on

* LED on page

LED is now on.

http:192.168.0.16:5000/on
http:192.168.0.16:5000/off

(b) LED 켜진 상태 페이지 – 192.168.0.16:5000/on

192.168.0.16:5000/off

주의 요함 192.168.0.16:5000/off

* LED off page

LED is now off.

http:192.168.0.16:5000/on
http:192.168.0.16:5000/off

(c) LED 꺼진 상태 페이지 – 192.168.0.16:5000/off

그림 17.7 접속 경로에 따른 출력 화면

코드 17.4를 사용하여 접속 경로를 달리하면 원격으로 릴레이를 제어할 수 있지만, 매번 브라우저의 주소창에 새로운 경로를 입력해야 하는 것은 번거로운 일이다. 매번 새로운 경로를 입력하지 않고 릴레이를 제어하기 위해서는 상호작용이 가능한 요소를 웹 페이지에 사용할 수 있으며, 릴레이의 ON/OFF 제어를 위해서는 `Button` 요소를 사용할 수 있다. 버튼을 `form` 태그 내에 배치하고 버튼의 속성을 `type="submit"`으로 정의하면 버튼을 눌렀을 때 `form`의 데이터를 서버로 전달할 수 있다. 이때 `form`의 데이터는 `form`의 `action` 속성에서 지정한 접속 경로로 전달된다.

코드 17.5는 접속 경로를 다시 입력하지 않고 웹 페이지에 추가된 버튼을 눌러 릴레이를 제어하는 코드다. 'Turn ON' 버튼을 누르면 192.168.0.16:5000/on 경로로 이동하여 릴레이를 켜고(30번 줄) 다시 루트 페이지(/)로 이동(`redirect`)한다(31번 줄). 비슷하게 'Turn OFF' 버튼을 누르면 192.168.0.16:5000/off 경로로 이동하여 릴레이를 끄고(35번 줄) 다시 루트 페이지(/)로 이동한다(36번 줄). 즉, 버튼을 누르면 LED를 제어하는 페이지에 대한 요청이 이루어지고, 이어서 루트 페이지에 대한 요청이 이루어진다. 버튼을 눌렀을 때 요청 경로를 달리하는 것과 함께 `form`에 입력된 데이터를 전송할 수도 있지만, 코드 17.5에서는 별도의 데이터를 전송하지는 않는다. 코드 17.5를 실행하고 브라우저로 라즈베리파이에 연결한 후 버튼을 눌러 릴레이의 동작과 LED 상태를 확인해 보자.

코드 17.5 버튼을 사용한 원격 제어

```
01 from flask import Flask, redirect
02 from gpiozero import DigitalOutputDevice
03
04 relay = DigitalOutputDevice(13)                      # 릴레이 제어 객체
05
06 app = Flask(__name__)
07
08 @app.route('/')                                      # 루트 페이지
09 def home():
10     # 현재 릴레이 상태 확인
11     status = "ON" if relay.value else "OFF"          # 릴레이의 현재 상태
12
13     return f'''
14             <html>
15             <head><title>LED Control</title></head>
16             <body>
17                 <h1>LED is currently: {status}</h1>
18                 <form action="/on">
19                     <button type="submit">Turn ON</button>
20                 </form>
21                 <form action="/off">
22                     <button type="submit">Turn OFF</button>
23                 </form>
24             </body>
```

```
                    </html>
    '''

@app.route('/on')                                  # LED on 페이지
def led_on():
    relay.on()                                     # 릴레이 켜기
    return redirect('/')                           # 루트 페이지 전송

@app.route('/off')                                 # LED off 페이지
def led_off():
    relay.off()                                    # 릴레이 끄기
    return redirect('/')                           # 루트 페이지 전송

app.run(host='0.0.0.0', port=5000)

relay.off()
relay.close()
```

Thonny IDE 셸 실행 결과

```
>>> %Run remote_control_button.py
```

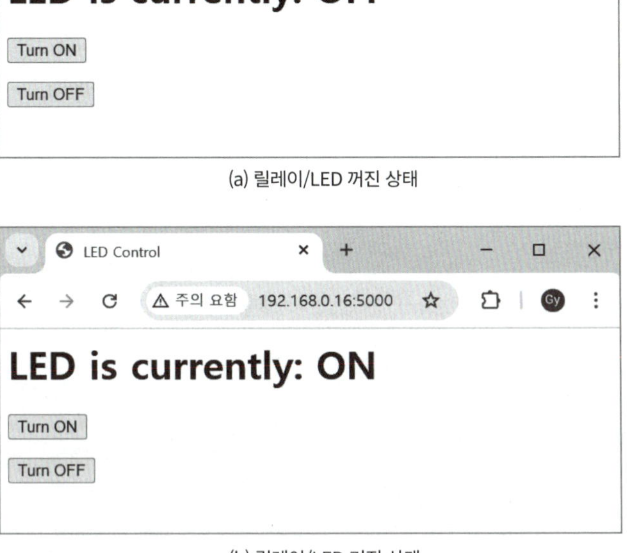

(a) 릴레이/LED 꺼진 상태

(b) 릴레이/LED 켜진 상태

그림 17.8 버튼 누름에 따른 출력 화면

버튼을 사용하면 버튼을 누를 때 다른 접속 경로로 접속하도록 `form`의 `action`을 설정할 수 있으므로 간단한 ON/OFF 동작은 원격으로 제어할 수 있다. 하지만 코드 17.5에서는 별도의 데이터를 서버로 전달하지 않는다. 별도의 LED 밝깃값을 데이터로 전달하여 LED의 밝기를 변경하는 코드를 작성해 보자. LED는 그림 17.9와 같이 GPIO 24번 핀에 연결한다.

라즈베리파이	주변장치	비고
GPIO 24	LED의 (+)	
GND	LED의 (-)	220Ω 전류 제한 저항 사용

그림 17.9 LED 연결 회로

ON/OFF 데이터 입력이 가능한 `form` 요소에 버튼이 있다면, 일정 범위의 숫자 입력이 가능한 요소에는 `input`이 있다. `input` 요소는 텍스트 상자와 비슷하게 내용을 입력할 수 있으며 버튼을 눌렀을 때 입력한 내용을 서버로 전달할 수 있다. 서버로 내용을 전달하는 방법은 GET과 POST의 두 가지가 있다. GET은 입력된 내용을 접속 경로에 추가하여 보낸다면, POST는 본문에 넣어서 보낸다는 차이가 있다. `input` 요소는 POST 방식을 사용하며, 내용을 서버로 전달할 때 `input` 요소의 이름은 변수 이름으로 사용되고, 입력한 내용은 값으로 사용한다.

코드 17.6은 LED의 밝기를 0~100 사이의 값으로 `input` 요소에 입력하고 버튼을 누르면 입력한 값이 서버로 전달되어 값에 따라 LED 밝기를 PWM 신호로 제어하는 예다. 메인 페이지에 해당하는 HTML 형식 문서는 10번 줄부터 22번 줄까지다. `input` 요소에 입력한 값은 17번 줄에서 `name` 속성의 값으로 정의한 `brightness`를 변수 이름으로 사용하여 서버에 전달하고, 27번 줄에서

brightness를 사용하여 값을 읽어 사용한다. 27번 줄의 form 속성은 사전 형식으로 정의되며, 인덱스로 주어진 brightness는 17번 줄에서 정의한 것과 같은 이름이다. 값을 입력하지 않고 버튼을 누르면 'Unknown Error' 메시지와 함께 루트 페이지로의 링크를 반환하며(38번 줄에서 40번 줄까지), 범위를 벗어나는 값을 입력하고 버튼을 누르면 'Invalid Input Value' 메시지와 함께 루트 페이지로의 링크를 반환한다(34번 줄에서 36번 줄까지). 코드 17.6을 실행하고 브라우저에서 밝기를 입력하여 LED의 밝기가 변하는 것을 확인해 보자.

코드 17.6 LED 밝기 제어

```
01 from flask import Flask, request, redirect
02 from gpiozero import PWMLED
03
04 led = PWMLED(24)                              # LED 제어 객체
05
06 app = Flask(__name__)
07
08 @app.route('/')                               # 루트 페이지
09 def home():
10     return '''
11             <html>
12             <head><title>LED Brightness Control</title></head>
13             <body>
14                 <h1>LED Brightness Control</h1>
15                 <form action="/set" method="post">
16                     Brightness (0 ~ 100):
17                     <input type="number" name="brightness">
18                     <button type="submit">Apply</button>
19                 </form>
20             </body>
21             </html>
22     '''
23
24 @app.route('/set', methods=['POST'])          # LED 밝기 제어 페이지
25 def set_brightness():
26     try:
27         brightness = int(request.form['brightness'])
28         if 0 <= brightness <= 100:
29             # 0~100 값을 0.0~1.0으로 변환하여 PWM 적용
30             led.value = max(0, min(brightness, 100)) / 100.0
31
32             return redirect('/')              # 루트 페이지 전송
33         else:
34             return '''
35                     <h1>Invalid Input Value</h1>
```

```
                        <a href='/'>Return to Control Page</a> '''
    except:
        return '''
                    <h1>Unknown Error</h1>
                    <a href='/'>Return to Control Page</a> '''

app.run(host='0.0.0.0', port=5000)

led.value = 0
led.close()
```

Thonny IDE 셸 실행 결과

```
>>> %Run remote_brightness_control.py
```

(a) 밝기 조절 페이지

(b) 범위를 벗어난 값을 입력했을 때의 오류 페이지

(c) 값을 입력하지 않았을 때의 오류 페이지

그림 17.10 LED 밝기 조절에 따른 출력 화면

17.4 포트 포워드

지금까지 라즈베리파이에 접속하기 위해서는 라즈베리파이에 할당된 내부 IP 주소인 192.168.0.16을 사용했다. 내부 IP 주소는 로컬 네트워크에서만 사용할 수 있는 IP 주소로, 공유기에 연결된 컴퓨터의 IP 주소가 대표적이다. 내부 IP 주소는 같은 공유기를 사용하는 컴퓨터 사이에서만 사용할 수 있고 외부 네트워크에서는 사용할 수 없으므로 외부 네트워크에서는 내부 IP 주소를 가진 서버에 접속할 수 없다. 예를 들어, 가정이나 사무실에 내부 IP 주소를 사용한 라즈베리파이를 설치했다면 가정이나 사무실 밖에서는 접속할 수 없다.

이 장에서 서버를 사용하는 목적은 원격 모니터링이나 원격 제어를 위한 것이므로 외부 네트워크에서 접속할 수 없다면 의미가 없다. 외부 네트워크에서 사무실이나 가정에 설치된 라즈베리파이에 접속할 수 있도록 하는 간단한 방법은 라즈베리파이에 내부 IP가 아닌 공인 IP 주소를 사용하는 것이다. 하지만 라즈베리파이를 위한 공인 IP 주소를 확보하는 것은 쉽지 않으므로, 공인 IP 주소를 사용하는 방법 대신 사용할 수 있는 방법이 포트 포워드(port forward)를 사용하는 것이다.

포트 포워드는 특정 IP 주소와 포트 번호의 결합을 다른 IP 주소와 포트 번호의 결합으로 연결하는 기능을 말한다. 포트 포워드를 사용하면 내부 IP 주소를 공인 IP 주소로 연결하는 것이 가능하다. 다만 포트 포워드를 사용하기 위해서는 공유기에 공인 IP 주소가 할당되어 있어야 한다.

공유기에 공인 IP 주소가 할당되어 있다면 공유기 설정을 통해 공인 IP 주소의 80번 포트, 즉 HTTP 연결을 라즈베리파이의 192.168.0.16:5000으로 연결할 수 있다. 그림 17.11은 웹 브라우저에서 공유기 설정 페이지인 192.168.0.1 주소로 접속한 후 '고급 설정 → NAT/라우터 관리 → 포트 포워드 설정' 메뉴에서 포트 포워드를 설정한 것이다. 설정 방법은 라즈베리파이의 내부 IP 주소와 포트 번호 그리고 공유기 공인 IP 주소의 포트 번호만 지정하면 된다. 공유기 설정 페이지에 로그인하는 방법과 포트 포워드 설정 방법은 공유기 종류에 따라 다를 수 있다.

포트 포워드가 설정되면 인터넷에 연결된 모든 컴퓨터에서 공유기의 IP 주소로 접속할 수 있으며 이때 접속을 처리하는 것은 라즈베리파이가 된다. 공유기의 IP 주소가 111.112.113.114라고 할 때, 외부 네트워크에서 111.112.113.114:80으로 접속하면 포트 포워드에 의해 라즈베리파이의 192.168.0.16:5000으로 연결된다. 이때 포트 번호인 80은 HTTP의 기본 포트이므로 생략할 수 있다.

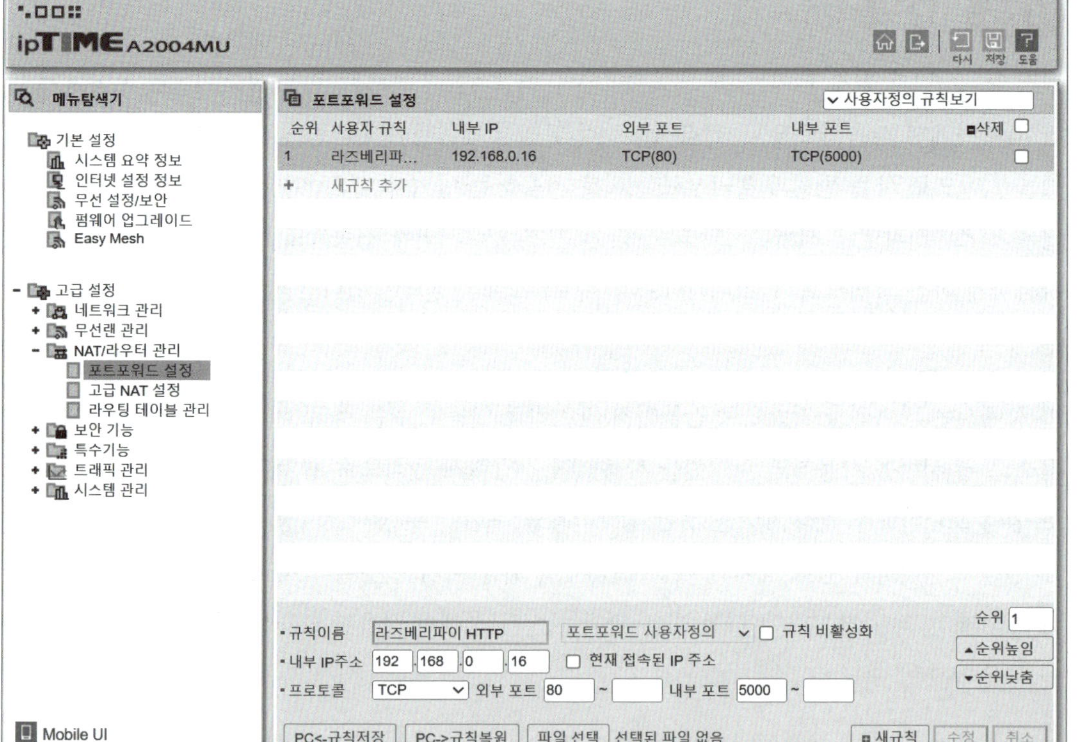

그림 17.11 포트 포워드 설정

그림 17.12는 스마트폰에서 코드 17.1이 실행 중인 라즈베리파이에 연결했을 때의 응답을 나타낸 것이다. 스마트폰이 라즈베리파이와 같은 공유기에 연결되어 있다면 192.168.0.16:5000으로 접속하여 'Hello from Raspberry Pi!' 메시지를 확인할 수 있고, 공유기에 연결되지 않은 상태라면 111.112.113.114:80으로 접속하여 같은 메시지를 확인할 수 있다.

그림 17.12 포트 포워드 설정 후 외부 네트워크에서의 연결

17.5 요약

원격 모니터링과 원격 제어는 홈 오토메이션의 핵심적인 기능으로, 홈 오토메이션을 포함하여 다양한 분야에서 사용되고 있다. 원격 모니터링과 원격 제어를 구현하는 방법은 여러 가지가 있지만, 웹을 기반으로 하는 방법과 클라우드 서버를 사용하는 방법이 대표적이다. 웹을 기반으로 하는 방법은 라즈베리파이에 서버를 설치하고 다른 기기에서 서버에 접속함으로써 모니터링이나 제어가 가능하게 하는 방법으로, 라즈베리파이가 네트워크에 연결되어 있다면 간단하게 구성하여 사용할 수 있다.

이 장에서는 파이썬을 기반으로 만들어져 파이썬과 연동이 쉬운 플라스크 웹 서버를 사용했다. 플라스크 웹 서버를 사용하면 파이썬을 사용하여 간단하게 동적으로 웹 페이지를 생성할 수 있으므로 원격 모니터링과 원격 제어를 위한 상호작용을 구현할 수 있다. 이 장에서는 간단한 예제를 통해 원격 모니터링과 원격 제어의 예를 보였지만, 웹 페이지 구성에 따라 다양한 데이터의 전송과 복잡한 제어 역시 가능하다. 다만 이를 위해서는 이 장에서 사용한 HTML 양식보다 복잡한 양식을 사용해야 할 수 있다.

웹을 기반으로 하는 방법은 간단하게 구현할 수 있지만, 라즈베리파이가 서버로 네트워크에 연결되어 있어야 한다는 점, 그리고 상호작용에 사용할 수 있는 웹 페이지를 직접 만들어야 한다는 점은 단점이 될 수 있다. 서버로 네트워크에 연결되어 있다는 것은 외부 네트워크에서 접속할 수 있는 IP 주소를 갖고 있어야 한다는 뜻으로, 가정이나 사무실에서는 쉽지 않은 것이 사실이다. 사무실이라면 포트 포워드 설정으로 내부 IP 주소를 외부 IP 주소에 연결하여 사용하는 것이 가능할 수 있지만, 가정에서는 이마저도 쉽지 않다. 따라서 가정에서 홈 오토메이션을 구현할 때는 클라우드 서버를 사용하는 것이 대안이 될 수 있다.

클라우드 서버를 사용하는 방법은 가정에 설치된 라즈베리파이와 외부 네트워크에서 접속하려는 기기 사이에 클라우드 서버를 두는 것이다. 클라우드 서버를 두면 라즈베리파이와 외부 기기가 모두 클라이언트로 동작하며 데이터 교환은 클라우드 서버에서 이루어진다. 또한 클라우드 서버에서 제공하는 리소스를 사용할 수 있으므로 직접 웹 페이지를 작성하는 부담을 줄일 수 있다. 이 장에서 클라우드 서버를 사용하는 방법을 다루지는 않았지만, 라즈베리파이에서도 Blynk[2],

2 https://blynk.io

Firebase[3], ThingsBoard[4], ThingSpeak[5] 등 다양한 클라우드 서버를 사용할 수 있으므로 본격적인 서비스를 생각하거나 클라우드 서버의 다양한 기능을 활용하고 싶다면 사용을 고려해 볼 수 있다.

이 장에서는 HTTP 기반의 웹 방식으로 원격 모니터링과 원격 제어를 구현하는 방법을 살펴봤다면, 다음 장에서는 다양한 프로토콜을 사용하여 인터넷 애플리케이션을 구현하는 방법을 살펴볼 것이며, 이 장에서 살펴본 원격 모니터링과 원격 제어를 외부 서버를 사용하여 구현하는 방법 역시 포함되어 있다.

---

3 https://firebase.google.com

4 https://thingsboard.io

5 https://thingspeak.mathworks.com

CHAPTER 18

인터넷 애플리케이션

라즈베리파이는 외부 장치와의 연동이 쉽고 내장된 무선 통신 기능을 사용할 수 있어 인터넷 애플리케이션을 구현하기에 적합한 플랫폼이다. 인터넷 애플리케이션에서 사용하는 대표적인 프로토콜은 HTTP로, HTTP 클라이언트와 HTTP 서버를 사용하면 다양한 응용이 가능하다. 하지만 HTTP 외에도 다양한 프로토콜을 인터넷 애플리케이션에서 사용할 수 있으며 이는 사물인터넷의 확산에 따라 가속화되고 있다. 이 장에서는 인터넷 환경에서 라즈베리파이를 사용하여 다양한 인터넷 애플리케이션을 구현하고 이를 사용하는 방법을 알아본다.

18.1 IP 주소 알아내기

HTTP(Hypertext Transfer Protocol)는 인터넷에서 가장 많이 사용되는 프로토콜 중 하나로, HTTP를 이용한 데이터 교환은 다양한 분야에서 사용되고 있다. 하지만 모든 응용 분야에 HTTP가 적합한 것은 아니다. HTTP는 범용적인 프로토콜이므로 무겁고 실시간 시스템에는 적합하지 않다는 것은 대표적인 단점으로 꼽힌다. 특히 사물인터넷(IoT: Internet of Things)의 보급에 따라 실시간으로 작은 데이터를 교환하는 방법에 대한 요구가 증가함으로써 HTTP 이외의 프로토콜을 사용하는 서비스 역시 증가하고 있다. 이 장에서는 라즈베리파이를 사용하여 여러 가지 인터넷 애플리케이션을 작성하는 방법을 살펴볼 것이며, 여기에는 HTTP를 포함하여 다양한 프로토콜이 사용된다. 거의 모든 인터넷 애플리케이션에서는 컴퓨터를 구별하기 위해 IP 주소를 사용하며 이는 HTTP를 사용하는 애플리케이션 역시 마찬가지다. 즉, IP 주소는 인터넷 애플리케이션의 기본이 된다고 하겠다. 먼저 라즈베리파이에 할당된 IP 주소를 확인하는 방법부터 살펴보자.

라즈베리파이를 네트워크에 연결하면 IP 주소가 할당되며, 할당된 IP 주소는 이 책에서 주로 사용하는 원격 로그인에서도 사용한다. 라즈베리파이에 할당된 IP 주소를 확인하는 방법은 여러 가지가 있지만, 가장 간단한 방법은 터미널에서 `hostname -I` 명령을 사용하는 것이다. `-I` 옵션을 사용하지 않으면 라즈베리파이의 이름을 출력한다. `hostname` 명령으로 간단하게 IP 주소를 확인할 수 있지만, 라즈베리파이가 유선과 무선으로 동시에 연결되어 있을 때도 유선과 무선 연결을 구별하지 않고 IP 주소만 출력한다. 각 네트워크 인터페이스에 해당하는 IP 주소를 구별하기 위해서는 `ip a` 명령을 사용할 수 있다. 출력 결과에서 `eth0`는 유선 이더넷 인터페이스를, `wlan0`는 무선 와이파이 인터페이스를 나타낸다.

```
hgycap@hgycap-pi:~
File    Edit    Tabs    Help

hgycap@hgycap-pi:~ $ hostname -I
192.168.0.17 192.168.0.16
hgycap@hgycap-pi:~ $ hostname
hgycap-pi
hgycap@hgycap-pi:~ $ ip a
1: lo: <LOOPBACK,UP,LOWER_UP> mtu 65536 qdisc noqueue state UNKNOWN group default qlen
1000
    link/loopback 00:00:00:00:00:00 brd 00:00:00:00:00:00
    inet 127.0.0.1/8 scope host lo
       valid_lft forever preferred_lft forever
    inet6 ::1/128 scope host noprefixroute
```

```
        valid_lft forever preferred_lft forever
2: eth0: <BROADCAST,MULTICAST,UP,LOWER_UP> mtu 1500 qdisc pfifo_fast state UP group
default qlen 1000
    link/ether 2c:cf:67:2a:3b:c8 brd ff:ff:ff:ff:ff:ff
    inet 192.168.0.17/24 brd 192.168.0.255 scope global dynamic noprefixroute eth0
        valid_lft 6953sec preferred_lft 6953sec
    inet6 fe80::5801:d2d1:57e8:6826/64 scope link noprefixroute
        valid_lft forever preferred_lft forever
3: wlan0: <BROADCAST,MULTICAST,UP,LOWER_UP> mtu 1500 qdisc pfifo_fast state UP group
default qlen 1000
    link/ether 2c:cf:67:2a:3b:c9 brd ff:ff:ff:ff:ff:ff
    inet 192.168.0.16/24 brd 192.168.0.255 scope global dynamic noprefixroute wlan0
        valid_lft 3833sec preferred_lft 3833sec
    inet6 fe80::166b:8ffc:d0fa:fb17/64 scope link noprefixroute
        valid_lft forever preferred_lft forever
hgycap@hgycap-pi:~ $
```

인터넷 애플리케이션에서 IP 주소는 접속할 서버를 확인할 때 흔히 사용된다. 파이썬 코드를 사용하여 IP 주소를 확인하기 위해서는 `netifaces`(network interfaces) 라이브러리를 사용할 수 있다. Thonny에서 'Tools → Open system shell...' 메뉴 항목을 선택하여 셸을 실행한 후 `netifaces` 라이브러리를 설치한다.

```
hgycap@hgycap-pi:~/Documents
File    Edit    Tabs    Help

hgycap@hgycap-pi:~/Documents $ pip3 install netifaces
```

코드 18.1은 `netifaces` 라이브러리를 사용하여 라즈베리파이에 할당된 IP 주소를 확인하는 예다. 11번 줄에서는 무선 와이파이 인터페이스에 할당된 IP 주소를, 12번 줄에서는 유선 이더넷 인터페이스에 할당된 IP 주소를 확인하고 있다.

코드 18.1에서 실제 IP 주소를 확인하는 것은 3번 줄의 `get_ip` 함수다. 6번 줄에서 `netifaces.ifaddresses(interface)`는 지정한 네트워크의 모든 인터페이스 주소를 반환한다. `interface`에는 무선 네트워크를 위해 `wlan0`, 유선 네트워크를 위해 `eth0` 등을 지정할 수 있다. `netifaces.AF_INET`은 IPv4 주소를 의미하며, IPv6 주소를 의미하는 `netifaces.AF_INET6`와 MAC 주소를 의미하는 `netifaces.AF_LINK`도 사용할 수 있다.

인터페이스 주소 리스트에서 [0]은 첫 번째 주소를 의미한다. 흔하지는 않지만, 서비스 장애가 발생했을 때 주소 전환을 위해 가상 IP 주소를 지정하거나, 물리적인 인터페이스에 대한 가상 인터페이스를 만들고 가상 인터페이스에 IP 주소를 지정하는 등의 이유로 하나의 네트워크 인터페이스에 2개 이상의 IP 주소가 할당될 수 있다. 마지막 ['addr']는 IP 주소 자체를 의미한다. 코드 18.1을 실행하여 라즈베리파이에 할당된 IP 주소를 확인해 보자. 라즈베리파이를 무선 와이파이와 유선 이더넷을 통해 네트워크에 연결한 상태에서 코드 18.1을 실행하면 2개의 IP 주소를 확인할 수 있다.

코드 18.1 IP 주소 확인하기

```
import netifaces

def get_ip(interface='wlan0'):
    try:
        # 지정된 네트워크 인터페이스의 IP 주소 가져오기
        ip = netifaces.ifaddresses(interface)[netifaces.AF_INET][0]['addr']
        return ip
    except KeyError:
        return f"Interface '{interface}' has no IP address."

wifi_ip = get_ip('wlan0')                # Wi-Fi 인터페이스 IP 확인
ethernet_ip = get_ip('eth0')             # 유선 이더넷 인터페이스 IP 확인

print(f"Wi-Fi IP address    : {wifi_ip}")
print(f"Ethernet IP address : {ethernet_ip}")
```

Thonny IDE 셸 실행 결과

```
>>> %Run IP_check.py
 Wi-Fi IP address    : 192.168.0.16
 Ethernet IP address : 192.168.0.17
>>>
```

18.2 인터넷 시간 사용하기

인터넷의 기반이 되는 프로토콜은 TCP/IP다. IP(Internet Protocol)는 데이터를 목적지까지 전달하는 것을 목적으로 하며, IP 주소를 사용하여 목적지를 찾아내고 데이터의 전달 경로를 설정한다. 반면 TCP(Transmission Control Protocol)는 IP를 기반으로 하는 상위 프로토콜로, 데이터가 손실

없이 순서에 맞게 전달되도록 하는 것, 즉 신뢰성 있는 데이터 전송을 목적으로 한다. 인터넷에서 가장 많이 사용되는 프로토콜의 하나인 HTTP도 TCP/IP를 기반으로 하고 있다.

IP를 기반으로 하는 다른 프로토콜에 UDP(User Datagram Protocol)가 있다. TCP와 UDP의 기본적인 차이는 TCP가 연결형(connection-oriented) 서비스를 제공한다면 UDP는 비연결형(connectionless) 서비스를 제공한다는 점이다. 연결형 서비스란 송신자와 수신자 사이의 논리적인 연결을 확립하고 데이터를 전송하는 방법을 말하고, 비연결형 서비스란 송신자와 수신자 사이에 논리적 연결 없이 데이터를 전송하는 방법을 말한다. 연결형 서비스에서는 데이터가 순서에 맞게 보내졌는지 확인할 수 있고, 분실된 데이터가 있다면 재전송을 요청할 수 있으며, 송신자가 보낸 데이터가 수신자에게 도착했음을 보장할 수 있다. 하지만 이런 서비스를 제공하려면 송신자와 수신자 사이에 별도의 통신이 필요하다. 따라서 연결형 서비스는 신뢰성은 있지만, 연결을 시작하고 끝내는 과정에서 시간이 오래 걸리고 부가적인 정보 전달로 인해 속도가 느리다는 단점이 있다. 반면, 비연결형 서비스에서 송신자는 데이터를 보내기만 하고 이후 과정에 관여하지 않으므로 데이터가 순서에 맞게 전달되었는지 확인할 수 없을 뿐만 아니라 데이터가 전달되었다는 보장 역시 없다. 하지만 연결형 서비스와 비교했을 때 통신 속도가 빠르므로 작은 데이터를 빨리 보낼 때 흔히 사용된다.

비연결형 서비스를 제공하는 대표적인 프로토콜이 UDP다. UDP를 기반으로 하는 애플리케이션 프로토콜에는 여기서 살펴볼 NTP(Network Time Protocol) 외에도 DNS(Domain Name System), SNMP(Simple Network Management Protocol), RIP(Routing Information Protocol) 등의 네트워크 관리 프로토콜이 포함되어 있다.

NTP는 인터넷에 연결된 컴퓨터 사이의 시간 동기화를 위해 사용되는 프로토콜로, 인터넷 시간을 유지하고 있는 NTP 서버에 현재 시각을 요청하고 응답으로 현재 시각을 얻어오는 데 사용된다. 시간을 얻어오는 과정에서는 시간 차이를 최소화하기 위해 신속한 응답이 필요하므로 TCP가 아닌 UDP를 사용한다.

NTP에서 시간 정보를 제공하는 서버는 계층 구조를 이루고 있으며 각 층을 스트라텀(stratum)이라고 한다. 스트라텀 0은 원자시계나 GPS 등 오차가 없는 기본 참조 시계 또는 표준 시계에 해당한다. 여기서 층을 내려갈 때마다 스트라텀 번호는 커지며 상위 스트라텀의 시간을 참조한다. NTP 서버는 스트라텀에 따라 계층적으로 구성되어 있으므로 가능한 한 상위 서버의 시간을 얻는 것이 정확한 시간이라고 생각할 수 있다. 하지만 상위 서버에 요청이 증가하면 처리 시간이 증가할 수 있고, 서버와의 물리적인 거리도 고려해야 하는 등의 문제가 있으므로 상위 서버에서 얻은 시간이 더 정확하다고 보장할 수 없다. 따라서 인터넷 시간을 알아낼 때는 물리적으로 가장 가까운 NTP 서버에 시간을 요청하여 얻어오는 것으로 충분히 정확한 시간을 얻을 수 있다.

NTP 서버는 하나의 서버로 구성되기도 하지만 여러 대의 서버로 구성된 서버 풀 형태로 운영되는 경우가 더 많으며, 서버 풀에 속하는 모든 서버에는 공용 주소를 사용하여 연결할 수 있다. 대표적인 NTP 서버 풀인 pool.ntp.org는 전 세계의 자발적인 참여자들로 이루어진 공개 서버 풀이다. NTP 서버 풀이 요청을 받으면 서버 풀에서 요청 순서에 따라 실제 요청을 처리할 서버를 선택함으로써 하나의 서버에 요청이 집중되는 것을 막아 안정적이고 빠른 동작을 가능하게 한다.

인터넷 시간을 사용하기 위해서는 `ntplib` 라이브러리를 사용하면 된다. Thonny에서 'Tools → Open system shell...' 메뉴 항목을 선택하여 셸을 실행하고 `ntplib` 라이브러리를 설치하자.

```
hgycap@hgycap-pi:~/Documents
File    Edit    Tabs    Help

hgycap@hgycap-pi:~/Documents $ pip3 install ntplib
```

코드 18.2는 `ntplib` 라이브러리를 사용하여 인터넷 시간을 얻어오는 예다. 인터넷 시간을 얻어오는 것은 5번 줄의 `get_internet_time` 함수에서 이루어진다. NTP 서버로 지정한 pool.ntp.org는 글로벌 NTP 서버에 해당하며, 우리나라의 NTP 서버를 사용하고자 한다면 kr.pool.ntp.org를 사용할 수 있다.

NTP 서버에서 얻은 시간은 타임 스탬프(time stamp)라고 부르며 1970년 1월 1일 00:00:00을 기준으로 경과 시간을 초 단위로 나타낸다. 18번 줄에서 `ctime` 함수는 타임 스탬프를 문자열 형식의 시간으로 바꾸는 함수이며, 20번 줄의 `localtime` 함수는 타임 스탬프를 연월일시분초로 나누는 함수로 현지 시간을 기준으로 변환해 준다. 코드 18.2를 실행하여 1초에 한 번 업데이트되는 인터넷 시간을 확인해 보자.

코드 18.2 인터넷 시간 - NTP

```
01  import ntplib
02  import time
03  from time import sleep, ctime
04
05  def get_internet_time():
```

```python
    client = ntplib.NTPClient()
    try:
        response = client.request('pool.ntp.org')  # 글로벌 NTP 서버
        return response
    except Exception:
        return 0

try:
    while True:
        response = get_internet_time()

        if response:
            print("Current Internet Time :", ctime(response.tx_time))

            t = time.localtime(response.tx_time)
            print(" Year   :", t.tm_year)
            print(" Month  :", t.tm_mon)
            print(" Day    :", t.tm_mday)
            print(" Hour   :", t.tm_hour)
            print(" Minute :", t.tm_min)
            print(" Second :", t.tm_sec)
        else:
            print("* Internet Time Receive Error...")

        sleep(1)
except KeyboardInterrupt:
    print("** Program termination by user (Ctrl + C)")
```

Thonny IDE 셸 실행 결과

```
>>> %Run internet_time.py
 Current Internet Time : Thu May  1 18:33:02 2025
  Year   : 2025
  Month  : 5
  Day    : 1
  Hour   : 18
  Minute : 33
  Second : 2
```

18.3 구글 계정으로 이메일 보내기

인터넷에서 흔히 사용되는 애플리케이션 중 하나가 이메일 애플리케이션이다. 이메일과 관련하여 흔히 사용되는 프로토콜에는 SMTP(Simple Mail Transfer Protocol), POP3(Post Office Protocol 3), IMAP(Internet Message Access Protocol) 등이 있으며 모두 TCP를 기반으로 동작하는 애플리케이션 프로토콜이다. 여기서는 구글 계정을 통해 이메일을 보내는 방법을 살펴본다.

구글 이메일 서버에 연결하기 위해서는 SMTP 프로토콜을 사용해야 하며 표준 라이브러리의 하나인 `smtplib` 라이브러리를 사용할 수 있다. `smtplib` 라이브러리가 이메일 서버와의 통신을 담당한다면, MIME(Multipurpose Internet Mail Extension) 처리를 위해서는 역시 표준 라이브러리의 하나인 `email` 라이브러리를 사용할 수 있다. SMTP에서는 기본적으로 아스키 문자로 이루어진 텍스트만 전송할 수 있다. 이를 확장하여 이미지, 파일, 한글 등을 전송하기 위해 사용되는 표준 형식이 MIME이다.

구글 이메일 서버를 사용하여 이메일을 자동으로 보내기 위해서는 먼저 구글 계정에서 라즈베리파이가 접속하여 이메일 전송을 요청할 수 있도록 설정해야 한다. 이때 라즈베리파이에서 필요한 것은 앱 비밀번호로, 앱 비밀번호를 사용하면 최신 보안 표준을 지원하지 않는 오래된 앱이나 라즈베리파이 같은 기기가 구글 계정에 로그인할 수 있도록 해준다. 앱 비밀번호를 사용하는 것은 보안상 권장하지 않는 방법이므로 구글 계정에서도 해당 페이지를 찾는 것이 쉽지 않다. 아래 주소를 브라우저 창에 직접 입력하면 앱 비밀번호 페이지에 접속할 수 있다.

```
https://myaccount.google.com/apppasswords
```

앱 비밀번호 페이지에 접속하면 앱 비밀번호를 만들 수 있는 페이지가 나타난다. 먼저 구글 이메일 서버에 접속할 앱 이름을 설정한다. 라즈베리파이에서 연결할 것이므로 그림 18.1에서는 앱 이름을 'Raspberry Pi 5'로 정했다.

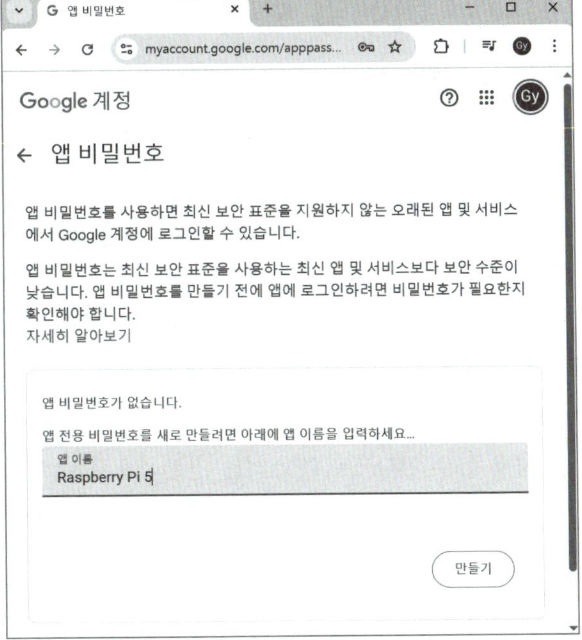

그림 18.1 구글의 앱 비밀번호 생성 페이지

앱 이름을 입력한 후 '만들기' 버튼을 누르면 앱 비밀번호가 만들어진다. 앱 비밀번호는 16자리의 문자열로 4자리씩 띄어쓰기가 되어 있지만 사용할 때는 띄어쓰기 없이 모두 붙여서 써야 한다.

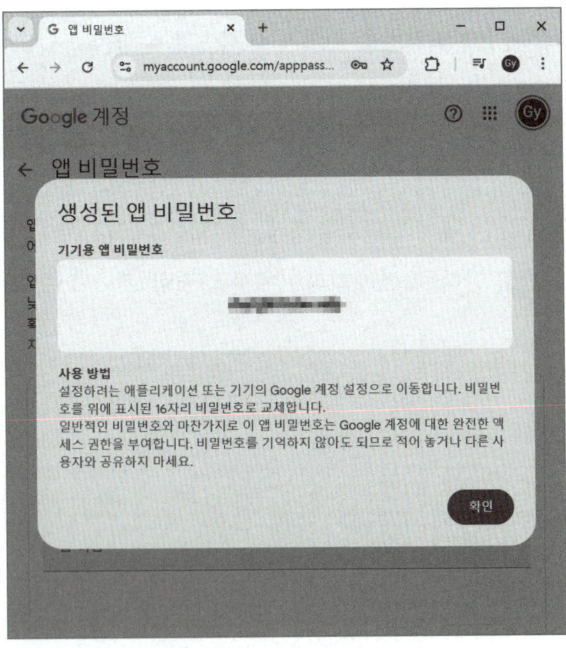

그림 18.2 앱 비밀번호 생성

'확인' 버튼을 누르면 등록한 앱 목록이 나타난다. '확인' 버튼을 누른 후에는 만들어진 비밀번호를 확인하기가 어려우므로 반드시 만들어진 비밀번호를 기록해 두어야 한다. 앱 비밀번호를 분실했다면 목록에서 기존 앱을 삭제하고 다시 비밀번호를 생성해야 한다.

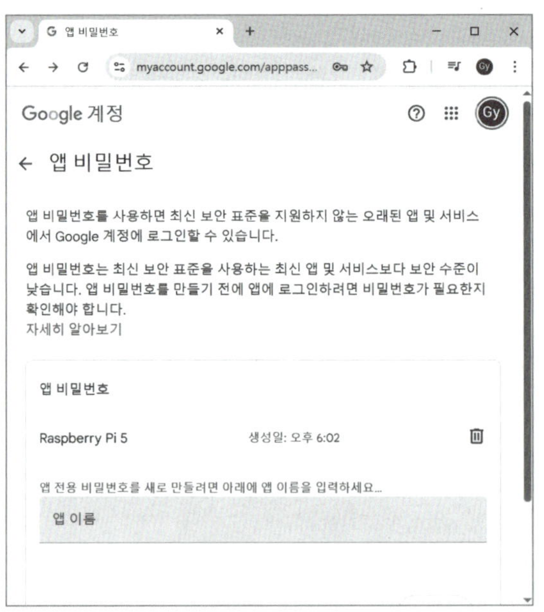

그림 18.3 비밀번호를 생성한 앱 목록

코드 18.3은 구글 계정에서 만든 앱 비밀번호를 사용하여 자동으로 이메일을 보내는 예다. 8번 줄에는 구글 계정에서 만든 앱 비밀번호 16자리를 띄어쓰기 없이 입력해야 한다. 13번 줄의 `MIMEMultipart` 클래스는 텍스트를 포함하여 여러 가지 형식의 데이터를 이메일에 포함할 수 있게 해주는 클래스다. 14번 줄에서 17번 줄까지는 이메일의 형식을 지정하는 부분으로, 17번 줄에서 `attach` 함수를 사용하여 텍스트 형식의 본문을 추가했다. 필요하다면 파일이나 사진 등 다른 형식의 데이터를 추가할 수 있다.

이메일 작성이 끝나고 실제 메일을 전송하는 부분은 21번 줄부터다. 21번 줄에서는 구글의 이메일 서버인 smtp.gmail.com에 접속하고, 22번 줄에서는 `starttls` 함수를 사용하여 비암호화된 SMTP 연결을 TLS(Transport Layer Security) 프로토콜을 사용하여 보안을 강화한다. 23번 줄에서 구글 이메일 서버에 로그인한 후, 24번 줄에서 메시지를 문자열로 변환하고, 25번 줄에서 실제 이메일을 전송한다. 코드 18.3에서 5번과 6번 줄의 발신자와 수신자 이메일 주소, 그리고 메일 내용을 수정한 후 자동으로 이메일이 전송되는 것을 확인해 보자.

코드 18.3 구글 계정으로 이메일 보내기

```
import smtplib
from email.mime.text import MIMEText
from email.mime.multipart import MIMEMultipart

sender_email = "gyeongyong.heo@gmail.com"
receiver_email = "hgycap@hotmail.com"
# 구글 계정에서 만든 16자리 앱 비밀번호를 입력한다.
app_password = "■■■■■■■■■■■■■■■■"

subject = "Mail from Raspberry Pi 5"
body = "Hi~, this is an email sent by Raspberry Pi."

msg = MIMEMultipart()
msg['From'] = sender_email
msg['To'] = receiver_email
msg['Subject'] = subject
msg.attach(MIMEText(body, 'plain'))

try:
    # 지메일 SMTP 서버에 연결(TLS)
    server = smtplib.SMTP('smtp.gmail.com', 587)
    server.starttls()                    # TLS 보안 프로토콜
    server.login(sender_email, app_password)
    text = msg.as_string()
    server.sendmail(sender_email, receiver_email, text)
    server.quit()

    print("* Email sent successfully.")
except Exception as e:
    print(f"* Email sending failed : {e}")
```

```
>>> %Run send_email.py
 * Email sent successfully.
>>>
```

18.4 MQTT

MQTT(Message Queuing Telemetry Transport)는 가볍고 효율적인 메시지 전송 프로토콜로, 사물 인터넷 환경에서 장치 사이의 통신을 위해 흔히 사용된다. MQTT는 TCP를 기반으로 동작하며 게시/구독(publish/subscribe) 모델을 사용한다. 게시란 클라이언트가 특정 토픽(topic)에 대한 메시지

를 서버에 등록하는 것을 이야기한다면, 구독이란 특정 토픽에 대한 새로운 메시지가 서버에 게시되었을 때 클라이언트가 이를 수신하도록 등록하는 것을 말한다. 게시된 메시지는 게시자에서 구독자로 직접 전송되는 것이 아니라 서버에 의해 중개되며, 메시지를 중개하는 서버를 MQTT에서는 브로커(broker)라고 한다.

라즈베리파이에서 MQTT를 사용하는 방법은 브로커를 어디에 설치하는가에 따라 여러 가지가 있다. 여기서 살펴볼 방법은 MQTT 브로커를 라즈베리파이에 설치하는 방법이다. MQTT 브로커와 별도로 토픽을 게시하거나 구독하는 장치를 MQTT 클라이언트라고 하며 네트워크에 연결된 컴퓨터, 라즈베리파이, 스마트폰 등이 MQTT 클라이언트가 될 수 있다. 이때 MQTT 클라이언트에는 MQTT 클라이언트 프로그램이 설치되어 있어야 한다. 여기서는 MQTT 브로커와 토픽을 게시하고 구독하는 MQTT 클라이언트가 모두 라즈베리파이에서 동작하는 예를 살펴볼 것이다. 먼저 MQTT 브로커와 MQTT 클라이언트를 설치해 보자. 여기서는 MQTT 브로커와 MQTT 클라이언트를 위해 `Mosquitto` 패키지를 사용한다. 먼저 `Mosquitto` 브로커와 `Mosquitto` 클라이언트를 위한 패키지를 설치하자.

```
hgycap@hgycap-pi:~
File    Edit    Tabs    Help
hgycap@hgycap-pi:~ $ sudo apt install -y mosquitto mosquitto-clients
```

설치가 완료되었으면 터미널에서 `mosquitto -v` 명령을 사용하여 브로커의 설치 및 동작 상태를 확인할 수 있다.

```
hgycap@hgycap-pi:~
File    Edit    Tabs    Help
hgycap@hgycap-pi:~ $ mosquitto -v
1746159868: mosquitto version 2.0.11 starting
1746159868: Using default config.
1746159868: Starting in local only mode. Connections will only be possible from clients
running on this machine.
1746159868: Create a configuration file which defines a listener to allow remote
access.
1746159868: For more details see https://mosquitto.org/documentation/authentication-
methods/
...
hgycap@hgycap-pi:~ $
```

상태 확인 결과에서 볼 수 있는 것처럼 Mosquitto 브로커는 기본적으로 'local only mode'로 실행되므로 외부 클라이언트는 접속할 수 없다. 외부 클라이언트가 접속할 수 있도록 하기 위해서는 Mosquitto 브로커의 설정 파일인 mosquitto.conf 파일을 수정해야 한다. nano 에디터로 Mosquitto 브로커의 설정 파일을 연다.

```
hgycap@hgycap-pi:~
File    Edit    Tabs    Help

hgycap@hgycap-pi:~ $ sudo nano /etc/mosquitto/mosquitto.conf
```

설정 파일의 가장 아래쪽에 수신 포트 번호와 익명 연결을 허용하는 내용을 추가한다.

```
listener 1883
allow_anonymous true
```

Ctrl + X 키를 눌러 종료를 선택하고, y를 눌러 수정한 내용을 저장하는 것으로 선택한 후 기존 파일을 수정하도록 엔터 키를 누르면 수정이 완료된다. 수정이 완료되면 수정한 내용이 반영되도록 systemctl 명령을 사용하여 Mosquitto 브로커를 다시 시작한다.

```
hgycap@hgycap-pi:~
File    Edit    Tabs    Help

hgycap@hgycap-pi:~ $ sudo systemctl restart mosquitto
```

Mosquitto 브로커가 실행 중이라면 터미널에서 메시지를 게시하고 구독하는 동작을 확인할 수 있다. 터미널을 2개 열고 하나는 게시자로, 다른 하나는 구독자로 동작하도록 해보자. 먼저 하나의 터미널에서 mosquitto_sub 명령으로 testTopic 토픽을 구독하도록 설정한다. -d는 디버그 메시지를 출력하는 옵션으로, -d를 생략하면 구독자가 수신한 메시지만 터미널에 나타난다. -t는 가입할 토픽을 나타낸다.

```
hgycap@hgycap-pi:~ : 구독자
File    Edit    Tabs    Help

hgycap@hgycap-pi:~ $ mosquitto_sub -d -t testTopic
Client (null) sending CONNECT
Client (null) received CONNACK (0)
```

```
Client (null) sending SUBSCRIBE (Mid: 1, Topic: testTopic, QoS: 0, Options: 0x00)
Client (null) received SUBACK
Subscribed (mid: 1): 0
```

다른 하나의 터미널에서는 `mosquitto_pub` 명령으로 `testTopic` 토픽의 메시지를 게시한다. `-d`와 `-t` 옵션은 구독자를 위한 설정과 같으며, `-m` 옵션은 해당 토픽으로 게시할 메시지를 나타낸다.

```
hgycap@hgycap-pi:~ : 게시자
File    Edit    Tabs    Help

hgycap@hgycap-pi:~ $ mosquitto_pub -d -t testTopic -m "Hello~"
Client (null) sending CONNECT
Client (null) received CONNACK (0)
Client (null) sending PUBLISH (d0, q0, r0, m1, 'testTopic', ... (6 bytes))
Client (null) sending DISCONNECT
hgycap@hgycap-pi:~/Documents $
```

게시자가 해당 토픽에 대한 메시지를 게시하면 구독자는 게시된 메시지를 브로커로부터 받는다. 메시지를 수신하지 않을 때 구독자는 브로커와 연결을 유지하기 위해 일정한 시간 간격으로 브로커로 `PINGREQ`(Ping Request)를 보내고 브로커로부터 `PINGRESP`(Ping Response)를 받는다. 게시자는 해당 토픽의 메시지를 게시하면 종료하지만, 구독자는 브로커와 연결을 유지하면서 새로운 메시지가 게시되는 것을 계속 기다린다.

```
hgycap@hgycap-pi:~ : 구독자
File    Edit    Tabs    Help

hgycap@hgycap-pi:~ $ mosquitto_sub -d -t testTopic
Client (null) sending CONNECT
Client (null) received CONNACK (0)
Client (null) sending SUBSCRIBE (Mid: 1, Topic: testTopic, QoS: 0, Options: 0x00)
Client (null) received SUBACK
Subscribed (mid: 1): 0
Client (null) received PUBLISH (d0, q0, r0, m0, 'testTopic', ... (6 bytes))
Hello~
Client (null) sending PINGREQ
Client (null) received PINGRESP
```

여기서는 구독자가 하나인 경우를 예로 들었지만, 터미널을 하나 더 열고 위에서와 같은 방법으로 `testTopic` 토픽에 대해 구독을 신청하면 게시자가 보낸 메시지를 2개의 구독자가 모두 수신하는 것을 확인할 수 있다. 또한 여기서는 게시자와 구독자뿐만 아니라 브로커까지 라즈베리파이에 설치되어 있지만, 게시자와 구독자가 네트워크에 연결된 다른 장치에 설치되어 있어도 주소만 바뀔 뿐 같은 방식으로 동작한다.

파이썬으로 게시자와 구독자로 동작하는 MQTT 클라이언트를 작성해 보자. MQTT를 사용하기 위해서는 `paho-mqtt` 라이브러리를 사용할 수 있다. Thonny에서 'Tools → Open system shell...' 메뉴 항목을 선택하여 셸을 실행한 후 `paho-mqtt` 라이브러리를 설치한다.

```
hgycap@hgycap-pi:~/Documents
File    Edit    Tabs    Help
hgycap@hgycap-pi:~/Documents $ pip3 install paho-mqtt
```

MQTT의 동작을 보이기 위해서는 최소 2개의 클라이언트가 필요하므로 Thonny 역시 2개를 실행하는 것이 편리하다. Thonny를 2개 이상 실행하기 위해서는 'Tools → Options...' 메뉴 항목을 선택했을 때 실행되는 옵션 다이얼로그에서 General 탭의 'Allow only single Thonny instance' 항목이 선택되지 않은 상태여야 한다.

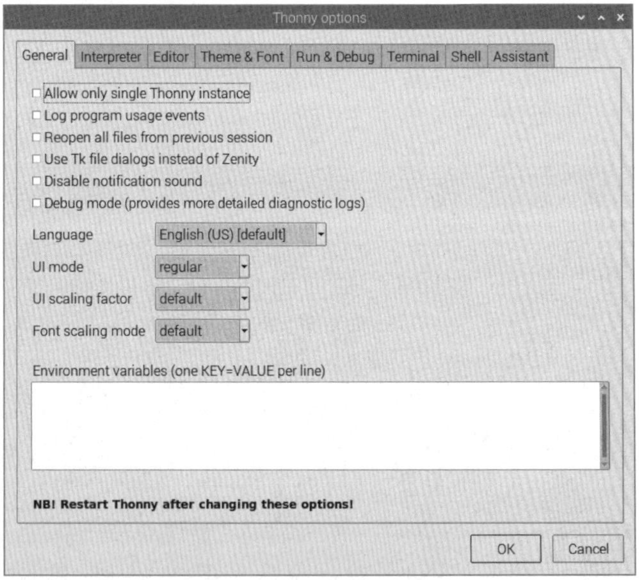

그림 18.4 Thonny를 두 번 실행하기 위한 옵션 다이얼로그 설정

코드 18.4는 MQTT의 구독자를 구현한 예다. 게시자가 지정한 토픽과 관련된 메시지를 게시하면 브로커는 이를 구독자에게 알려주고, 구독자가 알림을 받으면 4번 줄의 콜백 함수가 자동으로 실행된다. 이때 콜백 함수는 10번 줄에서와 같이 `on_message` 속성에 등록된 상태여야 한다.

12번 줄은 MQTT 브로커에 연결하기 위해 사용된다. 여기서는 클라이언트와 브로커가 모두 라즈베리파이에 설치된 상태이므로 브로커의 주소로 localhost를 사용했지만, 브로커가 설치된 다른 주소 역시 사용할 수 있다. 브로커에 연결할 때는 IP 주소와 함께 포트 번호, 그리고 브로커와 통신하지 않는 최대 시간을 초 단위로 지정한다. MQTT에서 기본으로 사용하는 포트는 1883번으로, 12번 줄에서도 이 포트를 사용하고 있다. 서버와 통신하지 않는 최대 시간은 60초로 지정했으므로 60초가 지나면 클라이언트는 브로커와의 연결을 유지하기 위해 `PING` 메시지를 브로커로 전송하고 브로커에서 그 응답을 받는다.

14번 줄에서는 특정 토픽에 대한 구독을 신청한다. 토픽은 /를 사용하여 계층적으로 구성할 수 있다. 구독자는 17번 줄의 `loop_start` 함수로 시작하고, 23번 줄의 `loop_stop` 함수로 끝난다. 이 함수들은 MQTT 클라이언트가 메인 스레드와는 별도의 스레드로 동작할 수 있도록 해주므로 별도의 작업을 19번 줄에서 진행할 수 있다. 코드 18.4의 실행 결과는 코드 18.5의 게시자가 게시한 5개의 메시지를 출력한 것이다.

코드 18.4 MQTT 클라이언트 - 구독자

```
01 import paho.mqtt.client as mqtt
02
03 # 메시지 수신 콜백 함수
04 def on_message(client, userdata, msg):
05     print(f"[Receive] {msg.topic}: {msg.payload.decode()}")
06
07 # 클라이언트 생성
08 client = mqtt.Client(mqtt.CallbackAPIVersion.VERSION2)
09
10 client.on_message = on_message                # 콜백 함수 등록
11
12 client.connect("localhost", 1883, 60)         # 브로커에 연결
13
14 client.subscribe("iot/sensor")                # 구독할 토픽 지정
15
16 try:
17     client.loop_start()
18     while True:
19         pass
20 except KeyboardInterrupt:
21     print("** Program termination by user (Ctrl + C)")
22 finally:
23     client.loop_stop()
```

Thonny IDE 셸 실행 결과

```
>>> %Run mqtt_subscriber.py
 [Receive] iot/sensor: Test Message 0.
 [Receive] iot/sensor: Test Message 1.
 [Receive] iot/sensor: Test Message 2.
 [Receive] iot/sensor: Test Message 3.
 [Receive] iot/sensor: Test Message 4.
```

코드 18.5는 MQTT의 게시자를 구현한 예다. 게시자는 구독자와 마찬가지로 클라이언트로 동작한다. 게시자가 브로커에 메시지를 게시하면, 브로커가 구독자에게 메시지가 게시되었음을 알려준다. 코드 18.5는 2초에 한 번씩 다섯 번 메시지를 게시한다. 메시지 게시는 11번 줄의 `publish` 함수를 사용한다. 구독자와 달리 코드 18.5의 게시자는 블로킹 방식으로 동작하며, 브로커에 연결하는 데는 7번 줄의 `connect` 함수를, 연결을 종료하는 데는 15번 줄의 `disconnect` 함수를 사용한다. 코드 18.5에서 게시한 메시지는 코드 18.4의 실행 결과에서도 확인할 수 있다.

코드 18.5 MQTT 클라이언트 - 게시자

```
01 import paho.mqtt.client as mqtt
02 import time
03
04 # 클라이언트 생성
05 client = mqtt.Client(mqtt.CallbackAPIVersion.VERSION2)
06
07 client.connect("localhost", 1883, 60)        # 브로커에 연결
08
09 for i in range(5):                           # 테스트 메시지 게시
10     msg = f"Test Message {i}."
11     client.publish("iot/sensor", msg)
12     print(f"[Publish] {msg}")
13     time.sleep(2)
14
15 client.disconnect()
```

Thonny IDE 셸 실행 결과

```
>>> %Run mqtt_publisher.py
 [Publish] Test Message 0.
 [Publish] Test Message 1.
 [Publish] Test Message 2.
 [Publish] Test Message 3.
 [Publish] Test Message 4.
>>>
```

코드 18.4와 코드 18.5는 문자열 메시지를 게시하고 수신하는 예를 보여주고 있으며, 메시지가 의미하는 바는 애플리케이션에 따라 달라진다. 온도 센서를 사용하여 측정한 온도를 게시하고 이를 수신한 구독자가 온도 변화를 그래프로 나타내는 것이 원격 모니터링의 예에 해당한다면, 버튼을 눌렀을 때 버튼을 누른 데이터를 게시하고 이를 수신한 구독자가 LED의 상태를 반전시키는 것은 원격 제어에 해당한다. 이러한 동작은 17장 '원격 모니터링과 원격 제어' 장에서 웹 서버를 기반으로 구현했던 것과 같다. 웹 서버를 기반으로 할 때는 웹 서버가 라즈베리파이에 설치되어 있어야 한다면, MQTT를 기반으로 할 때는 MQTT 브로커가 라즈베리파이가 아닌 다른 곳에 설치되어 있어도 되므로 다양한 환경에서 사용이 가능하다는 장점이 있다. 또한 웹 서버를 사용하는 것보다 MQTT를 사용하는 것이 빠른 응답을 얻을 수 있다는 점도 MQTT를 사용하는 장점이라 할 수 있다.

18.5 요약

라즈베리파이는 작은 컴퓨터로 데스크톱 컴퓨터에서 할 수 있는 거의 모든 작업을 할 수 있다. 라즈베리파이의 연산 능력이 데스크톱 컴퓨터에 미치지 못해 연산량이 많은 애플리케이션에서 일부 제약이 있는 것이 사실이다. 하지만 사물인터넷 환경에서 지능형 사물에 대한 요구가 증가하고 있으며, 라즈베리파이의 작은 크기와 연산 능력은 지능형 사물을 위한 플랫폼으로 사용하는 데 부족함이 없다.

라즈베리파이가 사물인터넷 환경에 적합한 이유는 와이파이와 이더넷 인터페이스를 내장하고 있어 별도의 외부 장치 없이 인터넷에 연결할 수 있기 때문이다. 인터넷에서 사용되는 대표적인 애플리케이션 프로토콜로는 HTTP를 꼽을 수 있으며, 17장 '원격 모니터링과 원격 제어'에서 웹 서버를 사용하는 방식이 그중 하나다. 사용 환경에 따라서는 HTTP가 아닌 다른 프로토콜이 사용되기도 하며, 특히 작은 데이터를 빠른 속도로 전송할 필요가 있는 사물인터넷 환경에서는 다양한 프로토콜이 사용되는 예를 쉽게 찾아볼 수 있다.

이 장에서는 라즈베리파이를 사용하여 인터넷을 기반으로 동작하는 몇 가지 애플리케이션을 작성하는 방법을 살펴봤다. 여기에는 라즈베리파이에 할당된 IP 주소를 찾아내는 방법을 시작으로, 간단하면서도 흔히 사용하는 인터넷 시간을 얻어오는 방법, 구글 계정을 이용하여 자동으로 이메일을 발송하는 방법 등이 포함된다. 마지막으로 살펴본 것은 MQTT로 사물인터넷 환경에서 작은 크기의 데이터를 교환하는 데 사용되는 프로토콜이다. 이 장에서는 MQTT 브로커와 클라이언트를 모두 라즈베리파이에 설치했지만, 외부 브로커를 사용한다면 대규모의 사물인터넷 시스템을 구성하는 것도 어렵지 않다.

이 장에서 다룬 것들은 라즈베리파이로 만들 수 있는 인터넷 애플리케이션의 일부분에 지나지 않는다. 특히 라즈베리파이의 연산 능력이 향상되면서 인공지능 알고리즘을 적용한 지능형 사물을 만드는 방법이 많은 관심을 받고 있다.

이 책에서 라즈베리파이로 할 수 있는 모든 내용을 다룬 것은 아니지만, 이 책에서 다룬 내용을 바탕으로 지능형 사물을 만드는 것도 어렵지 않을 것이며, 실용적인 인터넷 기반 서비스를 제공하는 시작점이 되어줄 것이다.

찾아보기

N

O

P

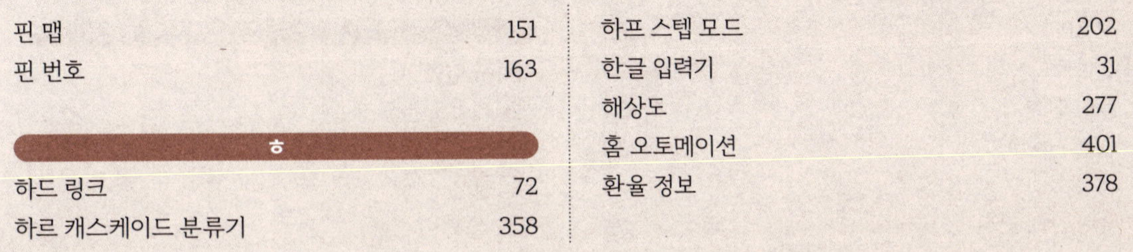